叢書・ウニベルシタス　490

地獄の歴史

アリス・K. ターナー
野﨑嘉信訳

法政大学出版局

Alice K. Turner
THE HISTORY OF HELL

Japanese translation published by arrangement with
Harcourt Brace & Company in New York
through The Asano Agency, Inc. in Tokyo.

1　天使が地獄の顎を締める．12世紀の「ウインチェスター詩篇」より．

い落としている．星はまず天使の姿で墜ちてゆくが，最後は，裸の子供のような姿になり，いまは野獣となったサタンが横たわる炎の池に，ざんぶとばかりに落ちこんでゆく．作品中のサタンの頭部を野蛮に破壊する習慣は，遺憾ながら，広く行われていた．この見事なベアトゥスの写本はピアポント・モーガン図書館の所蔵．

2　8世紀のスペインの修道士リエバナのベアトゥスは，こののち500年間にわたって写本制作者に影響をおよぼすことになる，黙示録的終末についての１テキストを著している．９世紀のオリジナルを書き写した図の13世紀フランス版コピーはその典型である．左上の太陽をまとった女性が赤龍に追われており，これを天使たちが攻撃しているが，赤龍の尾は天使の比喩である天上の星の３分の１を払

3—4　この華麗かつ非凡な細密画は1416年頃，リンブルク三兄弟が，ベリ公爵のための聖務日課書『いと豊かなる時』のために描いたもの．墜落する魔王（ルシファー）の美しさに注目されたい．地獄図は明確にツンダルの地獄そのままであるが，悪魔の腕や脚の数は伝統にのっとっている．次頁以下 3 頁にわたって掲げたシモン・マルミオン版のツンダルの地獄と比較せよ．

5　若きツンダルは彼の守護天使につれられて地獄めぐりをする．まず最初に，火の燃えさかる人殺しの谷を見る．

6　野獣アケロンが吝嗇および強欲の者を呑みこむ．

7　ツンダルは自分の牛をひいて釘を植えられた橋を渡らねばならない．盗賊や追いはぎはこの橋から転落する．図版26のボスの「乾草車」の牛と比較せよ．

8　二人は暴食家，姦淫者を入れるフリスティヌスの館に到着する．ツンダルもここで少々罰の味を経験する．

9　淫らな牧師と尼僧を食っては排泄する凶悪な生き物．図版27のボスの「快楽の園」のなかの鳥と比較せよ．

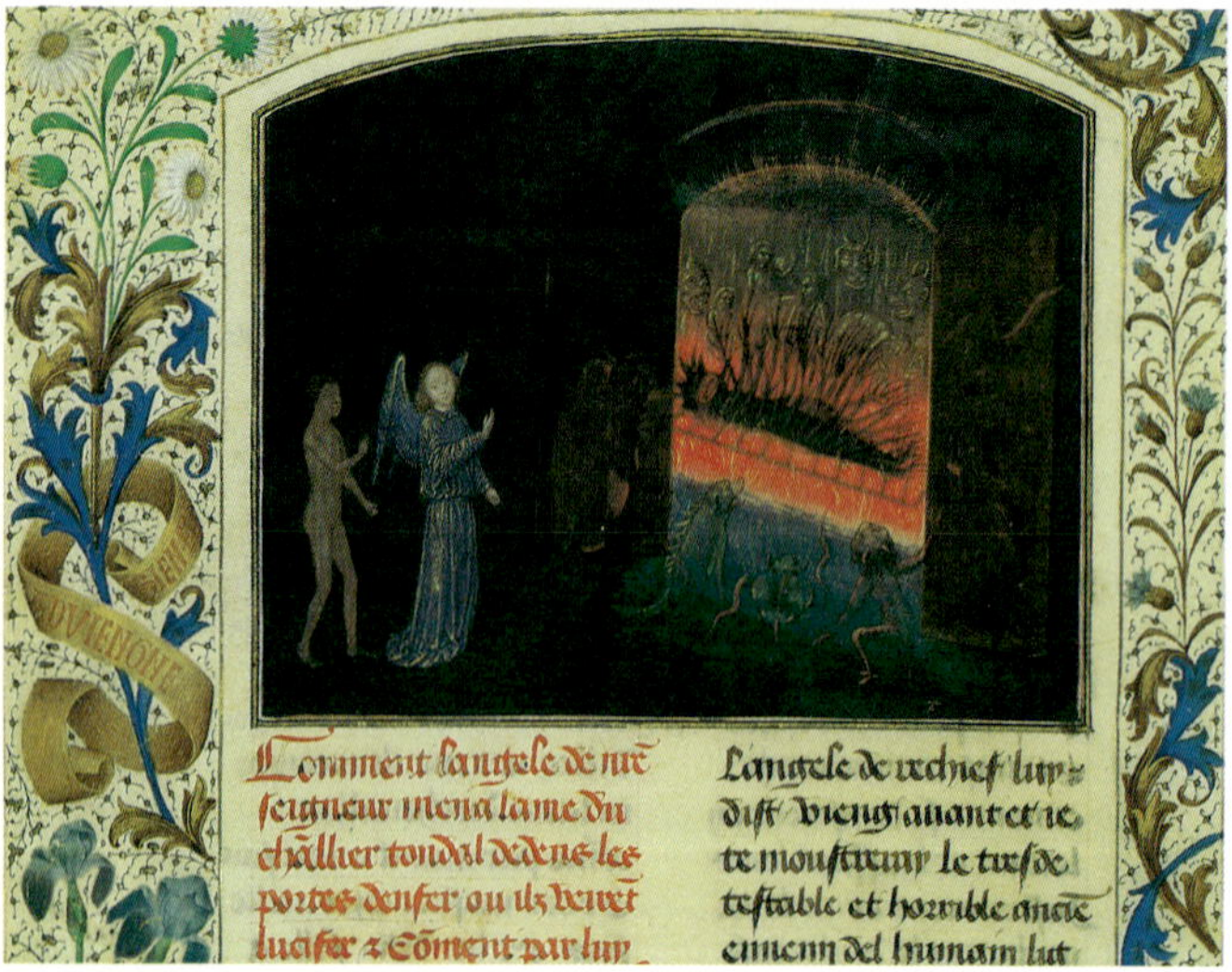

10　耳目を驚かす地獄の最後の場面は魔王（ルシファー）で，腕や脚の数はむかでのそれほどもあり，周囲には付き従う悪鬼がいる．同様の場面を描いたリンブルク版（図版４）と比較せよ．

11　109頁に載せた，トルチェッロにある12世紀のモザイク画．ビザンティン様式のサタンはそのひざの上の反キリスト同様に人間に似せた姿になっていることに注目したい．もう一つのビザンティン的特色は，地獄へ落とされた者たちがきちんとした小部屋に分割されている点だ．西洋風の地獄ではこれがもっと混沌としている．天使に突き立てられているのは，その頭飾りから見て，富と栄華に浴した者たちのようだ．サタンの玉座はその一部が「地獄の口」になっている．眠りを知らぬ蛆虫たちが下方左に見える．

12　フィレンツェにあるこの洗礼室半球天井の大モザイク画の除幕は，さぞかし大評判だったにちがいない．ダンテもその「地獄篇」の中の心象のいくつかをここから借りている．サタンの玉座にもその両耳にも大顎が口を開いている様子に注意．

13　ダンテが1302年に追放された後，この有名なフレスコ画を製作中だったジオットをパドヴァに訪ねたのはほぼ確かであろう．ジオットの描くサタンは今しも罪人を排泄しているところだが，その凶悪な形相はダンテのサタンのイメージにも近いし，ここに見られるさまざまの刑罰の図にも，ダンテの創案を予想させるものがある．ここでは，四筋の河が炎となってキリストの玉座から流れ下っている．

14　これも猛々しく獣性をおびたサタンの図．ピサの共同墓地にあるもので，フランチェスコ・トライーニの作．一種グロテスクな美しさがある．

15　ボローニアのピナコテカにある華麗な「最後の審判」図．14世紀のものだが作者不明．ダンテのボルジェとそれを渡る橋が描かれている．

16—17　オルカーニャとナルドのディ・チオーネ兄弟によるこのフレスコ画はフィレンツェのサンタ・マリア・ノヴェラ教会のもの．かなり色彩がぼやけてしまって識別に苦労するが，ダンテを忠実になぞっているのがわかる．渡し守のカローンが見えるし，リンボ界にある哲学者たちの七層の城もある．邪淫をなしたる者たちが狂風の中に吹きさらされているが，そばにはミノスがじつに詳細に描きこまれている．吝嗇家，浪費家が石転がしや棺燃やしの責め苦を課せられており，下方には鳥頭をもつハルピュイアの姿も見える．

18　ルカ・シニョレリ（1441―1523）が精密に描いたいささかポルノグラフィーぎみの地獄図．イエズス会風の過剰さがよく出た一例である．

19　ミケランジェロの「最後の審判」の部分．

20　バチッチォの描くローマのイエズス派ジェス聖堂の天井画．罰されて破滅の地獄へと落ちる者たちが三カ所にわたって絵のフレームをいわば破って出ている．

21　この異様な「最後の審判」はヤン・ヴァン・エイクの1440年頃の作で，多くの画家がサタンの代わりに骸骨で表現した「死」を描くようになった時代を典型的に表している．獣のイメージをもつ悪鬼はボスの先触れとなる．

22—23　ハンス・メムリンク（1430?—1494）**（右頁左）**とディルク・バウツ（1410?—1475）**（左頁）**はそれぞれ，地獄を題材に印象深い祭壇の飾り絵を描いている．これらフランドルの絵には悪鬼は登場するが，サタンが描かれていない点に注意したい．

24—27　ヒエロニムス・ボスの地獄図は最初は比較的「正常」（**右頁**）だが，次第に異様な趣を増す．**左頁右**の「乾草車」の地獄にはツンダルの牛と氷の河が描かれている．「快楽の園」（**左頁左**）では包丁がスリーズの河の印となっている．ツンダルの鳥がサタンの座を占めている．

28—29　ピーテル・ブリューゲル（父）の精力的な魔界創造の例．上は反逆天使たちが中空で獣や悪鬼の姿に変えられている場面．ここにもサタンは姿を見せていない．ただ，大天使ミカエルの右手にいる長い触腕にサタンがつながっているというのなら話はべつである．下は地獄の門で悪鬼どもすら恐れすくませる悪女フリートの図．

30—31　上はボスの後継者で16世紀のヘリ・メット・デ・ブレス通称イル・チヴェタの作．上方の円形の構図はおそらくボスの煉獄のイメージを受け継いでいるのであろう．下はピーテルの息子ヤン・ブリューゲル（1568—1625）の「オルフェウス」．昔からある地獄の要素をさまざまに盛りこんだおかげで，なかなか用途の広そうな作品になっている．

32　後期フランドル美術の巨匠ピーテル・パウル・ルーベンス（1577―1640）も，それまでとはまったく異なった手法で新趣向の「地獄へ落ちる者」を描いている．

33　中世後期になると，地獄も愛嬌たっぷりの他愛ないものとなる．この絵はフランス15世紀の意匠で，『クレーヴのカトリーヌの聖務日課書』にあるもの．

34—35　15世紀フランスの『知恵の宝典』の挿絵．地獄はしばしば好色ぶりをおもてに出した．

36　15世紀後期のフランスの魔界図の一例.

37—38　ブレイクはダンテおよびミルトンの挿絵を描いている．上は「地獄篇」から，岩穴に逆さに突き刺さっている「聖物売買の教皇」の図．下は『失楽園』より，「反逆天使たちを奮い立たせるサタン」の図．

39　ブレイクは「最後の審判」を描いた最後の巨匠だったかもしれない.

40　ウィリアム・ホガースの「サタンと罪と死」(1735—40年頃).

41　ジョン・マーティンの「万神殿へはいる堕天使たち」(1840年頃).

42　オーギュスト・ロダンの「地獄の門」（20世紀初頭）.

目次

序　言

世界じゅういたるところで、人間は死後の世界というものを信じており、また、肉体が機能を停止したのちも意識をもった人格は生き残ると信じている。人類学者、考古学者、社会学者、古典学者、また、比較宗教学の歴史の分析家たちは、そうした信仰が、われわれの知る限り、あらゆる文化にあて嵌まると一致して認めている。自分の存在の何らかの部分はどこかに生き続ける、とわれわれは信じているのである。この単純・素朴な信条の内容にもう一歩踏みこんで詳しく眺めてみると、死後の存在のその個々の形態は文化によって多種多様ではあるが、しかし、思ったほどまちまちというわけでもない。

死者は生者に影響力をもつ、とわれわれは信じている。たぶん、われわれのことを神々にとりなしてくれるであろうし、また、生者に警告を発したり、何かを懇願したりするために、あるいは、何か人知の及ばぬ霊界独自の目的のために、幽霊の姿をとってわれわれの眼前にたち現れてくる。反対に、生者もまた、死者に影響力を行使することが可能だ。すなわち、死者がその死後の世界でまっとうなとりあつかいを確実に受けられるように、魂が脱ぎ捨てた遺体を、是認された然るべき方法で埋葬、ないしは火葬してやることである。また、われわれが祈りを、また祭壇への供物を捧げるときにも、あるいは逆にその死者をまったく無視することによっても、われわれはやはり何らかの影響を与えるのである。文化によっては、死者の霊魂は人間かあるいは動物の新しい別の肉体の中に再生する、と信じているとこ

13世紀のフランス版『黙示録』に描かれた「地獄の口」.

ろもある。また別の文化では、死者は死後の国において永遠の存在を与えられると信じている。そこは暗き陰鬱なアナンカあるいはユダヤのシエオールであり、陽光あふれるティール・ナ・ヌォーグであり、オーディンの堂々たる宴会場ヴァルハラであり、また、古代エジプトに寄せ集められたようなありとあらゆる地理上の領域である。最後には人間の血肉の分子そのものが物理的に復活すると信じているところもある。

われわれも、ほとんどが、理屈は一応棚上げにして、こうした見解の複数のものをいちどきに信奉している。いかにも脱宗教的ないまの時代にあってさえ、善良なクリスチャンならば、亡くなったアーサー伯父さんは墓地に埋められているが、同時にその魂はどこか別の場所に、おそらくは慈悲深い神の恩寵を受けて天上に住まっていると信じ、かつ、その霊魂ないし幽霊は霊媒や降霊術師を介して生者と接触したり、また、暗示的、予言的な夢の中に登場したりもする、とも信じ、また、来るべき最後の審判の日には、彼の肉体的な存在がその最盛期の姿で復活すると信ずる――そうしたいくつもの信仰を同時に共存させることが可能である。一、二世代前には、一つの霊魂が一個の人間ないしは特定の場所にたびたび宿ってくるという考えを、多くの西洋人がもっていたし、いまでも、それを信ずる人、いくらかでも信じたい人は依然として存在する。古い時代であれば、その亡くなったアーサーが、単なる伯父さんではなく王様のアーサーだったような場合は、同じく埋められ、天国へ行き、亡霊となって現れ、いつの日にか復活するのは変わりないが、それと同時に、その存在が一種永遠に続く薄明の眠りの中に保存され、いつか宿命によって、また最後の審判のラッパの響きによって呼び覚まされるのを待っている、とも想定されていた。

いっぽう、これがもし聖人のアーサーであるとすれば、彼の死体の皮と骨だけは恭しく畏怖の念をもって保管され、残りの肉体は文字どおり手足をばらばらにされたかもしれない。それをするのは敵《かたき》でもなんでもなく誠実なキリスト教徒たちである。そしてその肉体の切れ端はそれぞれ各地の聖堂へ運ばれ、これを懇願する病弱者、困窮者に分かち与えられた。亡くなった聖者の指の骨という媒体をつうじて、神へのとりなしや、病の治癒が果たされるという考えは広く行きわたっていたし、場合によって、媒体はその聖者の衣服の切れ端でもよかった。

本書は、霊魂、あるいは残存する人格の死後の行く先として、キリスト教によって確証されている二つの主要な場所のうちの一つ、すなわち地獄についての本である。キリスト教以外の世界の大宗教も、みなそれぞれにみずからの地獄をもっているが、それらの地獄図にはわれわれにとっても驚くほどなじみの光景が多い。ヒンズー教徒にとっての地獄の景観は幾百万にも上るし、仏教徒は八大地獄に始まって数千の地獄図を数え上げる。ところが、それらの地獄はどれ一つとして霊魂を永遠に封じこめておくことはしない。その点、キリスト教ほど地獄を重要視している宗教はないのであって、この教義のもとでは地獄は驚くべき残虐さの地底王国となっている。そしてこの王国はぎっしりと層をなしたおびただしい神話、伝承、宗教信条によって、また時代をへた今日のわれわれなら、怪しげな心理学とでも呼べそうなものによって、幾重にも取りまかれている。

本書の研究は、しかし、神学的ないし心理学的であるよりはむしろ地理学的である。地獄はどんな姿をしており、なぜそのように考えられるにいたったのか。その地勢図は何世紀もの間にどう変化してきたか、これがテーマである。芸術家の創造的精神にとって奈落の底のもつ魅力はまたひとしおのものがあった。詩人や画家は地獄に対しては不謹慎なまでに好奇心を燃やしたし、いろいろ珍しいやり方で地獄を探検してきた。神学的には昨今は人気の落ちた地獄であるが、それでも、たいていの人々にとっては、妖精の国やアトランティス島やヴァルハラ、またその他の想像上の場所よりは、地獄のほうがより「現実的」である。これはひとえに古代からつらなる地獄の伝統、また、それにまつわる奇抜な発明、分析的な論証、独断的な教義、これらが集積した嵩《かさ》、重み、広がりのたまものであり、また、何千年という長い年月にわたって営々と続けられてきた、地底界の地図作りの試みに対する、単純なものから複雑なものまでにいたるあらゆる信仰のたまものなのである。地獄の景観こそは、想像力の歴史の中でもおよそ最大の共同建設計画の成果である。その計画に携わった主な建築家はといえば、ホメロス、ウェルギリウス、プラトン、アウグスティヌス、ダンテ、ボス、ミケランジェロ、ミルトン、ゲーテ、ブレイクその他の、いずれ劣らぬ創造の巨匠たちである。

天国はこれとは様子が異なる。神学者も、詩人も画家も、またいわゆる「臨死体験」をくぐり抜けて生き返った人々も、天国の細かな部分の描写となるとみなしりごみするようだ（例外は十八世紀の心霊主義者エマヌエル・スヴェーデンボリである)。天国というものの概念はメタファーを介して——これとても、神の恩寵の中に住まう魂の恍惚と至福を伝えるには所詮不適切にはちがいないのだが——直感的に会得されるしかなく、真珠の門、ハープの音色、光輪といった具体的な小道具を並べて描き出せるものではないからだ。これに比べると、罪人を罰する場所である地獄のほうは、そのほうが理解が容易だからであるが、もっとずっと即物的な描かれ方をする。天国を精神的と見れば、地獄は異常なまでに肉体的であり、肉体を痛めつける数々の責め具が用意され、また、地獄の歴史の一時期には特にそれが顕著であるが、過度に野卑な雰囲気を漂わせている。ただ、天国とはまたちがった意味で、地獄もある種の暗い想像力に訴える魅力をもっている。歴史上のいくつかの時期にあっては、その眼に地獄がロマンティックなものと映った人々もあったのである。

地獄の描写にはおそらくは過激といってもいい一面もあって、それはハリウッドでならば「娯楽指数」が高いというかもしれない部分だ。すなわち、厳粛な終末論と並んでいつも登場するのが、破壊力をもった喜劇的来世観である。その笑いは神経質な笑いかもしれないが、しかし、笑いであることは否定できない。このいわば墓場のユーモアは、われわれが辿りうる歴史の最古の時期、つまり、古代の近東に見いだされる「死者の国」についての最初の物語から始まって、今日のわれわれのホラー映画好みやスティーヴン・キングの小説への嗜好にまでつながってきているのである。ユーモアはなかなか表面には姿を見せないこともある——誰であれ、アウグスティヌスやミルトンをユーモア作家だなどと呼ぶ心得ちがいはするまい——が、だからといって、ユーモアとはまったく縁がないわけではない。キリスト教の歴史の中では、おそらくはもっとも敬虔にして、かつ、教会の締めつけの最も強かった時代、すなわち中世および宗教改革の時代にあってさえ、「陽気な地獄」の馬鹿騒ぎの実例はたくさん出てくるのである。

ここには、それが地獄の住民となっている限りにおいては悪魔も登場するが、ただ、本書は悪魔の書物ではない。悪魔という主題は複雑で規模の大きなテーマであり、必然的に、悪や苦悩の存在といった深刻な問題に触れざるをえなくなる。ここで扱うのは、そうした悪魔学ではなくもっと単純な主題としての地獄学なのである。しかし、そうはいっても、あまたの悪鬼たち、および、君主であれ大罪人であれ彼らの中心にすわっている悪魔、これらはいずれも地獄の領域の市民であり、番人でもあるから、われわれも彼らに出会わないわけにはゆかない。ただ、そのさいは彼ら以外の地獄の支配者の存在も忘れぬよう、よく注意しておこう。場合によってそれは君主ではなく女王のこともあるからだ。

最新のギャラップ世論調査によれば、アメリカ人の六〇パーセントは地獄を信じているか、ないしは信ずると述べている。一九五三年の五二パーセントよりも上昇している。自分が地獄へ墜ちそうだと考えている者はわずかに四パーセントである。ヒトラーか、最近の連続殺人犯でもない限りは誰が地獄へなど墜ちるであろうか、と人は考えているのである。キリスト教徒の間では、政敵、宗教上の反対者、無神論者、他の宗教の信奉者などを地獄へ送るというのはもはや政略的には適切ではないとされている。「罪」の概念一つをとっても、フロイト以後は論争含みである。私自身は地獄を信じてはいないが――信じていたらこんな本は書けない――地獄というのは、行ってみたい場所としては本当に信じられないくらい面白そうな所だと思う。本書では、地獄は神や悪魔がこしらえたものではなく、ほかならぬ人間の構築物であるという見解に立っている。これは架空の場所についての、しかし現実の歴史なのである。

初期の教会のあまり芳しくない概念の一つに「忌まわしい空想」というものがある。これは救済された者の喜びの一部は、天罰を受けた者の苦しみを打ち眺めるところにある、という考え方だ。なるほど、描かれた多くの挿絵を見ると、祝福された霊魂はきちんと列をつくって並び、そろってお上品にとり澄ました顔で下方の混沌たる炎の世界を見下ろし、永遠に続く天国版の深夜放送テレビに見入っている図柄がたくさんある。少なくともこの点では、地獄の歴史をたどる作業は、この祝福された人々の立場にわが身をおくに等しいところがある。そうして眺める地獄には、一種、舞台上の芝居でも見るような非現実性がつきまとうのだが、しかし、忘れてならないのは、地獄という観念は、歴史のきわめて長い期間にわたって、きわめて多くの人々に対して、文字どおり彼らの生活を規定するほどの恐ろしい現実として作用してきたという事実である。

大いなる地界——1

「死者の国」についてわれわれが知っている最初の説明は約四千年前に書かれたもので、イラクはペルシア湾の北、ティグリス・ユーフラテスの渓谷で見つかった焼き固めた粘土板の表面に、それは記されていた。この辺りの地名の最古の呼び名はシュメールであるが、われわれは二十世紀になるまでは、このシュメールのことはほとんど何も知らなかった。現代のシュメール人学者たちの手でこの非インド・ヨーロッパ系の言語が解読され翻訳されるに及んで、われわれもようやく古代の詩と神話についての一つの新しい遺産に触れることができるようになった。

シュメール人がのちにセム族のアッカド人に征服されると、この地は都バビロンの名にちなんでバビロニアと呼ばれるようになる。また、シュメール人、アッカド人、バビロニア人、および近隣のアッシリア人は、しばしば、ひとまとめにメソポタミアの民と称されることもあった。事実、彼らは多くの同じ神話や信仰を共有していたのである。ただ、種族によってその神々はちがった名前で呼ばれることもままあった。のちにギリシアとローマの神々がそれぞれ別の名前をもつのと一緒である。

神々と英雄を題材にしたそれらの物語は、このような早い時期にもかかわらず驚くほど精巧なもので、のちのちの宗教、思想、神話、文学、そして終末論にも、途方もない影響を与えてきているのである。中世史学者のハワード・ロリン・パッチはその著書『来世』の中で、霊界ないしは彼岸（それらは必ずしも地界、下界である必要はない）についての、洋の東西を問わずおよそ知られている限りの物語を調べ、そこに決まって現れる素材・テーマを整理しておびただしい項目の一覧表にした。項目の一部を挙げれば、「障壁の山」、「川」、「舟と渡し守」、「橋」、「門と守衛」、「いわれのある樹木」といったものであるが、メソポタミアの神話体系の中には、「橋」を除いて、すでにそれらの要素が残らず取りこまれている（のちになれば、この地方から出たペルシア文学の中に「死者の国」へ渡る「チンワトの橋」も登場してくる）。

　現存しているメソポタミアの物語で、部分的にせよ死者の王国の場面が出てくるものは四つある。その中で最も有名なのは『ギルガメシュ』だ。これはウルクの王である英雄ギルガメシュを主人公とする叙事詩で、シュメール語のほか、アッカド語、ヒッタイト語、アッシリア語の版がある。『ギルガメシュ』以外の文献もむろん知っておく価値はある。

　さて、四千年もさかのぼった時代の宇宙地理学とはどんなものか、という問題であるが、ギリシア・ローマの、あるいは北欧の神話に通じている人にとっては、これが意外なほどなじみ深いものなのである。例によって、八百万《やおよろず》の神々は天空神によって率いられ、「大いなる天上」に住む。シュメール神話の場合、最も生き生きとして興味深い物語群は、天および地の女神であるイナンナに集中している。イナンナはアッカド人の呼び名ではイシュタル、アッシリア人の場合はアスタルテ、パレスチナ人の場合はアストレス。「不帰の国」である「大いなる地界」の死者を統率しているのは彼女の姉でエレシュキガル（アッシリア語ではアラトゥ）である。人間は地上に住んでいるが、この世とあの世とはところどころで隣り合って接している。マーシュ山の向こうの地上の楽園には至福の島たるディルムヌがあり、そこには特に選ばれた者とその妻が永遠に暮らしている。想い起こされるのは、むろん、エデンの園であるし、ヘスペリデスの園であるし、プラトンのいうアトランティス島、ケルトの西方楽土アバロン、海底王国、また中世の伝説の覇王プレスター・ジョンの王国もある。これがみんな――どこか知らないが――この地上にあるわけだ。

地獄の征服の物語は、さまざまな装いをこらして何度となく歴史に登場する、いわば一つの必須物語である。そこでは、生身の人間が危険をものともせず、勇躍、地界へ降下、あるときは必死の真剣な探求にたずさわり（妻を取り戻さんとするオルペウス）、またあるときはとんでもない心得ちがいの冒険もする（女王ペルセポネの強奪を画すペリトースとテーセウス）。技法的には「降下モチーフ」と称されているものだ。この降下物語の中で、われわれの知る最古のものがシュメールのイナンナを主人公とする神話なのだ。

目的はいまひとつはっきりしないが、「大いなる天上より、大いなる地界へ心を向けさせ」、イナンナは地界に彼女の姉エレシュキガルを訪ねることになる。用心深い彼女は、大臣のニンシュブルに自分の意図を告げ、万が一自分が戻らないときの手立てをしっかりと彼にいい含めて出発する。一番立派な衣装と宝石類を身につけていた彼女だが、下界への最初の関門である瑠璃色の門にいたると、差し出がましい守衛に足を止められ、ここで頭から王冠を取り去られる。続く六つの門でも彼女の衣装は一点ずつはぎとられ、やっとエレシュキガルのもとへたどり着いたときは、彼女は一糸まとわぬ姿となっていた。姉に出会うや、怒り心頭に発したイナンナは彼女めがけて「飛び」かかる。が、まさにその飛んだところをエレシュキガルは停止させ、彼女の体に向けて「六十の苦痛」を放つ（アッカド版）、ないしは彼女を火刑の柱に吊るす（シュメール原典）。こうして三日三晩が過ぎる（アッカド版では一季節がめぐる）が、この間、「雄牛は雌牛に挑みかからず、牡ろばは牝ろばを孕ませず……男は自分の寝所を出ず、娘はわが身一つを横たえる」状態が続く。アッカド版はこの話を豊饒神話の一部と位置づけているので「季節」への言及があるわけだが、シュメール版の「三日三晩」のほうはイエス・キリストの物語との類縁性を期待する読者には興味深いところであろう。あるいは、ギリシア神話で魂が松の木に宿ったアテュスの話、また、北欧神話で世界樹に九日九夜つながれたオーディンの話、これらとの対比も面白そうである。

イナンナが戻ってこないのを心配して、忠実な大臣ニンシュブルは女王の救援を神々に訴える。結局、いやいやながら、エレシュキガルはイナンナを地上に戻すことに同意するのだが、ただ条件をつけて、彼女に代理人ないし身代わりを差し出すことを約束させる（このテーマも形を変えて幾多の神話、伝説に登場する。キリスト教にも重要なテーマとして現れてくる）。彼女に約束を守らせるため、いわば付け馬として、二人組の悪鬼が一緒に地上に送られる。彼女が選んだ身代わりは、牧神である夫のドゥムジ（アッカド版ではタンムズ）だった。この男は、イナンナがいなくてせいせいすると、かえって喜んだふしがあり、ために女王の怒りを買ったのである。ドゥムジは姉のゲシュティアンナのもとへ逃げるが、結局、最後には政治的妥協がはかられ、ドゥムジは一年の半分だけ地界に降り、あとの半年はゲシュティアンナが代わりに地界に詰めることになった（順番で交替する、ということ。この着想は、ともにゼウスの息子であるカストールとポリュデウケースの交替という形でギリシア神話にも現れてくる）。

この物語は、死＝生長＝神をめぐる数多い神話の一つで、ほかに知られているものとしては、タンムズとイシュタル（アッカド神話）、テレピヌスとカムルセパス（ヒッタイト神話）、バールとアナス（ウガリト神話）がある。後代にいたっては、オシリスとイシス（エジプト神話）、アテュス（あるいはエンディミオン）とキュベレー（中東神話）、ペルセポネーとデメテル（ギリシア神話）、プロセルピナとケレース（ローマ神話）、アドーニスとアプロディテーないしウェヌス（ギリシアおよびローマ神話）などが有名なところである。新約聖書の各福音書では、イエスの復活の春の朝、女たちのグループが埋葬所に現れるが、ここには右にみたような死と再生、冬と春についての物語儀礼のあきらかな影響がみられる。

イナンナ＝ドゥムジの物語で解せないのは、豊饒神話の場合、女神が彼女の亡くなった夫や息子（ないしは娘）を救い出し（あるいは救い出さぬままに）その死を嘆くというのが典型的なパターンであるのに、イナンナの場合は、どうやら、ドゥムジをみずからの手で死者の国へ追いやってしまったらしいことである。もっとも、これとは別のシュメールの詩篇（ときに生々しい描写がじつにエロティック）では、彼女は情熱的に彼を愛していることになっている。察するに、イナンナを人格化した女司祭長が、毎年ドゥムジの代役を地界へ放逐し、代わりにハンサムな後釜をすえていた、といったことではないのか。あるいは、もともと、豊饒の犠牲としてイナンナが進んで地界へおもむく（あるいは、策略で出かけるのかもしれぬ。イナンナはけっこう油断ならない女神だから）という話と、それとは別に、ドゥムジが身代わりの犠牲として地界へ行くという話とがあって、その二つが時間のたつうちに混同されてしまったのかもしれない。

「エレシュキガルの夫探し」――これはまた全然別種の話である。遠い時代の、しかも異なった文化圏の物語の趣旨をあれこれ忖度するのも危険な試みではあろうが、しかし、それにしても、エレシュキガルとネルガルの物語など、これで博士論文でも書こうかという人ならばいざ知らず、いったい誰が本

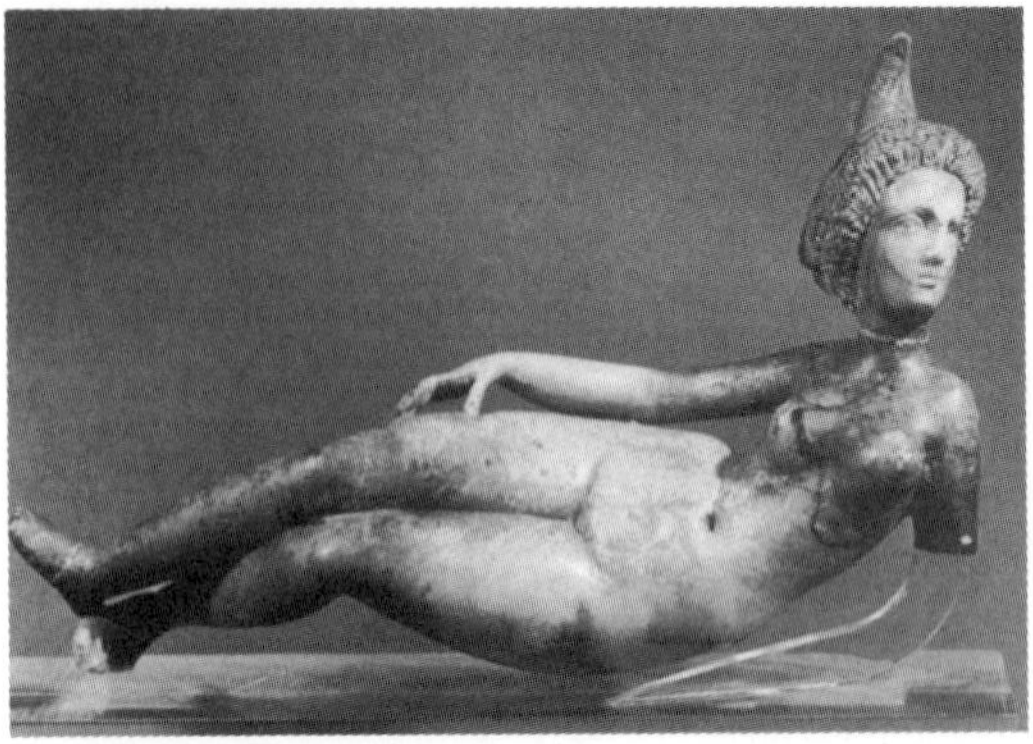

この大理石の婦人像はメソポタミア起源のものであるが，時代が新しすぎるので（前300年頃）エレシュキガルの像と見なすのは難しい．エレシュキガルがさかんに登場したいわば彼女の全盛期には，その姿は右の赤い粘土像のような形に表現されていたかもしれない．

気で受け取ると思ったのであろうか。型自体はいまや古典となったパターンで、歴史上最初の地界コメディーであり、魔性の女と不運な男の猥談のいわば〈原〉ストーリーである。

それは宴《うたげ》で始まった。死の国の女王エレシュキガルは、天上の宴会に出るからといって地界の王国を離れるわけにはゆかなかったので、大臣を送ってお持ち帰り用のご馳走を取ってこさせることにしたが、この使者ナムタルに対して、一人下級の神ネルガルだけが敬意を表さなかった。怒ったエレシュキガルはネルガル本人が地界まで謝罪に出向くよう要求する。これを受けて出かけるネルガルに、仲間の神々がつつがなく旅を終えるためのアドバイスをする。それは、パンであれ、肉であれ、ビールであれ、いや、手を洗う水すらも、要するに地界で出されるものには何ひとつ手をつけないこと、この注意であった。

例の七つの門を順に抜けて、ネルガルは下界へ降りる。エレシュキガルは万全の供応役としてパン、肉、ビール、水を勧めるが、彼はそれらを残らず拒否する。しかし、最後に彼女がその神々しい肉体を供するに及んで、ついに彼の覚悟も崩れる。めくるめく七日間が一つのベッドで過ぎてゆく。やっと満喫したネルガルはおもむろに逃げ出しをはかるが、エレシュキガルに対しては、一度天界へ帰してもらえば、自分たちの婚約を神々に報告し、その足ですぐに取って返す、と約束する。人類のここ四千年の歴史において、この手の退場のせりふを吐いたことのある男ならその全員が、また聞いたことのある女もそのほとんどが知っているとおり、この約束は嘘である。ネルガルは戻ってこない。

ただ、エレシュキガルは男の気まぐれにじっと耐えているつもりは毛頭なかった。彼女は天界へ使者を送って警告する。ネルガルが下界へ下って自分の運命をまっとうしないならば、「われは冥府より死者を送り生者を食わせん／死者の数をば生者の数より多くせん」。女王の使者がネルガルを連れ戻しにくると、ネルガルは禿げを装い、半身不随のふりをして足を引きずってみせるが、その変装の計略も失敗する。彼は再び冥界へと下らねばならなくなる。イナンナのときとおなじで、門をくぐるごとに持ち物を奪われてゆく（最初のときはそれは免除されていたところを見ると、あきらかに彼は身分、地位を失っている）。書字板《タブレット》の記録はここでぷっつり切れているが、結末は分かっている。ネルガルはエレシュキガルの夫になったということで、どの神話辞典にもそう書いてある。*

＊　この物語には、もう一つ、これよりは筋の単調な版のテキストもあって、その中では、ネルガルがエレシュキガルをいじめてその王国からたたき出してしまう。

『ギルガメシュ』は複雑な大叙事詩であるが、あるレベルでいえば、これは単純に、人間が死の恐怖から逃れようと試みる物語なのである。ウルクの王ギルガメシュとその一番の友人（ないし愛人）のエンキドゥが二人して女神イナンナを侮辱したため、神々は二人のうちどちらかが死なねばならないと裁定する。エンキドゥは夢の中で、権能をほこった諸王も辱められている、塵まみれの荒涼とした地界の恐ろしい予兆を得る。そして彼は病に倒れ死ぬ。ギルガメシュは悲しみもさることながら、自分にも迫り来るであろう死の運命におびえ、ただ一人不老不死の力を授けられていたウトナピシュティムを探しに旅立つ（ウトナピシュティムはノアのメソポタミア版で、シュメール語ではジウスドラとなる）。長い旅の末に、彼はサソリ人間が警戒している魔法の山マーシュの暗黒を通り抜け、宝石の実のなる魔法の園へ出、それを抜けて海辺へといたる。彼は居酒屋の魅力的なホステスや渡し守に出会うが、両者とも不死の探求など無駄であると諭す。しかし、ともかくも、渡し守は死の海を渡って彼をウトナピシュティムの住む魔法の島ディルムヌへと連れていってやる。この不死の賢人は、大洪水の物語をしたあとで、死を征服したいのなら、まず眠りを征服せねばならぬ、と説く。しかし、エンキドゥの死以来ろくろく眠っていなかったギルガメシュは、この言葉を聞くか聞かぬうちに「吹きつけてきた湿った霞につつまれるように」眠りに落ちてしまい、そのまま七日七夜眠り続けた。そして、やっと目覚めたとき、彼は自分の探求が無益であることを悟った。

ウトナピシュティムはもう誰もディルムヌへ連れてきてはならぬ、と渡し守に命ずるが、妻に促されて、不死は無理だが不老を可能にしてくれる薬草を許し与える。しかし、ギルガメシュはウルクへの帰途、この薬草を蛇に食われてしまう。蛇は逃げながら脱皮して抜け殻を捨て、つやつやと若々しい体を得た。古代にあっては、この脱皮の能力ゆえに、蛇はしばしば不老不死の象徴とされている。

彼のウルクへの帰還をもって、タブレット第十一巻目で、ギルガメシュの物語は終わる、というか終わるはずである。ところが『ギルガメシュ』には第十二タブレットがあって、ギルガメシュとエンキドゥの冥界についての対話なのだが、これがなんとも摑み所のない話である。じつは、これはまるっきり

メソポタミアのこの一対の像は，おそらく，彼女のフルップの木を見て仰天しているギルガメシュとイナンナであろう．

別の物語の結末なのであり、それがどういう理由かは不明だが、写字生が『ギルガメシュ』の末尾に付け加えてしまい、それをほかの者がつぎつぎとコピーしてしまったものらしい。

イナンナ＝ギルガメシュ＝エンキドゥのこの三人組の物語に、まったくちがった角度から死の問題に焦点をあわせた異色のヴァーションに「フルップの木」という話がある。冒頭はなにかエデンの神話のようで、イナンナが一本の木（おそらく「最初の木」ということであろう）を見つけ、これを自分の「聖なる庭」に植える。大きくなるのを待って、この木を材料に玉座とベッドをあつらえようという目論み。ところが、恐ろしいことには、悪鬼どもがこの木に侵入してくる。蛇、ズーないしはアズーなる鳥、リリトゥないしはリリスなる魔女（のちに、アダムの最初の妻としてユダヤの伝統の中にも重要な位置を占めることになる魔女）たちである。イナンナは泣き暮れてギルガメシュ（ここでは弟と称されている）に助けを求める。英雄ギルガメシュはその青銅の斧でたちまち侵入者を放逐、ついでに玉座とベッドもこしらえてやる。イナンナはこのお礼として、残ったその木の根と根頭《ねがしら》の部分を使って彼にペクとメクを作ってやる。ところがウルクの女たちがこれに腹を立てたので、ペクとメクは地界へ落ちた（投げ込まれた*？）。

* ペクとメクが何であるかは誰にも分からない。太鼓とそのバチであろうとか、ホッケーのパックとスティックだろうとか、学者たちがいろいろな説を立てているが、私は、これはギルガメシュのペニスと睾丸を表していると思う。いまは省くがその論証もできる。私がそういう議論をもちだすのは、『ギルガメシュ』の最後のタブレットを含めてこの「フルップの木」全編が一種の猥雑な幽霊話であり、壮麗な『ギルガメシュ』にとっては付録となる、いわば『ウィンザーの陽気な女房たち』的な位置にあると、私は考えているからだ。だからこそ、エンキドゥの地界からの嘆き節も、大向こう受けをねらって誇張されているのである。が、ともあれこれは私の説で、正統的解釈というわけではない。

さてここで、第十二タブレットが始まるのだが、エンキドゥがペクとメクを取り戻すべく、下界行きの支度をする。ギルガメシュがあれこれと助言をする。古い着物を着てゆくこと、体に香油は塗らず、足ははだし、自分の槍と棍棒は置いてゆくこと、誰とも口をきいてはならず、キスしてもいけない。ネルガルの場合もそうだが、エンキドゥも、当然、この助言は守れないで、結局はエレシュキガルに摑まってしまう。ギルガメシュは神々に訴え、その口ききで女王の夫ネルガルは友人どうしの二人が話し合えるように抜け穴を作ってやる。二人は互いを抱擁しようとするが果たせない。いまやエンキドゥの体は非物質的な影になっているからだ。

下界はどうかとギルガメシュがたずねると、エンキドゥは口ではいえないくらい恐ろしいと答える。

あたりは埃が充満しており、毒虫どもが彼の体を蝕んでいた。ギルガメシュは恐怖のあまり地にひれ伏してしまう。それから、幾人か知り人の消息をたずねたが、楽しい話は一つもなかった。

これら初期の物語群では、死霊たちは暗く陰鬱で干からびた世界にいるが、互いに完全に平等な扱いをされている。後世のような、祝福された霊、特権的な霊と、罪深い霊、平民的な霊との間の区別はまだない。ギルガメシュは『ギルガメシュ』では敢然として死を受け入れるのだが、「フルップの木」では王らしくもなく情けないありさまで恐怖に打ちひしがれている。亡霊《シェイド》は文字どおり影のような存在であり、触れることもできないほどに非実体的である。後世、ギリシア人は、この亡霊たちにも生き血を味わわせてやれば、束の間だが体力を回復できる、という考え方を導入した。

彼岸を訪ねる古代の物語はほかにもあって、それぞれ怪獣と戦ったり、先祖と話をしたりしている。エトルリア人はカルンという名の暗い冥界の悪魔を知っていたが、古代の壺に描かれた絵を見ると、この悪魔はポロの玉を打つ木槌《きづち》のような形の独特の武器を手にしている。彼の名前だが、ギリシアの冥界の川の渡し守カローンや、同じくギリシアの、半人半馬の怪物ケンタウロスであるケイローンとも、容易に混同されそうである。

エジプトの死者の書――2

墓の向こうの世界についての関心を文書の形でわれわれに残してくれているもう一つの地域はエジプトである。エジプトの象形文字の文書は、古いものだと四千年以上も前にさかのぼるものがあるが、最も初期のパピルス文書の「死者の書」に記された葬礼用の呪文やまじないは、それらがパピルスに書き付けられる何百年も前から、すでに使われていたのかもしれない。戦争や宗教上の衝突のせいで、始終、分断の憂き目を見ていたらしい中東とはちがって、エジプトはそのきわめて長い歴史のほとんどの期間、まずは平和と繁栄を享受していた。ファラオの壮麗な墳墓、丹念に仕上げられたミイラ、墓の副葬品の豊富さからみて、また、あの世への旅の安全を確保するための護符のような生き残り呪文をおさめた、豊富な挿画入りのパピルス何巻にも及ぶ「死者の書」からみて、エジプト人は来世によほど深い関心を寄せていたものらしい。

われわれはまた、エジプト人の移り行く終末論信仰についても多くのことを知っている。正しい生き方をする貴族だけが来世を期待できると信じられていた古王国時代（紀元前三〇〇〇？―二二〇〇？）のこと、また冥府の神オシリスが登場する中王国時代（紀元前二一三〇？―一五七〇？）のことなどである。しかし、古代エジプトの来世観はわれわれのそれとはまったく異なる。ユダヤ人はエジプト出国以前はエジプト人の捕虜だったわけだが、エジプトの宗教はあまりにも異国的で風変わりで、また複雑すぎて、ユダヤ人たちにはあまり影響を与えなかったものと見える。非常に豊かな内容をもってはいたエジプトの神話も、ヘレニズム後期のイシス崇拝の感化力を別にすると、さほど伝播せずに終わった。

しかし、エジプト人の観念の中には、キリスト教の思想の中に反響していると思われるものがないではない。早い話が、天上のイエスの人物像はオシリスのイメージに負うところがありそうだ。オシリスは王にして審判者、また冥府の神でもあるが、他所のほとんどどんな冥界の支配者ともちがって、この王は柔和そのものと信じられている。イエス同様、彼もみずから犠牲となり、また復活する神である。生者の世界を治めるのは彼とイシスの息子である天空神ホルスだ。エジプトでは死者は死後も肉体を有しているが、キリスト教徒の場合も、最後の審判のあとはその考えに合致する。死後の審判という考え方も、もしペルシアでないとすればエジプトから導入されたのであろう。エジプトの死者も、霊と肉の絶滅を回避して生き延びた者は、正確には罰とはいえないが、しばしば突然の恐ろしい危難にみまわれる。

あなたが、もし、セクヘット・ヘテペットへたどり着こうとすれば、あなたは自分のカーすなわち生命力（その人間の外見そのものに見える）および自分のバーすなわち魂（人間の頭をした鳥として描かれる）*を、ともに、ラー（太陽神）のボートに乗りこませねばならない。この舟は新たな死者たちを運んで昼の間に天なる川（銀河）を渡り、夜には川の西へ着くのである。天の渡し守は、顔が後ろ向きに付いているアジェンとマハーフだ。舟を降りると、七つの門を通過せねばならないが、どの門にも門番、見張り、伝令が控えていて、あなたは「死者の書」を参考にしながら、彼らの名前をいちいち唱和する

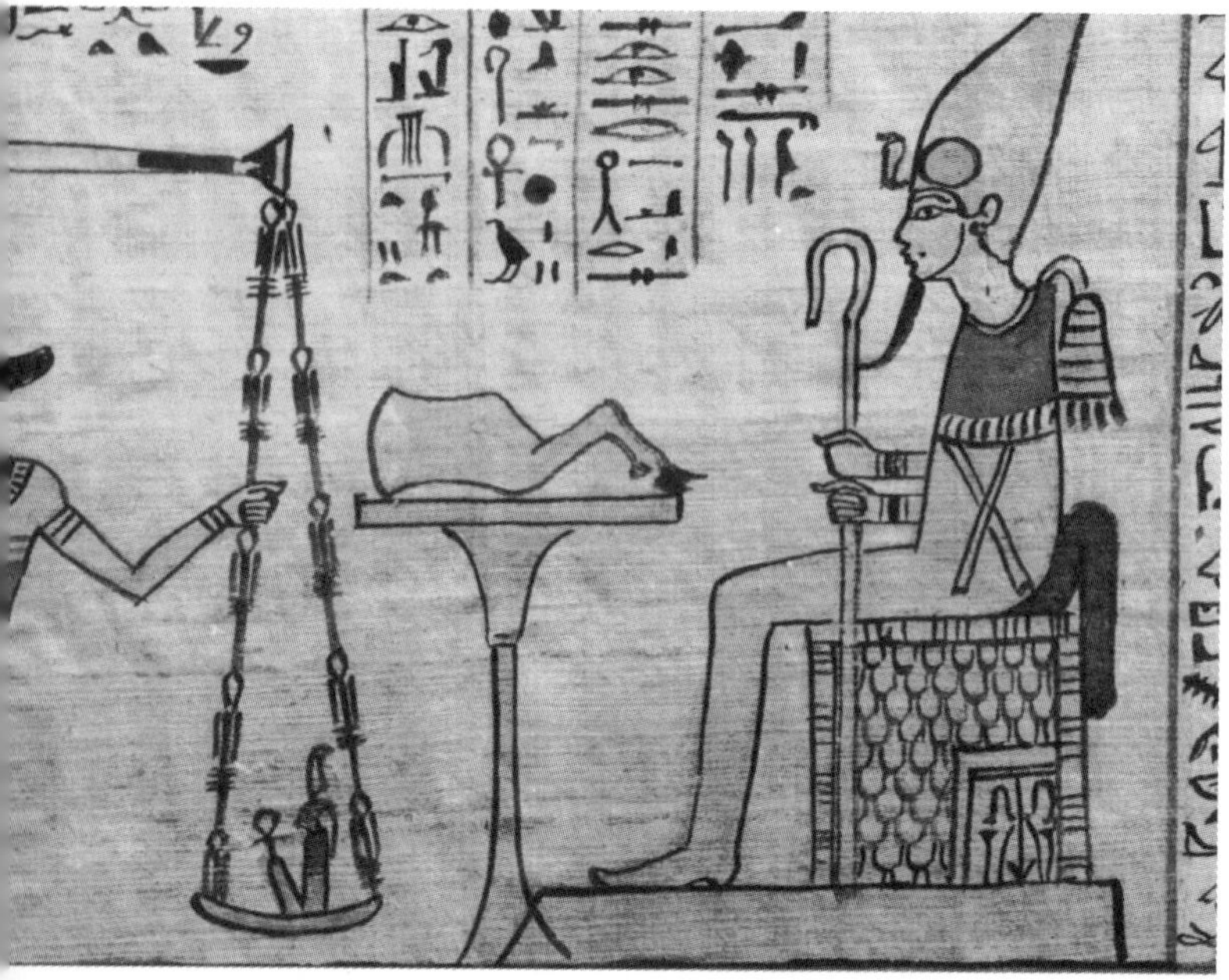

ほかのものではもっと獣じみている．

ことになる。つぎにはオシリスの宮殿のたくさんの不思議な入り口の前で、それが開いてくれるまで敬礼の挨拶をせねばならない。

＊　個々の人間に付随するその他の側面を挙げると、知力を意味するクー、力の側面であるセクヘム、影の意のクハビット、および名前を意味するレンがある。名前を消し去ることはその人間を永遠に破滅させることを意味する。非物質的な心臓が秤にかけられるときは、カー、バー、クーおよびレンもその重さの一部になるという。

オシリスの子アヌビスが死者を正義の間へと通す。このときあなたは然るべく「清潔に清められ、白の衣服とサンダルを身につけさせられ、身体は真っ黒に塗られ香料ミルラを塗りこめられている」。アヌビスは通常は「ジャッカルの頭をした」神というふうに描写されているが、

心臓を秤にかけているアヌビス．この図ではアミットは明白に女性の姿かたちであるが，

何千年にも及ぶエジプトの高貴な血統を受け継いでいるあの素性正しきファラオ犬を、一度でも見たことのある人ならば、アヌビスの顔はたちどころに見分けられるだろう。ジャッカルというと陰険な、特に死人と結びついた不吉な意味がともなうが、アヌビスはいわば忠実な番犬で、下界への案内者、霊魂の導き手としてあなたのガイドとなるのである。

はるかに不気味なのは小型の怪物アミットで、これは「正義の秤《はかり》」の下にうずくまっている。あなたはここで、過去から現在にいたる自分の生きざまについて弁護をする機会を与えられる。朱鷺の頭をもつ智の神トートが検察官の役を勤める。裁判官たるオシリスは二人の女神イシスとネフティスに付き添われて玉座にある。あなたはいくらでも好きなだけ雄弁な長口舌をふるってよいのだが、それが済むと、アヌビスがあなたの心臓を秤にかけ、真理の女神マートの頭飾りから抜いた羽根を分銅としてのせる。もしあなたの心臓の皿がその罪の重さゆえに低く沈むと、アミットが待ってましたとばかりにその心臓をむさぼり食ってしまう。こうなると一巻の終わりである。

あなたがこの審判をくぐり抜け、セクヘット・アールーすなわち「イグサの野」へ迎え入れられたとしよう。あなたはいまや新しい肉体すなわちサフーをまとっている。しかし、これで苦難は終わるわけではなさそうだ。「死者の書」の呪文の中には、まだ、ワニ、蛇、巨大なカブトムシなどから身を守る文句がはいっているし、空気がなくて窒息する危険、真っ逆さまにひっくりかえったり、排泄物を食わせられる危険を避けるための呪文も残っている。さて、あなたの次の目的はあなた自身を（というか、あなたの魂《バー》を）鳥に変えることである。黄金のハヤブサでも、フェニックスでも、アオサギでも、またツバメでもよい。あるいは、希望によっては、ワニやヘビになることも考えられる（バビロニア伝説の『ギルガメシュ』にあるように、再生と若返りのシンボルである）。あるいは、また、スイレンに変わるのもいい。

ひょっとすると、あなたは農夫になりたいかもしれない。「イグサの野」には十五のアーツすなわち地域があり、それぞれに別々の支配者がいる。なかには肉眼では見えない地域というのもある。たとえばイケシーがそれで、これは「神々から隠れた地域」であるが、ここに住んでいるのは「あの卵に入った厳しい神」ばかりだ。ここにはあまり住む気が起こらないであろう。空気はまるっきりないし、卵の神というのはあまり友好的ではない。

農業にぴったり向いた場所というのもあって、土起こし、種蒔き、灌漑《かんがい》、取り入れなどを、あなたの墓に副葬された農業用品、道具を使って行なうことができるのだが、じつは、あなたの思慮深い親類縁者はシャブティーと呼ばれる人形も副葬品の中に含めてくれていて、これはあなたの来世用の自動人形《ゴーレム》奴隷となって、あなたに代わって農作業の重労働を一手に引き受けてくれるのである。その間、あなたはどの楽園でも約束されているような安楽な暮らし、つまり、美酒、美食、性の快楽、愉快な仲間、その他生きている間は望んでも果たせなかったようなありとあらゆる快楽を、享受できるのである。ツトト王はその墓の中に四百十四体のシャブティーをともなっていたが、あなたの場合は、まあ、そんな名士ではないであろうから、一、二名で満足できるのではないだろうか。

ゾロアスター教――3

古代バビロニア王朝時代のいくらか後に中東にゾロアスター（ツァラトゥストラ）なる予言者が現れた。彼はやがてこの地域のほとんど全域、つまり北は南部ロシア、西はバルカン半島東部、そして東はインドにいたる広い地域で、長期にわたって採用されることになる新しい宗教を打ち立てた。このゾロアスター教は西暦七世紀頃まで栄えたが、ここでイスラム教徒の侵入をこうむり、厳しい迫害を受けることになった。ゾロアスター教徒はいまもインドとりわけボンベイに一部が残っている（ここではゾロアスター教徒はペルシア人という意味でパルシー教徒と呼ばれている）ほか、ごく最近までイランにも残っていた。

ゾロアスターが出た頃には、この地域からは文字を書く技術が失われていたこと、また、その後も何世紀にもわたって宗教的な理由から文字が禁じられていたこと、このせいでわれわれはゾロアスターについてはじつはほとんど何も知るところがない。その生きていた時期も定かではない。現代の学者の推定では、この予言者の育ったのは南部ロシアの草原地方のいまだ青銅器時代に属する遊牧民族の中であり、キリストよりはほぼ千年も昔である。

ゾロアスターの聖典「アヴェスタ」が西暦五世紀になってやっと文字になったこと――それも、以後は二度と使われなくなる特別仕様の神聖文字だった――また、この聖典の現存する最古の写本が十四世紀のものであり、しかも完本ではないこと、これらを考慮すれば、われわれがいまこの宗教について知っていることは、正確にゾロアスター本人が考えていたことそのままではなかろう、とみるのが妥当だ。もっとも、どんな宗教とその創始者についてもそれはいえるのであって、彼らの聖典が神に口授されたものであろうが、天使モローニのお告げであろうがそれはおなじである。

ゾロアスター教はキリスト教の歴史、とりわけその地獄観に対し、直接間接に大きな影響を与えた。この宗教はそもそもはバラモン教の初期のヴェーダ信仰に始まっている。ヒンズー教や仏教もおなじくここから出発しているのであるが、ゾロアスター教の場合は、神々の一大パンテオンは作らず二神論の教義を発展させた。それによれば、アフラ・マズダー（「賢明なる主」の意）すなわちオーマズドは、彼の七人のアネスハ・スペンタ（「不死の聖なる者」の意）すなわち天使たちとともに天上にあって、神軍をくり出し、アングラ・マインユないしアーリマン（「悪霊」の意）と呼ばれる地底地獄に棲む虚偽の王が、世界を苦しめるべく送り出す彼のダエーワすなわちデヴィルの軍勢

パズズの像．このアッシリアの悪鬼は，のちのキリスト教的な悪鬼がもつ特徴の多くをそなえている．

と戦っている、こういう図式である。この戦いは人間の霊魂をめぐる戦いであり、その帰趨が世界の歴史を作っているのである。

人が死ぬと、その霊魂はまず三日三晩は屍の頭部のあたりにとどまっていて、正義の精霊《ジン》すなわち天使たるラシュヌと、ミスラ——こちらはヘレニズム時代には軍神として新しい経歴を身につける——の裁きを受ける。すべての善行は元帳に貸方として記入され、悪行は借方としてこれもすべて記入される。さて、下界にチンワト（「会計係」の意）の橋があり、その橋のたもとで清算が行なわれる。もし黒字で善が残れば、霊魂は美しい乙女ダエーナにいざなわれ、二頭の犬に護られて橋を渡り「歌の館」へとはいってゆく。反対に、赤字で悪が残れば、たとえその差が「たかだか三つのささいな悪事」であったとしても、容赦されはしない。霊魂は死すべき最初の人間となったイマあるいはヤマの支配する地獄へと落とされる。差し引きゼロであればハミースタカーンと呼ばれる一種のリンボ界へ送られる。ここは古代バビロニアの冥界によく似た場所で、霊魂は世界の終末までここに止め置かれる。この数学的な計算による審判結果は厳正なもので、祈りも生け贄もアーリマンの恩寵も、これをくつがえすことはできない。

西暦九世紀の写本で、もっと古い時代のヴィラズの物語の原本を写したと思われるものが残っているが、それによると世界一立派な人物であるヴィラズが、信仰する教義の正しさを証明するためにあの世へ送られるのだが、そこで彼は多くの霊魂が苦しんでいる姿を目撃する。この話は、形式的には、二世紀から十三世紀にいたるキリスト教の多くの幻視物語にそっくりである。どちらがどう影響したのかは分からない。似ているとはいっても、罪と罰の諸形態はキリスト教の場合とは異なっている部分も多い。最も東洋的な雰囲気が出ていると思われるのは霊魂どうしの接触がないとされる点である。ビザンティン美術では、地獄へ落とされた者は個々に隔離された「箱」に入れられている。地獄といえば無秩序な大混雑と相場が決まっている西洋ではなかなか思いつかない工夫である。

やがては、善と悪との間の宇宙をまたにかけた最後の聖戦が行なわれ、悪は永遠に征服されるであろう。ゾロアスターの種を宿した処女から、サオシュヤントという名の救世主が生まれ、彼は地獄を征服することになる。罪人のうち悔い改めた者は許され、つぎには肉体の復活があまねく実現し、それぞれが再び霊魂と合体するであろう。地獄はどろどろに溶けた金属によって焼かれ破滅する。地上に神の王国が生まれる。

キリスト教徒の読者ならたちまち気づくところだが、こうした古代のゾロアスターの思想の多くは、いわば大変な持久力をもって後代に伝わっているのである。正統的キリスト教がどの程度ゾロアスター教のおかげをこうむっているかは、正式には認知されてはいないものの、たとえば、四人の福音書作者の中では最も終末意識を強く出しているマタイは、キリストの生誕の物語にゾロアスターの祭司である東方の三博士を登場させることで、彼の描く救世主がゾロアスター教の約束する復活と不死にしっかりと連結されるよう望んでいるかのようにみえる。同様に、マタイは生まれたばかりのイエスをエジプトへ落ちのびさせることで、イエスがエジプトのいにしえの知恵にも結びつくことを暗示したのだった。

キリスト教の二元論的異端は、この二千年の間に何度もひょいひょいと頭を出してきており、当事者の名前はそのつど変わるのだが、マニ教徒から十世紀のボゴミール教徒、十二世紀のアルビ派へいたるあらゆる変種がみなゾロアスター教から発していることを見て取るのは難しいことではない。今日においてさえ、高度な神学上のレベルではキリスト教は二元論との戦いに勝利しているのではあるが、凡俗のレベルでは悪の諸力は依然そこそこの権力をふるっているのである。こうした事情はイスラム教でも同じで、イスラム教正統派の厳格な一神教では排除されているものの、悪魔的なイブリスないしアルシャイタンは民衆レベルでは重要な位置を占めている。

ゾロアスター教は、のちに仏教をも派生させるヒンズー教の思想を、まずミスラ信仰に結びつけ――これがローマ帝国の全期間をつうじてキリスト教の由々しきライバルとなる――ついで、その後のライバルとなるイスラム教に結びつけ、そしてキリスト教それ自体にも結びつけるという役割を果たした。ヨーロッパおよびアジアの終末世界の図像は、多くの点で気味が悪いほど似ているが、それはなにか万古不易の来世を皆が等しくスヴェーデンボリ流に幻視したからというよりは、東西の交易ルートがしっかりと維持されていたこと、また、さかんに行き来した軍隊のその宗教上の決意というものがおおまかで、戦いの勝利にかける決意ほどではなかったためであろう。

古典的地獄――4

西暦五世紀に、西欧世界はがらりと変わってしまうわけだが、それまでの一千年以上にわたって、オリュンポス山の神々を祭る神殿《パンテオン》をいただくギリシアおよびローマの宗教は、われわれがいまもなお、地中海民族の文明化された、ないしは「古典文化の《クラシカル》」世界と考えている文化圏にとっては、正常かつ伝統的な宗教であった。これは分別ある恥ずかしくない人々が信じている宗教であり、これ以外のものは何であれ、古臭く、無秩序で、異様で、野蛮で、過激であった。ペルシアとさんざん戦争をしたギリシアだから、ペルシア王ダリウスやキルスのゾロアスター教が、最後には、地中海世界に対して、自分たちの宗教よりもっと大きな影響力をもつだろうなどという考えは、およそ非合理的だと思ったことだろうし、まして、ユダヤ人の特異な慣習が自分たちのもの以上にこの世界を左右するなどという考えは、まず途方もないことに見えたであろう。

現在のわれわれにその名前や作品が伝わってきているギリシアの文筆家は、詩や戯曲、歴史、哲学と、各方面にわたってものを書いているが、聖書的なものを忠実に記録して残すということはしなかった。忠実どころか、彼らは自分たち自身の個人的な意見をこそ前面におし出して何の不都合も感じなかった。

いってみれば、これはずいぶんと新しい文筆の行き方で、個性や美辞麗句をちりばめることが許容され、正統からの詩的な、あるいは遊び半分の逸脱も、一定程度は許された。もっとも、正統、とはいっても詩人や芸術家が諸々の記録をほったらかしにしてきた以上、何が正統だったのかも、じつはよく分からないのである。じっさい、ゾロアスターに見られるような善神と悪神とのすっきりした二分法はギリシアにはない。ギリシアの神々は――その証拠なら文学の伝統の中に何百と実例がある――正しい行ないもするが、一方では復讐心を燃やした破壊的な行為も辞さない、という両面性を、どの神ももっているのである。

伝えられるところでは、フェニキア人から借用しギリシアのものとした新しいアルファベットを最初に活用した詩人であるホメロスとヘシオドスは、紀元前八世紀の人だったという。ヘシオドスは今日ではホメロスほどには読まれていないが、ギリシアの創世神話およびその伝説的歴史を物語り、また神々と精霊の名を列挙してある彼の『神統記』は、これ以降の膨大な文学作品の不可欠の基盤となっている。後代の神話編纂者は、ギリシアの宗教的文献を秩序づけ制度化しようと試みるあまり、彼の空想に彩られたいくつかのイメージは放棄してしまった。たとえば、(冥界ハーデースを流れる川で女神として擬人化されている) あのステュクスの、天にも届く銀色の柱をもつ巨大な館のイメージが、それだ。しかし、古今を問わず、詩人たちは彼を愛し、しばしば彼の音色を自分たちの作品中に響かせている。

ヘシオドスの語るところでは、ハーデースの支配する上方の領域である暗黒のエレボス、および下方の底無しの淵であるタルタロスとは、「夜」や「大地」それ自体とも一緒に原初の空隙から生まれてきた。続いて神々の血なまぐさい戦いの物語がある。まず、天空の神であるウラノスは大地の女神ガイアを母として三人の息子キュクロープスをもうけたが、息子たちが反抗を企てるやこれをタルタロスへ投げこんでしまう。ここは、大地が天のはるか下にあるのとおなじく大地のはるか下に位置する下界である。鉄敷《かなしき》を天から落下させると、タルタロスに落ちるまでに十八日かかるという。タルタロスはブロンズの壁をめぐらして防護してあり、さらに、「夜」によって取り巻かれている。このタルタロスの内部にはどこかに深い「淵」があって、人はここへ落ちこむと底へ達するまでに一年間落下し続けるという。ここにはハーデースと「おそろしきペルセポネー」の館があり、地獄の門の番犬ケルベロスが警護している。

ホメロスの『オデュッセイア』は「死者の国」を訪れる話としては最も初期のものとしてよく知られている。あまりにも有名になりすぎて、これがこしらえごとだということを人は忘れがちになるほどだ。オデュッセウスとその部下の船乗りたちは、予言者に会うために下界へ下らねばならないと魔女キルケーに教えられ、じっさいには地獄そのものにまで行き着いたわけではないが、ハーデースの有名な光景をたくさん見て帰っている。

オデュッセウスはイタケーの武人の王であったが、十年の間トロイ戦争に従事したあと、故国へ帰ろうとして何度も深刻な障害にぶつかることになる。神々も、特に執念深いヘラを筆頭に、彼に敵対する。さて、時代を超越して生き、男にも女にも姿を変えたことがあり、およそ人の世では最も賢い予言者といわれていたテイレシアスの霊こそは、オデュッセウスが勇気をもって相談に行くならば、帰還の道を教えてくれるかもしれない、これがキルケーのアドバイスである。

このためには、オデュッセウスは北の方、ハーデースの王妃ペルセポネーの森へと航海せねばならない。そこは、冥界の川プレゲトーンとコキュトスがアケロンに注ぎこんでいる場所だ。ここに洞窟の入り口があり、オデュッセウスは牡の子羊と黒い牝羊を生け贄として屠り、その血を掘った溝の中へ注がねばならない。その匂いにひかれて、さっそく幽霊たちが洞穴の入り口からわらわらと飛び出してくるが、テイレシアスがやってくるまではと、オデュッセウスは剣をふるって彼らを寄せつけない。テイレシアスはこの血を味わってはじめて喋る元気が出るからである。

「やかましい叫び声」をあげて集まってきた幽霊たちの中には、オデュッセウスの部下だったエルペノールという若い兵士の幽霊もいる。彼はキルケーの館の屋根から落ちて死んだばかりのところだったから、船乗り仲間も、彼がいなくなったのにまだ気づかぬほどだった。ともあれ、彼がハーデース本来の場所へゆけるよう、ちゃんとした葬式をオデュッセウスは約束する。やがてテイレシアスが出てきて血を味わい、オデュッセウスの将来について陰気な予言をする。そこへ亡くなった彼の母の霊も登場、しかし、彼女は息子を見分けることができない様子だ。この霊もまた生け贄の血を飲まねば、束の間の精力を得ることができないのだ。テイレシアスが引き上げたあと、彼女も血をすすり、そうして二人は久方ぶりの話ができたのだが、オデュッセウスが母親を抱こうとしても霊となった母親はまぼろしの如くふわりと逃げて、ちょうどエンキドゥに手を伸ばすギルガメシュのように、相手を摑まえることができない。

続いて、幾人もの有名な女性たちの霊も顔見せに登場してくる。下界探訪のさいのインタヴューはレディー・ファースト、この伝統はここに定まって、以後の詩人たちもみなこれにならう。さて、女性たちのあとに、驚いたことに、トロイ戦争の総大将アガメムノンが現れた。彼は帰国後自分の妻の手にかかって死んだのだった。ほかの戦友の姿もある——アキレウス、パトロクレス、アイアス。オデュッセウスは、アキレウスに向かって、気を落とすことはない、ここでだって君は王族のように亡者どもの上に君臨しているのだから、となぐさめると、アキレウスがいい返すことには、自分はこのような「消耗しつくした亡者」どもを支配するよりは、むしろ、惨めな農夫のその奴隷にでもなっていたい、というのだった。

この亡霊たちは洞窟の口を通り抜けて、向こうから外へ出てきてくれたので、オデュッセウスは有名な番犬ケルベロスやステュクスの渡し守カローンには会えなかったわけだが、しかし、なんとかほかの霊魂にも会いたいという一念が通じたものか、あと何人かハーデースの有名人にもちらっとお目にかかっている。飢えと渇きに苦しめられるタンタロス、大石転がしを延々と続けているシーシュポス、ハゲワシに肝臓をついばまれているタイタン神族のティテュオス、また判事のミノス、満足した境遇にあるオリオン、ヘラクレスの二人の英雄。このあたりまで見て、さあ、ペルセポネーがつぎにまたどんな恐ろしいものを用意しているかも分からないので、オデュッセウスは早々に部下を呼び集めると、大急ぎで船をこぎ戻るのである。

『オデュッセイア』の終わり近くにもう一度ハーデース（あるいはネキアともいう——ネクロポリス［共同墓地］、ネクロマンサー［魔法使い］などの語はこれに由来する）への旅のくだりがある。オデュッセウスが変装してわが家へたどり着いた後の話で、妻に目をつけた大勢の求婚者が自分の財産を食い物にしているのを知ったオデュッセウスが、華々しい戦闘のすえ、とうとう彼らをあの世へと放逐してしまう場面である。彼らのこの地獄行きは一種の幕間劇ともいうべきものだ。神の伝令役ヘルメスが、死した求婚者たちの霊魂の案内人を務める。皆は「こうもりのようにちいちい啼きながら」ヘルメスの後にしたがい、暗い洞窟をぬけ、夢の岸辺と灰色の水にそって進み、やがて亡霊たちの居所と定められた、世界の果てなる、極楽百合の咲く牧原へとやってきた。

つい前の章あたりでは、求婚者たちはほとんど暴漢グループのようなところがあったが、こうして死

霊界への案内者であるヘルメスに導かれて，下界からペルセポネーが姿を見せ，デメテル，ヘカテーと出会う．この四体の地界の神々の姿から察するに，この壺は秘儀を執り行なうさいの道具だったかもしれない．

んだいま、ホメロスは彼らの亡霊になにか悲しげな高貴さを付与しているようだ。彼らは対等の者どうしとしてかつてのギリシアの英雄たちと出会うことになるが、この英雄たちは相変わらず自分たちの死の場面を振り返っては懐かしそうに話し合っている。どうやら、それが彼らの永遠の関心事らしい。ところで新たに到着した求婚者の亡霊たちは、戦いに敗れたまま、まだ埋葬もされずにここへきてしまっている。オデュッセウスの部下のエルペノールの話と、これが対になっている。この幕間劇は、ギリシア的な伝統の来世というものについてわれわれが知っていることとは矛盾するようにみえる。だが、詩として見れば、ここはじつに効果的である。然り、ギリシア人の場合は、正統性も詩情には一歩先を譲るのである。

のちにペルセポネー（「破滅をもたら

す者」の意）と呼ばれるようになる乙女コレーの誘拐と凌辱の物語は、ギリシアおよびヘレニズム世界の重要な宗教祭式であるエレウシス秘儀の基盤となるものだった。物語によると、一人の若い娘が花を摘んでいるところをタルタロスの支配者であるハーデースに捕まり、地界へつれ去られるが、彼女は食事も水もとることを拒む。彼女の母で穀物の女神であるデメテルは嘆きつつ、穀物のことなどうっちゃって世界をさまよった。しかし、ついにコレーの居場所が分かったときは、コレーはザクロの実を七つ食べたあとだった。このため、コレーは毎年、半分だけは地界に住まねばならないことになった。これは豊饒神話の一つで、ほかのオリュンポスの神々への信仰がうわべだけのものになったあとも、長いこと、男女ともにエレウシスの参入儀礼を経験する習わしは続いた。これは、デメテルを真似た象徴的な下界への旅の儀礼で、最後は春と再生の勝利で終わる形をとる。

地獄の女王ペルセポネーは純真無垢な乙女コレーのイメージとは、どうもあまり似通ったところがない。バビロニアのいわば姉妹にあたるエレシュキガルとおなじく、彼女はどちらかというとあまり輪郭のはっきりしない連れ合いのハーデースよりも恐ろしげなところがある。ところでハーデースはときにプルートーン（「富者」の意——プルトクラット［金持ち］などの語はこれに由来）と呼ばれるが、それは、一つには、地界の冶金関係の権利を保有しており、死者とともに埋葬される高価な副葬品を手中にし、また肥沃な土壌から産する穀物をおさえていたからだが、もう一つの理由としては、ハーデースの名を口にすると祟りがありそうなので、人がそれをはばかってこちらの名を使うということがあった。

もう一つ、ハープ奏者オルフェウスにまつわる信仰も重要である。彼は奪われた妻エウルデュケーを取り戻すため、タイナロン洞窟の奥の通路を下って冥界へおもむく。オルフェウス崇拝は何世紀も続き、ギリシアの宗教、またキリスト教にも大きな影響を及ぼした。しばしばオルフェウスと一緒に崇められている酒神ディオニュッソスも、また、半神半人の彼の母セメレーを救出すべく地界へ向かったということになっているが、一説では、彼は天空の神ゼウスがペルセポネーに生ませた息子だともいわれている。ディオニュッソス＝オルフェウスへの神秘的な崇拝は、エレウシス秘儀と同様、はっきりと死と再生にかかわるものにはちがいないが、ただ、オルフェウス自身は、ギルガメシュと同じく、その最愛のものを失っている。

ヘレニズム時代の美術家たちは、イエス・キリストのイメージを作るのに、しばしばオルフェウスの特徴を借用している。いろんな神を奉ってどっちへ転んでもいいようにしておきたい、といった贔屓客《ひいき》向けには、エジプトの天空神ホルスやペルシアの太陽神ミスラを借りてくることもあったが、なんといっても、よき羊飼いでありかつ地獄の征服者、このイメージとしてはオルフェウス＝キリストがどれよりも人気があった。

これ以外は、下界についてのギリシアの物語はさほど深刻なものはない。まず、地獄征伐を試みた最初のギリシアの人気者として、テーセウスがいるが、彼の遠征は屈辱的な失敗に終わっている。最初、彼の遊び仲間のペイトリオスがテーセウスをそそのかして、ヘレネーを——のちにトロイへゆくヘレネーだがこの頃はまだ子供——を誘拐しようとし、さる神主に相談したところ、「代わりにペルセポネーをかどわかせばいいじゃないか」という有り難いご託宣。なるほど、と、そこは愚かで見えっ張りのペイトリオスのこと、さっそく本気になって、二人はタイナロンの通路づたいに下界をめざす。到着した二人はハーデースにいざなわれて、まずはと椅子をすすめられるが、これが「忘却の椅子」、すわったが最後、しっかりくっついて動けなくなってしまった。こうして四年が過ぎるが、その間、二人はすわりっぱなしで大蛇や復讐の三女神に苦しめられ、またハーデースの嫌みを聞かされる羽目に——。

さて、ギリシア人の最もお気に入りの英雄としての威信にたがわず、ヘラクレスは豪胆にも二度まで地界を訪問している。彼の十二功業中の十一番目は、エウリュステウス王の命でハーデースの番犬ケルベロスを連れてくることだった。慎重を期すヘラクレスはまずテーセウスを保証人としてエレウシスの秘儀に参入、ケンタウロス殺害など彼のおびただしい罪の汚れを清めるのに四年を費やした。しかる後に、彼もまたタイナロンの洞窟をつたって下界へ下り、渡し守のカローンを脅してステュクスを渡る。亡霊たちもさすがに彼を見ては散り散りに逃げ惑うが、ゴルゴーンの一人、蛇の髪をもつメドゥーサだけは別だった。どうやら、自分がいまは死んでおり、したがって魔力も失せているのを忘れた模様で、昔日のようにその目で射すくめてヘラクレスを石に変えようとするが果たせない。

友人のテーセウスがあの不運の椅子にすわっているのを発見したヘラクレスは、彼をむりやり持ち上げて助けてやったが、テーセウスの体の後部はかなり椅子にくっついて残ってしまったという。つぎはペイトリオスの番だが、これはハーデースの邪魔がはいったので、ヘラクレスも無理はしない。ケルベロスのほうは、邪魔もなく捕獲するのだが、このときは三匹の喉元を引っつかみ(ケルベロスの分かれた頭の数には諸説があるも、三つというのがまず定説)、組み敷いておいて、身につけていたライオンの皮にまるめて包んでしまった。そして、あまり体裁はよくないが、一応、テーセウスをお供に、ケルベロスをひきずって地上へ戻った。ケルベロスを謁見することになったエウリュステウス王だが、すっかり怖がって、犬がいる間じゅう大がめに隠れて出なかった。

もう一回の旅では、ヘラクレスはアルケスティスを救出する。この女性はアドメートスなる王の王妃であった。この王が、誰か自分の身代わりを立てれば自分は死を免れることができる、という約束を得て、まず年老いた両親を口説くが失敗、これを見て、貞節なる妻アルケスティスが夫のために毒をあお

ヘラクレスに取り押さえられた地獄犬ケルベロスが，臆病なエウリュステウス王に跳びかかろうとする図．紀元前6世紀のギリシアの壺に描かれたもの．

いで死んだのだった。ヘラクレスは、この王宮への騒々しい、だがのちには遠慮がちな訪問者だったのだが、彼女を追って冥界へ下ると、造作もなく彼女を救出してしまう。ペルセポネーの意見というのが、こんなことで妻が夫の代わりに死ぬなど言語道断である、というものだったからだ。紀元前五世紀の劇作家エウリピデスは戯曲『アルケスティス』を書いたが、ここには冥界のシーンはまったくない。主たる関心がアドメートスの一族の間の心理的なもつれを描くことにあるわけなので、まあ、無理もないであろう。

これらの物語を見て気づくのは、それが宗教的な要素からは切り離されているということだ。上のテーセウスの話などは、同じく彼が、半人半牛の怪物ミノタウロスを征伐すべくクレタ島の迷宮ラビュリントス（象徴的な冥府）へ降りる、というもっと真剣な物語の、ごく低級な焼き直しにすぎない。冥界は、すくなくとも時々は、冗談で茶化す対象になってしまっている。前四〇五年、エウリピデスの死後わずか数カ月頃だが、喜劇作家アリストパネスが笑劇『蛙』を書いたのも、その流れの一環であり驚くにはあたらない。これは酔っ払いディオニュッソス、その道化た従者のクサンティアス、そして、筋肉のたるんだ身体にトレードマークのライオンの皮をまとってポーズをとっている愚かなヘラクレス、この三人のハーデース旅行を描くものだ。ステュクスの川を守るのは怖い怪物ではなく鳴き騒ぐ蛙たちだ。お笑い三人組はカローンと無駄な取引をし、エレウシスの儀式をとちり（この辺は、当時は宗教についての辛辣な風刺だっただろう）、バーのホステスと遭遇（ギルガメシュと同じ）、そして最後に一人の下界の判事と出会い、自分たちの要求をつきつける。いわく、地上には立派な劇作家がいなくなってしまったので、エウリピデスを返してほしい。これがもとで、亡者たちが、エウリピデス派と、彼の先輩でもっと謹厳なアイスキュロス派に分かれて大騒動。詩のコンテストが行なわれ、アイスキュロスが勝利をおさめる。

時代をずっと下って、サモサテーの多作な散文家ルキアノスが『死者の対話』を著して、一つの有用な風刺形態を創出した。各界の著名人（安全を慮ってみな故人である）が、政治や宗教を含め、論争含みのさまざまな問題について自分の意見を――つまりは著者の意見を――開陳するという趣向。この作のせいで、彼は「悪態家」の異名を頂戴することになる。冷笑家のルキアノスは十八世紀に再評価されてその作風が復活したが、今世紀になっても大衆的な雑誌などにその遺風をさがすことができる。

後代のギリシアでは、下界の大騒ぎなどは、あきらかに、格好の文筆の材料であった。人気劇作家のアリストパネスも冒瀆を理由に検挙されるなどという危険はまずなかった。もっとも、ピタゴラスの主張によれば、ヘシオドスとホメロスは神々について彼らが語った数々の嘘のせいで、死後、処罰を受けているのだそうで、前者は青銅の柱に縛りつけられ、後者は立ち木に吊るされて周りを蛇が取り囲んでいるのを幻視したという。

ギリシアの位置を一気に複雑にしているプラトンに取り組むまえに、ここで古典世界のハーデースとその住人について、ざっとおさらいをしておこう。ごく少数だが、この幽暗の地底王国へ立ち入った者たちは、南ペロポネソスのマルマラに近いタイナロスの洞窟からはいっている。逆に、死者が立ち現れてきた例は少なくとも一回あって、これはペルセポネーの魔法の森にある、また別の洞窟を通って、普通の船乗りでは近づけないような、とある島に出てきている。亡くなった者のプシケすなわち霊魂は、案内役のヘルメスに先導されてステュクス（「憎悪」）の川を渡る。ここに流れこむ支流がアケロン（「苦悩」）、プレゲトーン（「燃焼」）、コキュトス（「悲嘆」）、アオニス（「鳥殺し」――じっさいは、ローマ神話でタイナロスの洞窟に相当する「アウェルヌス」の誤訳か）、およびレーテ（「忘却」）である。支流は通常は簡略に四本に限定されているが、いつも同じ名前の四本の川とは限らない。ステュクスの渡し守がカローン、霊魂はこの堤防で力つきてしまわない限りは、渡し賃一オボロスをカローンに払って川を渡してもらう。ケルベロスは多頭の番犬。ペルセポネーとハーデース（ないしプルートーン）がこの黄泉の国に、もっと正確にはその一部であるエルボスに、君臨している。

タイタン神族は冥府の下方タルタロスに幽閉されているが、ティテュオスだけは例外で、彼はアポロンとアルテミスの母であるレートーを襲った罰としてハーデースの九エーカーの広さの土地に彼を釘付けにし、その肝臓をハゲワシに食わせている。シーシュポスはハーデースを欺いて冥府を抜け出した罰として、岩を急坂に転がし上げる仕事を科されている。岩はいつもあと一歩のところで転げ落ちるので、彼の罰は未来永劫やむことがない。彼の隣にはイクシオンがいる。イクシオンはオリュンポス最高の女神ヘラを犯そうとした罪で、回転してやまない火炎車に縛りつけられている。その近くにはタンタロスがいる。彼は神々を試すべくわが息子のペロプスを殺し、料理して供した。その罰として、いま彼は湖中に吊り下げられ、飢えと渇きを覚えながらも、飲もうとすれば遠ざかる水、採ろうとすれば逃げる果実に苦しめられている。一説には、頭上に大石を吊るし、つねにそれに押し潰される恐怖を味わわせるという罰を受けているともいう。篩《ふるい》で水を汲むという徒労を永遠の劫罰として強いられているのは、結婚初夜にヘアピンで自分たちの夫を殺した五十人のダナイスたち（あるいは三姉妹ともいう）である。

ハーデースには怪物や悪鬼たちも棲んでいる。死者となったメドゥーサ、キリスト教のサタンのように、人間を悪や愚行へと誘惑しておいて、のちにその罪で罰を加える復讐神アラストール、手に鞭をもつ復讐の三女神エリーニュス（すなわち「復讐神《フリアイ》」たち、一個の霊魂にそれぞれ一つずつとりつくケレスなる恐ろしい有翼の死霊、ヘカテーの娘と考えられる吸血の女鬼ラミアーとエムプーサ、そしてそのヘカテーとは、コレー＝ペルセポネ＝ヘカテー、すなわち、処女＝女王＝悪霊の三位一体の第三番目の顔なのである。

古代ギリシアにおいては、悪行に対する処罰というものは、見た目には超自然的に下されるのではあるが（たとえば、母を殺したオレステスを追う復讐の三女神など）、しかし、神自身に向けられた犯罪という少数の例外を除けば、一般にはそれは死後に下される罰ではない。オイディプスの苦悩や、アトレウスの館に伝わる何世代にもわたる祟りも、神によって生者のために定められたものであり、死者が

ローマ時代の大理石の石棺に施された彫刻．カローンが霊魂を船に乗せてステュクスの川を渡らせている．

受ける罰ではない。このように初期のギリシア人が、エジプト人やゾロアスター教徒とはちがって、死後の物語をもたなかったのは、たんに、古代ギリシアが中央集権的な司法制度を確立していなかったからだ、という説が従来行なわれている。

だが、前五世紀までには、ペルシアおよびエジプトの思想がギリシアにも浸透してきた。ピンダロスは、人間が「見るも恐ろしい苦役」に耐えている死後の暮らしのことを書いている。プラトンは『ゴルギアス』の中で、下界の裁判官たちの名前を挙げている。すなわち、ヨーロッパ人を裁くアイアコス、アジア人を裁くラダマンテュス、そして控訴院をおさえているミノスである。善なる霊魂は極楽浄土《エリュシオン》へ行き着くが、ピンダロスによれば、そこでは馬術や運動競技の試合を楽しむ者あり、チェッカーの勝負を楽しむ者あり、また竪琴を奏でる者もあり、そして浄土全体に真っ盛りの花が咲きみだれている。神々の祭壇にはつねに多種多様な生け贄が供えられ、それがはるか遠くまで輝きわたる炎とまざりあっている。悪い霊魂のほうはタルタロスへ、そして残りは不凋花《アスポデロス》の咲くアスポデロスの野へと連れてゆかれる。オルペウス信者たちは、死者たちの魂というのはそれが報われたり罰せられたりするために肉体の死後もなお生き続けるという考えこそ道理にかなっている、と信じていた。前一世紀の歴史家ディオドロスは、エジプト起源のものがオルフェウスやエレウシスへの信仰に投影されており、また来世にまつわる儀式にも現れている（たとえば、エジプトのアヌビス神の仮面を真似たケルベロスの仮面）という。同様に、ホメロスが冥界（ネキア）への第二の旅で案内人としてヘルメスを用いているのにもエジプトの影響が見られるという。

前五世紀には、また、地獄の歴史に相当大きな影響を及ぼした画家が一人初めて登場する。これはポリュグノトスで、彼がデルポイのアポロの神殿に描いた大壁画は、オデュッセウスの死者の国への旅を題材にしていた。これを見るために、何世紀にもわたって旅行者、巡礼者がこの地を訪れたという。この壁画自体は（たぶん、キリスト教徒の手で）はるか昔に壊滅させられているが、描かれていた絵の内容は、二世紀のギリシアの案内記作家パウサニアスが丹念に書き残してくれている。細部にわたる長大なその記録を読むと、ポリュグノトスは『オデュッセイア』に対して話の筋に忠実な絵を描こうといった義理立てをしている様子はない。反対に、ホメロスがいい忘れていると彼が判断したもの、またオデュッセウスがもっと勇気を出してさらに下方へ下ったならば目にしたにちがいない、と彼が想定するもの、そういうものが自由に描き加えられている。神話の登場人物もいろいろ折衷的に取り入れられていて、そこにはオルペウスもはいっている。また、おそらくはポリュグノトスの創作であるが（というのは、何世紀も間が空いたとはいえ、パウサニアスがそうした神話はまったく知らないからだ）、地獄研究家の耳目を引かずにはおかないような悪魔怪獣の姿も描き出されている。

デルポイのガイド役は、エウリュノモスはハーデースに棲む「魔神」の一人だという。死者の肉を食らい、残すのは骨ばかりだそうだ。さて、ホメロスの詩篇でもまた『ミニュアス』や『帰国譚』でも魔神エウリュノモスのことは知られていないようだが、私が、ここに描かれているとおりにその姿を説明してみよう。この魔神の体は青黒い色で、ちょうど、肉にむらがる蠅のような色である。長い歯をむき出しにしており、ハゲワシの毛皮を敷いたその上にすわっている。

エウリュノモスは悪鬼ケレスの一種だったかもしれないし、あるいは、やはり青暗色をしていたエトルリアのカルンの変形かもしれないが、パウサニアスはそうは考えてはいないらしい。この好奇心旺盛で見聞も広く、いろいろな地方の神話や伝説にも精通していた著者のことであるから、ひょっとして「離散地のユダヤ人」の話にもどこかで出会っていたかどうか、われわれとしてはそこが知りたいところだ。そこにはベルゼバブつまり「蠅の王」が登場するからだが、もし彼がそれを知らなかったとしたら、蠅の比喩をもってきたのはみごとな偶然の一致ということになろう。

プラトン的地獄──5

その死後二千五百年にも及んで揺るがぬ影響力を与えてきた哲学者にして教師のプラトン（前四二八？―三四八？）は、紀元前四世紀のさほど宗教的とはいえなかったギリシア人たちが、どんなものを死後の世界として信じていたのか、それを最もよくわれわれに教えてくれる。例によってプラトンはいくつものいい方を用いるし、その中で冗談をいったりもするから紛らわしいが、彼の主張そのものは理論的に首尾一貫している。諸々の対話篇では、魂の運命というものがしばしば話題になっているが、全編がこのテーマにあてられているのは、刑死直前の哲学者ソクラテスを描いた感動的なドラマ『パイドン』である。

語り手はパイドンである。プラトンはその場に居合わせなかったからだ。ソクラテスが毒杯を仰いで死なねばならぬその直前の何時間かを、親しい友人十五人ほどが牢獄内で彼と語り合って過ごしている。ソクラテスの精神は居合わせる友人たちをはるかに凌いで昂揚しており、冗談まじりに、魂は哲学者の最良の部分なのであるから、自分の魂がいま肉体から解放されるのはなんら悲しむべきことではない、などと話す。それでも、ボイオティアの人ケベスは魂の運命に不安を表して、こう問いかける。

魂というのは、人間が死んだその日に肉体を離れてしまうと、もうどこにも存在せず滅びてしまうのではありませんか。肉体から抜け出すと、まるで空気か煙のように消えて飛び去り無になってしまうのではありませんか。

ソクラテスは彼を安心させるべく、ただちにこのテーマで最後の討論をしてみようと提案する。その議論なら、「いまここで私の話を聞く者も誰一人として、たとえ私の敵であるあの喜劇詩人たちだって、私が自分にかかわりのないことで無駄口をきいているなどと非難はしないだろうから」と考えるのである。

これに続く議論の中で例証されるのは、とりわけ、形態のイデアに関するプラトンの理論である。すなわち、われわれが知覚する現実というものは、理想的なるものが物質的に仮の姿をとった、したがって不完全な形態のものにすぎないという理論である。たとえば、椅子なら椅子が作られるときは、そのイメージはどんなに漠然としたものであろうともある理想的で完全な椅子というものの概念にしたがって、それは作られるのである。この理論は西洋の宗教的信条の中に深い痕跡を残している。プラトンの著作は、ヘレニズム時代の新プラトン主義者、特にエジプトのプロティノスやユダヤ系エジプト人のピロンによる再解釈を経て、グノーシス派、また初期の正統派キリスト教徒の深く吟味するところとなり、その結果、原罪および引き続く救済というきわめて非ギリシア的な観念の中にも、それは強く生かされることになったのである。また、新プラトン主義の洗礼を受けたキリスト教徒は、肉体の姿をもったキリストが人間のプラトン的な理想である、と解釈する方途を選んだ（キリストの人間的側面はすっかり犠牲にしてもっぱらその神性を主張する者、すなわち仮象論者たちは、重大な異端と見なされた）し、のちには、聖母マリアが理想的な女性像を具現するものともなった。地上に実現される神の王国は、初期のキリスト教徒の念頭にあったような理想的な生活形態のものとなるはずであった。プラトンに依拠することで、彼らはペルシア流の善悪の二元論を免れることができた。「現世の王」が支配する罪深き堕落した物質界というものが存在するのは認めざるをえないが、同時に、その王が永続的な権力をもつことは否定できたからである。

『パイドン』で、ソクラテスは知識というものがすでに知っているものの想起であると主張しつつ、魂が肉体の一時的な可視性のうちに多様な顕現をすることを証明しようとする。そして不可視的な魂は、理想的な真の実在に似てまた仮象の肉体とは異なって、永遠のものであり、善行によってついには「高貴で、清浄で、不可視的な真のハーデースの然るべき場所へ、また、神がお望みなら私もすぐにそこへ行くことになるが、その善にして賢き神のもとへと」赴くのである。

では、悪しき魂はどうなるのか。

そうした悪しき魂とは、ソクラテスによれば、肉体に強く捕らえられている姿であり、したがって決して自由にはなれず、生前の悪行の性質に応じて再び何か別の肉体に宿らねばならない、という。たとえば大酒飲みの魂はロバの肉体に、悪漢の魂はハゲタカの肉体に、という具合である。この輪廻のシステムはヒンズー教か仏教を思わせる。ただ、ソクラテスもここらあたりは真面目一方というわけでもなく、冗談まじりに、通俗的なアテナイ市民の魂をば蟻かスズメバチの肉体に託している。人間に似た社会生活を営んでいるからである。いっぽう、学を愛する哲学者のみは、神々の仲間へと迎え入れられるのだという。

ずっと後のほうで、ソクラテスは神々の住む「真の大地」を想像力豊かに描き出している。この真の大地とは、上空にあってわれわれの大地を取り込んでいるようなエーテルに満たされた球体であるが、しかし、ここから巨大な亀裂が走っていて、それがわれわれの大地の中心にまで達している。そして、そこにタルタロスがある。ソクラテスはこのタルタロスへ流れこむいくつもの川の説明をしている。まず、大地を取り巻くように一番外側を流れているオケアノスの川、および、タルタロスに属するアケロン、ピュリプレゲトーン（＝プレゲトーン）、コキュトスの川、そしてステュクスの湖へ流れ入るステュギオスの川である。さて、死んだ者たちの魂のうち、「特に善くも悪くもなく生きてきた」と裁定されるような普通の魂は、舟に乗せられてアケロンをさかのぼりアケルシアスの湖に達する。ここでまず、生前に悪行があればこれを清め、つぎに善行に対して褒美を与え、しかる後に再び人間ないしは動物として生まれ変わるために送り出されることになる。だが、ソクラテスは、救われ難い者たちにとっては、場合によって永遠にも続く地獄が深く広がっていることをも示してくれる。

だが、犯した罪の大きさゆえに矯正は難しいと思われる者たち——聖物窃盗という重罪を何度となく犯した者、悪辣、凶暴なる殺人を犯した者たち、等々——これらはそれに相応しい運命としてタルタロスへ投げこまれ、二度とそこから抜け出せない。また、同じく大きな罪を犯しはしたが、矯正不可能でもないと判定された者たち——たとえば、一時の怒りにまかせて父や母に暴力をふるったものの、生涯それを悔いて過ごしてきたような者、あるいは誤って人を殺害したものの情状酌量の余地がある者——これらは、やはりタルタロスに落ちねばならないが、しかし、そこで一年間だけ苦痛に耐え忍べば、大波が彼らをタルタロスから流し出し、父殺し、母殺しはピュリプレゲトーンの川へ、その他一般の殺人はコキュトスの川へと送りこむ。やがて彼らはアケルシアスの湖のそばまで運ばれるが、ここで罪人たちは大声をあげて彼らが殺したり悪行を働いたりした相手の名を呼び、自分たちに寛大に哀れみをかけてくれるよう、そしてこの川の流れから救い出してアケルシアスの湖に引き入れてくれるようにと懇願するのである。そして、もし相手をうまく説得することができれば、彼らは川から出されてその難儀も終わるのだが、もし、聞きとげられない場合は、再びタルタロスへと運ばれ、休まずもう一度川の流れに押し出される。罪を働いた相手の慈悲が得られるまで、それが続くのである。それが、裁判官によって彼らに下された判決だからである。

ソクラテスはこうした説明をしたあとで、事実がこの通りかどうかは疑問の余地があるが、しかし、「何かしらこれに類したこと」は真実であるかもしれない、と述べている。これと同じ内容の話は『ゴルギアス』の最後の部分にもくりかえされている。ソクラテスは、神々による天地の支配権の分割、霊魂を裁く三人の裁判官の任命、といった「世にもみごとな物語」を披露、さらに、「放埒、贅沢、傲慢、不節制」によって歪められた魂が、裁判官ラダマンテュスによって治癒の見込みあり、あるいは見込みなしの判定を下されてタルタロスへ追いやられるさまを説明している。治癒の見込みが立たない者というのは、いつも国事にかかわってきた公人であるようだ、と彼はつけ加えている。最後に、大事な点としてソクラテスが説くのは、こういった物語が真実かどうかを問うことなのではなく、「生においても死においても正義とあらゆる徳を実践すること、それが人生の最良の生き方である」という教えである。

『パイドロス』では、ソクラテスは霊魂を翼をもった生き物と説明している。完全なる霊魂は上方へと飛翔し、いっぽう不完全なそれは地面へぐったりと降下し死すべき運命の肉体を付与される。プラトン自身がいかに詩的な趣でこれを書いたにせよ、幾世紀かのちの初期キリスト教の教父たち、とりわけオリゲネスは実直にこれを読んだ。オリゲネスはまた、霊魂の再生がどのように果たされるのかについてのプラトンの説明にも、強い感銘を受けている。翼をもち、上方へまた下方へ動きまわることのできる霊魂とは、また、オリゲネスの目には、地獄というものが永劫ではありえないことの証明のようにも見えた。

『国家』の終わり近くに、プラトンは有名なエルの物語を置いている。われわれなら「臨死体験」とでも呼びそうな体験をした兵士の話である。彼は死んだと見なされて戦場に十二日間放置されたが、その後蘇生してみずからの体験を語る。エルの幻視の内容は古典的なハーデースそのままではなく、部分的には中世のキリスト教的な幻想を先取りしたところがあり（だから、逆に、これが中世に影響を及ぼしているのは疑いない）、また部分的には、東洋的な心象も見える。有徳の魂は「右手の天への道を昇り」、反対に罪人は左手から降下してゆくが、これを出迎えるのは「ぎらぎらと燃えるような形相の猛々しい者ども」であり、手にした鞭やいばらで霊魂のからだを責めさいなむ。十二日目に、霊魂は運命の女神たちが操る「宿命の紡錘」へと進み出て、自分たちがどのような霊魂再生を望むかをここで選択する。プラトンは昔の神話の英雄たちを登場させ、彼らの選択が――「悲しくも、奇妙で、また笑うべきかな」――良識にではなく過去の自分の経験に左右されているさまを描き出す。

霊魂たちはここでレーテ（「忘却」）の水を飲み、ついで再生すべくあたかも流星のように上方へ飛び去ってゆく。ただし、エルだけはじつはまだ生きたままで火葬用の積んだ薪の上に蘇生するわけだ。

霊魂の永遠性ということを前提とすれば、その霊魂の再来――あるいは輪廻、また転生――という考え方は、（論理がここに通用するとして）論理上からは、罪と罰の問題、人間が説明のつかない苦難を味わう問題、現世で悪徳が栄える問題、これら天罰にかかわる問題に対して、死後永劫に続く応報、賞罰という固定的な来世の仕組みに比べると、より満足のゆく解決を与えるものだ。超自然的で厳格な法によって定められた静的な仕組みではなく、道徳面からいえば動的、活性的で、また、蝶の変態や季節のサイクルのように自然の秩序の一部をなしている意味もあるので、霊魂再来という考え方は現実に起こるいくつかの難問をうまく回避させてくれるところがある。それに、罪というものがいつかは「治癒」されうる、という説のほうを信じたい人は多いだろう。静的な固定システムを掲げる一神論者の場合は、また、悪というものの存在を、神の対抗者として定立させられない以上はその全能の神の一部とするしかなく、したがって、神の内部にある悪の原理という難題とも取り組まねばならない。さて、じっさいには、東洋の宗教では広く受け入れられたこの輪廻・転生の思想が、ヨーロッパでは拒否された。物理的な肉体の復活というキリスト教の一原理（ゾロアスター教から受け継がれたもので、イスラム教もこれを採用している）が、霊魂再来を不可能にしたのである。

ローマ帝国——6

冒険的な商人や雇い兵たちの活躍、またペルシアを中東にまで押し返したギリシア軍の働きのおかげで、ギリシア文化は少なくとも前五世紀以降は地中海地方での支配的な文化となった。唯一のライバルといえば、旧来のひっそりと静止したようなエジプト文明だったが、前四世紀にアレクサンダー大王が世界制覇に乗り出すや、たちまち諸都市を結ぶ交通路を整備、大国家の基本としてギリシア文化の伝播に努めたから、ギリシア文化はインドからスペインにまで広がることになった。アレクサンダーは部下の将に権限を与えて諸州の統治を任せたから、ここにシリアおよび小アジアのセレウコス朝、エジプトのプトレマイオス朝が創建され、ギリシア文化はさらに定着した。最後に、ギリシアの強い影響下にあったローマ人がついに頭角を現し、夷狄と戦ってガリア地方からさらに北西へと版図を広げ、ついにははるばるブリテン島にまで地中海文明をもたらした。

この文化交流には、むろん二つの側面がある。ギリシア文化をもたらした兵士たちは征服した土地の娘を妻とすることも多かった。結婚後は彼女たちを故国へ連れて帰るかあるいは妻の国であるその土地に自分が居残るかしたが、いずれにせよ、そこに文化の相互交流が生まれた。征服された遠隔の地の上層階級の者たちは、ヘレニズムの貴族的生活様式にあこがれたが、いっぽう、土地の農夫たちは新来の歩兵たちを摑まえて自分たちに伝わる伝統を伝授してやった。不満を託《かこ》っていたような若者たちは、以前には想像もできなかったような極上の品々を目の当たりにして、新しい文化へのあこがれを覚えた。反対に、アジア、アフリカ、スカンジナビア、そしてスラブ諸国から連れてこられた奴隷たちは、さらに多くの異国的慣習をギリシア・ローマ圏へもたらした。「ヘレニズム的」という形容詞は、おそらくギリシア文化と東方的な文化のさまざまな流れが合体した統一物を指すのであろうが、しかし、ローマ帝国の時代を含む長い間には、この文化的融合体は単なる合体以上の豊かな内容をもつにいたった。

いくつもの言語、文化、慣習、信仰、これらのものの驚異的ないわば異花受精的な相互交流の現象、これはかつて世界史の中には一度も起こらなかったことであるし、その後も二十世紀にいたるまで目撃されていない。旧式の宗教はモザイク模様にも似たさまざまな新奇な要素の挑戦を受けた。セラピスといったギリシア゠エジプトの融合体のような新しい神々も創出された。同時に、古くから伝わる異国の神々も紹介される。アジアからはサバジオス神、ペルシアからはミスラ神、そしてエジプトからはイシス神、これらの神々である。トルコから母なる大神キュビレの彫像がローマにもちこまれたとき、このキュビレ女神を奉ずる去勢僧侶たちがめめしく練り歩くのを見たローマの元老院は、不快の色もあらわに、この女神とはいっさいかかわりをもたぬよう、遅ればせながらローマ市民にくぎをさしたのだった。

ヘレニズム文化が長いことかけて徐々にローマ帝国へ浸透していったその文化交流の時期というのは、便利なことに、西暦のゼロ年を中心としてその前後にほぼ四世紀ずつの長さにわたっている。一方の端にはアレクサンダー大王（前三三六—三二三）がおり、反対の端にはこちらも大帝と呼ばれるコンスタンチヌス一世（三〇六—三三七）がいる。そして、地獄に関する観念も持ちあわせた重要な思想家が、これも一人ずつ、ほぼ両端に近いところに厳然として立っている。すなわちアテナイのプラトンと、ヒッポのアウグスティヌスである。

ローマ人は宗教的敬虔さはもっていたが、神話づくりにいそしむほうではなかった。彼らの生来の宗教は一種のアニミズムで、それは日本の神道にずいぶん近い。すなわち、森にも小川にも、一本の立木にもそれ自身の神が存在するのだし、家屋の一つ一つ、中庭の一つ一つにも、さらには日常生活のどの局面、どの場面にも神は宿っているのである。人間も、男ならゲニウス、女ならユーノーなる守護神を一人一人がもっている。守護天使という姿でキリスト教にも伝わってくる概念である。およそ名前をもつ事物はほとんどすべてが神霊《ヌーメン》をもっているから、文字どおり何千というヌーメンが存在することになる。ただし、天空、太陽、月、海、収穫、火床を司るような重要な神々、また、愛、戦争、結婚、知恵などの概念を具現する神々、これらについては、ローマ人はギリシア神話をそっくり借用し、その物語の主人公に彼ら自身の神々の名前だけを効率よく嵌めこんだのである。

異国の地へ出征した兵士たちも、行軍の途中でその土地の神殿に出会うとちょうど同じことをした。その結果、その土地のある乙女の像が、ガリアの住民がそれを誰だと思っていようがおかまいなく、ローマのディアナの像となって然るべく崇められ、その神殿を由緒あるものにしたのである。この習慣は好都合に機能した。ローマ軍はいずれにせよ恭しい尊敬の念を見せるわけだから、無用な宗教上の摩擦は起こさないで済んだ。こうして、帝政の後期にいたっても、異文化に対するローマ人の姿勢にあまり変化はなく、だいたいは、英国の女優パトリック・キャンベルの「何でもお好きにどうぞ、道の真ん中でそれをして馬を驚かさない限りはね」という、呑気で寛容な態度と似たようなものだった。この約束事を破ってしまったのが、あの悪名高いキュビレの僧侶たちだったわけだ。また、同じく、この頃までにはシーザーの属性となるにいたった神性を、どうしてもシーザーに許し与えようとしない強情なキリスト教徒、これも違反者だった。ローマの基準に照らせば、これらの違反者の行為は無秩序かつ無礼なものだった。

ヘレニズム時代に広がった数々の秘儀的な信仰は、初期のキリスト教にも強い影響を及ぼした。たとえば、七つの大罪という概念が地理学的に、また図像学的にキリスト教独自の地獄観の中に占有されているが、これなどは、七という数字に神秘的な意義を付与していたゾロアスター教にさかのぼる、ミスラ神信仰の定式の一つだった。ミスラ神の物語によると、死者の魂は、やぎ座にある門を通って昇ってゆくとき、七つの天球層を通過し、その一つ一つで該当する悪徳を振り捨てるのだという。太陽の層においてで高慢を、月の層において嫉妬を、火星において立腹を、水星では貪欲を、木星では野心、金星では色欲、そして土星では怠惰を捨てるのである。十二月二十五日を神の誕生日とするアイデアもミスラ信仰から借りたものであるし、キリスト教徒がわがものとしている、キリストを表すギリシア語のキー＝ロー［Chi-Rho］の合わせ文字もそうである。また数々の秘儀とともに、特に星占い、数占いへの執着も同じくミスラ信仰から伝わったものである。

ラテン詩人たちは旧来のギリシアの物語を潤色し、地界の物語集にもいささか補足を加えた。すなわち、ウェルギリウスの『アエネーイス』に盛りこまれた目を奪う挿話、おなじウェルギリウスやまたオウィディウスによるオルフェウス物語、アプレイウスの『黄金の驢馬』で語られるプシュケーの乙女の冒険談、来世の否定面よりは肯定的にユートピアを描いたキケロの『スキピオの夢』、プラトンのエルから中世の夢幻世界までを見通したようなプルタルコスの『テスペシオスの幻想』などがそれである。ローマ人は固有名詞にも二、三の変更を加えた。プルートーン、ないしプルートは時々父なるディスと呼ばれた。ディス〔Dis〕は富者ディーヴェス〔Dives〕の短縮形だから、「富者たる父」の意味になる。ペルセポネーはプロセルピナと変わって、おそらくギリシア版よりは恐ろしさもやや減じた。ヘルメスはメルクリウスとなる。

『アエネーイス』は前三〇年から一九年の間に書かれたものだが、当時ローマにすんでいた作者が周到な準備、調査をへて取り組んだ大作である。ウェルギリウスが手本としたのがホメロスであることはあきらかだが、冥界の場面を見ればプラトンにも通暁していたことが分かる。つい一世代かそこら前までは、欧米じゅうの高校でウェルギリウスが正課として教えられていた、という事情があるにせよ、死者の国を扱った書としてウェルギリウスのものが最も有名であるのは疑いない。

この叙事詩の主人公アイネアースは、あの大戦争を戦ったトロイの人である。オデュッセウスと同様彼も旅の途上にある。トロイが壊滅したいま、新しい安住の地を求めねばならないのである。ギリシアのヘラにあたるユーノー女神が彼に対し無慈悲に敵対するので、その怒りを和らげる方法を教わろうと、アイネアースは死んだ父親アンキセースを地界に訪ねることになる。死霊を地上の明るみに誘い出すのはいかにしても無理であるから、彼も覚悟をきめて地界へ降下するのである。案内役はクーマイの巫女シュビレー、また死者の国の脅威から身を守る魔法の護符として、聖なる黄金のやどり木の枝をたずさえた。

『オデュッセイア』の場合と同じく、二人はまず洞窟の入り口で血の生け贄を捧げる。今度の洞窟は現在のナポリの近くになるクーマイにある。洞窟の位置はこうしてイタリアの下とはっきり特定されていて、どこか知れない空想の場所という設定ではない。ウェルギリウスの舞台づくりは不気味な特殊効果入りである。咆哮する犬、冷たくねっとりとした洞穴、有毒ガス、地震、ぞっとする悲鳴――。ハリウッドはウェルギリウスの恩恵をずいぶんとこうむっている。

　リンボ界がここに初めて登場する。いわゆる「無縁仏」が然るべき埋葬をされるまで——ローマ人は正しく作法にかなったお役所ふうの形式をよしとした——または百年間の間、留め置かれる場所である。アイネアースはここに知人が三人いるのに気づいて愕然とするが、シュビレーが自分の女司祭としての影響力を行使してのちほどその者たちを救い出すと約束する。二人は眠りの洞窟を通過する（この辺り、ウェルギリウスはヘシオドスやホメロスを注意深く参照している。死者の国への請願者は必ずこうした洞穴を通るのである。のちにはロマン派の詩人たちがここを訪れることになる）。つぎには、意地の悪い渡し守カローンとともに黄泉の川を渡り、番犬ケルベロスのもとへちょっと立ち寄り、裁判官のミノスが鎮座するホールを通りぬけ、今度は女たちに出会うが、その最初に出てくるのがアイネアースの悲劇の恋人ディドーである。ディドーは終始その顔をそむけたまま。つぎはギリシア人ではなくトロイ人の戦いの英雄たちが、こもごもに陰惨な戦争の物語を聞かせる。

　さてシュビレーはアイネアースを急がせて二股に分かれた道の右側へ進ませようとする。これはディスの館のそばを通ってやがてエリュシオンへいたる道である。しかしアイネアースはちょっと立ち止まって、火の川ごしに左手の三層の塀をめぐらした城塞を見物してみる。防備のために巨大な城門がしつらえてあるが、そのてっぺんに復讐の女神の一人がちょこんと腰掛けている。城塞の内部からはなにやら人のうめく声、鞭がバシッとなる音、鎖のぶつかり合う音が聞こえてくる。シュビレーが説明するには、それはラダマンテュスによって送りこまれた者たちで、「凶暴な女性のグループ」や五十の頭をもつ恐ろしい水蛇《ヒュドラ》による復讐を受け、しかるのちに底無しの淵へ落とされるというのであった。

　シュビレーは例のごとく地獄の知名の士たちをも引き合いに出す。タイタン神族の一党、ハゲワシに

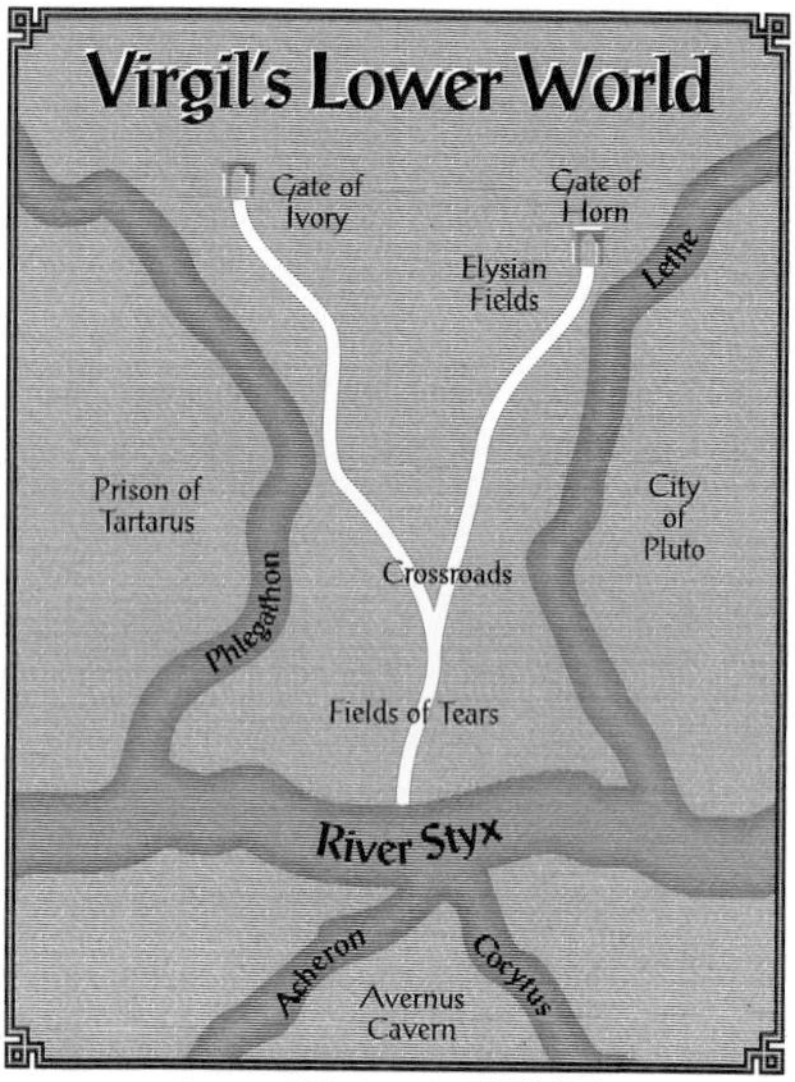

ウェルギリウスの下界地図

肝を食わせるティテュオス、火焔車のイクシオン、ペルセポネーを得ようと計ったペイリトース、そしてテーセウス（詩人たちが彼を必要とするたびに、テーセウスは逃げたはずの彼の忘却の椅子にまた座らせられる）。このほかに一般の罪人もいる。親族に対し暴虐の振舞いのあった者、吝嗇家、姦通者、裏切り者などである。それは、たとえシュビレーが「鉄の喉」をもっていたとしても語り尽くせないほどのおびただしい罪状である。

『アエネーイス』は絵画的・視覚的に地獄を描いた最初のものだった。むろん最良のものの一つである。そこに盛りこまれた形象のすべては、当時としては一般に流布したものばかりだったが、ウェルギリウスの語るような鮮明な画像というのは一般的な印象をかっちりとした特定の形状へと結晶させる力をもつのである。彼がのちの詩人や物語作家に与えた衝撃は大きく、たとえばダンテはその地獄行の案内者兼顧問として彼を呼んできている（ダンテはまた最終的に地獄の地図を確定した）。文筆家ばかりではない、キリスト教の宇宙観の大枠を組み立てようと知恵をしぼった学者たち、すなわち、アレクサンドリアのクレメンス、オリゲネス、テルトゥリアヌス、そして、わけてもアウグスティヌス、これらの人々にも甚大な影響を及ぼした。アウグスティヌスはウェルギリウスを頻繁に引用している一人だ。

地界めぐりの残りの部分は読者としてはやや期待はずれの感があるが、ウエルギリウスにとってはそうではない。ローマの王家の血統をトロイの貴族の家柄に結びつけるというところに、彼の愛国者としての視点があるからだ。アンキセースが現れて来世の様子を説き聞かせる。この部分はプラトンのエルの描写に似る。続いて、アイネアースの後裔たちの堂々たる行進が始まり、ローマの未来の栄光が誇示される。アイネアースは子孫たちのくり広げる絵巻物にうっとりとなってユーノーへの対策をたたすのをあやうく忘れそうになるが、しかし、いずれにせよ、彼は生きながらえてこの血統の祖となることをいまや知るのである。最後に彼とシュビレーは、やや奇妙だが、正直の角《つの》の門に対置されて、偽りの夢を人間に送るとされる象牙の門を通って地上に帰る。

プルタルコス（四六?―一二〇?）はギリシアの人だが、一時ローマに住んだこともある。中世を通じて人気を博した彼のことであるから、その『テスペシオスの幻想』にもひとどおりでない関心が集まるのは当然である。形式はエルの物語に似ている。テスペシオスなる無頼漢が墜落死したと見なされて三日後、いましも埋葬されようとしたときに蘇生、みずからの「臨死の」幻視を物語るという筋書きだ。彼の魂は星が二つ三つあかあかと輝いている世界へと連れてゆかれるが、そこには死んだばかりの男と女の霊魂が炎の泡の中で洗われている。立ち上がっている霊魂があり、乱雑に横たわっている霊魂がある。またその中間で立つでも伏すでもなくおぼつかない様子の霊魂もある。立ち上がった霊魂は清浄に輝いて見えるが、あとの者は体にうろこ状の汚れがついており、なかにはその汚いうろこで全身おおわれた者もある。この火炎による洗浄の罰は、裁判官のディスが割り当てるのだが、すでに治癒不可能な霊魂もあり、それらは復讐の女神《エリニュス》たちの一人がそこらじゅうを執拗に追い回して手を替え品を替えいろんな苦痛を与え、とうとう底無しの淵へ追い落としてしまう。この救われぬ者たちのなかに、テスペシオスは自分の父親もはいっているのを知る。金目当てに、自分の客人を幾人も毒殺したのだという。ここに落とされた霊魂は苦痛に身悶えし、なかにははらわたを引き出されている者もある。近くには三つの恐ろしい池が控えている。煮え立つ黄金の池、凍りつくような鉛の池、そして鉄片のつまった池の三つで、ここへ悪鬼どもが順に霊魂を投げこんでいる。テスペシオスが最後に目撃するのは「矯正」をほどこされている霊魂の姿だ。文字どおりハンマーでめちゃめちゃに叩いて「形を整え」、新たに別の人生へと送り出すのである。この書物はキリスト教の時代を予見させるものがある。いっぽう、ルキウス・アプレイウスの『黄金の驢馬』は当世ふうのもっと陽気な物語で、内容もギリシアの昔にさかのぼる。可愛いプシュケーはペルセポネーの魔法の美の箱をとりにハーデースに降りねばならないのだが、いろんな物語と同様、彼女も戒めにそむいて箱の蓋を開けてしまい……。だが、幸いにも、彼女のその後の冒険は幸運にめぐまれる。

ヘブライ人の黄泉《シェオール》の国——7

旧約聖書にうかがわれるような根拠から察する限りは、ユダヤ人というのは地中海諸民族の中でも最も不気味な世界とは縁遠い、というか、その手の想像力には乏しかった。近隣の民族とは異なって、彼らは死者とはいかなる関係ももたなかった。死者を崇拝もしなければ、生け贄を捧げたりもしないし、死者を訪ねたり、来世で死者と再会するといった期待もしなかった。また、いかなるかたちであれ、ヤーウェ神との死後の出会いは予想していなかった。反対に、死者となれば神とはまさに分断されるのである。

わたしは力を失った者のように、死人のなかで見放され、墓に横たわる殺された者のようになっている。神よ、あなたはその者たちをもう覚えてはいない。その者たちは、あなたの御手から断ち切られている（「詩篇」八八・四―五）。

死人は、じっさい、けがれた不浄なものと見なされた。

旧約聖書にはヘブライ語の「シエオール」という言葉が頻繁に出てくる。英語ではときには「地獄」、ときには「墓」、またときには「穴」と訳されているが、いずれにせよ、屍が横たえられて休む場所、という意味以上のものを示すことは一度もない。例外は落胆や絶望をごく比喩的にこの言葉で表す場合だけだ。また、時々だが「シエオール」は牢獄を意味することもある。「地獄」と訳される第二のヘブライの用語は「ゲヘナ」であるが、これはベン・ヒンノムの谷間のことで、ここはゴミの山というか町のゴミ捨て場だった。じっさいにはゴミのほかに犯罪人や動物の死体を投げこんで燃やしていた。臭気やら衛生上の理由から、火は絶えず燃やし続けられていた。初期のころには異教の神モロクへの人身御供がここで行なわれたという。この「ゲヘナ」の名は不快なる場所、また呪いの場所を表す比喩的な意味ももった。こんな場所で死ぬとなれば、その生活はヤーウェ神の律法とは遠く隔たっていただろうからだ。「アバドン」(「破壊」の意)、「ボール」(「穴」の意)も時折「地獄」と訳されている。

古代ヘブライ人は、近隣のメソポタミア諸民族とともに、影のような来世へ向けての、乾いてほこりっぽい地下の裁判地という概念はもっていたかもしれない。エンドルの霊媒をする女の呼びかけに応じてサムエルの霊ないし影が立ち現れてくるのも、そのような場所からだったであろう(「サムエル前書」二八・七)。それとの関連で予言者イザヤがバビロンの王に投げつける短いが痛烈な弾劾のせりふが想起されるが、ここに盛られたイメージの派手さ加減は完全にバビロンふうである。

下界の黄泉は汝を迎えようとざわめき、死者の霊たち、地のすべての指導者たちを揺り起こし、
国々の王という王をその玉座から立ち上がらせる。彼らはみな汝に対してこう告げるであろう。
「汝もわれわれのように弱くされ、われわれに似た者になった」。汝の誇り、汝の琴の音も黄泉に落

とされる。汝の下にはウジが敷かれ、虫けらが汝の覆いとなる。暁の子、ルシファーよ、汝はなぜ天から落ちたのか。諸国を打ち破った者が、なぜ、大地に切り倒されたのか。汝は心にこう誓ったものだ。「私は天に昇ろう。神の星々のその上に私の王座を打ち建て、北の端にある会合の山の上にすわろう。雲の頂きのさらに上にまで達し、最も高き者のごとくに振る舞うのだ」。だが、汝は黄泉に落とされ、深い穴の底へ落とされる（「イザヤ書」一四・九―一五）。

人を惑わすこの一節は、古代ヘブライにおける地獄の存在を、またルシファーの墜落を聖書が証拠だてている部分としてよく引用されてきたのだが、しかし、文脈からいえば、これはバビロンの王という特定の対象に向けた非難である。七〇頁に引用しておいた「エノク前書」の物語がここにも「ほのめかされて」はいるが、それはあくまでも比喩的にそうだということでしかない。この一節が伝えるメッセージはエンキドゥがギルガメシュに報告する内容、すなわち、偉大なる王たちがエレシュキガルの支配する下界の領域へと連れてゆかれるという話とまったく同じである。この予言者は、まさしく、バビロンの王をバビロンの地獄へ送るという、ぞっとするしゃれを飛ばしているのである。

似たような呪詛というか「哀悼歌」を、エゼキエルはツロの君主に対して投げつけている（「エゼキエル書」二八・一―二三。九二頁を参照せよ）。

焦《じ》れったいくらいの短い文句ではあるが、ユダヤ人の思想がもつ終末論的な底流を示唆するようなものもいくつかある。まず、やはり「イザヤ書」からであるが、前三〜四世紀頃の成立であるこの予言書は、ヤーウェ神に向かって「あなた以外の多くの君主が、私たちを治めてきた」と振り返りつつ、こう呼びかける。

彼らは死んでしまい、もう生き返ることはありません。死者の霊はよみがえりません。それゆえ、あなたは彼らを罰し、滅ぼし、そして彼らについてのすべての記憶を消し去りました（二六・一四）。

だが、対照的にヤーウェにしたがう民は生き続ける。

あなたの死者は生き返り、わたしの亡骸《なきがら》も、また、ともによみがえるでしょう。さあ、目覚めて歌いなさい、汝ら塵《ちり》に住む者たちよ。神の露は草の葉の露のように、大地から死者の霊を生き返らせるのです。

もう一つのヒントは「ダニエル書」から。こちらは前一六五年の成立とされている。世界の終末にあたって、大天使ミカエルが現れるとき、かつてなかったほどの苦難の時が訪れるのだが、そのあとには神の民の解放が待っている。

大地の塵に眠っている者の多くが目覚め、ある者は永遠の生命《いのち》へ迎えられ、ある者は謗《そし》りと永遠の忌《い》みを受ける（一二・二―三）。

これらの章句を見ると、ペルシアの影響が継続的にはいってきているようだ。「イザヤ書」では、それに値しない者は目覚めることがなかったが、「ダニエル書」では「謗りと永遠の忌み」にではあるが、目覚める。また、注意したのはどちらの引用でも物理的な肉体の復活を打ち出している点だ。この観念はゾロアスター教にも先んじていたかもしれない。

ユダヤ人が肉体の復活を信じていた証拠は、さらに、「第二マカベア書」にもうかがえる。これは英訳聖書では通常「旧約外典」として印刷されている部分である。「第二マカベア書」はいくつかの歴史文献の一つで、前二世紀のシリアの侵入に対するユダヤ人の抵抗の勇気と成功を記したものである。当面のテーマにかかわるのは第七章だが、ここには七人のユダヤ人兄弟とその母親への拷問と処刑の身の毛もよだつ物語がある。彼らの罪は豚肉を食べるのを拒否したという一事なのである。三番目、四番目、七番目の息子とそして母親のいまわの際の言葉は、彼らの切断された肉体がヤーウェの力で無事に復活させられること、またそのヤーウェは拷問を加えた者に復讐の罰を加えるであろうこと、これらに対する確信を表している。

ユダヤ人の終末観意識が西暦一世紀までにはさらに変化していったこと、それを示す証拠は、新訳聖書およびユダヤ人歴史家のフラウィウス・ヨセーポスの著作に見つかる。これらの記録が伝えているのは、復活という「異国的」概念を拒否する守旧的なサドカイ人とそれを支持するいわば人民派のパリサイ人との衝突である（「マルコ伝」一二・一八、「マタイ伝」二二・二三、「ルカ伝」二〇・二七、「使徒行伝」二三・八）。パリサイという言葉の由来をいえば、それは、ちょうどボンベイへ逃れたゾロアスター教徒がパルシー教徒と呼ばれたのと同じで、ペルシアという言葉から出ていると考えられる。使徒パウロはパリサイ人であったし、ヨセーポスも同じだ。ヨセーポスが亡くなるのは西暦七〇年のエルサレムの滅亡から約二十五年後であるが、この頃までには、残存するユダヤ人のほとんどすべてはパリサイ人であった。ここでちょっと注意を向けておくが、一九世紀の改革的ユダヤ主義は、復活の概念を受容していない。

ヨセーポスは六六年～七〇年の対ローマ戦であるユダヤ戦争の直後に執筆を始めたわけだが、上の二派とは別のグループであるエッセネ派について語っている。この禁欲的な修道会士たちは、新プラトン主義の影響を強くこうむっていたから、おなじく来世を想像するにしても、肉体の復活ではなく、体から切り離された霊魂の復活を考えていた。彼の『ユダヤ戦史』を見ると、これに類似した思想がローマ帝国内部のさまざまな流派の間を行き来していたのがわかる。

肉体が腐敗・死滅すべきものであり、肉体を構成する物質は非永続的なものであること、いっぽう霊魂は永遠に不滅であること、これは、じっさい、彼らの揺るがぬ確信なのである。最も純粋・希薄なエーテルから発した霊魂は、あたかも自然の魔力の一つに引き寄せられるようにして肉体の牢獄の中に閉じこめられるのだが、ひとたびこの肉のしがらみを脱するやいなや、あたかも多年に及ぶ奴隷状態を解き放たれたかの如くに、霊魂は欣喜雀躍して高々と飛翔するのである。ギリシアの国人たちと主義を等しくしつつ彼らが言明するのは、善良なる魂には大洋の西のかなたに新しい住まいが待っており、そこでは雨も雪も暑気もなく、たえず清々しい微風が海原を渡ってくるということ、反対に、邪悪なる魂は嵐の吹きすさぶ暗い深淵に落とされ、そこには終わることのない処罰がひしめいて待ち構えている、という説である。思うにギリシア人も同じ着想をもっていて、彼らが英雄、ないしは神人《デミゴット》と呼ぶ勇敢な男たちは極楽島へゆだね、いっぽう、邪悪な者たちの魂はハーデースにある不信心者の住まいへ送ったのである。彼らの物語によると、シーシュポス、タンタロス、イクシオーン、ティテュオスその他がいまも罰を受けているという。彼らがこの話をするのは、第一にはむろん霊魂の不滅を信ずるからにほかならないが、第二には、徳を奨め悪徳を弱めるため、という目的もあるのである。善良なる者は、死後の褒美を信じていっそう善の道に尽くすであろうし、邪悪な者の場合も、よしんば現世においては見逃されたとしても、その肉体の消滅の後には永劫の罰を受けねばならないのだ、という恐怖を抱くなら、その悪しき性癖にも歯止めがかかると期待できるからである。

西暦一世紀、二世紀というのが、ローマ時代である、あるいはヘレニズム時代、ないしは古代後期である、といった捕らえ方は、本来的には、ユダヤ人はしていなかった。初期キリスト教の時代などとはむろん考えていない。彼らにとっては、それはエルサレムの滅亡とそれに続く離散《ディアスポラ》の始まりの時代である。「エノクの書」および「エノクの秘密の書」(「第一」および「第二」の「エノク書」として、または「エチオピア語エノク書」および「スラブ語エノク書」として知られる)はこの時期の成立であるが、おそらく、同じ時代の「新約聖書」にもあて嵌まることだが、亡命者たちがエジプトにあって最初はギリシア語で書いたと考えられている。正典には含まれず旧約聖書偽典に降格されてはいるが、ユダヤ人の思想や伝説を知る鍵を探そうと、学者たちが入念な研究をしてきている文献である。

「第二エノク書」では、ヤーウェ神がその秘儀をエノクに明かし、三百六十五年の人生を当てて地上全体、および全部で十の天――その第三天には天国と地獄も含まれる――に起こるさまざまな出来事を評価、記録することを許す。エノクは語る――

その二人の者［天使］が私を導いて北の斜面を昇らせ、恐ろしい場所を眺めさせた。そこにはありとあらゆる苦悩があり、無常な暗闇、陰鬱な薄暗がりが支配している。光はいっさいなく、陰気な炎の赤い明かりがあるばかりだ。炎の川をはじめいたるところに火が燃えている。かと思うと、霜と氷もまたいたるところに見える。そこらじゅうに残酷な足かせにつながれて、喉の渇きを訴え、がたがたと震える者たちがいる。そばには恐ろしい無慈悲な天使たちが、刃の鋭い武器とむごい責め道具をもってひかえている。私は思わず叫んでいた。「なんという恐ろしい場所だ」(「第二エノク書」一〇)。

ここへ送られて永遠に住まわなくてはならないのは、十戒のいずれかを破った者を筆頭に、強欲をほしいままにする者、慈悲の心を欠く者、子供を虐待する者、魔女および魔術師である。火と氷はすぐ手近に用意されている。氷という発想はギリシア・ローマの地界にはなかったものだ。さて、「第一エノク書」の筋書きはがらりと変わっている。

大空から風の流れがのび広がってきて、天と地の間に広々と位置を占めるのが見える。この風の流れは天を支える柱だ。また、天からは荘厳な火柱が何本ものびて降り、その中に高さも深さも測り知れない炎の滝が幾筋も見える。その滝が落ち込む深みの向こうに、天空もなければその下の堅い足場となる大地も見えない場所がある。一滴の水もなければ飛ぶ鳥もいない恐ろしい不毛地帯だ。そこに燃えさかる大きな山のような形に七つの星が見える。私がそれを天使に問うと、天使は「ここは天地の果てにして、星々と天使軍の牢舎となったものです」と答えた。炎の上を転がっている星たちは、その最初の星の出のさい、神の命に背いて決められた時刻に姿を現さず、ために神の怒りを買って、その罪が消えるまで一万年の間こうして拘束されているのだった（「第一エノク書」一七）。

この一節にはヘシオドスのトーンが顕著である。天からのびて深淵にいたる火柱はステュクスの館の銀色の柱を想起させるし、幽閉されている天使軍の状況は、タルタロスに落とされたタイタン神族に似ている。落ちた星といえば、「ヨハネの黙示録」も堕落天使を流星になぞらえている。

ユダヤ人による旧約の注釈である四世紀の「ハガダー」にはサタンの墜落のいきいきとした記述が見える。墜落の理由は、こちらの解釈では、動物に命名する才能の点でサタンがアダムに劣っていることがはっきりしたにもかかわらず、彼がアダムを敬うことを拒否したからとされる。もう一人、アダムの最初の妻である魔女リリスの記述も精彩を放つ。彼女はあのやっかいなバビロンの悪魔リリトゥとは姉妹であるが、アダムが性交のとき自分が上になることを強要するので、彼女はアダムを拒否している。「ハガダー」の地獄は蛇やサソリを配してなかなか東洋風に飾られているが、人は一人も見えない。少なくとも地獄が創造された第二日目には一人の姿も見えない（楽園の創造は三日目である。彼らにとっての必要性の順位が現れているようだ）。

緊迫の度を加える古代後期に流行をみたいまひとつの地獄観は、人間とはこうして日常生活をおくっている現在ですらすでに地獄の中におかれているのだという観念だった。悲観主義的なこの見解は、普通グノーシス主義と呼称されている。だが、それは中世をつうじて広範に見られるキリスト教の異端の諸説にはくりかえし顔をのぞかせているし、それどころか、これが正統的キリスト教に精彩を与えている場面も一再ならず見うけられる。学者たちは、従来、グノーシス派の人々を「ユダヤ教的」および「キリスト教的」異端者、ないしはキリスト紀元三~四世紀頃までのさまざまな自由思想家に分類してきたものだが、近年、ナグ・ハマディやクムランで写本コレクションが発見されて以降は、学者たちも慎重になっている。どこかによりよき世界があって、われわれ人間は、その影である劣った世界に住んでいるのだという観念は、また同様に異教徒プラトンの思想に帰することも容易である。われわれの世界が「必然的に悪に取りつかれている」と、かつて述べたのはほかならぬプラトンだったからだ。

グノーシス神話の最も一般的なかたちはだいたい次のようなものだ。霊体たるアイオンが、あるいはソフィア（すなわち「知恵」）なる名前の天使が、未知なる最高位の者、ないしは異神にひたすら崇拝の念をいだく――これもまた、宇宙の神秘に驚嘆はするものの、人格神の概念、あるいはそれと知りつつ悪を許すような神の概念には異論を唱えたがる人々に、いまもなお訴える魅力をもつプラトン的な定式である。さて、崇拝が昂じたとき、ソフィアは過って、この最高位の神格のもつ自己充足的な無性生殖的創造を模倣しようと試みる。この過ちの結果、ソフィアは清澄、明朗、純粋なる高き天上より墜落し、苦悩と絶望のうちに異形の未熟児を産み落とす。これが、最高神よりは下位の創造神であるデミウルゴス、すなわち、われわれの存在する宇宙、世界、物質および人類の創造者となったのである。デミウルゴスは最高神のことも、母なるソフィアのこともまったく知らずにこの業をなしとげる。彼はみずからを唯一の神と信じていた。こうしてわれらが世界は無知と暗愚のうちに懐胎されたのであり、デミウルゴスが神であるみずからに似せて創りなしたわれわれ人間の存在もまた無知と暗愚の中におかれた。われらの本性の中に善性の、また霊性のきらめきがあるとすれば、それはすべて天国からの亡命者たるソフィアが、すべての発端となった彼女の過ちを償うべくわれわれの精神に吹きこんだものにすぎない。

　ソフィアが一連の著名な女性たち――四人ほど名前を挙げるならば、イヴ、ノアの妻、トロイのヘレン、マグダラのマリア――の姿をとって再び生き返るという神話の続編が登場するに及んで、ソフィアの物語はいささか粗雑なものに堕するが、しかし、いっぽう、キリストの受肉・顕現の解釈にかかわる局面では、グノーシス神話も想像力を刺激するところがある。もしもこの世が、無知にして下劣な悪魔の支配する地獄であるのなら、あるいは少なくとも冥府《ハーデース》ないしはリンボ界であるのなら、キリストが横溢《プレローマ》する神性の天上界から下ってきて、粗野な血肉からなる人の肉体に宿り、過ちの産物たるこの世の不純なる大気を呼吸せねばならぬという事態は、文字どおり地獄への降下にほかならない。天上の霊火が下るがごとき、このプロメテウス的降下の目的はデミウルゴスのこの不幸の領国を略奪、征服《ハロイング》し、グノーシスすなわち秘密の霊知をもって人間の魂を救済することであった、というのである。

初期のキリスト教会は、まだ新興の啓示宗教としての柔軟性もいささかもちあわせてはいたが、それでも、グノーシス主義の思想のほとんどは、またソフィアの物語などはまちがいなく、教会としては受容し難いものだった。不可知の神、あるいは異神といった概念は新プラトン主義とは（またアリストテレスの「不動の動因」とは）両立しえたであろうが、イエス・キリストが四つの福音書で喚起した天上の父のイメージとは極端にかけ離れており、新しいキリスト教の神学と融合することには無理があった。もしもこの世におけるイエスの唯一の目的が、グノーシスを介して秘教的救済をもたらすことにあるのだとすれば、十字架による処刑や復活といった出来事が意味をもたなくなるからであり、また、ことに、グノーシスが特権的少数者にしか訴える力をもたないところから、キリスト教の体系全体が大衆的魅力を欠くことになるからである。

しかし、現世が悪魔の支配下にあるという考えが、キリスト教徒の中にも多くの支持者を見いだしていたのは事実であり、その点は、肉体はむろんのことおよそ物質は本質的に邪悪かつ粗野なものだとする観念が支持されたのと同様であった。この世の神ないしは王子として、悪魔やサタンが引き合いに出されることも珍しくなく、たとえば福音書によれば、イエスが荒れ野にあって誘惑にさらされる場面では、もし彼が悪魔に敬意を表しさえすれば、「この世の栄光に満ちた王国のすべて」が与えられるのだという。

古代後期には、おそらくはローマの衰退が感知されることへの反作用であろうか、財産、食物、性行為に対する一種の反感を軸にした禁欲主義がありありと目についてくる。これはキリスト教徒やグノーシス主義者だけでなく、ユダヤ人（たとえばエッセネ派の信徒）やその他の異教徒にも見られる。近年にいたるまで、キリスト教徒の幼児洗礼の場では名付け親がその名前に誓って「現世と肉欲と悪魔」とを放棄すると約束したものだが、これも、この三つの概念が密接に結びついていた時代のなごりである。

　初期のキリスト教徒、またほとんどのグノーシス主義者はキリストの再臨と最後の審判が間近に迫っていると信じていた。キリスト教徒は天国を願い、かつまた地獄を恐れたのだが、グノーシス主義者は彼らの秘密の知識を介して横溢する神性《プレローマ》に到達せんことを願った。グノーシス派にとっては、地獄は来世にあるのではなく、この現世そのものであるから、下される天罰とは、単に、救われないという事態、これのみである。たいていの人間は破滅の運命にあるとはいえ、その破滅の運命とは、すでにこの地上にある地獄と同じことで、身の毛もよだつ恐ろしいものであるわけではない。キリスト教が毒々しい灼熱の地獄のイメージをふくらませるのとは対照的に、こちらの運命観は相対的に吉運めいており、同時に不思議とモダンなところがある。

マニ教―――9

マルキオンおよびマニは伝統的にグノーシス派と結びつけられるのだが、じつは両者ともその結びつきはまちがいなく否定したことだろう。シリアの人マルキオンは二世紀にローマに住み、みずからはキリスト教徒にして聖パウロの弟子と称していたが、しかし彼の教義は二神論であり、旧約聖書に現れる気まぐれで凶暴な神ヤーウェを、彼はデミウルゴスと同一視していた。かくして彼はヘブライ語の旧約聖書は全面的に、また新約聖書はそのほとんどを否認し、わずかにルカの福音書とパウロの書簡だけを残した。もっともその両方を、彼は信者向けに大幅に切り詰め簡略化した。マルキオンの教えによれば、イエス・キリストとは真実なる神の息子であり、私心のない慈悲心を表す神霊のかたちで贖罪のためにデミウルゴスのもとへ送られたのである。こうして、人類を虜にしていたデミウルゴスは、やがて訪れる最後の審判の場で、彼の所有する劣った物質世界ともども消滅することになる。マルキオンに対する支持は、正統派の教会指導者が厳しく反対してみせたにもかかわらず、四世紀にいたるまで衰えなかったのである。

マニはペルシア人で西暦二一五年頃、アッシリアのユダヤ人キリスト教徒の居住区に生まれたが、二十四歳の若さで新しい宗教の伝道に乗り出すや、たちまちめざましい成功をおさめた。彼を教祖と仰ぐ者はヨーロッパからアジアにわたって相当の数に上り、その影響力は西洋では少なくとも一千年は続いたし、東洋ではさらに長期間に及び、中国ではおそらく二十世紀にまでいたっている。

マニは二七六年正統派ゾロアスター教徒の手で処刑されることになるが、にもかかわらず、彼の二元論的体系はゾロアスター教に負うところが大きい。彼の教義の中でも、相対立する神霊どうしが世界支配をめぐって闘争をくりひろげる。光の神は第一義的な神霊であり、彼の王国は天上界、もろもろの美徳、天使たち、自然の美などを包括する。闇の領国からは、「物質」すなわち擬人化されてサタンやアーリマンと同一視されるものが生まれるが、そこには同時に、悪鬼、火炎、噴煙、いとわしい気候、そして女どもが生まれる。アダムはアーリマンがみずからの姿に似せて創造し、これに「盗んできた光」を吹きこんで作り上げたものである。イヴもまたこのアーリマンの創造であるが、彼女はほぼ完全に闇の奴隷といってよい。その任務はアダムの誘惑であり、その武器は欲情だからである（この理論はアウグスティヌスに影響を与え、ひいては、彼を通じてキリスト教の歴史に影響を及ぼすことになろう）。二人の子孫たちは光と闇のさまざまな濃淡の度合いをもっているが、東洋的伝統にしたがって、男はつねに女よりも多く「光を注がれ、教化され」ている。

肉欲を抑え、正しき生活を送り（菜食主義も含む）、マニの教えを守るならば、ペルフェクトゥスたち、すなわち救済を約された選民たちは、わが身により多くの光の分け前を集めることができ、死後はただちに光の王国へ上るのである。いまだ救われざる者も引き続く生活の中で浄化の過程をふむならば、ついには光の中へと迎え入れられる。いっぽう、悔い改めぬ罪人どもは、イエスの再臨に及んで、全世界を一千四百六十八年間にわたって焼き尽くすという劫火の中へ墜ちるのである。概していえば、この顛末は仏教における経緯、また『パイドン』の中でソクラテスがあらましを述べたそれとも大きく異なるものではない。

　マニ教は、グノーシス派からも思想を借入しながら、仏教、ゾロアスター教、キリスト教、マルキオン主義を統合し、またそれらに取って代わろうという計画的な試みだった。グノーシス派とマルキオン主義者については、この試みは成功し、ほとんどがこの教派に加わってきた。彼ら同様にマニ教徒もヘブライ語聖書のヤーウェ神を信仰の対象としては否定した。アダム、ノア、アブラハムは族長的な人物像として受け入れられたが、モーゼならびにユダヤ人と特別のつながりのある予言者たちは、当然ながら除外された。仏陀とゾロアスターは認められた。またイエスも承認され、マニは、あたかもパウロのように、イエスの使徒をもって任じた。

　マニ教には、どちらかといえば理解が容易だという強みがあった。精神の支配をめぐる善と悪の闘い、人間の本性に存在する諸矛盾、救済の必要性およびその過程、こうした問題に関しては、たとえばいまだ秩序づくりの段階にあった初期のキリスト教をはじめとして他の多くの宗教に比べると、より明確な解説を施すことができたからである。マニ教は、たとえば終末における善と悪の諸力の最終的葛藤といったテーマを含め、すでに世間によく知られている神話の多くのものを自説に統合した。マニ教の修行、苦行も時代の趨勢をとらえたものだった。こうして、マニの教説はローマ帝国内で急速に地盤を開拓し、アジア地域へも深く浸透していった。だから、四世紀のコンスタンチヌス大帝のキリスト教改宗に続く厳しい迫害がなかったとしたら、マニ教の西洋における力は実際よりはもっと根強い持続力をもったのかもしれない。マニ教の禁欲的修道生活は、仏教の日々の勤行をモデルにしたのだが、エッセネ派の慣行を左右したのと同じく、キリスト教の実践にも多大の影響を及ぼした。教会初期の歴史に最大の影響力を行使した教父アウグスティヌスは、彼自身が九年間にわたってマニ教徒であった。

初期のキリスト教徒——10

ユダヤ教徒のパリサイ人、タルソスのサウルはキリスト教に改宗してのちは、ローマ世界へのキリスト教の伝道者としてなくてはならぬ人物となったが、彼こそはわれわれにとっては初期キリスト教思想の最初の証人である。のちにパウロと名を改めた彼だが、イエスには一度も会っていないとはいえ、新約聖書中の彼の書簡は、第一番目に書かれた福音書、つまり「マルコ伝」（西暦七〇年頃）よりも時期的には早かったし、またルカが「使徒行伝」を著して自分とパウロとの行脚を語るよりも二十年先んじていたのである。パウロは最後の審判にあたって焔《ほのお》のなかに立ち現れるイエスについて、また「主の顔とその能力《ちから》の栄光とを離れてかぎりなき滅亡《ほろび》の刑罰を受ける」（「テサロニケ後書」一・九）者たちについて語っている。だが、死後の世界についてのこれ以上の予言はない。

地獄に関するキリスト教の教理が、その最も初期の神学者たちの手で定められたのでないことは確かだ。神の王国にはいることを許されない者たちについては、パウロは聖書の中で三カ所にわたって指摘している（「コリント前書」六・九―一〇、「ガラテヤ書」五・一九―二一、「エペソ書」五・五）。ここに含まれるのは悔い改めずに姦淫をなす者、偶像を崇拝する者、密通する者、男色をなす者、盗む者、酒に酔う者、誹謗する者、詐欺をはたらく者、妖術師、妬む者、争う者、好色漢、貪欲な者たちである。しかしパウロは、これら悪行をはたらく者どもは地獄へ堕ちるべし、とはいわず、たんに「罪の拂《はら》う價《あたい》は死なり」（「ロマ書」六・二三）と教えるのみである。彼が「破滅」の言葉で意味したのもこのことであった。善人は生きることを得、罪人は死ぬのである。数世紀のちには、悪人の魂は死後には消滅するというこの理論は「霊魂絶滅説」と呼ばれることになる。その死滅を回避する方法があるとすれば、それはイエス・キリストと合体して顕される神の恩寵と洗礼に浴することである。この点、パウロのメッセージは信者たちにとっては確信に満ちた頼りがいのあるものだった。「愛する者よ、我らは汝らの徳を建てんが為にあらゆることをなす」（「コリント後書」一二・一九）。ほかの使徒たちの中では、ペテロ（「ペテロ後書」三）やユダ（「ユダの書」）が神の下す将来の罰について警告している。ただ、焼き尽くす焔についての警告はない。

マルコはイエスについての幾多の回想と、その生涯の物語とを、初めて一つの連続したかたちにつなぎあわせた人であった。おそらくイエスその人は知らなかっただろうが、ペテロは知っていたかもしれない。教会史の父といわれた四世紀のエウセビオスによれば、「マルコの関心事はただ一つ、すなわち、自分が耳にしたことは何ひとつ抜いたり省いたりせず、また正しくないことは何ひとつ付け加えないこと」、これだった。マルコは精霊をけがす者を待ち受ける「永遠《とこしえ》の罪」について語っている（三・二九―三〇）。だが、「地獄」については言及は一度きりである。イエスが使徒たちに語る場面だ。

もし汝《なんじ》の手汝を躓《つまず》かせば、これを切り去れ、不具にて生命《いのち》に入るは、両手ありて地獄の消えぬ火へ往《ゆ》くよりも勝るなり。彼處《かしこ》にては、その蛆《うじ》つきず、火も消えぬなり。もし汝の足汝を躓かせば、これを切り去れ、足跛《あしなえ》にて生命に入るは、両足ありて地獄の消えぬ火へ投げ入れられるよりも勝るなり。彼處にては、その蛆つきず、火も消えぬなり（「マルコ伝」九・四三―四六）。

以下、「もし汝の眼……」と同様の記述が続く。現代の信仰からいえば、この箇所は地獄の恐怖を直接的にあおったものというよりは、反復的誇張表現として生彩をはなっていると見なされるであろう。人間がみずからの幾多の違背を正すよう促されていることに注目されたい。

パウロの旅の同伴者だった医者だったともいわれ教養ある人物だったが、「マルコ伝」に依拠した彼自身の福音書――あるいは、ときに「Q」とも呼ばれる両者に共通の仮説的な典拠に拠るものかもしれないが――そこでは、この一節は省かれている。彼の描くイエスは、天罰、応報を逃れるためというよりは、むしろ神の王国に達せんがために人々に悔悟を説くからである。彼はその代わり、後で紹介するが、富者《ディーヴェス》とラザロの有意義な物語を載せている。また、イエスの使徒ヨハネと同一人物かどうかはともかく、「ヨハネ伝」では、地獄についての記述はいっさいない。かつて使徒ヨハネのものと誤って伝えられた「ヨハネ黙示録」の場合はまた話は別である。

あと残るのはマタイであるが、マルコによれば、マタイはイエスの最初の十二使徒の七番目であるとされ、「マタイ伝」では「収税吏マタイ」として名前の記載もある。「マタイ伝」はしかし「マルコ伝」に負うところが大きく、実地の証人の記述であることを示すものはむしろ少ない。書かれたのは西暦八〇年以降と目されており、そうなると使徒マタイと同一人物というのも疑わしい。だが、地獄というものの存在、またその目的についてのキリスト教的証明の立論は、多くがこの「マタイ伝」に拠っているのである。

マタイの施した偉大な刷新は、マルコがイエスに結びつけたさまざまな寓話に対し、終末論的な警告を付与したことだった。ルカの福音書が同様のキリストの物語をそうした警告なしに反復しているのと比較すれば、これがマタイ自身の創案であるのは明白だ。終末論こそは、「マタイ伝」にとって決定的な重要性をもつ。上の「マルコ伝」からの引用に示された教え、つまり肉体の一部をも捨て去るべしという教えは、マタイも二度にわたってこれを提示している。その一は「山上の垂訓」の最後にあるもの(五・二九―三〇)、その二は、「マルコ伝」でいえば「幼児《おさなご》を我に来たるを許せ」(一〇・一四)の説教に続く部分(一八・八―九)である。どちらの説教でも、手や足を切り捨てよとくりかえす教えは単なる誇張法とは思えない。「マタイ伝」のイエスは信者たちに対し、破滅へと導く広き門ではなく正しき生命《いのち》にいたる狭き門をはいるよう呼びかける。イエスはまた、肉体は殺しうるが霊魂は殺しえないような者たちは恐れるにあたらない、むしろ、「身と霊魂とを地獄にて滅ぼしうる者たちをこそ恐れよ」(一〇・二八)と諭し、「人の前にて我を否む者を、我もまた天にいます我が父の前にて否まん」(一〇・三三)とつけ加える。さらに、いらだつ群衆に悩まされたイエスは、自分が彼らに顕した奇跡がもしツロやシドンやソドムの地で顕されていたのだとしたら、その能力《ちから》ある業《わざ》はそれらの町を救いえたであろう、と述べ、そのために、「審判《さばき》の日にはソドムの地のかた汝よりも耐え易からん」(一一・二四)と告げる。

「マタイ伝」が秀でているのは、このようにキリストの寓話に道徳的意味を付与したためである。マタイが時間と努力を傾注して人々の胸にたたき込もうとしたのは、次の二点である。すなわち、救済はイエスをその代理として遣わした天上の神だけが行なえるものであること、および、その救済を失うことは絶望的なほどの危難を意味する、この二点である。麦と毒麦の寓話を説き明かして、イエスはこう語る。この世の終わりに「人の子はその御使《みつかい》たちを遣《つかわ》さん。彼ら御国《みくに》の中よりすべての躓《つまず》きとなる物と不法をなす者を集めて、火の爐《ろ》に投げ入れるべし、そこにて、嘆き切歯《はがみ》することあらん」（一三・四〇―四二）。再度こうもくりかえす。すなわち、良き者はちょうど良き魚のように御使の網にかかるのであるが、いっぽう、御使は悪しき者を「火の爐に投げ入れるべし、そこにて、嘆き切歯することあらん」（一三・五〇）。

マタイの描くイエスはエルサレムの宮にあって、学者たちおよびパリサイ人に対して、その偽善、貪欲、また他者を堕落させんとする欲求を咎めて、長々と激しい弾劾を浴びせている。「蛇よ、蝮《まむし》の裔《すえ》よ、汝らいかで地獄の刑罰を避け得んや」（二三・三三）。ついにオリブ山にいたると、イエスはこの世の終わりと、再臨、また新しい世の誕生の前触れとなる大いなる苦難《くるしみ》について説きあかし、続いて、慧《さと》き僕《しもべ》の話、五人の愚かな處女《おとめ》の話、一〇タラントの財貨の話、そして、牧羊者《ひつじかい》が羊と山羊を区別する話と、一連の寓話を語り聞かせるのだが、それらを貫くテーマは一つで、すなわち、正しき者は永遠《とこしえ》の生命《いのち》にはいり、いっぽう、そうでないものは「外の暗闇に逐《お》いだされ、そこにて哀哭《なげ》き切歯《はが》みすることあらん」（二五・三〇）、あるいは「悪魔とその使《つかい》らとのために備えられたる永遠《とこしえ》の火」（二五・四一）や「永遠の刑罰」（二五・四六）に投げ入れられん、というものである。

こうした警告に力を注いだのはマタイだけだった。マルコもルカも警告など用いずとも立派にやっていたし、パウロにしても、ルカの福音書に頼るあまりそれを自分の手になるものと主張したくらいだから、マタイのやり方にはまず賛成はしなかっただろう。

しかし、興味深いことだが、初期のキリスト教徒たちの目に、悪人が死後の刑罰を受ける場所としての地獄を、本質的に争う余地のないほど明白に論証してみせたのは、この訓戒的なマタイの福音書ではなく、ルカのそれであった。すでにマルコは、一人の富める男がイエスのもとへおもむいて永遠の生命の秘密について問う話を伝えている。貧しき者に自らの富をすべて与えてしまうことが永遠の生命を得る条件だと聞かされて、この富める男は落胆し、憂いをもよおすのだが、この出会いにうながされるように、イエスは続いて駱駝と針の穴の譬え話を弟子たちに説き聞かせている（「マルコ伝」一〇・一七―二七）。だが、イエスのこの教えをさらにおし進めたのはルカだ。貧しき者に対する富める者の責任というテーマを、幾多の寓話や訓戒的な実例をもって彼はイエスに語らせているが、その締めくくりは、世俗の富に対してことのほか執着が強いと評判のパリサイ人に向けた次の話である。

「ある富める人あり、紫の織目こまかきリンネルをまとい日々奢り楽しめり」――この男はディーヴェスという固有名詞（「富者」を表すラテン語の転用）で呼ばれてもいた。そしてディーヴェスの門前には貧しき者ラザロがあって、富める者の残飯にありつこうとするのだが、犬がやってきては彼の膿みただれた傷を舐めるのである。ついにラザロは死んで、「御使《みつかい》たちに携えられてアブラハムの懐裏《ふところ》に」はいることになる。さて、富める者もやがて死ぬが、彼のほうは地獄へ送られる。業火の中からはるかにアブラハムを見上げたディーヴェスは、どうかラザロを遣わして一滴の水を自分にもたらし焼ける舌を冷やさせ給え、とアブラハムに懇願するのだが、アブラハムは、富める者が生前すでに「汝の善《よ》きもの」を得てしまっていたことを彼に想起させ、また、自分たちと地獄の富者との間には「大いなる淵《ふち》が定められて」いるので、たとえ渡りゆこうとしても不可能である、と告げる。ディーヴェスは、では、せめてラザロを遣わして、まだ生きている五人の兄弟たちに、この地獄の苦悩《くるしみ》の中へ来ることのないように警告してほしいと頼むのだが、アブラハムはこれをも拒否し、「彼らもしモーゼと予言者の言《ことば》を聴かずば、たとえ死人のうちより甦って彼らに往《ゆ》く者ありとも、その勧めを聴かざるべし」と断ずる

中世の祈禱書にある富者とラザロの物語の挿絵.

（「ルカ伝」一六・一九―三一」）。

およそすべての福音書において、イエスの語る寓話には多彩な比喩的言及が隠されているのだが、のちに「ルカ伝」を読んだ読者たちは、この富者と貧者の寓話をむしろ字義どおりに受けとろうとした。マタイが「哀哭《なげ》き切歯《はがみ》する」場所と、いかにもあいまいな言及ぶりだったのに比べて、こちらは地獄の位置関係をもっと明確に眺望させてくれたからである。すなわち、地獄（ギリシア語の原文では「ハーデース」）とは、苦悩の炎が燃えさかるある特定の場所であり、ラザロを「その懐裏《ふところ》」に抱く父なるアブラハムからは「遙かに遠い」が、しかしその目に見える距離のうちに存在する。

翻訳にさいしての文法上の混乱がアブラハムの「懐裏《ふところ》」の問題をひき起こした。ここはラテン語訳のウルガタ聖書ではイン　スィヌ　アブラハイと書かれる。ラテン語のスィヌスは衣服の「襞《ひだ》」の意味から「ひざ」、「ふところ」の意味を生じた。中世の絵画では、アブラハムはつねに自分の胸の前に一種のタオルのような布を捧げもつ姿に描かれており、そのタオルからは、ラザロを始めとして選ばれた仲間たちが、まるで赤子のように顔をのぞかせている（ときには、無理からぬところだが、無学な絵師が聖書物語を誤解して、貧者ラザロをマリアとマルタの弟であるベタニアのラザロと混同、死からよみがえる貧者ラザロを富者の悲惨な運命と対照して、描き出したといった絵もある）。ところで、アブラハムのこの懐裏《ふところ》は、いったい何人の者にとって安心の揺籠となったのか——中世の聖人たちは、この問題を長いこと真剣に論じあったものだ。それはラザロただ一人なのか。あの「神とともに歩みしが、神彼をとり給いければ往《ゆ》きぬ」（「創世記」五・二四）とされたエノクはどうなのか。神が、火の馬の引く火の車に乗せ、大風をもって天に昇らしめたあのエリヤはどうなのか。そもそも、アブラハムの懐裏《ふところ》のそのあり場所はどこなのか。

アブラハムをどこに置くかは難しい問題だった。彼はユダヤ人であるから、天国へ招き入れられるのは不可能だったはずだ。というのも、融通のきかない頭で考えると、天国というのはイエス・キリストの昇天以前には存在しなかったか、あるいは存在していてもそこには神に仕える天使たちしか住んでいなかったからであり、また、イエスの昇天以後も、そこは、あたかも不穏当な政治色をもつ私的なカントリークラブのように、キリスト教徒しかメンバーとして認めなかったからである。このような、いわばイエス・キリスト以前の有資格者を遇する便法がリンボ界であった。

ラザロはその友人ともども選ばれてアブラハムの懐裏へ入り，同時に富者は熱いナベに投げ込まれる．中世フランスの祈禱書の挿絵．

リンボ界（ラテン語のリムブスすなわち「縁、境」に由来し、「境界領域」の意味）は、異教徒から借用した領域概念だが、キリスト教の伝統の中で新たな意味を付与され、二種類のリンボ界を構成するにいたる。

一つは洗礼を受けずにこの世を去った小児で、むろん地獄へなどは誰だって委ねたくはないが、かといって、洗礼の秘跡を受けないでは天国へはいることもかなわない、そういう子供たちの行き場所である。何世紀も過ぎるうちには、こうした無邪気な子供たちを救うための神学理論上のさまざまな試みがなされることになる。いまひとつは、イエスの降誕以前の善人たち、とりわけ旧約聖書中の父祖たちや、また場合によっては、折あしくキリストを信ずる機会に恵まれなかっただけの、たとえばプラトンといった異教徒の中の高潔の士、そういった人々の死後の滞在先である。アブラハムのリンボ界はどうやら後者であり、すると彼の懐裏《ふところ》とはすなわちこのリンボ界のさらに一部分にほかならない。だが、イエスの寓話があきらかにしているのは、ラザロは、リンボ界とはいえ一応はそれなりの楽園に住まっているという事実だ。

明白に読みとれる教訓に加えて、このディーヴェスとラザロの物語は、救われた者の喜びの一部が地獄へ落ちた者の苦しみを熟視することにある、という主張を例証するものだった。こうした見方は正義を尊び罪を憎む神の御心を立証するもの、と初期の教会は教えていたし、少なくともあと二つの聖書からの引用によって、この説を補強していた。その一つは「黙示録」一四・九―一一の記述で、それによれば、邪悪なる者は「聖なる御使《みつかい》たちおよび子羊の前にて、火と硫黄とにて苦しめらる」ことになる。もう一つは「イザヤ書」六六・二三―二四で、ここではエホバを信ずる者は神に背いた者たちの屍《しかばね》を眺めさせられる。「その屍の蛆《うじ》は死なず、その屍を焼く焔《ほのお》は消えない」からである。近代の教会はさすがに、こうした(一九世紀の説教師ディーン・ファラーの表現によれば)おぞましい空想はおだやかに放棄したが、さまざまな美術品はこの空想が何世紀にもわたって続いてきたことを裏書しているのである。

「ヨハネの黙示録」は新約聖書の正典のうちにはまず含まれそうになかった著作だが、これがはいっているのはひとえに著者をめぐる誤解のためである。現在では、福音書「ヨハネ伝」の作者と区別して、「黙示録」の作者はパトモスのヨハネと呼びならわすのが普通だ。この天啓の書は、西暦一世紀の後半に、ローマ帝国の支配に反対する一つの抵抗、とりわけ帝王崇拝を強いる邪教に対する抵抗として、著されたと考えられている。当時の皇帝ドミチアヌス帝（在位八一―九六）は華美を好む残虐な人物で、みずからをドミヌス・エト・デウス、すなわち「君主にして神」と呼ぶよう強要していた。

「黙示録」が見せる予言的幻像は、おそらくは、今日われわれが感ずるほどには当時の人々には奇異には映らなかったのであろう。この形式は、圧制の暴虐に抵抗して書かれた「ダニエル書」、「エゼキエル書」といった、ユダヤの伝統的な黙示録ふうの文献をただちに想起させたはずだからである。さて、ここに提示されているのは、善と悪との広大無辺の諸力があい争う劇的な戦闘であり、悪とはすなわち七つの頭をもつ赤い巨龍によって象徴されているローマ帝国である。場面はこの世の終末である。大地の三分の一は焼け失せ、海は血と変じ、川は苦くなり、山は火を吹き、地の穴より煙とともに出でた軍馬のごとき蝗《いなご》の災厄が続き、人の三分の一は死に絶え、恐ろしい地震がいくつも起こる。七人の御使《みつかい》が喇叭《らっぱ》を吹き終えると、「天なる神の聖所は開け」、また地震と大いなる雹《ひょう》とが襲う。カラー図版2を参照されたい。

「日輪を身にまとった」身ごもった女が登場する。また大いなる赤い龍が現れて、彼女の産む子を食い尽くさんと待ち構える。しかし女の産んだ男子は、無事、神の御座《みくら》のもとへ挙げられ、いっぽう、ミカエルとその天使たちの軍団は龍とたたかい、「かの大いなる龍、すなわち悪魔と呼ばれ、サタンと呼ばれたる、全世界を惑わす古き蛇は地に落とされ、彼の天使たちも共に落とされた」という。

ここで人々が崇拝している海の怪獣は，その七つの頭から見て，赤龍やローマの七つの丘と同じ観念のものだ．バビロンの妖婦も獣の頭をもっているが，これはきわめて珍しい．

ここに、海より上った奇怪な「獣」があって、龍がこの獣に己の権能《ちから》を授け与えたため、獣は神の御名を瀆《けが》す者たちの崇拝を集める。このため地上は再び惨禍にみまわれ、最後にバビロンの大淫婦（ゾロアスターの創世神話からとったヤーディ、ないしはイェイの名で呼ばれる）の審判《さばき》が始まる。七つの頭をもつ龍がイスラエルの目下の敵ローマを表すように、ヤーディはかつての敵バビロンを象徴する。そしてついに大淫婦は打ち倒され、ここに天の門戸は再び開いて御使《みつかい》が降《くだ》る。

我また一人の御使《みつかい》の、底なき所の鍵と大いなる鎖とを手にもち、天より降《くだ》るを見たり。彼は龍すなわち悪魔でありサタンである古き蛇を捕らえて、これを千年のあいだ繋《つな》ぎおき、底なき所に投げ入れ、閉じ込めて、その上に封印を施し、千年の終わるまでは諸国の民を惑わすことなからしむ。その後《のち》、暫時《しばし》のあいだ解き放さるべし（二〇・一―三）。

千年が終わって解き放されたサタンは、戦闘《たたか》いのために「ゴグとマゴグの民を海の砂の数ほども」かき集め、かくして天の陣営に刃向かうが、天からは炎が降って彼らを焼き尽くす。悪魔は「偽の予言者」ともども火と硫黄の池に投げ入れられて、永劫の苦しみをうけることになる（二〇・七―一〇）。最後の審判にさいして、海はその中にある死人を出《いだ》し、〈死〉も〈陰府《よみ》〉もまた、その中にある死人を出した。そして、おのおのはその行為《おこない》に随《したが》って審《さば》かれた。こうして〈死〉も〈陰府〉も「第二の死」を表す火の池に投げ入れられた。生命《いのち》の書に記されぬ者は、みな同じく審かれた（二〇・一三―一五）。

カエサレアのエウセビオスが報告するところでは、たとえば西暦三世紀のディオニュシオスなる司教は「黙示録」に疑念を表明していたというから、盤石とまではいえないにしても、一応は正典の中に安全に取りこんだかたちでキリスト教のいわば過激派グループ、つまり至福千年信奉者、信仰復興運動家、恍惚派、神秘主義者、幻視者といった、キリスト教を利用したいグループが、この「黙示録」によって是認されることになった。かりに「黙示録」というものが存在しなかったならば、キリスト教はもっと平穏な日々をおくれたはずであるが、しかし、その場合は、ずっと精彩のない宗教に堕してしまったことだろう。

人間の「堕落」はキリスト教信仰における一つの主要な鍵となる比喩的な概念である。その中心にあるのは、アダムとイヴの、原初の無垢と楽園の至福の境遇から苦痛、喪失、受難そして死への堕落である。ユダヤ人も、むろん、この堕落の神話をもっているし、ほかにも多くの文化において、過ぎ去った黄金時代というものへの言及が見られる。だが、キリスト教徒は、神に対する人間の最初の不服従の行為がもつ意味とその重要性を増幅することで、のちのちの、彼ら自身の手になる新しい教理や戒律をつうじた贖罪と救済の意義を強調したのである。アダムとイヴの生み出した腐敗・堕落の状況はあまりにも深刻なので後世の者もその罪を免れえないのであり、かくして「原罪」は人類すべてに伝送されてゆくのである、とキリスト教は教えた。

しかし、じつのところ、キリスト教の創世神話における最初の「堕落」は、アダムのそれではなくルシファーのそれである（初期のキリスト教徒の中にはルシファーの堕落はアダムのそれのあとに来ると主張した者もあったが、しかし、聖伝の伝えるところは結局それを否認する）。この、かつては至上の者でありながら天より堕ちたルシファーの姿を、われわれはユダヤの「第二エノク書」の中で眺めておいたが、より早期の言及としては「イザヤ書」の中で、イザヤがバビロンの王を嘲笑する場面が挙げられる（「イザヤ書」一四・一二―一五）。この堕天使に対する聖書での第二の言及は、予言者エゼキエルがツロの王に対し、エホバの命であるとして延々と呪いの言葉をあびせる場面に見いだされる。王はかつては大いなる恩寵を受ける身であった。すなわち、

汝は最高を極めし者、智慧《ちえ》の充ち、美の極まれる者なり。汝は神の園エデンにありて、もろもろの宝石汝を覆えり。（……）汝は聖油を注がれし天使《ケルビム》にして、あまねく覆う者なり。我、汝をかく定めり。汝、聖《きよ》き山にあり、また火の石の間を歩めり。汝は、その生み出されし日より、ついに汝の中に罪悪の見ゆるにいたるまでは、その行い完璧なり（「エゼキエル書」二八・一二―一五）。

呪いの言葉は、王にふりかかるであろう災難を列挙することにその大半を費やすのだが、エゼキエルは王のために予定される堕落を、名は挙げないがある崇高なる存在の堕落に譬えて語っている。そして、堕落以前に彼が数々のまばゆい宝石を身につけていたことを念入りに描写するくだりは、この壮麗なる存在すなわちルシファーが、居並ぶ天使の中で最高の恩寵を受けていただけではなく、また最高の栄耀《かがやき》をも許されていたのだと人に信じさせる。異端の説では、ルシファーは神の長男とさえ呼ばれることがあった。

ルシファー（「光をもたらす者」の意）はヘブライ語ではヘレル・ベン・サハールすなわち「あかあかとした朝の息子」の意味をもつ。惑星では明けの明星として金星に結びつき、いくらかあいまいなかたちでではあるが、ヘーファイストス、プロメテウス、パエトン、イカロスといった光輝を放つような転落者の面々にも結びつく。「神の座にすわらんと」する傲慢がルシファーを転落へ追いやるのだが、この傲慢はギリシア語ではヒュブリス（「神々に対する思い上がり」の意）であり、しばしば宇宙の正義によって罰せられる。「黙示録」にいうところの、サタンが天に挑む最後の戦いとは、また、時の太初《はじめ》にあたっての最初の戦争《いくさ》、すなわちルシファーの軍団対大天使ミカエルの軍団の天上の戦争の再現、とも解釈された。転落ののち、赤龍と同一視されるルシファーは、かつてはきわだって美しかったのと同じくらいにいまはひどく醜悪な姿となり——だからこそこの獣なのである——その名もサタンと変わったのである。

ルカの福音書によれば、イエスは彼の信奉者たちに「われ天より閃《ひらめ》く雷光《いなずま》のごとくサタンの落ちしを見たり」と言い給う、とある（「ルカ伝」一〇・一八）。また、「コリント人への後の書」において、パウロは偽予言者に気をつけよと警告しながら、「サタンも己《おのれ》を光の天使の姿によそおう」（一一・一四）と

ルシファーの墜落を描いたものとしては最も初期のもの（西暦500年頃）と考えられる．赤龍がいまだきれいな姿の堕落天使に変容してゆく．獣の姿をとるサタンはまだ登場してこない．左手上方に大天使ミカエルが見える．なお，カラー図版の2を参照されたい．

述べている。こうした証拠から、また「第二エノク書」の証拠から、悪魔であり、妨害者であり、また「旧約聖書」の僕《しもべ》であるサタンは、疑いの余地なく、不正直なる堕ちた天使ルシファーと同一視されるにいたった。

ヘブライ語のユダヤ教聖典すなわち「旧約聖書」では、サタンという名は「敵」、「反対者」の意味であり、サタンの名をもつ者が登場するときは、それはエホバの天使のような僕としてか、あるいは、決して名誉あるなどとは呼べないような行為によって、一人または多数の人間に対して（まちがってもエホバに対してではない）敵対行動をとる、といったエホバの代理人としてである。ニール・フォーサイスは『悪魔』の中で、サタンのことを「共産党政治局の中のうさん臭いがしかし不可欠のメンバー」と、じつにみごとな形容をしている。エホバと共謀しながら、サタンはエジプトの子供らを殺戮し（「出エジプト記」一二・二三）、バラムを責め苛み（「民数記」二二・二二―三五）、イスラエルの王アビメレクに対する人々の裏切りをそそのかし（「士師記」九・二二―二三）、サウル王をうながして不名誉な行動をさせ（「サムエル前書」一六・一四―一六、一八・一〇―一一、一九・九

―一〇）、イスラエルに疫病を下し（「サムエル後書」二四・一三―一六、ならびに「歴代誌上」二一・一―三〇）、イスラエルの王アハブを惑わして破滅の戦いへと出陣させ（「歴代誌下」一八・一八―二二）、またヨブを苦しめる（「ヨブ記」）。学者たちの信ずるところでは、サタンの性格はエホバの評判を落としたくないと考える編著者たちの手で、初期の写本にしばしばつけ加えられたのである。たとえば、人口調査を試みたダビデ王の「罪」を罰するべくイスラエルに下される疫病の描写に関して、「サムエル後書」二四・一―二五と「歴代誌上」二一・一―三〇を比較されたい。サタンは一度だけエホバの咎めを受けることがある。それはサタンがエルサレムを打ちすえるのに熱を入れ過ぎたことを責められるのである（「ゼカリヤ書」三・二―一〇）が、彼が、いかなる類いのものにせよ、なにか独立した行動をとったことを証拠だてている場面といえばここだけである。

　四つの福音書が書かれた西暦一世紀までには、サタンはどうやら荒野でイエスを誘惑する「この世の長《おさ》」としてのいわば自治権を獲得したようであるが、ただ、ここでもまだ、サタンはイエスの勇気を試す役目の神の代理人と見ることがおそらく可能である（グノーシス派の創造神デミウルゴスとはちがって、新約聖書のサタンにはみずからが支配者となっているこの世を創造したという功績はない）。のちには、サタンは首尾よくユダを誘惑してイエスをその筋へ売り渡させるのだが、この件もまた、キリストの受難のドラマの筋書きとしてあらかじめ決定されていたのだとも見られよう。いっぽう、サタンの一語がもっている昔ながらの「妨害者」という単純な意味もまだ残っていて、たとえば、イエスの捕縛とはりつけにつながる行動をやめさせようとするペテロに対して、イエスは「サタンよ、あなたはわたしの後ろにいなさい」といったりするのである。

　報告されているイエスの主要な活動は、説教を別にすれば、下級の悪霊たちを相手にした悪魔祓いの儀式である。当時は、信仰療法師やら魔術師、祓魔師《ふつま》などがたくさん商売をしていたのだが、イエスの場合は精霊の力を借りて悪魔祓いをする点がちがいだった。悪霊《ディーモン》という言葉はギリシア語のダイモンあるいはダイモニオンに由来し、新約聖書ではもっぱらサタンその人を指す言葉ディアボロスと、やがて同一視されるにいたる。西暦一世紀までには、どこにでも出没して面倒や災難をひき起こすごく普通の悪霊たちというのは、一個の大《アーチ》悪霊の下位に属する者たちなのだ、という指摘がユダヤ人の間で行なわれるようになった。すると必然的に、サタン神話が発達するにつれ、さまざまな異教の神々が彼の副官として名簿に連なるようになった。まことに、甲の神は乙の悪魔である。

ヨハネの「黙示録」が、そのテキストの混乱や矛盾にもかかわらず、いや、むしろそれらのおかげで、成しとげえたことは、そこに盛られた幾多の引喩や伝説を総合しまた解釈し直して、一つの新しい神話に結びつける――そういう試みをゆるす余地をたっぷりと提供したことだった。堕天使は天から墜落した赤い龍と同一視され、また彼とともに墜ちた部下の天使たち――それは「空の星の三分の一」をしめていたが――は、いまや悪霊たちと同一視されるにいたる。赤龍はこんどは一頭の獣と合体するが、これはあるときはヘブライ語聖書に登場する猛々しくも超自然的な獣、すなわちレヴィアタンに似る。すなわち、「その口よりは炬火《たいまつ》燃え出し、火花を散らす。その鼻の穴よりは煙吹き出し、あたかも葦《あし》を焚く釜のごとし。その気息《いき》は炭火をおこし、火焔《ほのお》その口より発す」(「ヨブ記」四一・一九―二一)。またビヒーマスに似る。「見よ、その力は腰にあり。その勢力《いきおい》は腹の筋にあり。その尾の動くさまはスギの木のごとく、その腿《もも》の筋はたがいにからみ合い、その骨は青銅の管《くだ》、その肋骨は鉄の棒のごとし。これは神の造りし第一なるものにして、無類の圧政者なり」(「ヨブ記」四〇・一六―一九)。また、海龍たるラハブにも似る。

つぎに、この天使にして赤龍なる巨獣は、アダムとイヴの楽園喪失の責めを負うべきあの「古き蛇」にも結びつけられる。福音書はサタンをイエスおよびユダの誘惑者として描いているし、「黙示録」ではサタンは全人類にとっての最初の誘惑者、誘拐者であり、またわれわれ人間が味わうその後の悲嘆のおおもとの原因であり、またわれわれの死それ自体の原因でもあると表現されている。

千年を経てしばし解き放たれたサタンが、「ゴグとマゴグの軍団」を得て権力をにぎる姿は、「この世の長《おさ》」としての彼の地位が、すくなくとも最後の敗北にいたるまでの間は、より確固たるものになったことを示した。神の御使《みつかい》が最初に到来してサタンを打ち破ったさいも、どうやら、説明はあいまいだが、地上におけるサタンの明白な権能はいささかも縮小はされなかったらしい。

善と悪の諸力の終局の宇宙大戦にひき続く最後の審判は、すでにゾロアスター教やミスラ信仰の、あるいはユダヤ教の啓示的文献によってなじみのものではあったが、これが「マタイ伝」の黙示録ふうな予言の記述を確証し、かくして神の敵対者がサタンであることが確認されるにいたる。

最後に、不信心者（獣を崇拝する輩《やから》）、その獣自身、またその獣の「偽の予言者」（偽キリスト）、これらすべては火と硫黄の池に

オトラントの大聖堂の床面を飾る12世紀のモザイク画．サタンが，それと一体と見なされる赤龍の上に座っている．

投げ入れられることになるが、千年の間「底なき所」に閉じこめられていた悪魔つまりサタン自身（龍）もまた彼らに合流する。死の表象の異教的な擬人化である〈死《デス》〉や〈陰府《ハーデース》〉も同じく火の池に投げ入れられる。審判にさいしては、彼らがいわば一時的に保有していた死人たちもあらためて引き出され、そのうち罪ある者は裁かれ、火の池に投げこまれた。それまでは本質的にまったく異なったものだったこれら多くの形象を、一つのグループにまとめた点で、これは意義深い記述だった。中世の終わりまでには、獣、龍、死、陰府、これらすべてのもののイメージがサタンの中に一つになって溶けこんでいたであろう。

初期の神学者たちは、「事実に基づく」というさまざまな難しいテキストと格闘し、なんとか悪魔の役割を、また悪魔が人間と神に対してもっていた関係を突きとめようと努力していた。もっと単純に、ただの物語として語るというレベルでは、系統立った統合が行なわれて、『バルトロマイの福音書』にみるように、三世紀までには多くの部分が整理され、五世紀にはアウグスティヌスが最後まで残った部分に秩序を与えた。しかし、地獄のもつ種々の属性については、いや、サタンという悪魔の呼び名そのものについてさえ、中世にいたるまではまだ慣習として確立していなかったのである。*

＊ ほかの呼び名としては、サタネル、ベリアル（ヘブライ語の原義は「無益」、ベルゼバブ（原義「蝿の王」）、ベルゼボウル（「糞の王」）、マステマ（「敵意」）、アザゼル（「荒れ地」）がある。

地獄への降下——11

ほぼ二千年間をつうじて、イエス・キリストが聖金曜日と復活祭の日曜日の間に地獄へ降りるという話は、イエスの生誕、死、復活、昇天というキリスト教徒のための連続物語にとって不可欠の部分であった。新約聖書でその典拠となるのは、いかにも漠然とした箇所だが、「マタイ伝」二七・五二―五三である。それによれば、イエスの死にさいして地震が起こり、墓が開いて、「眠りたる聖徒の屍《しかばね》多く生き返り」、とある。「ペテロ前書」はもう少し明確で、キリストは「肉体において殺され、霊によりて生かされ給えり。またその霊によりてキリストは獄舎にある霊たちのもとへ往《ゆ》き、御《み》言葉を宣《の》べ伝え給えり」(三・一八―二〇)とある。この後は、ややとりとめのないかたちで、ノアの箱舟と洪水の話、そしてバプテスマの水の話が続くが、その基盤にある信条は、イエスが、十字架にかけられて処刑されたのち、ノアよりも時代的に先んじた旧約聖書の父祖たちの霊魂のもとへ、御言葉を伝えにおもむいたのだということ、また、それを受けて、この父祖たちも聖なる都すなわち天国へはいることを許された、という信仰なのである。ひょっとすると、イエスは、イスラエルの民であれ異教徒であれ、すべての死者に対して、いや、罪人に対してさえ、御言葉を伝えたのかもしれないのである。

13世紀の祈禱書にある「地獄征服」の図．イヴがいとも慎ましく振る舞おうとしている様子に注意されたい．上方の人物は絶望的な罪の贖いへとまっしぐらに突き進んでいる．

これにもまして刺激的な物語がもう一つ、急速に流布しはじめていた。それによれば、イエスは戦闘的救世主として地界へ降り、正しき者の魂を救うという使命を果たしたのだという。この冒険談のユダヤ教版は紀元前一世紀にさかのぼるとされる『十二使徒の教訓』だが、ここでは、未来の救世主《メシア》が地獄の首領たるベリアル（ないしはバール）の王国へ遣わされてその囚われ人を救出したという。三世紀には『シルワノの教え』および『バルトロマイの福音書』が、この物語の担い手をいまだ現れぬユダヤ教のメシアからイエス・キリストへと移しかえた。初期のキリスト教徒の著述には、この地界への降下に触れた箇所がいくつも見つかるが、なかでもひときわ首尾一貫していて影響力も大きかったのは、『ニコデモの福音書』の記述である。最も古い写本として知られているのは五世紀のものだが、しかし、それ以前からあまねく知れわたっていたことは疑いなく、おそらくは数世紀にわたって正典として受け入れられていたのである。

物語は関連する二つの部分から成り立つ。一つは「ピラト行伝」として知られる部分で、ここでは、新約聖書の各福音書にも述べられているイエスの審問と処刑の模様が拡張されて描かれている。もう一つは「地獄の征服」物語で、大祭司シメオンの二人の息子が物語るのだが、彼らは、十字架上の処刑のあとに起こった偉大なる出来事を証言するために、一時的に死者の中からよみがえってきたのである。彼らによれば、はりつけの刑を手配したのはサタン本人であったが、この処刑はみじめな失敗に終わってしまったので、地獄はその住民たちを解放せねばならなくなったのだ、という。

解釈を厳密にすれば、イエスが征服するのは地獄ではなく、父祖たちの滞在するリンボ界である。ここは、（ギリシアの伝承による）ハーデースが、その地上の代理人たる（ヘブライの伝承による）サタンとともに統括している地界の暗い獄舎、と考えられている。ここは通常の牢舎の場合に予想されるような苦痛以上には、特にひどい拷問を売り物にしているわけでもない。囚われの父祖たちは、なりゆきを察知するや、がぜん騒がしくなって収拾がつかない――こんなところが『ニコデモ』の愛されるゆえんでもある。イエスはリンボ界に降り立つやサタンと手下の悪鬼どもをうち滅ぼし、また、キリスト教徒にとっては重要な象徴と映るのだが、ハーデースという姿をとった〈死〉それ自身をもうち滅ぼす。

このようにイエスの征服《ハロイング》物語は一つのきわめて重要な時期の説明になると同時に、アダムとイヴ、そしてアブラハムに始まる旧約聖書の尊い登場人物たちを、どう適切に処遇するかの説明にもなっている。そのアブラハムは、ディーヴェス（富者）の時代にどこにいたにせよ、いまや高く天に座すことが可能になったのである。この物語は、新約聖書のどの福音書にもまして、キリスト教徒にとっての復活の約束を劇的に表現している。

さらに、ハロイングの物語がキリスト教という宗教のイメージにとって決定的な重要性をもったのは、それが雄々しく、能力《ちから》のあるイエスの肖像を伝えたからである。つまり、十字架の上で苦しむとか、貧者に教えを垂れるとかではなく、悪霊どもを相手に戦い、囚われ人を救い出し、非道を正し、そしてあたかも凱旋する勇武の王の如くに布告を発する、この肖像である。大救出作戦、そして死に対する勝利、これは多くの人々にとってこの新しい宗教がもつ最も魅力的で、かつ心休まる一面だったかもしれない。

しかし、このハロイングの物語にも難点はあった。もしもサタンがイエスの手で打ち破られ監禁されたのであれば、いったいどのようにしてサタンはいまだにわれわれのそばを離れないのだろうか。もし彼の死のおかげでハーデースあるいはリンボ界からの父祖たちの解放が可能となり、また暗々裡に、すべての善きキリスト教徒の将来の解放が保証されるのだとしたら、いったい、免罪金は誰に支払われるのだろうか。悪魔に対してだろうか？　初期の教会の教父たちの中にはまさにそうだと考えた者もあったが、そんな考えはとんでもない、悪魔が大胆にも神と取引しようなどと考えるであろうか、と憤慨する者もあった。

『ニコデモの福音書』はこの案を用いていないが、「免罪金理論」をくつがえして「犠牲理論」を取りいれるための学識ある賢明な工夫は、サタンとハーデースの分離案である。もしイエスがその強敵（悪魔すなわちサタン）を宥めすかす、あるいは買収するために死ぬのではなく、復活が示すような死に対する勝利を象徴するために死ぬのだとしたら、死の擬人化である抽象化されたハーデースというものの第二次的な特徴を、誘惑者／悪魔たるサタンとは別の独立したかたちで、またサタンの支配者のかたちでおさえておくのが有益となるのである。ところが、『ニコデモ』はこの問題を民話版の「めくらまし理論」で処理しようとする。つまり、悪魔はだまされてキリストを排除したと思いこむのだが、気がついたら自分が転落してしまっている、という筋書きだ。しかし、この物語からはハーデースつまり擬人化された死が姿を消しており、じっさい、中世の終わりにならないとハーデースは復帰しないのであるが、そのために神学者たちは、多々、論証の困難を覚えたのである。

しかし、意味づけの論証がどうであれ、キリストが降下したという事実には疑問の余地がなかった。最も初期のキリスト教信仰の告白である「使徒信条」はこう言明する。

悪鬼は自分たちの身の上に何がおこったのかまったく見当がつかないでいる．アンドレア・ダ・フィレンツェのこの絵画はニコデモの精神を忠実になぞっている．

イエスは地獄へ降りられた、
三日目に、イエスは死者たちの中から立ち上がり、
天に昇りて、全能の父なる神の右に座られた、
そこより来たりて、イエスは生者と死者を審《さば》かれる。

後世の教会信条は、六世紀のアタナシウス派を除いて、この降下のくだりは除外している。高度に知的なレベルで、征服物語につきまとう最終的な不安がぬぐえないからである。六世紀に、トゥールのグレゴリウスはその著書

『フランク史十巻』の出だしに「創世記」に基づく世界の創造を載せ、イエスの生涯もここに含めているが、イエスの処刑と復活の間に何があったかの説明はきれいに省いている。いっぽう、彼が教皇グレゴリウス一世のために書いた復活祭の詩には次なる詩行が見られる。

イエス、地獄を征服し、捕らわれの俘囚を導き給えり、
闇と、混沌と、死とは、光の面より逃げ去りぬ。

教皇グレゴリウスは、そして、こちらがもっと重要だが、アウグスティヌスもまた、ハロイングについてはこれをまったく当然のことと見なしており、その歴史的事実についても、またキリストの受難物語の一部始終にとってそれがもっている本質的価値についても、一点の疑いももっていない。おそらくは、中世をつうじて、大部分の聖職者を含めてほとんどすべての人々の心の中に、アダムとイヴの物語、またベツレヘムの奇跡の物語と同様に、ハロイングの物語もしっかりと定着していたのである。

反キリスト

マタイ同様に、パウロも偽予言者には注意をうながしているが、とりわけ、サタンの側にあってキリストにも匹敵する邪悪な対立者で、反キリストとして知られるにいたる偽予言者にはひときわ警戒を呼びかけている。この偽予言者の姿は、われわれも「黙示録」の焔の池の中にすでに眺めていたとおりである。キリストが再臨して統治する千年王国は、反キリストが出現したあとでなければ到来しないのであるから、そうなると、この反キリストの正体が何なのかが問題となりさまざまに推測が行なわれた。

ローマ帝国は、ドミティアヌス、カリグラ、ネロの各皇帝のように、この反キリストの役割を果たすべき有資格者には事欠かなかったが、反キリストは、そうした人物よりは、何か奇跡を施すような霊的なリーダーであるほうが似つかわしかった。初期のころ対象者としてよく名を挙げられたのは、グノーシス派の魔術師で、ペテロやパウロとの間にも口論のあったサマリアのシモン・マグスだ。ほかにもたくさんの名前が登場し、最後は、宗教改革を唱えるプロテスタントが、反キリストとは、畢竟、教皇制度全体を指すのであり、彼らは千年に及ぶ期間、偽りの宗教を奉じて来たのであると断じたのだった。

千年王国《ミレニアム》とは紛らわしい用語である。厳密にいえば、これは「黙示録」に予言されているように、地上に実現される神の王国、すなわち「聖なる都、新しいエルサレム」が実現する千年の期間を意味するが、もしそうでなければ、逆に神とは対立する否定的な方向への千年ということになろうし、これもまた、「黙示録」の陰《かげ》の部分には予言されているようにも見える。これは最後の審判に先立つものであって、したがって、歴史の終わりの千年なのであるが、しかし、この用語の意味もだんだんに変わってきて、いまではほとんどつねに最後の審判の日それ自体を指すようになっている。初期のキリスト教徒は残らず千年王国の信奉者だったが、のちには、ずっと待っているのになぜ終末は訪れないのか、これを説明するために「黙示録」が引き合いに出されるようになる。千年王国説はキリスト教の歴史の中にしっかりと定着しており、二千年にわたって期待が裏切られて来たにもかかわらず、今日でも驚くほど広範な信奉を集めている。

画家たちは地獄における反キリストをしばしばサタンの息子として描いている。反キリストはサタンのひざの上にすわっていたり、のちには、ゴグとマゴグの諸力――異教徒、不信心者、異端者、悔い改めぬ罪人――を糾合してハルマゲドン（実際のヘブライの戦場の名にちなむ）の最後の戦いにおもむく姿が描かれている。現在では、『ローズマリーの赤ちゃん』のような映画の中は別にして、反キリストはもはやあまり重要な形象ではなくなっている。

最後の審判――12

地獄に関するキリスト教の不可欠の物語の中で、締めくくりに登場する、最も複雑な物語が最後の審判、すなわちディエス・イレー（怒りの日）にかかわるものである。ヘブライ語の聖書には、ついに正義が行なわれるはずの「エホバの日」、「主の日」への言及があふれている。「エノク書」、「エズラ書」、「ダニエル書」といった黙示録ふうの聖典、またユダヤ教の外典もこの大詰めの舞台を期待して待っているが、ただ、新約聖書の記述と異なる重要な点は、この審判が生者に対してなされるのであり、死者を裁くのではないことだ。

「マタイ伝」第二四章はキリスト教の終末観と最後の審判についての福音の聖句を収めている。オリブ山上にあって、イエスは弟子たちに向かい、来るべき恐ろしい時について、すなわち、戦争と背教、「偽キリストと偽予言者」のさまざまな「徴《しるし》や不思議」の現れる時について、警告を発している。宇宙自体が崩壊し、「これらの事残らず成るまでは、いまの時代《よ》は過ぎ去るまじ」とイエスは語る。続いてやや歯切れの悪い口ぶりで（マタイがこの言葉を報告しているのはイエスの死後ほぼ五十年後である）、「されど、その日、その時を知る者はなし。天の御使たちも知らず、子も知らず、ただ父のみ知り給う」

と述べる(二四・三一―三六)。

しかるべく時に悔い改める必要を説きながら、イエスは羊と山羊の話で終わる教訓に満ちた寓話を披露するが、ここに最後の審判のありさまがいくらか説明されている。

かくて、人の子の前にもろもろの国人《くにびと》集められん。人の子これを別《わか》つこと、牧羊者が羊と山羊を別つごとくして、羊をその右に、山羊をその左におくべし。……かくて、人の子、その左におる者どもに言わん「詛《のろ》われたる者よ、われを離れて悪魔とその使いらとのために備えられたる永久《とこしえ》の火に入れ。」……かくて、これらの者は去りて永久の刑罰に入り、正しき者は永遠の生命《いのち》に入らん(二五・三二―三三、四一、四六)。

マタイはこれが生者をのみならず死者をも裁く審判であることを明確にしてはいないが、パウロのほうは、その広く流布した書簡の中で、キリスト教がもつこの本質的な相違点にまで言及した(「コリント人への前の書」一五、

ヴェニスのトルチェッロ島の大聖堂にある12〜13世紀のモザイク画.最後の審判の一部始終を概観させてくれる.最上段に描かれるのはイエスの「地獄征服(ハロイング)」あるいは「冥府下り(アナスタシス)」で,右手に立つバプテスマのヨハネの予言にしたがって,イエスがアダム,イヴ,ダヴィデ,ソロモンらの霊魂を解放する場面.第二段目はイエスの再臨を描いている.イエスの光背(マンドルラ)を支えているのは仲裁役たる聖母マリアとバプテスマのヨハネで,その両脇をすでに天国に到達した大勢の聖人,殉教者たちが固めている.その下の第三段目の中央には,キリストの受難にかかわる道具や聖書を備えた一種の玉座(エティマシア)がおかれている.天使たちが最後の審判のラッパを吹き鳴らし,それに応えて左右の端で,大地および海の生き物たちが,復活させられるべき死体を引き渡している場面だ.さらにその下の段を見ると,中央のちょうどドアの上のところで天使が天秤を捧げもち,その横で悪鬼たちが片方に重しをかけようと企んでいる.いっぽう,下では聖母マリアが慈悲を乞うている.左手には祝福された者たちが列をなして立ち並んでおり,また右手では二人の天使が邪悪な者どもをサタンの側へ追いやっている.サタンのひざに抱かれているのは反キリストである.(この邪悪な者たちの部分のクローズアップがカラー図版の11である.)最下段の左手に描かれているのは,まず懐に一体の霊魂を抱くアブラハム,続いて聖母マリア,バプテスマのヨハネ,そして天国の門を警護するケルビム(守護天使),聖ペテロ,そして冥界案内役の天使,この面々である.

109　　12　最後の審判

とになる。

「テサロニケ人への後の書」九―一二)。さらに、キリストの地獄への降下物語がのちにこれを確証するこ

西暦紀元の初期の段階にあっては、終末はいつなんどき訪れてもよかったわけだから、最後の審判への信仰にもなんらこみいった問題はなかった。何世紀も続いてきた観念の上に、いわば安住していればよかったのである。しかし、時がたつにつれて問題が持ちあがってきた。もしも最後の審判が旧約聖書にいう「主の日」にいたるまで遅れるのであれば、その審判の日と肉体の死との間の長い年月には何が起こるのであろうか。そのような長い年月のあとで、肉体はいかにして復活しうるのであろうか。呪われた霊魂も復活するのか、それとも復活は祝福された霊魂に限られるのか。

こうした疑問がもとになって、個別審判という考え方が出てくるのだが、それによると、個々の霊魂の行く先というのは、エジプトやペルシアの考え方と同様で、死の時点で決められるのだという。あの富者とラザロの寓話はこのいわば即決主義を支持するように見えるし、ゴルゴタの丘でイエスが悔い改めた罪人に天国を約束するのも、この説に符合する。ただし、終末の黙示論を信奉する千年王国主義者たちはこれにには反対だった。

初期キリスト教会の教父たちはこうした矛盾・対立をなんとか調停しようと試みた。たとえば二世紀に殉教者ユスティヌスは、善人と悪人の霊魂はそれぞれ別の場所(平等な場所でないことは確かだ)で最後の審判を待つのである、とした。ほぼ同時代に著述があるタティアヌスは、霊魂は最後の時までは眠っているのだと考えた。多くの異端の流派、ないし反カトリック各派がこれに賛同したが、ローマ・カトリックの教理となるにはいたらなかった。

三世紀になって、テルトリアヌスは、ただちに天国へ迎えられる殉教者だけは別にして、あとのすべ

ての霊魂は地界にゆだねられ、それぞれ別個の平等ではないリンボ界にあって待機する、とした。四世紀になると、ポアティエのヒラリウスが、霊魂の永遠の落ち着き先は最後の審判での決定を待たねばならないが、罪人はとりあえず死後すぐに罰を受けるのであると警告している。アウグスティヌスは、五世紀に、二度の審判が行なわれると唱えた。すなわち、最初は死の直後に、そして二度目は万人復活のあと行なわれる審判である。これが、漠然とではあるが一応明示されたかたちでの西方教会の立場だった。やがて何世紀かたつと、ここに煉獄という信条が導入されてより精巧な教理となるのである。

最後のつまり全体的な審判のことは、聖書にもしばしば言及されているが、個別の審判のほうは明瞭に言及されているというわけではない（富者とラザロの寓話、悔い改めた盗賊の話などは、暗々裡にその審判に触れているとしかいえない）。そこでこの両者の扱い方の違いに決着をつけるのが教父たちの仕事になった。アウグスティヌスは『神の国』の中でこの差異をじつに巧妙に肉体の復活の教理と結びつけてる。

> 霊魂はその肉体を離れるときにまず審判を受け、ついで、再度の審判にさいしてその肉体と再び合一し、かつて住まっていたその同じ肉体の中で祝福され、あるいは苦悶するのである。

これは、平等ならざる別個のリンボ界が存在するという考え方を拡大したものと受け取ることができる。すなわち、最後の審判を待っている罪人の霊魂は、すでにその時点で神の恩寵を失うという恐ろしい罰（有罪と宣せられる罰《ポエナ・ダムニ》）を受けるわけであるが、その霊魂が肉体と再び合一を果たすまでは、地獄の炎による責め苦（身体で経験する罰《ポエナ・センスス》）は始まらないのである。いっぽう、最後の審判を待つ正しき者の霊

1510年頃のフランスの写本に現れた手っ取り早い最後の審判図．古い死体が輝く新しい肉体に変えられ，審判を受けるべく図の左端を上ってゆく．上では大天使ミカエルが即決の審判を下して不適格者を右手から突き落としている．

魂のほうは、爽やかな喜ばしき場所（慰安の地《レフリゲリウム》）にあって、やがてみずからの祝福された肉体を再び得て、最終的な至福の天国へはいることを許されるのである。

この解釈の困った点は、したたかな罪人であれば、なに、自分たちの受けるべき罰が現実に訪れてくるまでにはしばらく休憩時間があるぞ、といった期待を許してしまうことだった。それに、この解釈はキリストの地獄への降下の物語とも矛盾する。地獄への降下論にしたがえば、司教たちは、イエスの死の時点でただちに神の映像を描くことを許されるからだ。一般庶民にはとにかく複雑すぎる、という難点もあった。最後の審判を待つにせよ、霊魂というものは死後ただちにその当然の報いをまず受けるものと、たいていのキリスト教徒はつねに信じていたし、時間あるいは等級に関して差のある別々の審判を両立させるなどという煩わしいことはしないからである。

最後の審判は、また、堕落した天使たちの運命をも決定するはずであった。それは、たとえばペテロの手紙に「神は罪を犯したる天使たちを赦《ゆる》さず、これを地獄に投げ入れ、審判《さばき》のときまでこれを暗闇のなかに留めおきたり」（「ペテロ後書」二―四）と証言されるとおりであり、また「己の位を保たず、己の居所を離れし天使たちを、主は、大いなる審判の日まで、永遠の束縛をもって、暗闇の下に留めおきたり」（「ユダの書」六）と証言されるとおりである。西暦一世紀の間は、堕落天使はちょうどオリンポス神と戦って敗れたタイタン神族と同様に、いまだ悪霊ではなく、単に囚人であり、典獄であり、また拷問吏、誘惑者であった。

黙示録的な終末がただちに訪れるという期待が薄らぐにつれて、初期教会の司教たちは、解決の必要なさまざまの教理上の問題に直面することになったが、なかでも大問題だったのは、宇宙規模の審判と天罰についての公式見解をどうするかであった。とはいえ、取るべき正しい道をきめるのは容易なことではなかった。たとえばグノーシス派の思弁といった冒険主義的な神学のように、あきらかに信用ならないものもあったが、全体としては、キリスト教文献のうち正典と見なすべきはどれか、また今日のわれわれの呼び名でいえば外典ないし偽典とすべきはどれか、こうしたことを決定するのに教会は何世紀も費やすことになった。

キリスト教というのは、その眼目が死と、そして復活をつうじた救済にある黙示的な宗教であるから、来世というもののイメージが、その肯定面にせよ否定面にせよ、はなはだ重要であった。どういう人間が救われ、どういう人間が地獄へ堕ちるのか、これがいつも頭から離れない思弁のテーマとなった。なかには、復讐の幻想に身をゆだねてしまったような妄念もあった。たとえば、アフリカにあって千年王国説の信奉者だったテルトリアヌス（一六〇？—二三〇）は偉大なる審判の時が来るのをほとんど待ち切れない思いでこう書いている。

その日、一望のもとにくり広げられる光景はいかばかりのものだろうか。まず最初に私はどの場面に目を向けて手を打ち大笑いしてやろうか。その昔、天に昇るものと公に喧伝されていたあの大王たちが、その昇天を見守っていた神々の王ユピテルその人とともに暗き深みに堕ちて呻くさまか。神の名を迫害した統治者たちが、勇気あるキリスト教徒を殺そうとして燃やした火よりももっと激しい業火の中で焼けただれる姿か。それとも、賢いといわれた哲学者たちが揃ってその弟子たちの目の前で恥じ入って焼き殺される場面か。そう、彼らこそはその弟子に向かって、神は世界のことなどなんら気にかけてはいないと教えこみ、また、霊魂などというものは存在しないか、あるいは存在してもそれがもとの肉体に戻るなどということはありえないのだ、と自信満々に説いていた張本人なのだ。はたまた、ともにゼウスの子であるラダマンテュスやミノスといった黄泉の国の裁判官ではなく、驚いたことにはキリストがすわっている裁判席の前で、うち震えている詩人たちを眺めてやろうか。悲劇役者どもが、おのれ自身のメロドラマの中であげる苦悩の呻き声こそは、どんなにか聞きごたえがあるだろう。猛火の中をぴょんぴょんと跳びはねてゆく喜劇役者どもこそは見ものだろう。有名な二輪戦車《チャリオット》乗りはその火炎の車輪の上で狐色に焼け焦げ、運動選手どもは、競技場ではなく、炎の中で側方転回を披露することだろう。……それこそは、いかなる悲喜劇より、またいかなるサーカスや競技場の催しよりも、面白い出し物となろう。

最も急進的な思弁を用いた人物といえばオリゲネス（一八五？―二五四？）だが、彼はアレクサンドリアのクレメンス（一五〇？―二二〇？）の弟子にあたる。クレメンスは学識豊かな神学者で、悪の問題を解明するのにプラトンのイデア論を援用し、悪というものを善の欠如と説明した。これは、完全無欠の善性たる神のみが唯一の実在であるのだから、その善性の欠如である悪とはすなわち非存在である、という意味である（ここから種々の困難が生ずる。たとえば、物質が悪であるという説はグノーシス派や新プラトン主義に共通する立場だが、その物質を非存在であると主張することになれば、アウグスティヌスがやがて指摘するであろうように、いささか具合が悪い）。クレメンスは、また、悪魔とそれにつきしたがう天使たちは、自由意志の仮説を証明している、という見解をたてた。一切は神がすでに予定したとする予定説をとれば、神はそれと承知して悪の被造物をこしらえたことになり、これはいかんとも承認しがたいからだ。

オリゲネスはクレメンスにならって自由意志説、ならびに、悪しき天使と罪深き魂が神のもとを離れ

ビザンティン様式の象牙の彫刻作品．六枚の翼をもつケルビムが地獄の門を守護し，復讐の天使たちは破滅する運命の者たちを急き立ててサタンのもとへ追いやっている．下方では最後の審判のラッパが吹き鳴らされる．破滅すべき者たちが個々別々の箱のなかに入れられているのはビザンティン美術の一つの典型的な特徴．低いほうの箱には卑劣漢が寄せ集められているのが分かる．

て粗野な物質界に降り立ったという考えを採用したが、変わることのない悪魔の棲む永久不変の地獄という観念は説得力に乏しいと考えた。

たびたび指摘したように、霊魂は永遠にして不滅のものであるから、広大無辺の空間にあって、幾種類もの長い時代を過ぎる間には、霊魂は最高位の善から最下位の悪へと堕落する可能性もあれば、反対に、究極の悪から至上の善へと回復されることもまた可能なのである。

現世にあって、われわれ人間がその生き方を自由に選択できるとすれば、必然的に、死後においても選択の自由が続くはずである。すると、肉体が再び賦与される霊魂再来《リインカーネイション》とは、つまるところ、プラトンが示唆したような、存在の階梯を上昇、ないしは下降する運動の一形態ということになる。じっさいオリゲネスもそうした考えに傾いてはいるが、ただ、彼は言質を与えるような言い方はしていない。

結局、オリゲネスが提示したのは、悪魔を含めてすべての者が悔い改める道を選択できるという見解だった。キリストがすべての者に代わって死ぬのであれば、その「すべて」には天使もふくまれるであろうし、悪魔とはそもそも天使だったのである。また、神が無限であるとすれば、時の終わりには、あらゆるものが必然的に神のもとへ戻ってその一部となるであろうから、悪魔の否定的な諸特徴はことごとく清澄の火に焼かれて、もともとの天使らしい本性のみがあとに残るであろう。万物にあまねくゆきわたる救済というこの教義は万物復興説《アポカタスタシス》と呼ばれる。

オリゲネスの論理にしたがえば、時の終末のその後には地獄というものは存続しえないことになる。もし地獄が存続するとすれば、それは罪と悪魔にとっての勝利の印となろう。オリゲネスはまた、地獄で実際に肉体に加えられる罰というものについても、もっともな疑問を呈しているが、しかしこれについては、彼の多くの後継者と同様に、罪や犯罪の抑止力として働くはずだから一般庶民はこれを信ずるのがよい、と考えていた。

不滅でありながら、かつ、堕落もしがちという、このオリゲネスの霊魂観が、いかにプラトンの霊魂観を忠実になぞっているかは、彼の見解を解説したヒエロニムスのつぎの言葉の中に容易に見てとることができる。ヒエロニムスはこの上昇と下降の行動を大いなる循環と説明した、いわばオリゲネスにとっての敵意ある証人である。

オリゲネスの教説では、理性ある、目に見えぬ、非物質的な存在［ここでは天使のこと］も、もし不注意であれば、徐々に底無しの淵へと滑り落ちてゆく、と説かれる。天使らはその降下した先の物質を材料に、人間の肉をそなえた空気のような希薄な身体をまとう。さて、悪魔の先導のもとみずからの意志で神への奉仕の仕事から離脱した悪鬼たちだが、彼らがどうやら辛うじて正気を取り戻したとしよう。すると、彼らは別の人肉をそなえることになる［それは、クレメンスならびにオリゲネスが、悪鬼が宿るべき場所と想定した、より低級でより物質度の高い人肉とは対照的な人肉である］。その結果、それぞれの改悛を果たした悪鬼たちは、彼らが最初に人肉へ降下したのとおなじ円運動を描いて、こんどは上昇できるのであり、ついには神の間近にたち戻り、ここにいたって彼らはその空気のごとき希薄な身体を脱ぎ捨てることになる。こうして、万物は天と地と地界の神にひれ伏し、神はわれらを含め万物を表すものとなろう。

これはプラトン的な輪廻の思想に近く、また仏教にも少々縁がある。ヒエロニムスは賛同を示していないが、初期の教父たちの中にはこれを支持する者もあって、たとえばアンブロシウス、ニッサのグレゴリウス、ナジアンゾスのグレゴリウスなどがそれである。終末論は、まだまだ議論が未発達の分野であった。

万物復興説《アポカタスタシス》をめぐる論争は三世紀から五世紀にいたるキリスト教神学者たちを巻きこんで続けられたが、ついに、ヒッポ（現代のアルジェリアのアンナバの町）の大司教アウグスティヌス（三五四―四三〇）が、永遠にして本質的に不動の地獄というものの存在を完全に「証明」することで、この論争に決着をつけた。

九年間にわたってマニ教の信奉者だったアウグスティヌスはグノーシス派の人々（この頃には彼ら自

身もマニ教徒となっていたが）の、現世を地獄と見、物質を悪と見る有害な見解に懸命に反駁しようとしていた。アウグスティヌスは「創世記」に「神、その造りたるすべてのものを見たまいけるに、はなはだ善かりき」とあるのを引きながら、創造された自然の美であり善であることを力説した。そして、この美と善に対置させるかたちで彼は原罪という教義を定めた。これはアウグスティヌスの勝手な創作だとの非難も行なわれているのだが、彼の伝記作者のピーター・ブラウンの指摘によれば、古代におけるなんらかの違背が現在の人間の不幸の原因であるという考えは、当時はキリスト教徒にもまた異教徒にも共通した観念だったという。アウグスティヌスの独自の貢献は、この原罪を複雑なかたちで性の問題と結びつけたことである。

アウグスティヌスは最初から予定論者として出発したわけではないが、執拗に原罪を強調したために、後年になるにつれてしだいにその立場に追いこまれていった。じっさい、われわれが種を再生産するさいの哺乳動物としての行為に結びつけられた発生論的な罪というもののせいで、人類のほとんどすべてが永遠の罰に耐えねばならないほどに、破滅的で取り返しのつかない堕落、腐敗に陥ってしまったのだ、と一方で主張しつつ、他方で自由意志を擁護するなどということは、まず不可能であっただろう。アウグスティヌスほどの人が、そのように、自分自身のあい対立する見解どうしを調停するのを難しいと思っていたのだとすれば、予定論と自由意志論との葛藤がこの先長いことキリスト教を悩ませたのも無理からぬところである。

アウグスティヌスが被造物の世界の善と美を強調したのは、それはその通りである――彼は罪の結果というのは物質そのものにではなく人間の有限性に表れていると唱えた――が、しかし、彼はまた、ちょうどマニ教徒の世界が闇の王《ダーク・ロード》に支配されているのとおなじように、この世はいまや悪魔《デヴィル》に支配されているとも主張した。ただ、キリスト教のデヴィルは、マニ教とはちがって神と対等ではなく、やがては罰せられるのである。『神の国』の中でアウグスティヌスは聖書を引用してこれを証明する。

地獄——それは別名炎と硫黄の池とも呼ばれるのだが——そこにあるのは物質的な炎であり、人間であれ悪魔であれ、堕落した者の肉体を苦しめさいなむのである。すなわち、人間の場合は中身のある肉体を、また悪魔の場合はその空気のように霊妙な肉体を苦しめるのである。また、魂と同時に肉体を有するのは人間だけなのであって、悪魔にはそうした肉体はないのだとしよう。しかし、その場合でもやはり、肉体をもたない悪霊は苦痛を覚えて生命をとどめえないようなかたちで地獄のその炎と結びつくのである。おなじ一つの火が、こうして両者の運命となる。

「慈悲と身に余る恩寵によって解放されるのでなければ」誰一人罰を免れることはできないという。彼のこの論法は、いくらか「成功だけでは十分ではない。誰か他の者が失敗しなければならぬ」という理屈におぶさっているところがある。正反対の対極にある不幸を、それもたっぷりと見せつけられるのでなければ、どうして恩寵のありがたみが身にしみて理解できようか。「かくして、解放される者よりはずっと多くの者たちが、何が正当なのかを万人に知らしめるために、罰を受けるべくとどめおかれる」のである。

処罰が永遠に続くはずはないと考える者たちに対しては、彼は「マタイ伝」、「ヨハネの黙示録」、「ペテロの書簡」を引用して反論した。自分のことを、あるいは誰か他人を、神にとりなしてくれるようにと、聖人や天使に向かって祈る者たちに対しては、彼は、邪悪な天使のために祈ることが——それは神を冒瀆するものだ——キリスト教徒にはできないのだとすれば、邪悪な人間のために祈ることもまた不可能なのである、と反論した。彼はまた、プラトンやウェルギリウスを引いて、それほど罪の重くない少数者が「最初の死」のあと一時的に滞在する煉獄という場所を提起した。だが、最後の審判による第二の死ののちは、善に対する報いも悪に対する処罰もともに永遠のものとなる、と彼は主張した。また、同じく堕落した者どうしでも特に邪悪な罪人は他の者よりさらに大きな苦しみを受けるかもしれない、とも推量している。

洗礼はそれだけでは悪人を救いはしないが、しかし救済には不可欠である。異端者は破滅させられる。洗礼を受けていない幼児もまた破滅する運命である。ここがエクラヌムのユリアヌスの激しい憤りを買った。老年の頑ななアウグスティヌスに辛辣な批判を執拗に浴びせかけたユリアヌスである。彼はこう書いている。

[神が]このような審判を下すのだとあなたはいう。神が新生児の虐待者であり、神こそがこのいたいけな赤子を永久の炎の中に送りこむのだと……。あなたのような論を立てる者は、宗教的感情からも、文明的感覚からも、またごく平凡な常識からすらも遠く外れた人間と見なすのが、妥当かつ適切というものであろう。主なる神が、異邦人たちの間でにさえ想像できないほどの、正義に刃向かう犯罪をなしうるなどと考えるがゆえにである。

こうした感情を抱いていたのはユリアヌス一人ではなかったが、しかし彼の意見は優勢となるにはいたらなかった。アウグスティヌスは——異教徒たるユリアヌスには承認できないことだったが——原罪

この絵を描いた画家が，聖アウグスティヌスの胸から発する線によって何を意味しようとしたのかは謎だが，仮に，アウグスティヌスが（一番下から時計回りに）小作人，牧童，続いて林業，工学，運輸，農耕，そして地獄そのものにも影響を与えたことを表現したかったのだとすれば，画家のもくろみはそう外れてはいなかったことになろう．

というものがもつ恐ろしいほどの潜在的影響力に依拠して、また神というものの不可思議性を根拠に自分の論を立てている。神は正しいが、しかし、その正義は人間的正義ではない。したがって人間流の道徳基準はあて嵌まらない。洗礼は原罪を洗い清める厳粛、神聖な秘跡となるのか、あるいはならないのか、そのどちらかであって、両方の意味にとることはできないのである。

しかし赤子の扱いについては問題が尾をひいた。「最初」と「第二」の死の間に一時的な煉獄をおくというアウグスティヌスの提案が、こののち七百年さきにならなければ教理として認められるにはいたらなかったからである。だが、オリゲネスに対しては、また彼の悪魔への共感論に対しては、アウグスティヌスの勝利は決定的だった。五四三年、司教たちがコンスタンチノープルの教会会議に集まったとき、彼らは教令によって次のように布告した。

何人《なんびと》であれ、悪魔ないしは神を恐れぬ者どもが地獄で受ける苦しみには時間制限があるなどと述べたり、考えたりするならば、あるいは、その苦しみにはいつか終わりがあるとか、また、その者たちもいつかは許されたり、健全な姿にたち戻ったりするなどと、述べたり考えたりするならば、その者は破門されよう。

そして、この言葉に忠実に、彼らは死後三百年もたったオリゲネスを、十五箇条の弾劾項目を付けて破門している。そして、オリゲネスがじつは彼の時代に至当な貢献していたことを念を入れて裏書するかのように、これ以降の教会会議も、五五三年、六八〇年、七八七年、八六九年と、くりかえし彼を永久の業火の中へ突き落としているのである。

にもかかわらず、オリゲネスの思想は生きながらえた。この二十世紀末にあって、われわれがいま「普遍救済主義《ユニバーサリズム》」と呼んでいるものが、かつてなく強まっているからである。

13 黙示録の地獄遍歴

西暦二、三世紀頃までの黙示録的文献には、最後の審判とそれに続く来世のいわば予告編がいろいろ提供されている。それらはどれも、使徒、聖人、ないしは旧約聖書の中の敬うべき人物たちを特集しているか、あるいはじっさいにそれらの人物の手で書かれたと称しており、いずれも本物であると主張している。というわけで『パウロの黙示録』の序文では、真正さの証拠としてこの草稿は使徒パウロの靴と一緒の箱にはいっているのを発見された、と称している。ところがこの偽作者は一つへまをやって、その発見の年が三八八年だと述べたのだった。これが中世の学者たちをひどく困惑させた。というのは、彼らは当の『パウロの黙示録』が、それより百五十年も前にオリゲネスの著作の中で言及されているのを見つけたからである。

『ペテロの黙示録』は時期的に一番古く、二世紀の中頃の作である。『パウロの黙示録』はより詳細で上手に書かれていて、これが最もよく知られている。ヨーロッパのあらゆる言語に訳された草稿の写本があるし、そのほかシリア語、コプト語、エチオピア語のものもある。『聖母マリアの黙示録』も古いものだが、中世の聖母マリア崇拝において重要になってくる。その他の黙示録としては、現在はその断章だけのものもあるが、トマス、ゼパニヤ、バルク、エズラ、イサク、パコミウス、そしてエリヤがそれぞれ登場するものが残っている。

『ペテロの黙示録』の地獄めぐりがほかのたいがいのものと異なっているのは、キリスト本人のほかには下界へ導くガイド、霊界案内人《サイコポンプ》が一人もいない点である。なるほど生硬な描写であるし、執念深くおぞましい筆致は不愉快なほどでもあるが、それにしても、『神曲』の「地獄篇」の千二百年も前に、死後に受ける罰の輪郭をここまで描き切ったとなれば、ダンテ愛好家もびっくりであろう。ただ、罪人の分類はダンテのやりかたとはまったく別である。

『ペテロの黙示録』が書かれたのは、あきらかに、キリスト教がほかの宗教との間に激しい抗争を強いられていた時期である。したがって審判と処罰を受けさせられる最初の候補者は、異教の偶像、肖像の中に宿っている心霊である。作者はこれを悪鬼として真剣に受けとめている。ただ、焦熱地獄に投げこまれるエジプトの獣神の彫像などは、どちらかというと活気に乏しい。サタンはまだ現れない。この初期の段階では、神に仕える公正なしかし仮借のない二体の天使ウリエルとエズラエルが地獄を管理している。

ここでは家族的な諸価値がとりわけ重要視されていて、それへの背信には容赦のない復讐が強要される。堕胎させられた胎児はその母親の目を炎をもって焼く。虐待された子供は両親が野獣にかかってずたずたに引き裂かれるのを見守る。親を敬わぬ子供、主人にしたがわぬ奴隷は拷問にかけられる。罪に堕ちた処女は八つ裂きにされ、姦通者にも残酷な罰が待っている。同性愛者も同じである。ダンテの「地獄篇」の場合は、登場するのはそもそもこのうち最後の二つだけであるし、それもダンテは両者にかなりの同情を示している。

中世においては、地獄というものは、しばしば、いわゆる七つの大罪に即して構成されていて、それらの罪はだいたい万遍なく人間の弱さ、欠点を含んでいたのであるが、これら初期の黙示録では、罪は生殖の領域にかたよっている。『ペテロの黙示録』のように、たとえば暴力犯罪などとは対照的に、性行為に引き寄せられたいわば重点研究の文献が、キリスト教的地獄の初期の無類の特徴となっている。いくつものどぎつい描写はいやでも聞き手の好奇心をそそる。これら初期の黙示録の地獄場面は、偽善的なポルノグラフィーの一形態だといっても誇張にはなるまい。

12～13世紀のロマネスク様式の大聖堂では，拷問の図を装飾的な要素として用いていた．これはフランスはトゥールにあるサン・ジュリアンの柱の柱頭部分を飾る装飾．

『ペテロの黙示録』の作者は、観淫趣味で、サディスティックで、汚穢《スカトロジー》趣味の持ち主であり、この傾向が後々の地獄図絵の基調をつくったわけであるが、しかし、いっぽう、彼がそれだけ奇妙な時代に生きていたというのもまた事実なのである。西暦二世紀以前には、ローマ帝国の法律ではその市民に対する拷問は禁止されていて、拷問にかけてよいのは奴隷だけだった。法的手続きとしては、なにか犯罪が認められたときに限られるのだが、しかし現実には、彼ら奴隷は財産、所有物であるから、主人は奴隷に対しては絶対的な支配権を有していた。ところが、そのローマ市民の公民権というものが、一世紀前ならとても我慢できなかったようなやり方で、徐々にむしばまれてきていたのである。このことは、一世紀の後半にエルサレムで捕縛されたパウロについての教訓的な叙述（「使途行伝」二二、二三）からもうかがわれるとおりである。治安妨害のかどで拘引されていたパウロは、裁判に先立って「審問のため」鞭で打たれそうになる。ここでパウロは自分がローマの市民であるという権利を盾に取る。この申し立てに対する反応は、深刻かつ猶予をおかぬもので、結局パウロは二百七十名にものぼる武装兵士をつけられ（彼の説教に激怒したユダヤ人たちの手から守るためである）、正式のローマの裁判を受けさせるべくカイザリアの地方総督ペリクスのもとへ護送されたのである。

ところが二世紀になると、ローマの元老院は多くの市民から公民権を引き上げ、彼らが尋問や拷問を受けうる状態にした。「反逆」――それは統治する皇帝とその与党に対するあらゆる敵対行為、と解釈された――これが絡む場合は、誰であれ拷問を受ける可能性があった。

ローマ帝国ではユダヤ教は合法であったから、キリスト教もユダヤ教から別れた一派だと見なされているうちは安全だった。ところが、西暦六四年には、あの残虐で名高い皇帝ネロによってキリスト教徒はユダヤ人から分離されてしまった。みずからの宗教を執り行なうことはいまや非合法となり、また、破壊をもくろむ不敬な所業とされるにいたった。こうなるとキリスト教徒はまわりからの格好の攻撃目標となった。初期の聖人や殉教者の名を数え上げてゆくだけでも、どんな結果が生じたかの証拠がありありと浮かんでくる。エウセビオスは、恐ろしい拷問が六日連続で続いた西暦一七七年の暴徒の襲撃について、なかでも特にブランディナという名の哀れな奴隷の娘のことを書き記している。公衆の面前での悲惨な光景こそはたいがいの人々が記憶しているところだ。テルトリアヌスはこう書いている。「もしテーベレ川が氾濫するとすれば、あるいはナイル川が氾濫しなかったとすれば、もし空が動かず代わりに大地が動くとすれば、また、もし飢餓や病気が広まるとすれば、理由の如何にかかわらず人々の叫び声は一つなのだ。すなわち、キリスト教徒をライオンの群れに投げ込め！ これである」。ローマ人たちは、帝政末期はとりわけそうだが、公然たる血の粛清を何よりも好んだのである。

フランスはオータンのサン・ラザールの柱頭の装飾．

それゆえ、われわれとしても『ペテロの黙示録』を読んで恐ろしさにすくみ上がり、また、これが広い影響を及ぼしたことを嘆くのはよいとしても、いっぽう、これが書かれた時代には拷問の脅威というものがキリスト教徒にとっての新たな不安の種になっていた、という事実を知っておくのも無駄ではないだろう。体を縛りつけて関節や筋肉を無理やり引き伸ばす拷問台、革の鞭、木の鞭、赤く焼けた鉄の鏝《こて》、こうした責め具が、二世紀から五世紀にかけて、尋問のさいにますます頻繁に用いられるようになった。死刑に処すための手段としてそうした道具を使うのは禁じられていたが、いずれにせよ、そんな拷問を受ければたいていが死んだのである。ローマ時代の死刑の方法としては、首をはねる、石をぶつけて死なせる、棍棒で撲殺する、断崖から突き落とす、生き埋めにする、といったやり方があった。絞首刑と毒殺はギリシアでは用いられていたものだが、ローマでは禁じられた。十字架によるはりつけは奴隷

フランスはコンクのサン・フォアの西側にある半円形壁面（ティンパヌム）を飾る彫刻の一部分.

や特に下劣な犯罪者向けに残されてあった。ライオンに殺させるというのは費用が掛かりすぎるから一般には行なわれなかった。

『パウロの黙示録』の地獄のほうは、炎と雪と血の底無し穴に加えて、火の川が幾筋も流れている。さらに『ペテロの黙示録』よりもっと多くの蛆虫、野獣、そして拷問の責め具をもった復讐の天使たちがひかえている。タルタルクスは拷問の天使であって、最後の審判の日まで地獄をつかさどる。一つ一つの霊魂には審判の前にはそれぞれ天使がついていて、その霊魂の所業をペルシア式に書き記した記録を携えている。つまり当の霊魂の十五歳以降の所業を詳しく語りましょうとこちらがいうと、神は、いや自分は過去五年間の分だけ聞けばよい、と答えるのである。* 地獄の北の端には不信心者のための狭く異臭をはなつ炎の穴があって、そこには「眠ることのない蛆虫」がうごめいている。火は燃えているものの極度に寒いため、歯はきし

コンクのサン・フォアの西側ティンパヌムにある最後の審判の光景．首をくくられているのはユダ．

りがちがちと鳴る。

＊　黙示録的な、あるいは幻視的な文献の中で、神が登場してじかに口をきくというのはめったにない。『パウロの黙示録』が広く読まれていたことを考えると、この罪の五年間限定という考え方に人気が集まらなかったのは興味深い。

『パウロの黙示録』で目新しいのは、休息ないし慰安《レフリゲリウム》という措置が地獄に導入されていることだ。罪人たちの苦しむさまを見たパウロは、その運命の痛ましさに涙を流す。泣いたことで彼はお叱りを受ける（この叱責の一件はダンテがとりあげるもう一つのテーマとなる）のだが、結果的に、天使の軍団を引きつれて大天使ミカエルが降《くだ》ってくる（ミカエルは天使の反乱軍を潰走させるだけでなく、最後の審判の日に山羊と羊を分け、その配分が妥当な割合になるよう気をつける、という大役をしばしばおおせつかる）。さて、イエス・キリストの声による布告があり、パウロの同情心に免じて、向後は復活祭の日曜日だけは「まる一日」地獄の苦しみを中断させることが決められる。このいかにも民衆受けするテーマは中世をつうじて伝承されたが、罰に休みを与えるようとりなす役は、聖母マリアが務めることがいちばん多かった。

異色あるなかなか面白い黙示録として、三世紀の『バルトロマイの福音書』がある。呼び物は、かつてはサタンの名をもっていた地獄の野獣ベリアル（「無価値」の意）との会話である。これは修道士の訪問団に披露するための珍しい見世物として、イエスが深淵から引き上げてきたのである。全長千六百ヤード、幅四十ヤード、そして八ヤードの翼をもち、炎の鎖で縛られて、六百六十人の天使がこれを運んでいた。美術ではおなじみの場面だが、使徒バルトロマイがベリアルの首を足で踏みつける格好で会見する。ベリアルは一部始終を物語る。自分が最初に造られた天使であったこと、アダムを敬うのを拒否したため追随者とともに天から墜ちたこと（その味方の残存勢力はわずかに六百）、その後世界中を彷徨い、イヴを誘惑するにいたったこと（彼のやり方は尋常ではない。イヴは水に混ぜた彼の汗を飲んだという）、いまは人間の霊魂を罰し、また自分自身が罰せられていること、さらに、彼は自分の手先の悪鬼どもを世界中に送り出して人間の誘惑を試みていること、これらを語りあかす。

『バルトロマイの福音書』には、また、地獄の征服物語《ハロイング》の早い時期の叙述が盛りこまれている。物語はイエスの視点から語られており、これも異例といえば異例であるが、もっと驚かされるのは、このような早い時期に、聖母マリアが地獄の女王として初めてちらっと顔をのぞかせていることだ。ベリアルすなわちサタンは、まだ悪魔《デヴィル》――ここではベルゼバブ――とは区別されており、また、死霊の冥界の盟主たるハーデースとも区別されている。ベリアル自身への罰を執行しているのは復讐の天使たちであるが、いっぽう、人間を誘惑し、また懲罰を加えるのはベリアルの軍団の役目である。

中世——14

地獄の歴史にとって最も実りある時期といえば、ローマ帝国の滅亡後の千年、すなわち一つは古代ギリシア・ラテン世界と、もう一つはルネサンスつまり学問への古典学的なかかわりの復興をもって始まる世界と、この二つに挟まれた時期である。地獄の観念の基礎そのものはローマの衰退期には余すところなく区画整理されていたのだが、この地獄世界を麗々しく整えるいわば造園法は、中世において精巧な発達をとげたのである。

中世の神学者たちは、引き続き、古代の教父たちによって定められた教理をより洗練したものに高めていったが、しかし、一つの決定的な事例、つまり、一二五三年における煉獄の教義の採用を別にすれば、地獄に関する理論的な思索の面では真の前進は一つもない。ただ、唯一の傑出した人物といえたヨハネス・スコトゥス・エリウゲナ（八一五？―八七七？）は実際に地獄が存在することに疑いを抱き、それがために異端の嫌疑をかけられ、じっさい、自分自身の弟子たちによってそのペンで刺し殺されたといわれている。ペトルス・ロンバルドゥス（一一〇〇？―一一六〇？）とトマス・アクィナス（一二二六？―一二七四）はアウグスティヌスにしたがって、精神と魂に加えられる苦悩のほかに、肉体的な苦痛も待っているような、真実、炎が燃えさかる地獄の存在を強く主張した。特にアクィナスは忌まわしい空想にふける快楽を力説している。

今日から見て驚かざるをえないのは、神学者たちが、およそ事実としては役立ちようもない物事に対して、いかにも字義どおりに融通のきかない精神で臨んでいることである。もし何世紀かのちに生まれていたならば、言葉ではいい表せないこと、あるいは隠喩にかくされたこと、それらをクォークだとか、宇宙のブラック・ホールだとかの用語で説明したであろうような知的で教養ある学者が、それどころか、なんと、生前に食べた食物が復活のさいの肉体の一部となるのかどうか、といった問題に神経を集中しているのである（ちなみに、この答えはイエスであるが、すると、人食い人種の場合はどうなるのかという興味深い問題が持ち上がってくる）。また神学者たちは「ピンの頭の部分に何人の天使が乗って踊れるか」といった問題に頭をひねったと思われているし、悪魔たちの数も数えて、それをもとに地獄の寸法を計算しようと試み、同時に、その地獄のあり場所も——地の底なのか、それとも天空のどこかなのか——推定しようとした。

シャルルマーニュ王が奨励した新しい大学でも、スコラ学者と呼ばれる教師や思想家たちが、キリスト教における救済にかかわる中心的な諸問題を論議し続けた。彼らはそれを従来のようにプラトニズムと結びつけるのではなく、再発見され世評も高かったアリストテレスの著述に統合させようと努力し、また、神学上のさまざまな反対論議を調和させるために、ギリシアの理性主義の論理を援用した。いずれも大変に困難な課題であった。しかし、中世全般を通じて、地獄の概念形成に及ぼした影響力の大きさからいえば、こうした高等神学もいわゆる通俗的熱狂としか呼びようのない世俗慣行の敵ではなかった。

不可解なラテン語のミサについてゆけない教会区民がしだいに増えたことから、彼らとの意志疎通をはかる一手段として、地方ごとのお国言葉で説教をするという工夫がかなり早い時期から発達していた。小さな町や村では、週に一度のこの説教が住民たちの主要な、ないしは唯一の娯楽であった。説教のうちでも「地獄の業火」篇はいろいろな理由から特に会衆の人気の的だったが、それはほとんど今日にいたっても変わらないのである。ジェイムズ・ジョイスの『若き芸術家の肖像』に出てくるすばらしい実例は、ジョイスが世紀の変わり目だったダブリンでの学生時代に直接耳にした説教に、おそらくは一言一句、基づいていると考えられる。中世の説教師たちは講話の準備をしたり告解を聞いたりするときの手助けになる補助教材を与えられていて、たとえば、法話集、寓意的説話集、説教壇用の祈禱書、改悛の秘跡の書などであるが、これら手引書の内容の中でも、罪を犯した者の悲惨な末路というのが最も人気のある主題であった。このテーマはまた、教会や大聖堂を飾るべく製作された創意あふれる彫刻、レリーフ、モザイク画、フレスコ壁画、水彩画にも同じく頻出してくる。

これらの説教ならびに種々の小道具類に対する会衆の反応がどうであったかを示す記録はないから、われわれとしては、それらが現在にいたるまで文献として残っているという事実から人気のほどを推測するしかない。いっぽう、中世演劇を見た場合、この分野で地獄が人気を博していたことには疑いがない。聖史劇も最初は、いろいろな説教や美術工芸品と同様、教会区民に聖書を理解させる一助と見なされていたわけだが、まもなくその当初の役割を卒業してゆく。これら聖史劇に出てくる地獄の場面こそは、炸裂する爆竹、てんやわんやのどたばた劇、トイレの落書きふうの下品なへぼ詩ともども、こよなく愛された大衆演劇、それも唯一の大衆演劇であった。何世紀かのちにはとうとう禁止されるが、それはかたちを変えて今日の演劇のスタイルに再生してくる。

中世の劇は「文学的」といえるものではなかったが、高尚な文学の伝統に属するものの中にも、地獄に焦点を合わせたものが、驚くべき比率で含まれている。中世も後期であるが、およそあらゆる種類の地獄が描かれており、なかにはわくわくするほど魅力的なものもある。これらの作者たちは、昔ながらの地界探求のテーマから取ってきたような、教会の提供する恐ろしい地獄図絵に構想を妨げられたのだが、なんとか創意工夫をこらした結果、そうした地獄に替えて、ギリシア・ローマおよび北欧の神話、民話、封建時代の幻想、詩歌から題材をとった折衷的な地下世界を作り上げた。そこでは地獄が妖精の国のイメージと不思議に混ざりあい、寓意をおびた騎士が遍歴の旅をしたものである。

これらのなかでもおそらく最も魅惑的なのは、千年の蓄積を有する「幻視文学」である。昔のいろいろな黙示録的文献とはスタイルもはっきりと変わり、いまや紛れもなく大量消費市場向けのジャンルに発展してきた。現在は六十以上のそうした幻視文学が何百もの写本のかたちで残っているが、内容は、なにか超自然的な案内役に導かれて地獄の領域をめぐり、ついで（時々だが）煉獄訪問をへて、最後に天国へ向かうといったものだ。そうした幻視の筆者は学識もある教養人だったが、じっさいにその幻視を体験させられるのは、たちまちそれを信じこんでしまうような、ごく平凡な一般人であることがしばしばだった。こうした幻視の現代版をあげるとすれば、ＵＦＯによって人がかどわかされたという報告などがこれに似ているかもしれない。荒唐無稽かもしれないが、しかし、この時代は、ものに憑かれたような信心深さや、われとわが身に断食や鞭打ちを課するのがあたりまえの時代であり、病で熱を出したからといって抗生物質が投与できたわけでもなく、また人々は幻視というものを信ずるよう教育されていた時代だった、ということは想起しておいてよい。人々は幻視を欲していたのである。ただ、特に後期の物語になると、お話し上手がもって生まれた才で話をでっちあげ、信心深くすぐ真に受ける人々を驚嘆させたといった例もある。

アウグスティヌスは、三六〇年代にユリアヌス帝のもとでの異教の復興が短命に終わったあと、キリスト教がローマ帝国の宗教として隆盛をきわめてゆくのにおおいに関与した人物だが、結局彼はローマ帝国の崩壊までも見届けることになった。四一〇年には西ゴート族がローマを略奪し、異邦人たちはローマの版図のそこここに群がった。四二九年にはバンダル族がアウグスティヌスの北アフリカにも侵入した。ヒッポの町が占領され、彼が長年なじんだ世界が瓦礫となるのを見ながら、この老人は翌年に死んでいる。

ローマ帝国の滅亡が世界の終末の合図となった、と述べてもひどい誇張ではない。何世紀にも及んで地中海沿岸に、またヨーロッパの内陸深くに、あまねく知られていた文明が、北方および西方からの諸部族つまり、ゴート族、西ゴート族、東ゴート族、フランク族、サクソン族、アレマン族、スエービー族、そして東からきたフン族が、ローマの旧領を席巻するにいたって、ついに崩壊し、四七六年には最終的に降伏したのである（ただ、ローマが物理的な破壊を実際に受けるのは次の世紀、それも異邦人によってではなく、ビザンティウム市民の手によってである）。ビザンティウムはこの先千年にわたって、その通貨制度、防衛力、貿易機構ともどもみずからを維持し続けるが、いっぽう西ローマ帝国は少なくともシャルルマーニュ（七四二―八一四）の治世にいたるまでは続いたといってよい暗黒時代に突入したのである。

国内を統一する政治権力というものが崩壊し、同時に、国家が後ろ盾となっていた各種の学校や大学の制度も失われてみると、教育上の責任を一手に引き受けることができたのは、残された唯一の大集団であるキリスト教の教会だけであった。そして、教会のかかげるヴィジョン、その管理・運営能力、また傑出した教皇であったグレゴリウス一世（五四〇？―六〇四）の現実的な常識感覚、これらがあいまって、キリスト教会は足早に指導的地位を確立していった。

ローマの富裕な法律家の息子であったグレゴリウスは五九〇年に教皇に選出されたが、修道士出身で初めてこの地位に就いた者として、彼は自分の出たベネディクト会修道士のエリート集団が秘めている並々ならぬ行政能力を評価できる立場にあった。ベネディクト会はその規律は軍隊なみの厳しさをもち、その教養や知力は軍隊の比ではなかった。彼はこのベネディクト会士たちに法律面や事業運営面の訓練を積ませ、また美術や文学への関心を高めさせ、そして、すでにいくらかはキリスト教化されていた異邦人の地へ、彼らを伝道師として送りこんだ。

文化面の、また神学上の拠点として修道院を建設するかたわら、ベネディクト会士たちは、ラテン語の読み書きができないその土地土地の指導者を助けて、ローマの法律制度に基づく成文法を作らせ、また、簿記、徴税、遺産管理、国史編纂の仕事を始めさせた。要するに彼らは自分たち自身を必要欠くべからざる人間としたのである。修道士たちは、また、土地を能率よく経営するという面でも、農園主、葡萄酒商人として異邦人たちの模範となった。というのも、市民の土地への課税を免れるために、修道院へ土地を譲渡する例がますます多くなったからである。

グレゴリウスは、かつてローマ軍団の対外遠征を能率的にしたのと同じような実用主義をそなえていた。彼は配下の「キリストの兵士」たちに、ゲルマン諸部族のまたフランク族のヨーロッパでは、奇妙かつ不快な形の異教の妄信に出くわすことになろうが、それらに自分たちを同化させるよう努めねばならない、とあらかじめ心構えをさせた。また、キリスト教への改宗にしても、向こうから自然に出てくるものであって、こちらから強要してはならなかった。こうした姿勢はのちにグレゴリウスが強い批判をあびるもとになったのだが、しかし、これ以上厳しい態度をとったならば、たとえばメロヴィンガ王朝の人々のように手ごわい相手にはまず通用しなかったであろう。

グレゴリウスが彼の伝道師たちに行く先々の土地の文化に注意を払うよう促した理由の一つには、彼自身がそれらの文化に魅せられていたこともあった。教皇に選任される前は、彼としては自分自身がイギリスへ渡るつもりだった。記録によれば、あるときブロンドで青い目の奴隷の少年たちを見たとき、感嘆のあまり「この子らはアングル族（Angles）ではない、天使たち（angels）である」と叫んだと伝えられる。民話や面白いお話に耳傾けるのは大好きだったし、同じように音楽も愛した。グレゴリオ聖歌と呼ばれる典礼用の美しい聖歌は、むろん彼の名にちなんでいる。キリスト教徒の未来の幻視図《ヴィジョン》の、その最初の西欧スタイルのものが、彼のペンによって書き記されたのもまずは順当な話である。

そうした幻視図はいくつかあって、五九〇年頃に書かれた『対話録』の中に珍しい話として飾り気のない文体で記されている。その最初のものは伝聞で、仲間の修道士がスペインのペテロなるもう一人の修道士の話をグレゴリウスに語るというかたちになっている。ペテロは一度病気で「死んだ」のだが、そのとき地獄でこの世の名士たちが業火の中で宙づりになっている「数え切れない」ほどの場面をみた。そのあと、みずからの行状を改めるようにとの警告とともに一人の天使の手で命を回復させられたという。つぎに、レパラトゥスなる貴族が、夢だったと思われる一つの幻想のかたちで、ティブルティウスという名の罪を犯した司祭を焼く巨大なかがり火を見た、という話。目覚めると彼はティブルティウスに警戒をうながすべく使いを送るが、それが届く前に、彼は死んでしまったという。もう一人別のセヴェルスという司祭は、ある男に赦免をほどこすために臨終の床へ急いだが間に合わず、これを悔やんで嘆き悲しんだが、すると死んだ男がよみがえった。男の話によると、口や鼻から炎を吹き出している「身の毛もよだつ」者たちが、彼をどこか暗い所へ引き立てていったのだが、そこで「美しい姿の若者」が割ってはいり、セヴェルスの祈りをよしとされて、神は罪人であるこの死者をいっとき解放なさる、と告げたという。男は無事に赦免を受け、一週間後に再度死ぬ、こういった話である。

もう一つの幻視図はステファノなるコンスタンチノープルの商人がグレゴリウスに直接語る形式になっている。彼は死んだあと、話には聞いていたが信じていなかった地獄というものを目のあたりにした。ところが、じつは彼の死はまちがいで、本当はもう一人別の鍛冶屋のステファノという男が死ぬはずだったのである。そういうわけで、ステファノはただちに生き返ってきたのである。彼自身はこの三年後、疫病がもとで息を引きとるが、このとき同時に、当地の一人の兵士がやはり「死んで」、第二話として、地獄の光景を体験してくるのだが、なんと彼はそこで一緒に死んだ商人ステファノの姿も見てきているのであった。

さて、その兵士の話であるが、これは西欧流の幻視図の中でやがてなじみ深いものになる地理上の特徴について、初めて現世にもたらされた報告になっている。彼は「けがらわしく、耐えがたい臭気」をはなつ、黒煙をだす小さな川と、それにかかる橋を見た。川を渡った向こうにはきれいな草原が広がり、かがやく館がいくつも建っており、うち一つは黄金造りである。ところが、その橋を渡ってゆけるのは、その兵士がたまたま目撃したような罪を知らぬ汚れなき者だけである。橋のこちら側には、サディスティックな教会役員（グレゴリウスの実際に知っている男だ）が、「この上なくけがらわしい場所」に鉄の鎖で縛られている。あわれなステファノは橋を渡ろうとして苦労していたが、滑って転ぶと「恐ろしい生き物が川から頭をもたげ、彼の足を摑んで川へ引きこもうとする」のであった。しかし、同時に、上方から美しい白いものの姿が、彼の手を摑んで引き上げようとしていた。ここまで見て、兵士は生き返ってしまった。それゆえ、ステファノが最終的に黄金の館に向かえたかどうかは分からないのである。

これら風変わりな物語にはグレゴリウスのいささか凡庸な注釈が施されていて、それによると、来世についてのこうした想像が生まれるのは、ときにはそれをじかに味わう人にとっての教訓として働くためでもあるが、またときには、そういう話を聞いて人々が身を慎んで罪を犯さなくなるようにする、いわば「他者のための証言」としての意味もあったにちがいないということだ。彼はまた、川岸というあまり適切とはいえない場所に館が建っているのは、それが肉体の罪を犯したものの、基本的には恥ずかしからぬ品性の人々のためのものだからだ、と考えている。

教皇グレゴリウス一世とは同時代人のトゥールのグレゴリウス（五三九―五九四）は地方の司教のお手本のような人物だったが、同時に有能な教育家、行政官、そして外交家でもあった。彼は諸聖人の奇跡談を記録した最初の著述家の一人であるが、またその有益な一書『フランク史十巻』によって最もよく知られている。ここにはサルヴィウスおよび、スニウルフの両名による二つの幻視の実例が収録されている。サルヴィウスのほうは運がよく、正気に戻る前に、ちらりとではあるが天国を垣間見ることができたが、ランドーの大修道院長のスニウルフは、人々が「蜂の巣にたかる蜂のようにひしめき合っている」炎の川へと連れてゆかれる。その川には橋が架かっているが、幅がきわめて狭いので片足をのせるのがやっとのありさまである。橋を渡った向こうには白い館が建っている。会衆をないがしろにしてきた聖職者たちは川へ落ちこんでしまい、ある者は腰まで、ある者は脇の下まで、またある者はあごまで水中に没している。良心的な聖職者たちは無事橋を渡ってゆく。グレゴリウス一世ならば、これを警告のための幻視図と呼んだことであろう。

尊者ベーダ（六七三―七三五）はイギリス人修道士で、その著書『英国教会史』（七三一年）はのちの歴史家にとっての古典的な基礎史料となったものであるが、この書物の中でベーダは地獄の幻視図を二つ、先人よりもさらに長大な規模で提示している。ベーダは細部にまで目配りのゆき届いた才能ある著述家だったが、先輩の両グレゴリウスの著作をはじめ、黙示録的な文学もいくらかは読んでいたにちがいなく、自分の扱っている題材の特徴を、また、それをどう活用するかも、よく心得ていた。さらに、それらの物語は彼本人に直接語られたのではなく、すでに書かれてあった本――いまは失われている――の中でファーセウスなる人物が語っているのを読んだものだったから、彼としてはわりと自由に味付けができたのである。

ファーセウスの幻視はベーダによって六三三年と年号が記されている。ウィリアム・ブレイクに似て、ファーセウスにもよく幻想が訪れる傾向があった。彼はアイルランドの牧師だったが、その最初の幻視にしたがってイースト・アングリアに伝道区を設立していた。第二の幻視の中では天使の聖歌隊の歌声をきいたという。さて、第三の幻視はこれよりはるかに恐ろしい。彼は天使たちの手で高々と空を運ばれて暗い谷を越えるが、そのとき四本の火柱を空中に見いだす。天使が説明するには、この火柱はそれぞれ、嘘をつく者、欲深きもの、争いと不和を生み出す者、無慈悲で不正直な者を罰するものであるという。そのうち四つの火は一つになり、見るとその中に悪魔どもが飛びまわっているのだった。やにわに悪鬼が苦しみ悶える一人の罪人を彼めがけて投げつける。それはファーセウスがいくばくかの金銭を相続した相手の男であった。ファーセウスがようやくよみがえって肉体を回復させられたとき、彼は顎と肩に、この体験の印としてやけどの痕をつけられており、それは終生消えることがなかった。ベーダによれば、彼の知人の高齢の修道士が、ファーセウスとじっさいに会って話を聞いたことのある男を知

中世の幻視図の多くに共通する橋の場面のみごとな描写．これはイタリアはピアノのサンタ・マリアに描かれた作者不明の15世紀のフレスコ画だが，残念なことに，地獄の場面は跡形もなく破壊されている．この画家は幻視文学の影響を大きく受けているようであるから，地獄の場面が残っていればさぞかし興味深いものがあったであろう．

っていたという。それは真冬のことだったが、ファーセウスはごく薄手の衣をまとったきりだったのに、まるで真夏の日のようにしきりに汗をかいていたという。

ベーダの二つ目の物語は六九六年と年号が記されているが、これはノーサンバーランドのドライテルムなる自由土地保有者の話である。ドライテルムは夕暮れ時に息を引き取ったのが、夜明け頃に突然生き返って家族を驚愕させるのだが、その日のうちに彼は財産を三等分し、その一つを妻に、一つを子供たちに、そして残りをチャリティーに寄付してしまうと、さっさとメルローズの修道院へおもむいて聖職者の仲間入りをしたのである。

さて、死後のドライテルムの身に起こったのは、こんな出来事である。一人の天使が姿を現し無言のまま彼を北東の方角へ導いていったが、そこには「幅、深さとも巨

サリー州にある聖ペテロおよび聖パウロ教会のこのフレスコ画は13世紀のものだが，なかなか想像力に富んでいて，幻視的な要素もたっぷりもっている．まず中央には，天国へいたるヤコブの梯子——罪人は悪鬼の手でこの梯子から引きはがされている．火にかかった大釜や，クギの突き出た橋，その他の拷問道具も見える．エデンの木に蛇が巻きついているのにも注目されたい．

大で、しかも長さは無限とも思える」谷間が見えた。一方の岸からは炎が吹き出しており、反対側の岸からは雪と雹が四方八方にはげしく吹き出していた。どちらの岸にも醜い姿の悪霊どもが苦しみのたうっている。すると案内役の天使がいった。「いいえ、ここはあなたが考えている場所とはちがいます。そう、地獄ではありません」。そのとき、谷の一番遠い端の辺りが急に暗くなったかと思うと、黒い炎で出来たいくつもの巨大な球体が、腐臭を放つ穴の底からせりあがってきては、また沈んでゆくのが見えた。その球体の中は人間の霊魂でいっぱいだった。と、背後に、痛ましい嘆きの声と、それに覆いかぶさるような下品な高笑いの声が聞こえる。ふりむくと、悪霊の一団が人間の霊魂を暗闇のほうへと引き立てているのだった。その中には聖職者も、平信徒も、また女性もいるのがわかった。

悪霊どもは彼の姿に気づくと燃える火ばさみを振りかざして躍りかかってきたが、彼に手を触れる寸前、再び案内の天使が、この暗がりの中では星のようにあかあかと姿を現し、悪霊どもを威嚇して追い払った。

天使は、「あなたが考えるような天の神の国ではない」とことわった上で、彼に一種の極楽《エリュシオン》を見せ、ついで天国そのものを見させる。また、さきほどの暗い谷は魂の浄化の場所であって、「死の床にいたるまで告白と改悛を先送りしてきた者たちの霊魂に罰を与えよう」とする場所である、と説明する。ただ、そうした霊魂は最後の審判の日には救済されるであろうし、生者が祈りを捧げるならば、その救済の過程は速められもする、という。さて、ベーダはこちらの物語にも目撃証人を用意してあって、それによると、彼と同僚の修道僧であったヘムギルスは、ドライテルムが凍りつくような水の中に、首までつかって立っていることがよくあった、と確言している。そんな荒行《あらぎょう》にまわりが目を円くすると、「なに、これ以上の厳寒を私は見てきたよ」と述べたという。

以上三名の、いずれも広範な読者をもち敬われていた著者が、西欧流の幻視図のいわば正統を形成したのだった。彼らの幻視図は、ちょうど正夢のように、あるいはなかば記憶に残る話の筋が鮮やかな色彩をおびているあの熱病にうかされた夢のように、「信頼に値する」ように思われた。ベーダのいっそう念の入った解説を読むと、せりあがりまた降下する燃える球体というイメージを打ち出していた『テスペシオスの幻想』の写本が、イギリスにもすでに伝えられていたのではないかと考えられる。また、ファーセウスがやけどの痕を残していること、ならびに、彼の扱う人物が両者ともに極度の寒さに耐えること、この二点をベーダが立証してみせるのは、いずれも奇跡劇の常套手段に依拠したものである。

ベーダはまた、正しき者の霊魂、邪悪な者の霊魂それぞれが自分の現世での所業の「会計帳簿」をたずさえているのを見た、と語る臨終の一兵士の幻視を何度もくりかえしている。グレゴリウス一世も同じ物語を紹介しているが、詳しさはやや落ちる。幻視文学はヨーロッパじゅうにその伝統があるのだが、イギリスとアイルランドに起源をもつものが抜きん出た豊かさと想像性を誇っている。ベーダは偉大な伝統の創始者となったのである。

最も人気の高かったのは、一一四九年にアイルランドの修道僧が書いた『ツンダルの幻視』である。現在、少なくとも十五カ国語で書かれた手書きの写本が二百五十点残っており、うち一点はシモン・マルミオン描くところの地獄図十一枚を含む完全挿絵版である（カラー図版5―8参照）。幻視文学としてはこうした挿絵をもつものはほかに例がないが、ツンダルの地獄図そのものとしては、最もよく知られた中世の聖務日課書『いと豊かなる時』の中にもう一つ別の細密画がある。これはベリー公爵ジャンの委託を受けて、リンブルクの三兄弟がほぼ一四一三年頃に描いたものだ（カラー図版4参照）。

ツンダルの冒険がなぜそんなに好評だったのだろうか。批評的見地からいえば、『ツンダル』は幻視ものというこのジャンルの中では技術的優秀さの見本であるし、また、このジャンル自体も、十二世紀には聖職者および俗人の両方にとっての純文学的ないしは通俗文学的なジャンルとなっていた。たとえば、聖書の後では古期スカンジナビア語に翻訳されたものといえば『ツンダル』が最初であった。幻視物語の筋が似かよっていることも――現代の読者には退屈であきあきするものではあろうが――中世の読者あるいは聞き手にとっては苦にならなかった。どのみち、目や耳にはいるのは一度に一つの物語だけである。とはいえ、『ツンダル』は類書の追随をゆるさないだけの名場面を誇り、よりたくさんの多彩な怪物を擁しており、より魅力に富んでいる。主人公は男前のアイルランド人騎士、悪漢だが憎めないところがある。教会に寄付なんぞするくらいなら、その金で「道化師、おどけ役者、吟遊楽人」たちと、ぱっと派手にやってしまうという男。地獄めぐりといえば、傍観しているだけの退屈な訪問者が多い中で、彼はじっさいにあっと驚くような罰を身をもって受けるはめになる。

さて、物語は晩餐のテーブルから始まる。同席した一人の友人への怒りを必死になって抑えようとして血圧が上がったか、彼はどうやら卒中らしい発作を起こし、二日間のあいだ、かろうじて生きてはいるものの完全な昏睡状態におちいってしまう。

この間、彼の肉体を離れた霊魂には身の毛もよだつ運命が待ちうける。まず最初に、恐ろしい悪鬼の群れが、彼のお気に入りの歌をもじって、ぞっとする替え歌を金切り声でがなり立てる。歯をむきだして彼にかみついてくるかと思えば、自分の長い爪でわれとわが口を両の頬まで切り開いてこう叫ぶ。「楽しい時はどこへおいてきた。可愛い娘どもはどこだ。おまえの誇りはどうしたんだ」。ツンダルの霊魂は恐怖のあまり硬直してしまうが、そこへ一人の天使が忽然と姿を現す。これは、ツンダルがいままで毛筋ほどの注意も払わなかったとはいえ、じつは彼の守護天使なのである。その天使が申し出るには、もし彼が悔い改めないならば、未来に何が彼を待ち受けているか、それを見せてやろうというのであった。この間、悪鬼たちはもう彼に手出しができなくなり、騒々しく仲間喧嘩を始める。

ツンダルは、まず、悪臭を放ちながら谷いっぱいに広がって燃えさかる石炭にかぶせて置いた鉄の火格子の上で、人殺したちがじゅうじゅうと音を立てて焼かれている光景を見させられる。つぎは、片側に炎、片側に氷と雪、そしてその中間には雹が降りつけている山を見るが、そこでは鉄の鉤《かぎ》や指叉《さすまた》を手にした悪鬼が群がって、不信心者そして異端者（版によっては、スパイと反逆者のこともある）を、この拷問、あの拷問と休まず追い立てている。

つぎは有毒の気たちのぼる深い谷。これをまたいで千フィートもの長さの厚板の橋が架かっているが、その幅たるやわずかに一フィート。傲慢な者、卑劣な者はここから転げ落ちる。ツンダルの霊魂は、おびえながらも天使の助けを借りてこれを渡りきる。そして巨獣アケロンが待つ山へ向かう道をたどる。アケロンは燃える目をもち、その大きな口の両端にはまるで門柱のように二体の巨大な悪魔が立っている。この巨獣の腹中には強欲の者が飲みこまれているが、なんと、ツンダル自身も、しばしの間ではあるが、その中に閉じこめられてしまう。彼の守護天使が姿を隠すのを見て、待ちかまえていた悪鬼どもが彼をそこへ投げこんだのである。ツンダルは逆上したライオンや狂犬や蛇にかみつかれ、火に焼かれ、寒さに凍え、悪臭に息をつまらせ、悪魔の棍棒に打ちすえられるが、そこへようやく天使が再び現れて彼を救助する。ツンダルは当然ながらもうこれ以上は無理というくらいに衰弱しているが、天使が手を差しのべては傷を癒す。

つぎの試練は、獲物に飢えた野獣がいっぱいにうごめいている池に渡した二マイルの橋である。ただし、幅は手のひらほどしかなく、それも尖ったクギを打ちめぐらしてある。強盗、追いはぎの類いがここを渡らねばならないのだが、ツンダルも野生の牛を一頭ひっぱってこれを渡らねばならないという。「覚えていますか」と天使が問いかける。「あなたはお友達の牛を盗みましたね」「だが、あれは返しました」とツンダルは大声でいう。「飼っておけなくなったからでしたね」と、天使の返事。「しかし、いずれにせよ返したことは事実ですから、まあ、そんなに苦しい罰は受けないでしょうよ」。

ツンダルは橋の上で反対側から渡ってくる霊魂と出会って、あぶない羽目におちいるがどうやら切りぬけ、皮膚が引き裂かれた足を天使に治療してもらう。つぎにめざすのは、円いオーブン型の館で、ここには残忍なフリスティヌスが控えていて、暴食家や姦淫者（聖職者も含めて）を罰している。ツンダルのこれまでの所業に鑑みて、天使はこの罰もひとあじ経験させてやることにする。

つぎは、鉄のクチバシをもつ巨大な怪鳥で、これはみだらな尼僧および僧侶を口から食い、今度はそれを糞を出すように氷の池に落とす。すると男も女もそこで蛇を産みはじめるのである。[*]ツンダルはこれもまた体験させられるが、ありがたいことに、この辺の描写はあまり詳細ではない。

＊　この鳥は頭に料理用の鍋をかぶっており、ボスの三枚絵「快楽の園」の地獄の中に出ている。ツンダルの牛は、ボスの地獄絵の少なくとも二枚に、橋を渡っている図が見られる。オーブンに似た型の炎の炉はごく普通に登場する意匠である。カラー図版24―27参照。

さて、苦しい坂を登りきるとそこは火の谷である。悪鬼が寄ってきて焼けた火鋏でツンダルをつかまえると、そのまま炉の中へ放りこんで真っ赤になるまで彼を焼く。それから罪を犯した二十か三十のほかの霊魂と一緒に、鉄床《かなどこ》に据えられて鉄槌で打ち延ばされ、一つの固まりになってしまう。そしてひょいと空中へ放り投げられるのだが、このときやっと天使が現れて彼を救う。二人は、こんどは下方へ下って地獄そのものへと向かう。

巨大な貯水池のまわりで、はしゃぎ好きな悪鬼が集まって、まるで「蜂のように」うるさく、「地獄の歌」をうたっている。貯水池の深みには魔王《ルシファー》その人が潜んでいる。かつては、「神の造りなした最初の、最も美しく、最も強大な存在」であったのが、いまの境遇はこうだ。

見た目にはカラスよりも黒々とし、姿、かたちは人間に似てはいるものの、長いクチバシと尖った尻尾をもっており、何千という本数の手がある。手はそれぞれ二十本の指をもち、その指の爪たるや、騎士のたずさえる長槍よりもまだ長い。足とその爪もほぼ似たような姿。そして爪という爪がことごとく、不運な霊魂をぎゅっと摑んでいるのである。ルシファーは石炭の燃えさかる火床の上の鉄格子に鎖で縛られており、まわりにはおびただしい数の悪鬼がひしめいている。一度息を吐くごとに、ルシファーは口に詰めこんだ不幸な霊魂を上方へ吹き出して地獄の責め苦を味わわせ、また息を吸うときは、それら霊魂を吸い戻して再びかみ砕くのである。

この不幸な霊魂の中にはツンダル自身の友人や身内の者もいた。

シモン・マルミオンは、この尋常ならざるサタンのイメージを、彼の地獄図の挿絵の最後で表現しようと試みたが、功罪なかばした出来栄えであろう。いっぽう、リンブルク兄弟はこの場面を忠実に描いているが、百足《むかで》のようなその手と足だけは二の足を踏んだようだ。ここにいるのは伝統的な角と爪をもった悪魔で、およそ絵に描かれた地獄の中では最も快適な温泉保養地のような場所で、ぬくぬくと日光浴でもしているみたいである。

さて、ツンダルは牧場のように草の茂る煉獄の領域へと移動する。ここは悪くはあるがさほどの悪人ではない者たちが、飢えと渇きとに苦しみ、そして風雨に悩まされている。また、善くはあるがさほどの善人ではない者たちは、からりと晴れた中でより幸せに過ごしている。天国は銀色の壁の向こうでこれらの人々を待っている。ツンダルと天使はこの天国も訪れてみるが、それは比較的短時間で終わっている。さて、ここまで来て、ツンダルは「自分が肉の身体をまとう感触を覚えた」。

それと同時に彼は目を開き、聖餐拝受を求め、自分の所有物は残らず貧しき人々にわかち与え、自分の衣服には十字架の印を縫いつけるよう命じ、そして神の御言葉を説き始めたのだった。

幻視の中には政治的な傾向をおびたものもある。たとえば九世紀にシュワーベンの国王であった肥満王カール三世は、自分の父ならびに伯父の宗教顧問たちが（まちがった助言をしたかどで）煮えたぎるピッチの中に身を浸しているのを見た。つぎに、自分の父親が、伯父や従兄弟たちと同じく天国へはいるために魂の浄化に努めている姿も見た。また、それが必要になる場合に備えてカール自身のためにも、深い大樽が二つ煮えくりかえっているのだった。この幻視を教訓として、カール三世は善政を施し、その大樽が不要であることを国民に請け合った。

ランスのヒンクマル（八〇六？―八八二）は、苦しんでいる大勢の司教たちにまじって、シャルル禿頭王その人が、大司教ヒンクマルの卓越した具申に耳を傾けなかったというので、哀れな境遇におかれているのを見た、というベルノルトの物語を紹介している。この話し手はあきらかにヒンクマルを称える意図でこういっているのである。というのも、もう一人別の話し手があって、シャルルマーニュの祖父であるシャルル・マルテルが責め苦を受けるのを見たと報告するのだが、彼によれば、マルテルロもまた（ヒンクマルのそれのような）より良き助言に耳を傾けなかったことが遺憾である、とされている例があるからだ。[*] シャルルマーニュ自身は『ヴェッティの幻視』（八二四年）では地獄に登場するが、同時代の『ロチャリウスの幻視』では楽園にいる。

＊　ダンテはシャルル・マルテルを第三天、すなわち金星天においているが、地獄にもまた顔を出す。

幻視の中にはほかの文学から影響を受けたことを暗示するものもある。『サーキルの幻視』（一二〇六年）では、一人のイギリス人が白と黒のまだらの斑点のある悪霊たち（これもまた『テスペシオスの幻想』の影響）を見る。また、例によって燃えさかる炎や、沼や、釘の突き出た橋、オーブン型の炉、深い穴、分銅をのせた天秤皿がでてくるが、目新しいのは、階段状に列をつくった座席が取り巻いている広場で、その椅子には「群衆」が白熱した鉄環と釘で縛りつけられている。別の椅子席には悪魔たちがまるで芝居見物でもするかのように陣取り、一つまた一つと彼らの余興のために拷問が始まるたびに、いかにも楽しそうに笑いさんざめく。近くの山上の石壁の上には聖人たちも立ってこの光景を眺めている。サーキルは農夫の出であるということになっていたが、彼の幻視の描写はその経歴を怪しませるほど巧妙かつ生彩をはなつ出来である。少なくとも、誰か別人が彼にテルトゥリアヌスを読んでやった（あるいは説き聞かせた）のに相違ない。

『アルベリックの幻視』はダンテが読んだと考えられている書物だ。セトフラティのアルベリックは有名なモンテカシーノ山の修道院の修道僧だった。だいたい一一一五年頃のことだが、あるとき病を得て九日間にわたりもうろうとした昏睡状態が続く中で、彼はグイードネという仲間の修道僧に自分の幻視を書きとらせている。さらに、十年か十五年もたってから、もう一人の修道僧ピエトロ・ディアーコノの助けを得て、これを書き直している。彼の地獄行には、その霊魂と一緒に飛び立つ鳩を別にしても、聖ペテロ、およびエマニュエル、エルギウスの両天使と、三人もの道案内がいる。彼の目にする光景は、ガスの火炎で焼き浄められる子供らの運命にいくらか力点がおかれているが、ほぼ標準的な場面であり、氷の谷、いばらの森、蛇、赤く焼けた鉄梯子、タールの大釜、硫黄のオーブン、血の海、金属の煮えたぎる大鍋、炎の池、幅の狭い橋などが登場する。新奇なところでは、大穴の近くに蟠居する鎖をかけられた巨龍――これはユダ、アナニヤ、ユダヤの大祭司カヤパ、ヘロデ大王、その他の最も罪の重い者たちをつかまえている。また、老修道僧を大穴へほうり込んだり、こんどはそれをクチバシでつまみあげたりしている巨大な怪鳥もいる。

中世も後半になると、幻視文学の中には（ときには風刺的な趣もみせて）アレゴリー文学に変わってゆくものもある。一二一五年頃、ラウル・ド・ウーダンが書いた『地獄の夢』では、夢想する巡礼がすべて寓意化された風景を見ながら旅をする。たとえば「貪欲」の川や「絶望」の山といった場所を通り

「地獄の口」のなかで食する異端者の焼き肉．クレーヴのカトリーヌの聖務日課書(1440年頃) より．

過ぎるのである。この作品では、巡礼はピラトやベルゼバブと同席して、異端者や格闘士の焼き肉ガーリックソース添えといった晩餐を供される。それが済むと、彼は邪悪な吟遊楽人のことを書いた本を、地獄の王に大声で読んで聞かせる。

フランダースの詩人ヤン・ド・ル・モートのもう少し真面目な作品である『地獄と天国への道』は一三四〇年の作、英語の『天国への道』はその約百五十年後に出る。おそらく最もよく知られた夢想詩であるウィリアム・ラングランドの『農夫ピアズの夢』では、かたちを変えて地獄の征服《ハロイング》が語られている。

四世紀から十四世紀にいたる期間の幻視文学の急増、流行が、今日人々がホラー映画を求めるのと同じ欲求から出ているということは、別に精神分析学者や文芸批評家でなくとも気づくことであるが、ただ、幻視文学が浮き彫りにしてみせた点はまだほかにもある。個別の審判ならびに全体的審判、この区別にかかわる議論はたしかに知識人の頭の中にはあっただろうが、幻視文学の流行が示しているのは、普通の人々——それは司教とか国王なども含めての意味だが——は、死後の霊魂に起こるべきことは猶予をおかずただちに起こる、と信じていたことである。それは遠い将来の想像図ではないのだった。最後の審判のラッパが鳴りわたる復活のときまではゆっくりと眠って過ごす、などという観念は微塵もない。

煉獄についても同様のことがいえる。これは、教会としては十三世紀の中葉にいたるまで承認しなかったのだが、ベーダの「ドライテルム」のような七世紀という早い時期の幻視図が教えてくれるのは、死後の一時的な浄化、処罰という観念が、幻視者本人ばかりか、それを筆写した教養ある写字生にもすでに常識になっていたという事実である。肥満王カール三世の父親は、告解の秘跡をかたずけると何の逡巡もなくただちに天国へ向かったのだったが、ツンダルやアルベリックの時代には、もう煉獄というものがかなり広々とした独自の領域を占めるようになっていたのである。

煉獄が十三世紀にいたるまで正式には承認されなかったことを考えると、十二世紀に書かれたある物語がもっぱらこの煉獄をテーマにしているのは、一つの意義深い例といえよう。この『聖パトリックの煉獄』は、文章作法の面からいうと幻視ものではない。というのも、アイルランドの騎士オーウェンは、おそらく、アイネーアスやオルフェウスやテーセウスのように、生身の体でみずから旅をしたのだからである。罪の意識、とりわけ教会の財産を盗んだ罪に苦しんだ彼は、ドネゴル州はロック・ダーグの入り江にあるステイション島に五世紀に建てられた修道院へ出かけ、みずから進んで聖パトリックの煉獄を訪ねてみる。この島にある洞穴は（いまでも旅行者が訪れているが）、煉獄への入り口だと考えられていたのである。* オーウェンはそこで一夜を過ごす間に、悪鬼の群れに出会い、また、身の毛もよだつ光景を目の当たりにする。その一つは地獄の火炎の車輪だが、それは炎が目に見えないほどの速さで旋回しているのである。彼はイエス・キリストの名を唱えては悪鬼どもを追い払う。帰還すると彼は慈善行為に献身する生活にはいり、聖地への巡礼もなしとげた。一三九八年頃には、はるばるカタロニアから、ラモン・ド・ペレルホスがロック・ダーグを訪れ、同様の冒険をしている、というか、本人は冒険したといっている。

＊ アイルランドとシチリア島は地界への入り口があるということで引き合いに出される場所の双璧である。シチリア島ではエトナ山が特に定められた入り口である。「シチリアへ航海する」といえば婉曲的に地獄へ行くという意味である。

『聖ブレンダンの航海』では、一人の聖人がアイルランド人のいうイムラムへと乗り出してゆく。これは船乗りシンドバッドのそれにも似たキリスト教徒の冒険シリーズである。＊実在のブレンダンは五―六世紀の人であるが、物語のほうは（少なくとも百十六の写本が各国語で残っている）十世紀に始まっている。さて、物語はボートいっぱいに乗りこんだアイルランドの修道士たちが大西洋へと冒険にくりだすところから始まる。とある島で彼らは小さな黒人少年に化けた悪鬼に出会うが、その悪鬼はたちまち修道士の一人に取り憑いてしまう。もう一つの島では、種々の霊魂を表す鳥たちが群がって、魔王《ルシファー》の失墜にかかわる罪滅ぼしの難行苦行を消化している。第三の火山島では悪魔に憑かれたいく人もの鍛冶屋が修道士たちに焼けた石炭を投げつける。悪鬼どもの一グループがまた一人の修道士を地獄へとつれ去る。最後に、大海原の真ん中で、裸岩の上に腰をおろして、イスカリオテのユダがいわば日曜の安息をむさぼっている。聖ブレンダンはユダのために休日をもう一日余分に設けてやるが、その結果、悪鬼どもをおおいにいらだたせる。フランス版の物語『ユオン・ド・ボルドー』ではやはり、大海の真ん中でユダに会うことになるが、こちらは地獄の湾の近くでキャンバス覆いのついたボートに乗っている。また別のフランスの詩「セブルクのボーデュエン」では、サラセン人の航海者たちがブレンダンの島々とおぼしき辺りへ送られる。

＊　イムラムの中には大勢の読者の知っているものもある。著名な中世研究家であるC・S・ルイスの、子供向けのナルニア国シリーズの第三作『朝びらき丸東の海へ』はそのみごとな実例である。

幻視図は、いやイムラムや騎士物語でさえも、どこか奇妙に遠く現実ばなれしたところがある。拷問は本当に痛々しそうではないし、昔の黙示録に出てくるものほど非道でもない。それらは、単に、物語の一部をつくっているだけのことだ。しかし、ときには、もうろうとした恍惚状態でより真に迫った見聞をする者もある。たとえばスエーデンの聖ビルイッタ（一三〇三?—一三七三）である。

悪霊の足もとから、炉の炎は沸きかえるように上方へと立ちのぼり、勢いよく管をかけのぼった水が一気にほとばしるように、頭上に間欠泉となって吹き上がる。悪霊の体の血管は焼けた赤い炎がいっぱいに流れている。その両耳はまるで鍛冶屋のふいごのように頭の中へ風を送っている。両目の向きはまるっきり裏返しで、顔の後ろを見ている。口はあんぐりと開き、舌といえば鼻の穴から引き出されて、だらりと唇に覆いかぶさっている。歯はまるで釘のように鋭いのがあごにぎっしり植えられている。両腕は足もとまでたれさがり、手は火を吹くピッチをもっている。皮膚は一部は獣皮のようであり、また一部は精液がいっぱいにはね飛んだリンネルの衣のようだ。氷のように冷たい体だが、化膿した潰瘍からしみだす膿のような分泌物をじくじくとにじませている。この世のものとも思えない悪臭が立ちこめている。

古英語は、ヨーロッパ言語の中で、最も早い時期にそれ独自の文学を所有した言語である。したがって、現存する作品の大部分がすぐ手近にある題材を扱っていたとしても、読者としては驚くにはあたらない。『ジェニシスA』および『ジェニシスB』、それに『キリストとサタン』を加えると、悪魔《サタン》／魔王《ルシファー》の伝記が出来あがる。『ニコデモ』のきわめて早い時期の韻文訳もある。これらの詩篇は「キャドモン派」の人々の作と伝えられている。七世紀に、夢に現れた天使により詩才を授けられたという農夫で平修士であったキャドモンが、われわれの知りうる最初の福音を伝える詩人の名前だからである。『ベイオウルフ』もこのキリスト教神話の仲間に加えようという批評家もあるが、しかし、この作品は当時はほとんど知られていなかったものである。『ベイオウルフ』を文学の規範的伝統にのせたのは、まぎれもなく現代の仕事である。

さて、『ジェニシスB』は、より長い伝統をもつ『ジェニシスA』の不足部分を補って、ルシファーおよび反逆天使たちの転落の物語を完成すべく挿入された部分である。筋立てはすでにおなじみのものであるが、叙述はより詳細であり、かつ封建時代特有の姿勢が目立つ。まず、反逆者たる虚栄心の強い(封建)家臣が天国の北部に王権を樹立、これに怒った神は地獄を用意し、彼をその家来ともどもそこへ投げこむ。彼らは残らず悪鬼に身を変える。サタンは、依然紛れもない指導者であるが、その従者たちにこう演説する。神は、地獄へ落とすというこの断罪において不正であるのみならず、さらにもっと不正なことを企んでいる。すなわち、まったく新しい世界をこしらえて、そこに簒奪者たる一組の卑しい地上の生き物を創造する、という企みである——。さて、サタンは地獄に縛られて動けないので、家来の一人が命ぜられて神の計画を転覆させんとする。で、この家来はそれを実行するのだが、その方法がいささか常とは異なる。封建時代の然るべき騎士らしく、彼はまず家長たるアダムに接近するが、その作戦が頓挫させられると、こんどは、媚びへつらう最も巧妙なる虚言を弄してイヴに言い寄ってゆく。作戦は成功、彼は顔に悪魔の喜色を浮かべて立ち去ってゆく。*

* ミルトンは失明する前に、まだ出版物とはなっていなかった『ジェニシス』の写本を読んだと信じられている。

『キリストとサタン』は、「堕天使の嘆き」、「地獄の征服」、「荒野の誘惑」の三章にわたってサタンの物語をくりひろげる。第一章は、まず『ジェニシス』の出来事をざっとおさらいしたあとで、引き続き、新しい題材へと移ってゆく。サタンは意気消沈し、自分たちすべてをこの忌まわしい場所に投げこんだ運命を嘆く。部下の悪鬼どもも大声でさわがしく不平を鳴らす。人間を支配することになっていたサタンの息子はいったいどうなるのか。まるで神の息子だけがすべての栄光を独り占めしているようではないか――と(天国での戦いを指揮するのは大天使ミカエルというよりはキリストその人である)。じっさい、この章は栄光に包まれたキリストの姿をみせて終わるのである。

「地獄の征服」は『ニコデモ』を踏襲している。「荒野の誘惑」では、サタンが――どうやって地獄を脱出したのかは書いてないが――キリストを肩にかつぎ上げて全世界の豊饒さを眺めさせ、もし自分に対し臣下の忠誠を誓うならばこれを与えよう、さらには――その権利があるわけではないが――天国さえも与えようと誘惑する。キリストはこれを一蹴すると、サタンに向かい、地獄へ戻り自分自身の両手を使って地獄の幅と奥行きを測定するようにと命ずる。測ってみると、縦横がともに十万マイルだったという。

これらの詩篇は九世紀初期のものと思われる。もう一つの『ニコデモ』は新約の福音書の正典として翻訳されたものだが、こちらはもっと早い時期のものであろう。十世紀にはエインシャムの大修道院長アルフリック（九五〇?―一〇二〇?）がサタンの物語全編を叙述、おまけとして、反キリストや世界の終末の話も盛りこんだ。十四世紀になると、ウィリアム・ラングランドが『農夫ピアズの夢』を書いて、種々アレゴリカルな変奏をまじえながら地獄の征服の物語を再説している。ラングランドはサタンとルシファーを区別し、エデンの園で（「婦人の顔をした蛇の姿で」）誘惑を働いた罪があるとして後者を咎めている。また、サタンは悪魔と同一視されている。天上の戦記の新版であるジャイルズ・フレッチャーの『天と地におけるキリストの勝利と凱歌』は一六一〇年の出版。

ミルトンのノートブックによれば、生涯の代表作のための材料をあれこれ物色していたとき、彼は「イギリス的悲劇」を念頭においていたという。結局のところ、彼はこれ以上はないというイギリス的なテーマを選んだといえそうである。

ヨーロッパの北西部に分布する多くの種族は、大きく三つの共通のグループに分けられる。まずケルト人ないしゴール人、次にゲルマン人ないしチュートン人、そしてスカンジナビア人ないし北欧人《ノースマン》あるいは北欧海賊《ヴァイキング》である。これらはローマ人の行なった区分であって、移住してあるく戦士、農夫、漁師たちの部族にとってはこう分類されたとて何の意味もなかった。ただ、われわれは言語グループの区別のために便宜的にこうした呼称を続けてきている。さて、概していえば、ケルト人はライン川の西の種族、ゲルマニアといえばライン川とドナウ川にはさまれた地域で、東はポーランドのビスラ川にいたり、北はデンマークおよびノルウエーとスエーデンの南部を含む。ヴァイキングはさらにその北である。ヴァイキングはこれら種族の中ではキリスト教に教化されるのが一番遅かった（西暦一〇〇〇年頃である）

ので、その分、彼らの中に連綿と伝わっていた宗教・信仰はほかの種族のものよりもかたちがはっきり見えているのだが、とはいっても、ゲルマン人、ケルト人の宗教にしても、地域的な差異があるだけでまずは大同小異だったように思われる。

グレゴリウス一世の方針でそう命ぜられていたからだが、北方および西方へ派遣された修道僧たちは、そこで自分たちが出会うさまざまの信仰形態と敵対するのではなく、むしろそれらをうまく包摂してしまうことがしばしばだった。かくして、地獄の「ヘル」はもともとはスカンジナビアの死の女神の名前だったのが、やがてその支配する領域である黄泉の国をも指すようになった。ちょうど、ギリシアでハーデースが神およびその支配地の両方を指すのとおなじである。ゲルマニアではヘルの名はヘリアとなった。北方ではこの言葉がラテン語のインフェルヌスに取って代わった（ロマンス語の諸国ではなおラテン語の変種が使われる）。インフェルヌス自体も、もとはギリシア語のハーデースに取って代わった用語であった。

ヴァイキングの地獄はまたニヴルヘイムとも呼ばれる。それは宇宙樹ユグドラシルの根の下にある北の果ての土地と考えられていた。その東には巨人族の住む国ヨートゥンヘイムがあり、また南には、ギンヌンガガップの巨大な空隙を隔てて、巨人スルトの支配する炎熱の国ムスペルヘイムがある。ミドガルド、すなわち中央の地、これがわれわれの住む世界である。十二世紀のアイスランドの詩人スノリ・ストゥルルソンが書いた『散文のエッダ』によれば、ニヴルヘイムはヘルの最下層の部分である。これはギリシア神話でいえば、ちょうどエレボスないしハーデースの下の底無しの淵タルタロスに相当する。そして、まさにタルタロスそっくりに、ニヴルヘイムもまったくの闇と腐敗と不毛の地である。ヘルもニヴルヘイムも冷たく暗く荒涼とした亡霊たちの国ではあるが、ただ、ここは処罰の場所ではない。いっぽう、ナーストロンドは——これは死者の岸辺なる場所に建っている城館で、その入り口はすべて北の方角に向き、その屋根は毒蛇をもって造られている——どうやら死後の責め苦の舞台、それもおそらく罪人相手ではなく、戦いの敵を苦しめるために用意された場所のように見える。大蛇《ドラゴン》、とりわけニーズホッグ（「死体を食う者」の意）もヘルと結びつけて、また死者の副葬品の財宝と結びつけて扱われている。

この不愉快な場所と好対照をなすのが、万物の神オーディンの宴会場であるヴァルハラだ。ここでは、ヴァルキューレという名のオーディンの侍女たちが、戦場からいざなってきた勇者たちの霊魂に豚肉と蜂蜜酒の御馳走を振る舞い、彼らにその激しい戦いをなおも延々と続けさせるのだという（ヴァイキングが恐れられているわけを例証するような天国観ではある）。また、ケルトのティール・ナ・ヌォーグ（「永遠の青春の国」の意）あるいはウエールズのアヌーヴェンと似たグラシスヴェリルという場所もある。これは楽園ではあるが、同時にいささか超自然的な脅威にみちた不可思議な仙境でもある。男性のお客に侍女の道案内がつくサービスをする楽園はヴァルハラ以外にもある。ケルト族には「女の国」というのがあるし、中世ドイツの伝説には、男を官能の世界に誘う曖昧模糊としたウェーヌスベルクの山がある。むろん、中世イスラム教徒の信ずる天国の、あの黒い瞳の侍女たちも有名である。*

＊ ヴァルハラにはいくらかは女性たちも住んでいたかもしれない。男が死んだ場合、その妻、側室、奴隷の娘などが、ともに火葬され、またおそらくは来世の暮らしをともにする目的で、首をくくられたりまた自分から首を吊ったりして死んだからである。この痛ましい慣習については、H・R・エリス・デイヴィッドソンが『北欧の神々と神話』の中で論じている。

地獄の探訪で最もよく知られているのは、使者ヘルモーズの旅で、彼はオーディンの八本脚をもつ馬

スウェーデンのラルブロから出たヴァイキングの石絵．オーディンの八脚馬スレイプニルの背に戦士の遺骸が乗せられている．

スレイプニルを駆って神々の本拠アースガルズを出発、九日間にわたっていくつもの暗い谷、高い山、深い川を越え、ついにギョッルの川へたどり着くと、骸骨の処女モーズグッズが守るギョッル橋（「こだまする橋」の意）を通ってこの川を渡る。彼は北の方角へどんどん下り坂をたどって「鉄の森」をぬけて行く。これはとがった金属の葉をもつ黒々とした木々が生い茂る森だ。この鮮烈なイメージは幻視文学に、そしてダンテに受け継がれてゆくことになる。

スレイプニルは、ヘルの都に着き、血ぬられた胸をもつ猟犬ガルムが警戒しているヴァルグリンドの門を跳びこえる。中では、大釜へヴンゲルミルが邪悪なる者たち（もっと可能性があるのは戦いの敵たち）を釜ゆでにしている。あとで大蛇ニーズホッグに食わせるのである。無類の知恵をもつ巨人ミーミルの守護する泉からは、幾筋か不思議な川が流れ出している。その一つ氷の川スリーズにはナイフや剣があふれている（ボスがこのイメージを借用している）。北欧神話も、しかし、話が変わればイメージや名前も変わってくる。オーディンの息子であるバルドルの物語でさえ、いくつかの種類がある。ある話ではオーディンその人が放浪者ヴェグタムに身をかえ、バルドルを探しにヘルへおもむくし、また別の話では、彼をじっさいに殺すことになる兄弟のホズルが、殺害に使う魔法の道具を探しにヘルへ行くという。

女神ヘルは半身が黒く（あるいは腐りかけていて）、半身は生身の肌の色をしていたが、この女神の父親はロキといって、これがサタンにもプロメテウスにもたとえられてきたような、一種摑み所のないキャラクターである。プロメテウス同様、ロキは正確には神ではなく巨人と称されている。また徹底して邪悪な存在というわけでもなく、彼の人格を悪くいって評判を汚してきたのはキリスト教徒だと考えられている。本来、彼はトリックスターであり、道化役者であり、盗っ人であり、性転換の名人である。女性の姿をとるときの彼は、ヘルの母親であるばかりか、狼怪獣フェンリル、八脚馬スレイプニル、そして世界に巻きついている巨大なミズガルズ蛇、これらの母でもあるのだ。

ロキはギリシア神話のアテュスやメソポタミアのドゥムジに相当する北欧神話の美少年バルドル（ヘルモーズがニヴルヘイムで探し求めたが果たしえなかった相手）の死に責任がある。サタンやプロメテウスと同じく、ロキは自分の罪のために縛られる。* サタンとおなじく、彼は神々の最期の日に自由となりラグナロクの大激戦、つまり神々と巨人との最後の戦いを誘発する。

＊ サタンに似て、プロメテウスとは異なっているのは、彼は縛られてはいるが束縛はされていないという点だ。その体の鎖をものともせず、彼は災いの種を蒔きに出没する。

ラグナロクはあきらかにキリスト教の最後の聖戦と類似点がある。十二世紀に古高地ドイツ語で書かれた、キリスト教の黙示的詩篇の断片である『ムースピリ』は、この両者を合体させている。そこでは、狼怪獣フェンリルは、戦場において反キリストおよびサタンと連合する。善の軍団はエリアス（エリヤ）が率いて戦うが敗北を喫する。スルトおよびムスペッルの息子たちが、キリスト教以前の時代そのままに地上を制圧する。もっとも、彼らはさほど明白に擬人化されてはいない。

十三世紀の北欧の詩『夢の歌』は典型的な幻視文学である（このように韻文で書かれることもしばしばだった）。ただ、そのイメージの用い方は北欧風である。悪臭を放つ沼に渡された橋はあきらかにギョッル橋であり、鋭い鉤爪をもった赤や金色の小尖塔で飾られ、蛇（ないし龍）、犬、雄牛がこれを警護している。こうした箇所を除けば、物語はまず常套的である。

ケルトの終末神話は明確なかたちではとても再現などできないのだが、それでも、霊魂の再生信仰を含んだその神話は、ほかに例を見ないほど絶対的な力をもっていたらしい。ローマ人は、ケルト人があんなにも命知らずな戦いをするのは死を恐れていないからだ、と評していた。地界の神の一人はドンと呼ばれているが、彼についての情報はあまり伝わっていない。伝わっていないといえば、ゲルマンのあの「母たち」と呼ばれる三人組になった地界の謎めいた女神たちのことも、よく分かっていない。これは何世紀もあとになってゲーテがその万華鏡的な地獄図の中に再利用することになる。

来世というものは、どんな文化にあっても、たいていは遠くまた近づき難いのであるが、ケルト人やゲルマン人の世界では、いくらかはわれわれ人間自身の世界にも重なりあって、この世の精霊たちの世界がいわば並行して存在している、と信じられていた。たとえば、巨人、人食い鬼、いたずら好きの小人トロール、妖精《エルフ》、一寸法師、悪鬼、茶色の小妖精ブラウニー、妖精《フェアリー》、小妖精ピクシー、水の精ニクセ、アイルランドのシィ、老人の妖精レプレコン、狼人間、熊男、そして吸血鬼、こういった存在との出会い——向こうの世界で出会うことも、こちらのわれわれ自身の世界で出会うこともある——の話はいまもたくさん残っている。これら妖精たちはだいたいがキリスト教世界にも生き延びてきた。一部ではあるが、なかには、キリスト教の教えの中の悪鬼になり代わったものもある。その結果は、これも場合によるが、もともとの妖精のもっていた悪魔的な身分というものが、「鬼の子《インプ》」のレベルにまで弱められることもあった。インプはピクシーほどは悪意をもたないいたずら小僧、わんぱく小僧に近い存在である。*

* ルネサンス期にも同様に、半人半獣の森の神である古典的なサテュロス（ギリシア神話）やファウヌス（ローマ神話）の「悪魔化」が見られる。足の部分を見てみよう。悪魔の図柄というのは、ビザンティン派が人間の足を描いていたのを別にすれば、初期には、鳥の鉤爪をまねるのが普通だった。ところが、ルネサンス期には牧神パンの割れたひづめ、すなわち分趾蹄が好まれるようになり、しだいにこれが悪魔の正体を示す印とも見られるようになった。

われわれがローマ帝国といわれてまず頭に思い浮かべるのは、いくつもの都市、通商路、海運、貨幣の鋳造、奴隷制に支えられた国際的な経済、中央集権的軍隊などである。こうしたパターンはキリスト教徒のビザンティン帝国ではたしかに維持されていたが、しかし、西方の発展は様子がちがっている。封建制度、すなわち、広大な農地と森林を所有する領主による地方分権的な統治形態、これが中世の一大特徴であった。徴税、法律問題の解決、宗教上の取り決め、慈善にかかわる問題の処理、その他、日常のありとあらゆる雑事、それが、こうした封建領主の手によって、人類学者が人為的親族構造と呼ぶ仕組みのもとで、とり仕切られていたのである。中心にいる領主は、一族の指導者であり、忠誠を誓う構成員すべてにとっての「父親」である。大貴族の一党はその広大な領地の真ん中の、要害堅固な城塞に住み、彼らの家臣団である武装した騎兵からなる軍隊を配備して、城を守らせている。家臣たちは、こんどは、さらにその下のもっと多くの人数の農奴《サーフ》や半自由民の隷農《ヴィレン》によって支えられている。彼らはその土地で暮らしてゆく権利を保障してもらう代わりに、農作業その他の肉体労働を引き受けるのである。

修道院は世俗の封建制度をそっくりそのまま聖職者にあて嵌めたような仕組みを採用していた。大修道院長が封建領主の役を務め、修道士は家臣にあたり、平修士が農奴に相当する。大修道院長が教皇に対して忠誠を捧げるのと同じように、領主は国王に対して型どおりの敬意を表しているわけである。

したがって、天国の階層がしばしば封建制度の様式で描かれていたのも、なんら驚くべきことではあるまい。すなわち、天国独自の領主《ロード》である神《ロード》がおり、使徒たちを従者として率いた若き皇子がそばにいる。聖母マリアには荘園の領主夫人の趣があり、諸聖人は一族の長老である。大天使ミカエルは臣下第一の騎士であり、それを典型的に示すのは、彼の身にまとう鎧、彼のうちふるう剣、そしてしばしば彼の背後に勢揃いしている天使軍団の姿であろう。魔王《ルシファー》が天を落ちるときは、彼は自分の配下の騎士をしたがえていた。ダンテの描いたディーテの町の城は、じつのところ城壁をめぐらした中世の砦のイメージだが、この城塞の胸壁のあたりにたむろする反逆天使などは、やくざな旗本奴、悪党一味のかっこうの見本であろうか。

ルシファーの罪、すなわち臣下第一の地位におかれた者が神《ロード》に対する誓約、忠誠を裏切るという事態は、中世にあっては重大な意味をもっていた。裏切りは封建制度にあっては極めつけの犯罪であった。また、国際的な教会と地方ごとの国家の連携のうえに厳格に維持されているこのきわめて保守的な制度にとっては、領主に対してのみならず、宗教の各教義に対しても誓約を守ることが、至上命令であった。ダンテの地獄の最下層、第九獄（第四円）は信を裏切る者のためにとってある。そして、サタンその人

戦闘天使として甲冑を身に着けたミカエル.

を別にすれば、信なき者の最下位にいるのがイスカリオテのユダであった。彼は、忠誠の口づけを装って恐ろしい裏切りの合図とし、自分の名誉とその主キリストに背いたのである。

　イスラム教徒あるいはサラセン人に対する呼び名として当時一般的だったのは「邪教徒《インフィデル》」すなわち信仰なき者という呼称だった。彼らはユダヤ人よりも、またキリストの福音を知らぬだけの単なる異教徒よりもはるかに邪悪である。というのも、ユダヤ人などはまだしも聖書中の人々であって、たまたま「新約聖書」を中心とする信仰から離れたに過ぎないからだ。フランスの騎士道物語として有名な『ロランの歌』では、キリスト教徒に刃向かうイスラム勢はほとんど人間あつかいされていない。彼らは「サタンの奴隷」だと見なされていた。もっとも、イスラム教徒もこのお返しはし

ている。＊

＊ コーランの中では、しばしば凄まじい言い回しで地獄への言及がなされているが、この地獄というのは非イスラム教徒、すなわち、キリスト教徒、ユダヤ教徒、そして無宗教者のために用意されているのである。

ファウストの悪魔との契約物語はクリストファー・マーロー以前からあるわけだが、ここで悪魔が要求するのも忠誠である。私に忠誠を誓うのだ、と悪魔がいう。そうすれば名誉であれ、権力、幸運、財宝であれ、要するに初期のキリスト教徒が神や聖人に祈って願いをかけたようなものすべてが、手にはいるのである。臣下としての忠順のキスは闇の王の尻にするものと考えられていた。

中世の教会がかざして見せる地獄図の絶えざる脅威を、一般庶民はどう受けとめていたのだろうか。文字というのはほぼ聖職者の独占品であったから、世俗の考え方をうかがい知る手掛かりもごくわずかなものに限られるが、フランソワ・ヴィヨンが十五世紀に母親のために書いた聖母マリアへの祈りの詩の中で、それが母親の気持だといって描いてみせたその感情のもちかた、これなどは、中世の多くの、いやほとんどの一般人の感じ方だったかもしれない。

わたしは、年老いた、あわれな女、
からっきし物を知らず、文字の一つも読めはせぬ。
わたしの敬うありがたい教区教会には、
ハープやリュートが奏でられている天国の絵と、
罪深き者が煮えゆだっている地獄の絵がある。

片方は楽しくて嬉しくなるが、もう片方はわたしを恐ろしさでいっぱいにする。
ああ、女神さま、わたしに喜びのほうをくださいな……

では、ヴィヨン自身は地獄を信じていたのだろうか。確かなことは、たとえ信じていたとしても、それは彼が罪を重ねるのに邪魔とはならなかったということだ（もっとも、どんなに罪を犯しても、臨終のさいの赦免の見込みというのはつねにあったわけだが）。ヴィヨンは本職の盗っ人で（わけても、教会の備品を盗んだのが有名）、女たらしで、さらには、喧嘩の上とはいえ、人を一人殺めてもいる。おそらくは、宗教になどはとんと無関心だったのであろう。エマニュエル・ル・ロワ・ラデュリーが、十五世紀はじめのフランスの異教の村をみごとに再現してみせた『モンテイユー』の中に、レイモン・ド・レールなる一人の農夫が登場するが、彼は、その隣人たち同様、聖職者に対して反感を抱いているのみならず、キリストにかかわる奇跡はことごとく否定、また来世の存在も強い口調で否定している。異例の人物ではあるが、しかし、彼一人がそういう考えでありえたとも思えない。彼は不幸を引き起こすのが悪魔であるということは、おそらく信じていただろう。理屈に合うか否かといえば、これが唯一理屈にかなっていたであろうからだ。彼は断固として理詰めの人間だったようだ。彼の隣人たちは彼の態度にいちおう通りいっぺんの驚きを見せてはいるが、ひどく衝撃を受けたというほどでもない。彼ら自身も、来世についてはいろいろ面白い見解をそれぞれもっていたのである。

十五世紀といえばずいぶん最近の話ではないか、という反論はたしかにあろう。では六世紀のトゥールのグレゴリウスはどうか。彼は少なくとも一人は来世を信じない男の話をしている。それから十二世紀フランスのロマンス『オーカッサンとニコレット』がある。ここでは主人公が、もし恋人に求愛すれば地獄の責め苦を受けるぞと脅されるのだが、そのときの彼の答えがこうである。

天国へ行って何をしようというのだろう。わたしは愛するいとしいニコレットがいないなら天国へなど行きたくはない。天国にいるのは、昼も夜も祭壇の前や地下の礼拝堂にうずくまっている年老いた司祭、不具の老人たちばかり、また、みすぼらしい古い衣服やぼろをまとい、靴も履かない素足のままで、飢えと渇きと寒さと惨めさでいまにも死にそうな人々ばかり。天国にいるのはそういう連中で、わたしには縁もゆかりもない。わたしの行きたいのはむしろ地獄。だって地獄へ行くのは立派な牧師たち、また、馬上槍試合や勇壮な戦争で死んだ騎士たち、親切なお役人、そして貴族たちだ。わたしはそういう人々と一緒になりたい。それに、自分の夫以外にも二、三人お友達をこしらえた美しく優しいご婦人がたもそこへ行くのだ。それに、金銀を飾り、毛皮で着飾った人々、また、ハープ奏者もいれば曲芸師もいる。王侯もずらり勢揃い。こんな方がたと、わたしは一緒になりたい。優しい恋人のニコレットさえそばにいてくれるなら。

こうした恋の情緒自体はごく普通のものだろうが、ただ、ここに出ているのは、キリスト教の支配がまさに最高潮に達していた中世は十二世紀の人間の声なのである。

数は少ないがこういった手掛りから見て、また、救い難い罪を犯すなかれと絶えず訓戒がなされているところから見て、中世にあっては相当多数の人間が、来世における善の報いや悪への処罰といった正統派の見解に対して、懐疑的ないしは無関心、さらには挑戦的ですらあった、というのが、事実として落ち着くところであろう。文献として残っているものは、その反対を証拠づけているようだが、しかし、結局、それらを書いたのはもっぱら聖職者たちだったことを想起したい。

地獄は、彼ら聖職者の強力な武器だった。というのも、魂を救済しうる洗礼や免罪の儀式を執り行なう権限をもつのは、彼ら聖職者のみだったからだ。高位の教会権威者となれば、弾劾や破門といったかたちで、つまり魂を地獄へ送るぞといって相手を脅かすこともできた。彼らは説教壇に立って、地獄の暗闇や火炎や腐臭、そして悪鬼や蛇を思い浮かばせる文句を大声でがなりたて、また、「溜め息と悲嘆、泣きじゃくる声や鬼哭の声、恐ろしい叫び声、痛ましい嘆きの声や悔し泣き、癒されえない飢えと渇き、かたときも去らぬ刺すような歯痛」のイメージを吹きこんだ。

聖職者は、また、告解室で罪滅ぼしの難行を命ずることもできた。アイルランドに残るある悔罪規則書によると、罪深い魂を救うための定式として、一年間にわたって毎日、三百六十五の主禱文を捧げ、礼拝のために三百六十五回ひざを折り、むちで三百六十五回みずからを打つ、と定められている。もっと一般的なものだと、それぞれの犯した罪ごとに償いの苦行が列挙されている。人気のあった説教集『良心の呵責』や『インウイットのアイエンバイト』(In＋Wit Again＋Bite の意味でこれも「良心の呵責」と同義)では、「十四種類の苦行」および、耳をつんざく地獄の「大音響」が列挙されている。

『模範集《エクセンプラ》』は説教に生彩をほどこすための道徳的逸話を集めたもので、たとえばフランスの逸話の一つに、父母を亡くした少女がその遺産を好き放題に使うことの危険を戒めたものがある。彼女はまず地獄にある母の姿を見せられる。その母は一日に五百回も火炎に焼かれ、こんどは氷の池に浸され蛇やトカゲのなぶりものにされる。つぎは父親だがこちらは天国の至福の中にある。以後、少女は正しき暮らしにたち戻る。

『エルシダリウム』は十二世紀のはじめに書かれた説教手引書で、広く用いられたものであるが、この中でオータンのホノリウスが二枚の地獄絵を描いている。上方の地獄では、人々がすでに地上で経験したような苦難が引き続き課せられるだけだが、下方の地獄では簡潔にまとめた九種類の責め苦が悪しき霊魂のために用意されている。すなわち、消すことのかなわぬ火、耐え難き寒さ、毛虫と蛇、胸のむかつく臭気、むちを手にした悪鬼ども、恐怖の暗闇、恥辱の苦痛、おぞましい光景や騒音、炎の足枷《かせ》である。彼ら罪人は背中あわせに張りつけてさかさまにひっくり返され、手足を引き伸ばす拷問を果てしもなく加えられる。「彼ら」とは、高慢な者、嫉妬深い者、狡猾な者、不信心者、暴食家、酔っ払い、好色家、人殺し、人非人、盗っ人、強盗、追いはぎ、淫らな人間、貪欲な人間、密通者、色情家、嘘つき、偽証する者、神を冒瀆する者、ならず者、人を虐待する者、いさかいを好む者、こういった連中である。彼らの家族たちは、彼らが苦悩するこの光景を天国から見下ろすのだが、それは「まるで池の魚が跳びはねるのを見るような、いとも楽しい眺め」となるであろう。

　十四世紀の最も偉大な説教師といえばドイツはレーゲンスブルクのベアトルトだったといわれているが、この人物は、救済にあずかるのは十万人に一人であろうと予言した。あとの九万九千九百九十九人はどうなるかといえば、彼は「白熱の世界で白熱に焼かれた姿でのたうっている」それらの者の姿を想像するよう求める。苦悶は最後の審判の日まで続くが、審判の日には事態はいっそう苛酷なものになり、彼らの苦しみは「この世の創始以来生まれてきたすべての獣の体をおおう毛の一本一本と同じ数だけの年数」は続く、と想像されるのである。

　アレゴリーの傾向が色濃くなる中世の後期になると、説教にはしばしば「罪の城」のイメージが呼び出されるようになる。城を守る騎士団長は「怒り《アンガー》」、金庫番は「貪欲《グリード》」、料理長は「暴食《グラットニー》」、家令は「怠惰《スロス》」、そして、城主とその奥方は「虚栄《プライド》」と「肉欲《ラスト》」である。『中世イギリスの文学と説教』の著者

G・R・オーストはジョン・バニヤンの『天路歴程』が取られたもともとの説教というのを十四世紀の写本の中に発見している。それによるとバニヤンの「絶望の沼」はじつは「地獄の沼」であって、巡礼はみずからの罪の大袋を背負ってこの沼に落ちるかもしれないとされる。オーストはまたこんな示唆もしている。富者とラザロの物語を力説し、最後の審判の日の富者の運命を強調した雄弁家たちは、中世末期に農民たちの間に広がった社会的騒擾を助長していたかもしれない、というのである。最後の審判という罰と報いの日は、見ようによってはあまりにも遠く手が届かないものに思えたかもしれないからである。いずれにせよ、聖職者の説教はいろいろなドラマを描いてみせたのだが、さらに、修道士たちが野外で行なった説法はもう一歩進んだ形式、すなわち芝居《ドラマ》それ自体を生み出すことになる。

15　聖史劇《ミステリー・プレイ》

初期キリスト教会はローマの活発な芝居の伝統を否定し、その息の根をとめてしまった。反面、ラテン語の典礼の中の耳に心地よい応唱というかたちで、初歩的な宗教劇をいわば再発明してもいたのだが、役者がおり、対話があり、物語の筋もある本物の芝居はといえば、その土地土地の教会が挙げた成果の一部ということになろう。時あたかも種々の異端的な要素が魅力をおびはじめ、文字を知らない会衆に手をさしのべて聖書の中身をなにかしら教えようとしはじめていた時期であった。教会内部の彫刻、絵画、ステンドグラス、その他の絵画的装飾、それもみなおなじ目的をもっていたのである。

キリスト教暦年の祝祭向けに発達してきた芝居の呼び名についた「聖史《ミステリー》」という言葉は、起源はラテン語の「ミニステリウム」すなわち「聖務」にある。ごく初期の時代には、礼拝の一部として教訓的な小芝居が教会の内部で演ぜられたのである。それがやがて芝居自体として活気をおびるようになり、十世紀から十六世紀にかけて、宗教的なモチーフをもった芝居の伝統はその斬新さと規模をますます大きくしていった。祝祭のシーズンともなれば、巷の注目を集めようとて、芝居の役者も楽士、踊り子、手品師、その他の芸人たちとさかんに張り合ったのである。

十二世紀という早い時期の芝居もいくつかは現在に伝わっているが、もとより多くは散逸している。上演の記録はチェコスロヴァキアからイギリスまでヨーロッパ全土にまたがっており、天地創造から最後の審判にいたる「世界の歴史」を通観させる物語群の一大集成として仕上げられたものも多い。イギリスにはこうした物語集成劇《サイクル》が四種類、まずまず完全なかたちで保存されている。ヨーク、チェスター、ウェイクフィールドに残るもの、および（写本の一つの所有者の名をとって）「ヘギー物語集成劇《サイクル》」と呼んだり、「N‐タウン」あるいは「コヴェントリー演芸」と称しているものがそれだ。イタリアには中世演劇は残っていないが、フランス、スペイン、ドイツ、オーストリア、オランダ、スイス、その他の地には多くが残っている。

ドイツのオーバーアマガウの祝祭では、十年に一度の割りで行なわれるキリスト受難劇が一六三四年以降綿々と続いている。この華々しい連続劇はヨーロッパじゅうの宗教劇を途絶えさせたあの宗教改革の時期をも乗りきり、わずかに、ナチスによって一時的に中断させられただけである。せりふをしゃべる役だけでも全部で百二十四あり、群集の場面ではさらに何百人もが舞台衣装をつけて登場――じっさい、町じゅうが残らず参加するのである――、連続劇を仕舞いまで通すとおよそ八時間の上演時間となる。厳密にいえば、オーバーアマガウは中世の物語集成劇《サイクル》そのものとはいえない。何世紀もの間にテキストは実質的に何度となく改訂されてきたからだ。それでも、この連続劇は中世の大々的なサイクルがどんなものだったかについて、立派なヒントを与えてくれそうである。

聖史劇はいつも世俗的な内容で手の込んだ作りになっていたわけではない。われわれの聞くところでは、イギリスの尼僧院ではキリストの地獄征服の物語を、簡素ではあるが典礼色豊かに、おそらくはきわめて感動的に演じていたのである。まず、旧約の父祖たちの霊魂の役をもらって、尼僧たちが礼拝堂のドアの向こうに閉じこめられるという設定。ついで、司祭が訓戒のせりふを述べ、ドアをぱっと開け放つ。すると尼僧たちはシュロの小枝を手に、ラテン語の賛歌を歌いつつ一列に並んで歩み出る……。

中世も後期になると、聖職者は芝居の演技はやめるようになった。また、大都市の芝居の場合は、商人のそれぞれの同業組合《ギルド》がもとになった一種の興行団体がますます精巧になる出し物の上演を専門に担当するようになった。各ギルドは自分たち独自の上演場所を決めてそれぞれの別個の小劇を見せた。たとえば「地獄の征服」ものは料理人、パン屋のギルドが受けもつことがしばしばだったが、それには実際的な理由があって、彼らがふだんから火を扱い慣れていること、「拷問」に使う大釜その他の道具を提供できたこと、そしてもう一つ、音響効果を出すために叩く鍋釜もたくさんあったからである。

騒々しい地獄場面を入れるのは、厳粛な芝居の息抜きとして、なくてはならないものになった。時がたつにつれ、その喜劇も低級さの度が強まってしきりに放屁シーンを使う。マーローの『フォースタス博士』に出てくる悪鬼たちのどたばた活劇なども、これはだれか二流の劇作家の書いた部分ではないかという批評家もあるが、しかし、卑俗な悪魔芝居には何世紀にもおよぶ伝統があったのであり、マーローもおそらくは客の歓心を買おうとしたのである。

聖史劇の各種の出し物の中でも、地獄の場面はやはり人気のまとだった。これが天国であれば、芝居も初期の頃には、なにか簡単な梯子のようなものを掛けわたして足場を組んで天国に見立てるというお座なりなことをしたのだが、いっぽう地獄となると、その最も初期のものでさえ、極悪非道の場面を演出するために細心の意匠がこらされている。十二世紀フランスの『アダムの神秘』では、鉄の鎖、もくもくと立ちのぼる煙、大釜どうしがぶつかり合う音、ケトルドラムを打ち鳴らす音、これらが小道具として特に指示されていたし、同時期のアングロ・ノルマンの『聖者の復活』では、舞台の片側にリンボ

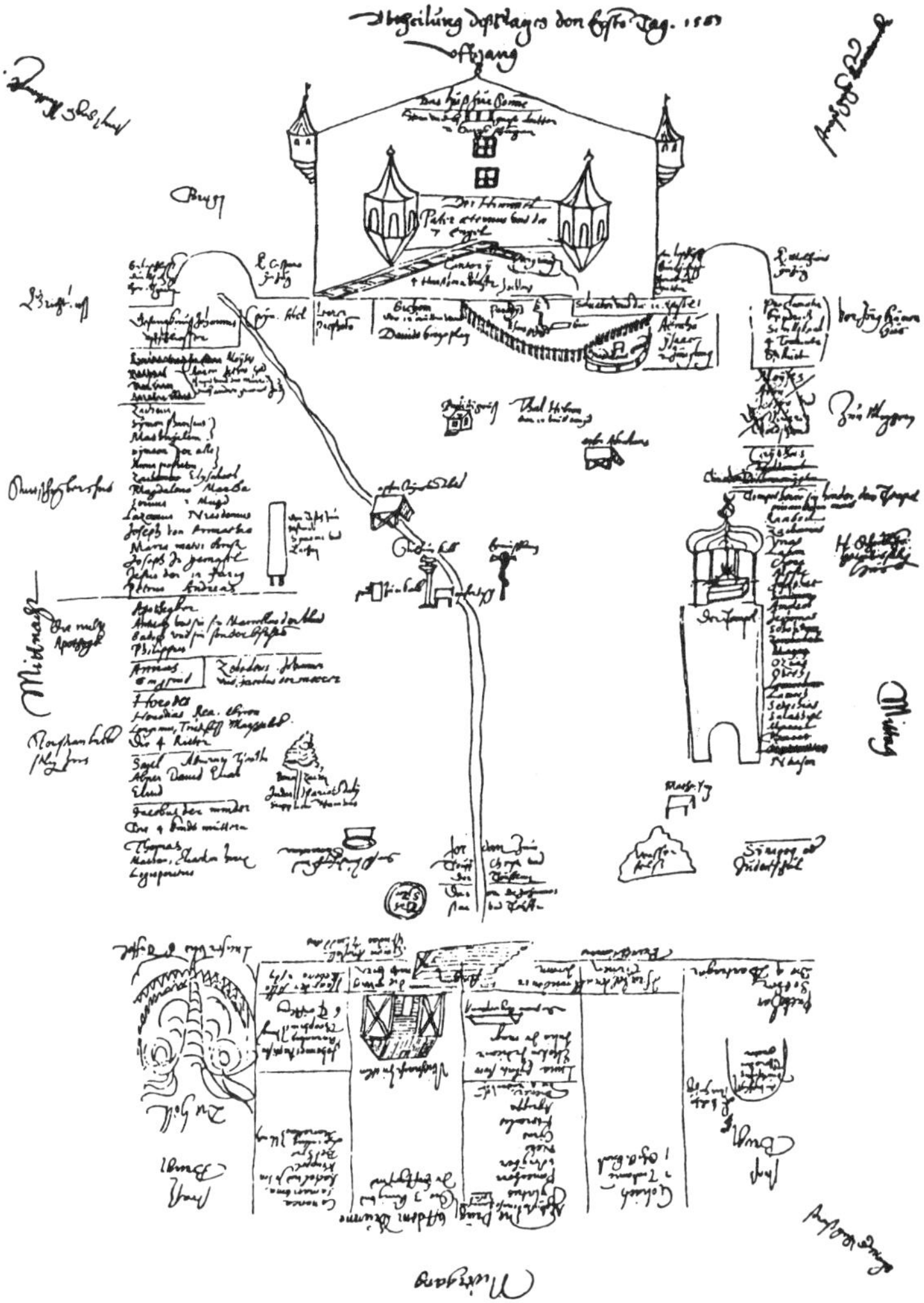

ドイツのある町の広場で上演された聖史劇シリーズのために演出家がこしらえた見取り図．左手の最下端に「地獄の口」があり，上方には梯子つきの天国が見える．

舞台の上への設置も可能だったかもしれない一種の牢獄から，霊魂が救出される場面．ドイツのエルムにある大聖堂の彫刻．

界を表す牢獄を組み立てるよう求めている。イエスが旧約の父祖たちをそこから救出するのであった。のちには、仕掛け花火、火薬、燃える硫黄、大砲、機械仕掛けの大蛇やヒキガエルなども使われるようになった。

一番高くつく大道具といえば「地獄の口《ヘル・マウス》」だったろう。絵かきたちは文字どおり「地獄の両あご」を開けた図をすでに描くようになっていたが、舞台美術家たちはこれをもう一歩おしすすめた。木材、布地、どろどろに溶かした紙、ぴかぴか光る素材などをいろいろ使って、大工たちが恐ろしげな怪獣の頭部をこしらえた。これを舞台の跳ね上げ戸の上にすえる。大きな両あごは蝶番で留め、ウインチでケーブルを巻き上げてあごを開いたり閉じたりした。口の中からは煙や炎、悪臭、やかましい音響がとびだす仕掛けで観客を喜ばせた。浜に打ち上げられた本物の鯨のあごの骨を文字どおり骨組みに使った例もあった。サイクルをなす演劇のさまざまな場面ごとに、大聖堂であるとか町の広場というふうに屋外の上演場所が決められていることもしばしばだった。こうした場合は「地獄の口」もずいぶんと大きなものを作ることもでき、じっさいにその口の内部で芝居ができたのである。ある台本の指示によれば、「地獄の口」は九フィート半の幅とされている。そんなにぜいたくのできない演出の場合は、跳ね上げ戸のすぐそばで演技をしたり、その場面が来たらカーテンを開いて一段低く作った足場を現しその上で演ずる、といった工夫をした。組になった小劇をいわば小屋ごとそっくり移動して上演することもあった。以下に紹介するのは十五世紀のフランスはブールジュの町を練り歩く移動舞台の屋台車のようすである。一団の悪鬼どもが見物の人込みの間をふざけ回ってこの屋台を先導している。

「地獄の口」の中の悪鬼たち．15世紀のドイツの写本から．中央の柱のような装置はあごを上下させるのに用いたのであろう．

この鬼芝居のあとに続くのは「地獄」だ。丈は十四フィート、幅は八フィート、大きな岩のような形でその上に塔が建てられている。塔はぎらつく光や赤い炎を絶えず放っているが、その中に魔王《ルシファー》が頭と上体だけを見せている。ルシファーは熊の毛皮をまとっているが、その毛の一本一本にはきらきら光る金属飾りがついている。また頭部を二個つけたキツネの毛皮も身に着けているが、こちらも色とりどりの金具で飾ってある。ひっきりなしに口から火を吐いているが、両手にはさまざまな種類の蛇をわし掴みにしており、この蛇たちもまたのたうち回っては火を吐いている。岩山の四隅にはそれぞれ小さな塔が別に建っているが、その中では拷問に苦しんでいる霊魂たちの姿が見える。と、岩山の前面に一匹の大蛇が現れ、ひゅーひゅーと音を立てながら、口、鼻そして目からも火を吹き出す。岩山のいたるところに、ありとあらゆる種類の蛇や大ガマが這い上っている姿が見える。どうやら中に何人か人がいてこれらを動かしているようだ。彼らはまたいろんな責め道具をも指示どおりにきちんと動かしているのだ。

こんなに華々しいのは、まあ珍しいほうだったろうが、しかし当時のプログラムや記録文書類を見てはっきりするのは、この地獄の正面玄関をどこまで精巧に作りあげるかで、町々がはげしく競い合っていたことである。中世末期のドイツの例では、「けばけばしい色彩の身の毛もよだつ悪鬼ども」が顔をそろえ、「膨大な費用と労力を要した」とある。

「地獄の口」が芝居の上で欠かせないのは、主に世界史の最初と最後であるが、これはかさ張る大掛かりな装置であるから簡単には動かせない。だから「地獄の口」はずっと舞台に置きっ放しだったかもしれない。だが、待つほどもなく出番がやってくる。というのも、世界の創造というのはどう見ても上演しやすいテーマではないから、普通は天国の高みからのナレーションだけでお茶をにごすのであり、そのあと神は七日目の安息日ということで退場、ここでルシファーの墜落が初めて芝居らしい芝居として開始されるからだ。

ルシファーはきらびやかな衣装をまとい、大胆にも神の玉座をおそって大言壮語せんとする。居並ぶ天使たちはその政治的な立場にしたがって、あるいは恐ろしさに息をのみ、またあるいは歓呼の声をあげる。だが、ルシファーを待っているのは転落の運命だ。ヨークのサイクルではこう語られている。

　ああ、神よ、何もかもが墜ちてゆく！
おれの力も、勢力も、いっさいが損なわれてゆく。
助けてくれ！　仲間たちよ。おれは、本当に墜ちてゆく。

あきらかに舞台装置を意図して描かれている「地獄の口」

そして、彼は「仲間」たちに付き添われて「地獄の口」へとはいってゆく。「コヴェントリー演芸」では以下のような演出が指示されている。

　さて、いまや地獄へと、おれは向かい、
そこで、果てしのない苦痛の中におかれるのだ。
　業火怖さに、おれは一発屁を放つ。

ルシファーの役には危険がともなう。役者は火を吹いたりしなければならないし、両手と背中でかんしゃく玉を破裂させるのである。悪魔用の仮面や衣装は安全のために裏に泥を塗ってあった。

さて怪我もなくこの場面が終わると、ルシファーはただちに（あるいはミルトンの場合のように「悪魔」の議会のあとで）「地獄の口」を抜け出し、エデンの園での誘惑にとりかかることになる。コスチュームにも変化が必要で、想像力を凝らしたなにか蛇のようなかたちのものをたずさえるか、あるいはそれを半分身にまとった姿となり、顔は仮面でおおう。首尾よくアダムとイヴを敗北させることができて、悪魔たちは大はしゃぎ、極悪非道にいっそう拍車がかかる。悪魔たちはいまや天使の衣装はかなぐり捨て、グロテスクな仮面、獣毛や羽の上着といった悪魔専用の扮装となる。そして、芝居のサイクルが旧約聖書から新約の冒頭へと進んでゆく間に、悪魔たちは折りに触れて（カインとアベル、あるいはヨブにまつわる場面など）顔をのぞかせることになろう。三度目の衣裳替えをしていかにも悪魔に相応しい形相となったサタンは、今度はキリストの誘惑のために出番となる。

このキリストの誘惑の場におけるサタンというのは、どうやら喜劇的な大失態を演ずるようになっている。「コヴェントリー演芸」ではサタンは「放屁」を合図にのたうちつつ「地獄の口」へ舞い戻るのだし、チェスター・サイクルの芝居ではサタンは観衆にこんな「遺言」を残すことになっていた。

こちらの芝居へお越しの皆々さまへ
おれは、糞をば遺贈する

「地獄の口」の舞台が最高に盛り上がるのはキリストが十字架にかかって処刑されたあと、旧約の予言者を救うべく地獄へ降下してくるときであろう。『ニコデモ』には完璧なシナリオが提供されている。

それによると、キリスト受難の厳粛な場面のあとを受けて、観衆は再び大音響や戦闘場面や、そしてこれまでのものに輪をかけた茶番劇に巻きこまれることになる。あるヴァージョンではサタンが自分の「ギア」すなわち甲冑を着けてイエスと一対一の決戦をすることになっている。この場面は最後は善の軍団が勝利をおさめ、悪魔たちはみずからがこしらえた牢獄に閉じこめられるか、あるいはさらに一段低い跳ね上げ戸の下の地獄へと落とされる。

この地獄征服の物語にはちょっとした付録がつくこともあった。ビールを薄めて水増しするために地獄へ送られる居酒屋の女将の話である。彼女は地獄に居残って悪魔の一人と結婚をする。さてもさても、バビロニア伝説の『ギルガメシュ』に始まってギリシアの『蛙』、そしてこの中世の地獄征服の物語と、千年おきに登場する驚嘆すべきバーのホステスのお出ましというわけだ。

酒場のホステスとその情夫.

反キリストの話というのは、イエスの生涯を物語る一連の芝居には時期的にうまく適合しない。だから、天使と悪魔の戦闘場面などもたくさんあるし、反キリストが偽りの聖史劇を行なってみせるさいの手品やら奇術やらの仕掛けも面白くて、テーマとしては人気があるのだが、いちおうキリストとは切り離して独立した芝居とするか、ないしは、これも別個の「最後の審判」劇のやや挑発的な冒頭場面にすえる、というのが普通だ。現存する最古の聖史劇としては、ドイツのテーゲルンゼーの僧院に残る十二世紀の『反キリスト』がある。

最後の審判では復活した死者たちがボディー・ストッキングをぴったり身につけた「裸体」の装いで登場、イエスによって裁かれる。聖母マリアはとりなし役を務める。ここで救済された者は天使たちの歓迎を受けつつ天国へと昇ってゆく。反対に罪を宣告された者はみずからの運命を嘆きながら「地獄の口」へと向かう。救われぬ者たちの中には、呼び物として王侯やその妃、大僧正や富裕な商人といったお歴々が含まれるのが常だったから、この場面は観衆の人気のまとだった。タウナリー劇には余談があって、悪魔たちは大勢の霊魂が自分たちのほうへやってくるので大喜びするのだが、その数があまりに多いので地獄の門の門番が休む暇がない、というのである。シェイクスピアの『マクベス』の二幕三場、ダンカン殺害の直後に門番が真似しているのがまさにこの場面である。

悪魔たちはかくも多くの捕虜を得て歓喜のひとときを与えられるわけだが、芝居は最後にはもっと端正な調子で、音楽にのせ人々が華やかにかつ楽しげに天国へ昇るという場面で終わる。

富者とラザロの話、賢い乙女と愚かな乙女の話といった聖書中の寓話も普通は上演されなかった。一つにはそれが「歴史」ではないからということもあったが、チューリンゲンの辺境伯フリードリッヒ豪胆侯の逸話に代表されるように、ここには本質的に演劇としての危険な落とし穴があることも、理由の一端だった。一三二一年、フリードリッヒはアイスナートの男子学校の生徒たちが演じた賢い乙女と愚かな乙女の舞台を観たのだが、愚かな乙女たちを演じた初々しい顔の生徒たちに下される評決があまりに不愉快で、彼は芝居から顔を背けてしまった。「聖母マリアや諸聖人のとりなしがあっても、なお、罪人は慈悲を受けられないのだとすれば、いったいキリスト教徒の信仰とは何なのだ」と、強い反感を見せて彼は叫んだという。

フリードリッヒの話はいくつかの点で示唆するところがある。まず、ここには無学・無教養な社会において芝居を上演することの絶大なる効果が示されていよう。[*] また、この話は、ほかのさまざまな地獄ものが必然的に笑劇へと回帰してゆくその理由をも説明している。いたいけな「少女たち」がその不注意をとがめられて罰せられるなど、見ていて楽しいわけがない。おなじく、たとえ観客が富者に対しては反感をいだいているとしても、ディーヴェスがアブラハムに救いを願う、またそれが容れられないとしても、せめて、生きている兄弟たちに警告だけはしたいと願う、その願いまではねつけて楽しいはずもないのである。滑稽でわんぱくな小鬼のグループが運の悪い間抜けな男を拷問にかけるふりをする、そんな場面を見るほうが、お祭り的な雰囲気にはよほどぴったりだった。というわけで、十六世紀までには聖史劇のサイクルもよほど荒っぽくがさつなものになっていたわけだが、しかし、イギリスの演劇の舞台から宗教劇が放逐されてしまったのは、なにも、この後期の聖史劇の常套的演出のせいではない。その責任ははるかに論争的で「シリアス」なマーローの『フォースタス博士』にあった。

＊ 無学・無教養な社会ばかりとは限らない。聖史劇からいろいろと手法を拝借した現代のミュージカル『福音』を、高校生が上演したさいのことだが、イエスが羊と山羊を区別する段になると、観衆の中にはっきりそれと分かるほどの動揺が起こったのを、私自身が目撃したことがある。

中世も後期になると、あと二つの形式の芝居が出てきた。すなわち、奇跡劇（ミラクル・プレイ）および道徳劇（モラリティー・プレイ）である。主としてイエス・キリストの生涯に題材をとった聖史劇とは趣を異にして、奇跡劇は、幾多の聖人や殉教者の生涯と死について、何世紀にもわたって語りつがれてきた物語を劇化したものである。むろん、奇跡劇のそもそもの意図は宗教的な霊感を与えることにあっただろうが、これらに人気が集まったのはやはり劇中のアクション場面のおかげだった。フランスの吟遊詩人ジャン・ボデルの奇跡劇「聖ニコラ劇」（一二〇〇年頃）には十字軍の戦闘場面や、女郎宿および居酒屋のシーンが出てくるし、ほかにも、舞台場に奇術の手法を取り入れて、奇跡を現したり、龍や野獣を登場させたり、また生々しい殉死の場面を見せたりした。

「地獄の口」はここでもさかんに用いられた。十三世紀フランスの詩人リュトブーフの『テオフィルの奇跡』ではファウストの先輩格の人物が聖母マリアの手で「地獄のあご」から救い出される。ドイツの劇では聖ミカエルが偽の「女教皇ジョバンナ」を救う。オランダの劇では教皇が救い主となる。悪鬼たちの存在も欠かせない。聖人を誘惑したり、自分たちを虐げる相手を地獄へ引っ張ってゆく役どころだ。

「道徳劇」すなわち道徳的寓意をこめた芝居であるが、これが登場するのは中世も末期に近い。文学のレベルで見ると、現代の中世文学研究家が顔をしかめてうなずくとおり、アレゴリーという形式はいかにも複雑なものになりかねない。しかし大衆演劇のレベルでは、サタンおよび「地獄の口」に棲むところのそれぞれ擬人化された七つの大罪、これに「死」の人物形象がつけ加わるだけの単純なものである。あるスペインの芝居には衣装の指示があるが、それによると、「虚栄」は王冠、王笏を身におび、「嫉妬」は立派な服を着て眼鏡をかけている。「暴食」も同じく立派な身なりをし、なにか食べ物を手にしている。「怒り」は甲冑を身にまとい、「欲望」は女性で手鏡をたずさえている。「強欲」は学者の長服《ローブ》をまとい、手には財布をもっている。「怠惰」はだらりとした半ズボン姿で枕を持ち歩いている。

「道徳劇」は世界の終末ではなく、人間の終幕を扱う。「死」へ向かう旅、霊魂の運命、これが劇のテーマである。「慈悲」と「正義」が論争し、「悪徳」と「美徳」が覇権を争う。これらの劇がときとして困ったことになるのは観客の存在を忘れて一人芝居になるときだ。イギリスに現存する道徳劇の中で最

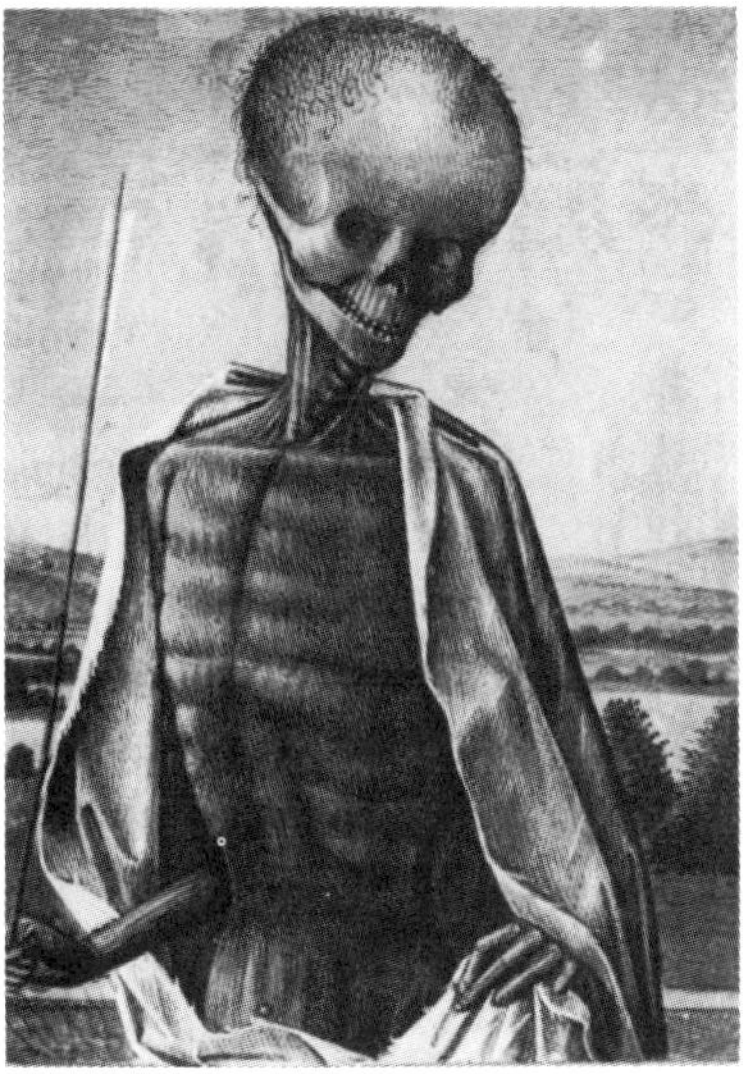

右：「三人の生者と三人の死者」を描くみごとなイタリアの絵画．左：一本の矢を携えて墓から立ち上がる「死」．フランスの画家ジャン・コロンブの1470年代後半の作．

長・最古のものは『堅忍の城』で、五つの舞台背景がそれぞれ「世界」、「肉欲」、「悪魔」、「強欲」、「神の玉座」の役を受けもっているのだが、現代の観客には我慢できないほど退屈な代物だ。いっぽう、短めの道徳劇すなわちインタールードと呼ばれる笑劇の中では、一四七五年頃に書かれた『人間《マンカインド》』と呼ばれる道徳劇が、はるかに手際のいい演出ぶりを見せる。山場にさしかかると、役者の一人が進み出て、悪魔の大将ティティヴュラス（ティティヴィル）の顔見せはこれから回します帽子がおひねりでいっぱいになった後になります、とちゃっかりした口上を述べる。一五〇〇年頃に書かれた『万人《エブリマン》』は、おそらくイギリスでは一番有名な道徳劇だが、ここにも人気者のティティヴュラスが再登場している。

　十五世紀までには、死体や骸骨が動き回る姿で擬人化された「死」の形象が、美術の意匠としてヨーロッパじゅうに見られるようになる。

「死の舞踏」　15世紀の木版画より．

この物好きなうす気味悪い流行に火をつけたのは、どうやら、十四世紀初頭の『三人の生者と三人の死者の伝説』が最初らしい。この挿絵は非常にひんぱんに描かれたので、単に「伝説」と略称されることもしばしばだった。ここでは、洒落た身なりの三人の若者、ないしは王様たちが、三人のしわくちゃの死体に出会う。「われらもかつては汝らのごとし。汝らもいつかはわれらのごとし」と、三人の死体は唱和している。

より純粋に視覚的なやり方でこのテーマを扱っているのが「死の舞踏」である。これは十六世紀のホルバインの解釈したかたちで多くの人の記憶に残っているのだが、もともとは中世に固有のモデルが原型としてある。「死の舞踏」とは「伝説」よりはずっと精緻でかつアイロニーを含んだ観念であり、死者も「伝説」のように一種類ではなくおびただしい数の図柄が必要になる。というのも、ここでは、死というのは個々別々のものであり、霊界案内人もそれぞれ自分だけの者をもっている、と考えられているからである。ホルバインの木版画がそうであるように、死の舞踏はどうしても冷笑的なユーモアを志向する傾向になる。彼の時代には「死」は干からびた屍という姿よりは、骸骨の姿をとるのが普通になっており、じっさい、「冷笑的（sardonic）」という言葉も、骨ばかりの顔が歯をむいて笑う様を形容するための、この頃の造語であった。

「死」の擬人化という十四世紀、十五世紀のこの動きは、十字架上のキリストのはりつけ、ピエタ、聖人の殉教、臨終の場などを気味悪いほどなまなましく描いた数々の絵画や彫刻に、また、『アルス・モリエンディ』すなわち「死の技術」なる木版による戯画の手引書にも、それぞれ投影されている。むろん、詩や道徳劇にも登場する。魅入られたようにおぞましい死の連想へと向かうこの傾向が、疫病その他の大災厄に対する心理的反応を意味しているのかどうか、また、時代が自然と悲観主義の方向へと傾いていたのかどうか、この辺は議論の余地がある。ただ、意味深く見えることは、教会が煉獄という概念を教義に取り入れた時期を待っていたかのように、地獄が人々の想像力を摑んでいた力が弱まりはじめる、ということを美術なり詩歌なりが示していることである。

といっても、人々が地獄を信じなくなったというわけではない。ほとんどの人々はまちがいなく信じていたし、教会もその方針での努力を怠ったことはなかった。しかし、煉獄という考え方が承認されたおかげで、地獄の直接の負担が軽くなったのは確かであり、こんどは死に対する恐怖が地獄に対する恐怖にとってかわったのである。バロック時代にいたると、裸体の死者が蛆虫とともにはい回っているおそろしく写実的な彫刻で墓石を飾るなどということが、ちっとも珍しくなくなった。

フランドルの画家ヤン・ヴァン・エイクが描いた十五世紀中葉としては異例の一枚の絵画には、地獄と死というこの二つの概念が完璧なまでに生き生きと橋渡しされている。すなわち、昔ながらの地獄の上にかぶさるようにして、（サタンではなく）不気味な冷笑を浮かべた骸骨の「死」が描かれているのである。カラー図版21を参照されたい。

煉獄——16

地獄が未来永劫に続くという観念は神学者たちを悩ませ続けた。もっと古くからあった仏教やゾロアスター教、またやや時代を下ったヒンズー教においても、地獄は恐ろしい場所ではあったが、永遠に固定されたものではなく、境遇の改善につながりうるような輪廻転生のサイクルに左右されている。キリスト教でも、オリゲネスが、存在するものは残らずやがては神のもとへ帰るのだと論じた。この説は、アウグスティヌスはじめ教会の正統派からは手ひどくはねつけられたわけだが、しかし、すっかり消滅したわけでもなかった。

聖書関係の記述では、唯一、外典の「マカバイ記第二書」一二・四三―四六が、死者のために祈り、捧げ物をすることがじっさいに彼らを生き返らせる、と教えているように見える。ユダヤの愛国者ユダス・マッカバイオスが、戦闘で死んだユダヤの兵士の霊魂を救うため、二十万ドラクマの金銭を捧げよと命ずる場面である。

というのも、殺害されし者たちが再び立ち上がることを、彼が願うのでなければ、死者に対する祈りなど不要、無益なものとなったであろう。またそれは、神を信じて死んでゆく者には大いなる恩寵が用意されていることを、彼が感得していることを示すのだから、神聖かつ善良なる考えなのであった。それゆえに彼は、死者たちがその罪から解き放たれるようにと、彼らのために和解の労をとるのである。

続いて、例のアブラハムの懐裏《ふところ》がある。少なくともエリヤとエノクはここに安んじているわけだし、のちには貧者ラザロも迎えられる。ときには、ここはレフリーゲリウム、すなわち慰安、休息の場所と同一視された。イスラエルの父祖たち、および未洗礼の小児のためのリンボ界についてはすでに言及した。さらに、あまり明瞭な一節とはいえないが、使徒パウロが、「コリント前書」三―一五で、なにか火をかいくぐるような救済のことをそれとなく述べている。また、何世紀にもわたって、さまざまな幻視図は、地獄での処罰とは別の煉獄的な罰を垣間見させてきた。

煉獄という、死後の行く先の第三の候補地を教会が承認するにいたる歴史は、フランスの歴史家ジャック・ル・ゴッフが『煉獄の誕生』で公にした。学問的な探索のお手本のような書物であるが、これには批判もあって、その主たるものは、これもまた中世学者の大御所であるロシア人のアロン・グーレヴィチが提起したのだが、ル・ゴッフはさまざまな幻視ものを正当に評価していない、という非難である。ということは、教会が煉獄を公式に受容するはるか以前に、煉獄の観念は幻視ものの中に立派に定着していた、ということを示唆するのであろう。*いずれにせよ、この新しい教理への言及は一二五三年の教皇書簡にまでさかのぼるが、最終的な承認は十六世紀中葉のトレント公会議を待たねばならなかった。

* 一九八四年のアメリカ版では、ル・ゴッフはこの批判を受け入れ、幻視ものに関する付録をあらたに書き加えて

いる。ただ、十二世紀にいたるまでは煉獄についての実体的な概念は全然なかった、とする自説は撤回していない。

会議後に作成されたトレント公会議での「教義問答集」では、「煉獄の火というものがあり、敬虔なる者の霊魂はこの中で一時的な罰を受けることで浄化される。汚れたる者のはいることのできない永遠の国への門戸が、彼らのために開かれるようにするためである」と述べられている。ここに留置されている霊魂は「信心深き者たちが賛成することによって、だが、とりわけ神の意にかなう祭壇の犠牲によって助けられる」とされる。司教たちはこの教理を信者に教えるよう指示されたが、ただ、きちんと釘をさされていたのは、「この教理に関係して、教化には役立たぬようなより難解かつ微妙な問題を」説き聞かせてはいけない、ということだった。特に「迷信を助長するような問題、悪銭の匂いがするような問題、また悪口や中傷を惹起するような問題」に触れることが禁じられた。この最後の項目からはプロテスタンティズムの角笛の音がかすかに響いてくるようである。

煉獄という概念は、幾分かは、異端に対する対応策の一つとして採用されたのである。ここでいう異端とは、たとえば『殉教者の書』(一五六三年)を書いたジョン・フォックスなど、後々のプロテスタントが主張するような、プロテスタンティズムの初期のものというのでは必ずしもなかった。激動の十一世紀、十二世紀には正統派の教会が容認しかねるような新しい思想をたくさん生み出していたのである。東に起こった異端のボゴミール派(ブルガリアの聖職者の名前にちなむ)は西方へ向かい、いっぽう別の異端ワルドー派(リヨンのペトルス・ヴァルデスの後継者)およびカタリ派(ないしはフランスのアルビの町にちなんでアルビ派)はカタロニアやピレネー地方から北方、また東方へと向かい、両者はだいたいイタリアのヴェローナあたりで遭遇する。巡礼におもむく人々の大集団の移動、また十字軍の遠征、これらも異端の説を広めるのに一役買っていた。

中世における異端と宗教裁判所の血塗られた長い歴史は、ここでは、ごくあっさりと振り返ることしかできないが、とりあえず、これだけは述べておきたいのは、キリスト教会によって異端者の烙印をおされた人々のほとんどは、みずからを異端者だなどとは毫も考えておらず、むしろ、彼らから見ればますます腐敗し貪欲になっている教会の官僚主義のお世話になっているような人々よりは、はるかに信仰心の篤い立派なキリスト教徒だと考えていたことである。アッシジの聖フランチェスコ（一一八二―一二二六）の托鉢修道会が設立されたのも、まさにそうした心情に基づいてのことだった。ただ、フランチェスコ修道会については、教会が、これ以上は教義の逸脱はもう許すまいと最終的に決断するその前に、うまいこと仲間として認め正統派内に吸収してしまっている。

聖職者の権力に異を唱える教権反対主義は別として、たいていの異端の説が共通してもっていた最も強力な動機は――そして教会もまずそこにかみついたわけだが――たとえば神はキリストとサタンの両方を生んだとするような二元論的な思考であった。教会はこれをマニ教と決めつけたが、しかし、異端の指導者がみなマニのことを知っていたかどうかは疑わしい。むしろ可能性として考えられるのは、中世の無学な一般庶民、また、これに下級の聖職者や貴族層も含めてもよいが、彼らのほとんどすべてが特に深い理論ではないが思いつき程度で二元論を志向する傾向があったということであろう。教会はこの二元論をあめとむちを使って駆逐しようとした。罰のむちは異端を取り締まるいわゆるアルビ派十字軍および残忍な宗教裁判所であり、いっぽう褒美のほうが煉獄の解禁であった。

例のレーゲンスブルクのベルトルトをはじめとする、地獄の業火の喧伝者のおかげで天国から締め出されていた大衆が、あらたに救われるチャンスが出てきたというので、煉獄は強力な宣伝の武器になった。神学的には、煉獄はアブラハムの懐裏と二つのリンボ界とを手際よく包摂するものだった（もっとも、ダンテの場合は異教徒のリンボ界を地獄圏の第一獄と位置づけてはいる）。洗礼を受けずに亡くなった小児も、おそらくはごく少々の浄火で清めるだけで、晴れて幸福を見いだしうるのである。

たいていの人々は幽霊を信じていたが、この幽霊がどうして現れるのかも、煉獄という場所はうまく説明してくれた。また、臨終にさいしての個別の審判と最後の審判との間の込み入った経緯もこれですっきりした。そのうち、人はほとんど誰もが煉獄へゆけるのだ、という考えが一般に広がった。例外は聖人や殉教者、および手の施しようのない悪人である。そして、これは教会が明言していたことだが、生きている者が祈ることで、死者の煉獄滞在期間は短縮されるのだった。

ところで、その祈りとは、いったい誰に向けられるべきものなのか。この点では、さすがの教会も、煉獄の女王として聖母マリアが受けもつことになる途方もない役割を予想してはいなかったであろう。四、五世紀頃にまでさかのぼる『マリアの黙示録』では、彼女は地獄へ落ちる罪人のために一時的な猶予、休息を手に入れてやっていた。こういう仕事はパウロもやっているし、その話のほうが修道院などではもっとよく知られていたのだが、しかし、こちらは明らかに、人々に話して聞かせる物語形式にはなっていない。さて、一〇七〇年のある奇跡物語ではレスビアンになった乙女が地獄へ送られるが、聖母マリアが彼女のためにとりなし役をつとめ、娘を生き返らせる。同じ時期のもう一つ別の物語では、罪を犯しはしたがそれを十分に償うほどの美点、つまり、貧しい者たちと教会に対する寛大な行為を見せた一人の貴族を、マリアは悪鬼の群れから救い出してやる。彼を縛っていた鎖は、いまはまだ生きている別の罪人に使うためとっておくようにと命ずる。地獄というのは、誰であれそこを逃げ出すことはできないであろうから、すると彼らは、――当時はまだはっきりこれこれのものと定義されたわけではなかったが――煉獄から助け出されたに違いないのだった。一二二〇年頃というから、煉獄の定義がなされるまで間もない頃だが、ハイステルバッハのカエサリウスという人物が、クリスチャンという若者の幻視の話を書いている。自分を悪鬼の中から救ってくれる聖母マリアを見たというのである。目覚めるや彼は神を敬う慎ましい生活を送ったので、若い頃には私生児を二人もこしらえた（両名とも修道士となる）そんな男だったにもかかわらず、臨終にさいしてはまっすぐ天国へ昇ったという。聖母マリアに救済されたなかでも一番有名なのはテオフィリスだが、彼の物語はファウスト伝説のところで詳しく話すことにしよう。

「いまも、そして死後も、われら罪人がために祈られよ」。イエスは審判者であり、聖母マリアは仲裁者である。だからこそ、審判の場面を描いた絵には何百回も二人が並んで描かれてきたのである。煉獄観が広まり、それにともなってマリアの仲裁者としての権限が強まるにつれて、聖母マリアを礼讃する気運が一気に高まった。のちにカトリックを攻撃する意図でプロテスタントが軽蔑して呼んだいい方では「聖母崇拝熱《マリオラトリー》」である。おそらくは大衆の意志にしたがって、教会としても聖母マリアにつぎつぎと超自然的な特性を許し与えることにしたのである。彼女は「無原罪懐胎」によって生まれた汚れなき乙女であり、その両親においても（性の）罪がない。また処女降誕により生まれたその息子とは違って、彼女は決して死にはせず、単に眠りに落ちるだけであり（「ドーミション」）、また、その光輝ある肉体のまま天国へ移される（「アサンプション」――ただし、これが信仰箇条となったのはやっと一九五〇年になってからである）。この肉体のまま、彼女は地上のどこへでも姿を現すことができるといい、どうやら、じっさいにいまもしばしば姿を見せているらしい。彼女の聖画像はじっさいに微笑み、本物の涙を流し、そして信者の祈りを聞きとげる（聖処女のイメージをまもるために、聖遺物の類いは中世後期にほとんど廃棄された）。彼女は天啓の「太陽の光の衣装をまとった女性」だった。キリストの降誕の場面では、彼女は新しい生命の母であるが、わが子イエスの死を嘆く「悲しみの聖母（マーテル・ドロローサ）としては、彼女は哀れみ深い死の女神である。「天国の淑女、地上の女王、／地獄の沼の女帝」――フランソワ・ヴィヨンは母のために書いた祈禱の詩の中で、マリアをこう呼ばせている。

　諸聖人も、存命中であれ亡くなった者であれ（たいていは亡くなっている）、例外なく奇跡を起こすことができた。しかし、生きながらえているマリアの超自然的な身分、また煉獄における権限、これがために、死者のために祈るとなればまず聖母マリアに祈るのが第一であった。バプテスマのヨハネも初期には仲裁者という彼女の役目を分担していたのであるが、しかし、十三世紀末までには、つまり煉獄の誕生の直後には、聖母マリアが自分の息子イエスの怒りから罪人をかくまってやる姿が、彼女一人だけで描かれるようになった。中世後期に疫病や戦争や飢餓がヨーロッパじゅうをうち砕き、死がいたるところで切迫した危険になっていたときも、当然ながら、彼女のほうがヨハネよりは人気があった。トレント公会議はマリアの権能を制限しようと試みたくらいだが、現在ですらカトリックの間で彼女がこんなに高い地位をもっていることからも分かるように、この試みはあまり成功はしなかったのである。

15世紀フランスの聖務日課書に見える，いささか好色な煉獄図.

　煉獄の設定は、理論上はまったく正当でかつ人間味あふれる措置であったが、問題点もなかったわけではない。プロテスタントの改革者たちがこの概念を否定し、同時に聖母マリアに対する「偶像崇拝的な」信仰をも否定したことは、これは止むことなく公に宣伝されていた周知の事実だから、ここでは特にコメントもなしに、その事実だけいっておけばよかろう。結局、人の死後の罰に対する恩赦を与えるため、最終的には教会は教皇の赦免、つまり「免罪符」を売るという商売をはじめたのであった。これは祈禱の間にロウソクを灯し、貧者への献金箱に寄付をするといったたわいないものであればなんら害にもならない。ところがこれがはなはだしく常軌を逸するものになる恐れがあったし、げんに、

15世紀に描かれた，当時としては異色のボスの煉獄図．現代の「臨死体験」の描写に不思議と似通っているところが不気味である．

しばしばそうなったのである。たとえば、富裕な人間は貧者に比べれば、やはり、良心に引っ掛かるやましい点がずっと多かったのだろうが、彼らは貧しい者たちを雇って自分たちのかわりに祈りをさせ、断食させ、また巡礼やら十字軍やらにおもむかせた。さらには馬の毛などを織り込んだ苦行者用の馬巣《ばす》織りシャツを着せて、自分の身代わりに鞭打ちの難行までいいつけたのであった。こうした罪滅ぼしの代理の苦行を、それに見合った金銭や財貨の捧げ物ともども、教会裁判所の判事たちはいともご満悦で承認したのである。

中世の人間生活のあらゆる局面に強権をふるっていた教会だったが、煉獄の導入は墓の向こうにまでもその権力を伸長させるものとなった。ただ、同時に、それはローマ・カトリック教会のいわば全能の鎧にゆゆしい綻び目をつけてしまったのである。

煉獄は、たとえばダンテの山に見るように、一時的な地獄と考えられていて、ここでは罪に対して地獄と同じような種類の罰が、ただ地獄ほどは厳しくなく、下されるのである。しかし、これとは別に、原罪およびのちに累積された罪の害悪を焼却し去ってしまう火炎、すなわち「精錬者・改良者の火」と煉獄とを結びつけるという連想もしばしば行なわれた。画家たちは通常この連想に頼っており、天使が舞い降りてきて精錬・浄化された全裸の霊魂を天国へ運び去るという構図を用いている。十九世紀までには、ほとんどすべてのカトリック教会が、煉獄における霊魂の描写をその祭壇の背面や上部の飾りに取り入れるようになった。

ダンテの地獄《インフェルノ》——17

ダンテ・アリギエリ（一二六五—一三二一）関係の注釈の書物を積み上げれば、彼自身の手になる「地獄《インフェルノ》」さえも満杯になるほどであろうし、わけても、彼の地獄の地理および工学にかかわる冊数は相当大きな区分を占めることになろう。ダンテがその地獄の風景に注ぎこんだ建築上の創意工夫は、つとに読者を魅了してきたところである。今日の『神曲』の版本は多くが地図や図解を付録としてのせているし、挿絵画家は、物語の登場人物や怪物を描くだけでなく、不可思議な地界の堤防、掘割、城郭、舗装した塹壕、そして灼熱の鉄の城壁をもつディーテの町などを絵にして見せてくれる。あのガリレオは一五八七年に、座興で、ダンテの地獄に関する専門的な研究論文を書いている。ウェルギリウスの「冥府《ハーデース》」は舞台の平面的広がりは壮観であるが、上下の深さはさほどではない。ところがダンテの「地獄《インフェルノ》」の描写法は三次元のものであって、それは、地獄の第一の円をキリストが征服したあとに起こった大地震のさいに地盤に生じた崩壊、地割れ、亀裂の描写にいたるまで例外ではない。

フィレンツェを追放され流浪の中でこの偉大な詩篇を書いたダンテの関心は、歴史、フィレンツェの政治、聖職者の堕落、同時代人たちの道徳的立場に、そして何よりも彼自身の精神《サイキ》のありように向けられた。七世紀をへた現在、それらの善し悪しを簡単に評価することはもはや容易ではないが、ただ最後の、ダンテ自身の精神の叙述だけは、彼が惜しみなく自分の情緒を注ぎこんでくれているので、いまもそのよさがすぐに評価できる。しかし、ただ「話の筋だけを」追って「地獄篇」を読むような読者でさえも、単に巡礼の物語に驚嘆するだけでは終わらず、まわりに描かれる光景や、音響にも、さらにはその臭気（！）にさえ、度肝を抜かれるのである。

ダンテは本書で扱うようなテーマを残らずとりあげている。哲学的、神秘的なテーマ、あるいはオルフェウス的な、また悪魔的なテーマ、さらには、魅力で誘うような、嫌悪を催させるような、またグロテスクな、喜劇的な、寓意的な、そして心理学的なテーマ——それらがいつも細心の配慮によって結びつけられている。彼の宗教上の見地は正統的なものだが、その想像力は異色のものだ。かりに、彼の果たした芸術上の貢献が、幻視の旅の中で古典的なハーデースの特色とキリスト教の地獄の特色とを合体させるという過激な手法だけに限定されるとしても、それでも、その貢献は画期的なものであろう。じっさいには、彼の影響力はそれをはるかに上回るものだった。

この地上でもダンテの人生は複雑だった。都市国家フィレンツェに生まれ、幼くして孤児となった彼は富裕な親戚の手で養育され、古典文学ならびに当代の詩歌についての上等の教育を受けた。国語の問題に関心を寄せ、一時期はイタリア半島の多くの方言を融合した「全イタリア」語の構築を目論みさえしたダンテだが、この計画が一挙についえ去ったのは、彼が『神曲』を自分自身のフィレンツェの方言で書くと決心したときだった。これが、のちのペトラルカやボッカッチオの貢献とあいまって、トスカナ方言をおしもおされぬイタリアの文芸用語としたのだった。ダンテは、さまざまな機会を得て、商人、兵士、政治家、哲学教授と多様な仕事をこなした。当時の政治のもつれにからんで、最後の二十年間は、厚遇はされていたものの幸せとはいえない流浪の生活を余儀なくされていた。

　ダンテの少年時代の最も有名な出来事といえば、ベアトリーチェとの邂逅であろう。ダンテは当時九歳、ベアトリーチェは一歳年下だった。二人の関係こそは宮廷風ロマンスの典型であったかもしれない。互いに顔をあわすこともめったになく、それぞれ別の相手と結婚し、しかしダンテは、終生、彼女に詩を書き続けるのだから。ベアトリーチェは一二九〇年に亡くなるが、この年号は記憶に値する。ダンテの『神曲』の物語の開始が一三〇〇年つまりこのちょうど十年後に設定されているからである。詩の中では、彼女は「神聖なる愛」ないしは「恩寵」として登場し、詩人ウェルギリウスによって体現される「人間の理性」がそれ以上は進めなくなる、その先の案内者として巡礼ダンテに霊感を与え続けるのである。ダンテが一三〇〇年を選んだのには、他にも理由があろう。彼はこの年には三十五歳であり、人生七十年と見なせば「人の旅路のちょうど半ば」でもあった。もとより、世紀の変わり目の百年祭の年であるし、さらには、三、十などという数字はこの詩篇の構成上からも重要な意味をもった。彼の政治上の難儀が始まったのもこの年であった。

　いまダンテの物理的・倫理的宇宙を思い描こうとすれば、球体をなす地球のその北半球に、中心へ向けて不規則な形の円錐ないしは漏斗《じょうご》が突き刺さった状態で穴をうがたれている図を想像すればよい。その逆さになった円錐の底面の真ん中にエルサレムがあり、その底面の直径は地球の半径に等しいというから、およそ三千九百五十マイル。もっとも、ガリレオの計算では二、三百マイルほど短いとされてはいた。この大穴がなぜ出来たかといえば、ルシファーとその天使たちが天国より墜ちて地球にぶつかったとき、その重力と衝撃の強さがこれをうがったのである。衝突によって押しのけられた地殻の中身は、ダンテとウェルギリウスが地獄を脱出するさいに通ったトンネルから後方へ、つまり上方へと押し出され、南半球の海に浮かぶ孤島から、これも逆さの円錐形をした煉獄の山となって立ち上がっている。煉獄の頂上は「地上の楽園」である。地獄への開口部は地殻の丸天井でふさがれているが、この厚さが、ガリレオの計算では最深で四百五と二十二分の十五マイル。ただ、詩人たちも通ったようなもっと浅い亀裂が縦横に走っているのは明らかである。* 「地獄篇」の第一曲、巡礼が獅子や豹、牝の狼を逃れるあの「暗き林」には一つの山があり、これを上ると地界への入り口にいたる。この地獄門上には「汝らこここにはいるもの、いっさいの望みを棄てよ」という有名な銘文が記されている。

＊『ウイークリー・ワールド・ニューズ』一九九〇年八月二十八日号によれば、西部シベリアのある地点では地表から九マイルのところに地獄がせまっている。ソヴィエトの技術者たちが原油のボーリングをしていて、地獄の天井を突き破ってしまったのである。下から悪臭とともに罪に落とされた者の阿鼻叫喚がわきあがってきたので、技術者たちは急いで穴に蓋をした。

ダンテの宇宙図を完成させるにあたっては、ガリレオは周知のとおり地動説だったわけだが、ダンテの場合は地球がプトレマイオス的な宇宙の中心に位置していることを念頭におかなければならない。地球の回りは水晶のように透明な九つの天球層が取り巻いている。すなわち、第一天である月天、第二天の水星天、以下、金星天、太陽天、火星天、木星天、土星天と続き、第八天が恒星天、第九天が最初の原動力にして宇宙の調和を保つ根本となる原動天である（当然ながら、小惑星以遠の惑星中あとの三つはまだ発見されていない）。九つの天球層のかなたには神と天使と聖人の住む巨大なる天堂《エムプレオ》があるが、ダンテの天国は各天球層の中に設定されている。この天国の図式をそのままひっくりかえしたのが九円からなる地獄の構造である。地獄への玄関口はいわば第十の区域となるが、これは天上界にあっての第十の天堂に対応、また、煉獄における九層の諸圏のその上部に位置する地上の楽園に対応することになる。

形式面での緻密な構成と、象徴的な数秘学へのダンテの愛着は、詩行そのものの構造にも及んでいる。すなわち『神曲』の詩形はテルツァ・リマ（三韻句法）であるが、これは三行一組になった各連のその一行目と三行目とが韻を踏み、いっぽう二行目は次のスタンザに連結して、その一行目と三行目と韻をおなじくするのである。『神曲』は三部構成であるが、その「地獄篇」、「煉獄篇」、「天国篇」がそれぞれ三十三曲と、ちょうど三分の一ずつになっている。そして、冒頭に総序の一曲が付いて、都合百曲の構成となっている。これだけの構成を、しかも面白く読めるように巧妙に仕上げた手腕は、なにしろ驚異的というしかない。

詩人二人が第三曲で「地獄門」をくぐると、そこはいわば地獄の玄関口ともいうべきの圏外の獄である。この区域にダンテは「優柔不断の輩」をおいている。彼らはその生に対してはむろん、何に対してであれ専心《コミット》するということをいっさい知らなかった人々である。したがって、地獄行きの運命にもならないが、かといって、本当の死を迎えることもできない運命である。この圏外の獄から道はゆるやかにアケロンの川へといたる。この三途の川は、循環する三筋の川の第一番目で、この三本の川は順繰りにつぎの川へと流れこみ、最後は地球の中心にあるコキュトスなる氷の湖に注ぐのである。神話の伝統にある地獄第四の川レーテについては、ダンテはこれを「煉獄篇」の第二十八曲以降に配している。ドラマティックな筋立てを考えてのことである。ウェルギリウスがヘシオドスばりのイメージを駆使して巡礼に教えるところでは、これらの川はどれもみな、クレータのイーダなる山の中に住む金属で出来た巨人の涙から発するのだという（「地獄篇」第十四曲）。この金、銀、鉄などからなる立像の話は旧約の「ダニエル書」二・三一―三四に見えるが、涙を流すという工夫はダンテの創案にかかる。

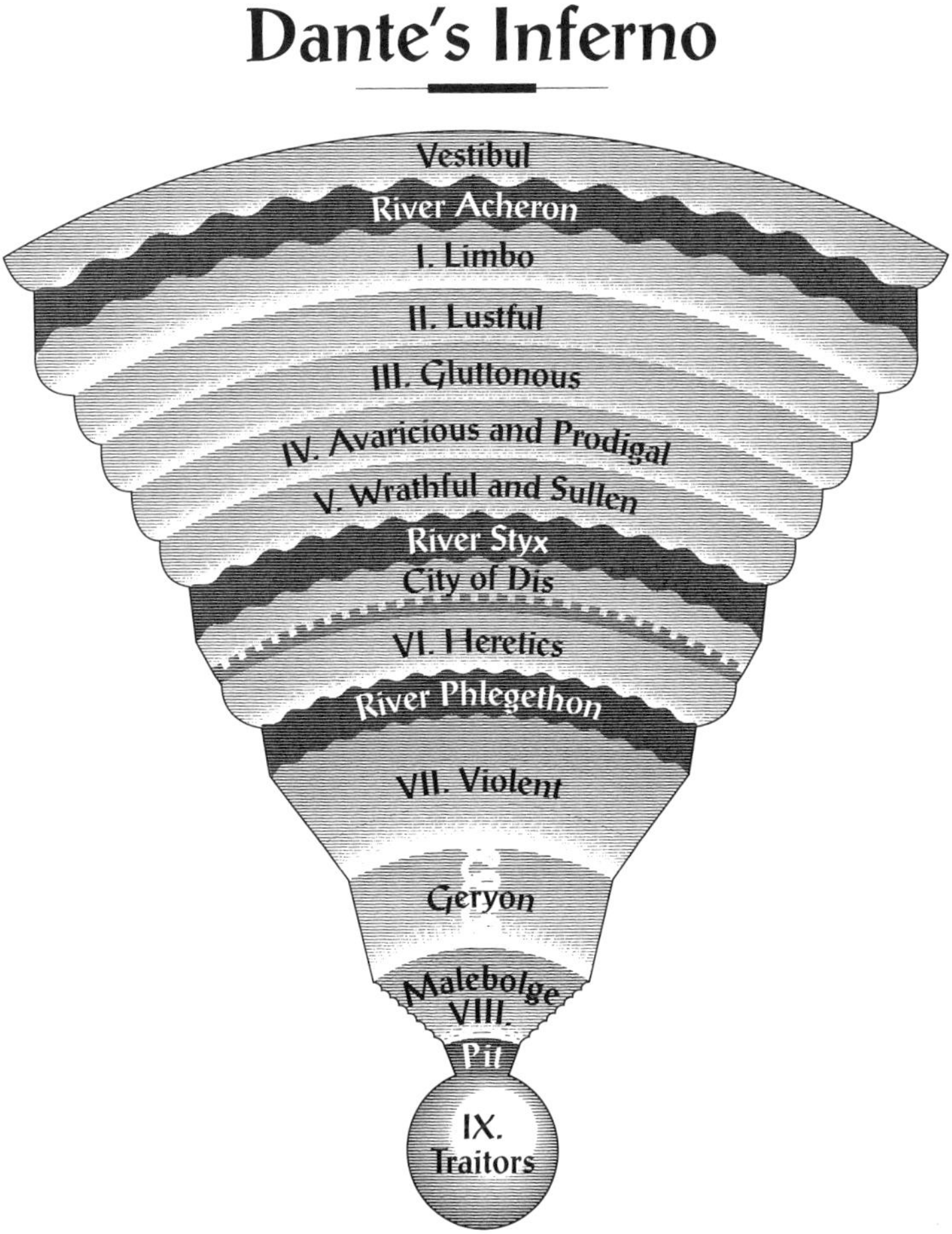
Dante's Inferno
Vestibul
River Acheron
I. Limbo
II. Lustful
III. Gluttonous
IV. Avaricious and Prodigal
V. Wrathful and Sullen
River Styx
City of Dis
VI. Heretics
River Phlegethon
VII. Violent
Geryon
Malebolge
VIII.
Pit
IX.
Traitors

ダンテの地獄の地図

さて、地中にすっぽり埋まっている地獄の漏斗は、下へゆくにしたがってだんだんに小さくなる岩棚のような円圏が階層をなしている。地心にあたる地獄の底には井戸ないし穴があり、ここにコキュトスの湖がある。渡し守カローンが詩人たちを舟にのせてくれるアケロンの川と、次のステュクスの川との間には、最初の五つの地獄圏がある。一番上に位置するのが、専門用語でいうとリンボ界であるが、これは洗礼は受けていないが有徳の人士たち――たいていはキリスト教の恩恵に浴さなかった異教徒たち――の滞在場所である。この第一獄ではなんびとも罰せられることはなく、ちょうど『アエネーイス』にあるアスポデロスの花の咲くエリュシオンに似ている。貴き哲人の城があり、一筋の美しき流れがそれをめぐっているこの楽土は、苦難の涙とはまったく無縁である。ウェルギリウスその人もこのリンボ界の住人であり、ほかにもホメロス（ダンテはホメロスについてはその評判だけは知っていたと考えられている）始め、著名な異教徒たちが名を挙げられている。ヘブライの父祖たちは、むろん、キリストの地獄征服で救済されている。未洗礼の小児がどうなっているかについては、ダンテは言及していない。

リンボ界に続く四つの獄は、それぞれ節制を果たせなかった者たち、つまり生前さまざまな欲望に負けてしまった者たちを罰する場所である。ダンテは、欲望の罪を区分するにあたって、一般的な七つの大罪の区分けにはしたがわず、アリストテレスの道徳体系に依拠している。かくして、ミノスが警護する第二獄では、肉の罪人なる者たちが永遠に情欲の烈風に吹き苛まれている。ケルベロスが番をする第三獄では、暴食漢たちが悪臭を放つ冷たい残飯の山に捕らわれている。第四獄はプルートス（「富を司る神」というもう一つの顔もある）が守っているが、ここでは守銭奴と濫費家とが――その多くが僧侶である――いさかいを続けている。ステュクスは川というよりよどんで不潔な沼であるが、ここはもう第五獄の一部をなしており、ディーテの城郭の掘割にもなっているが、また同時に、上部地獄と下部地獄との境界線でもある。沼の中では忿怒の罪人たちが互いにかみつきあっているし、泥の下では怠惰や陰鬱の罪人たちが喉を鳴らして支離滅裂な音を発している。

詩人二人はディーテの高い櫓の下からプレギュアースの渡し舟に乗ってステュクスの沼を渡り、地獄の都にして転落した反逆天使たちの住処《すみか》であるディーテ（すなわちサタン）の町の岸に着くが、城門の上にはその堕天使たちが群がって二人の入城を拒む。ここに天から遣わされた御使が現れ門を開かせる。フリアイとメドゥーサが警護するこのディーテの町――じっさいは城塞というべきだが――の城壁内部では、下部地獄の光景が余すところなくくり広げられる。門をはいるとすぐに第六獄である。ここでは異説邪教の徒が熱火の墓で焼かれている。ダンテの地獄では、名前ほどではなく、火や熱による罰はこの城壁の内部でのみ下されている。

ミーノータウロスが陣取っている険しい坂道を伝い降りると、そこは第七の獄。沸き返る血の川プレゲトーンが行く手をさえぎっている。ここを警護するケンタウロスの一員ネッソスはダンテを背負って浅瀬を渡る。第七獄は暴力の罪人を罰するのだが、この獄はさらに三つの領域に分割されていて、その第一円《ラウンド》はほかならぬプレゲトーンの川だ。この恐ろしき流れに浸されているのは、戦争屋、暴君、略奪者、暴力団員、精神異常者などからなる人殺したちである。第二円は処女の頭をもつ鳥の怪物ハルピュイアが控える「自殺者の森」（ダンテにおける最も不気味な着想であろう）であり、また森の端では浪費家が黒犬に咬み裂かれる光景もある。最後の第三円は「燃える広野」で、ここで罰せられるのは神を冒瀆する者、神に背いて横領する者、および同性愛者である。この火の広野を抜けるには、水底にも縁にも石を張った溝の堤に沿ってゆくのである。この溝にはプレゲトーンの末流が走り、やがてそれは断崖にいたって巨大な瀑布となり落下している。

ギュスターヴ・ドレによる「自殺者の森」.

さて、怪物ゲリュオンが両詩人を背に乗せて絶壁を舞い降りると、そこは地獄圏の中でも最も手の込んだ第八獄、マーレボルジェで、「詐欺・騙り」の罪、「敵意・恨み」の罪という一連の最終的な罪状があらたに裁かれている。マーレボルジェ（「禍の嚢」の意）はその形が石造りの巨大な円形競技場に似た広場であり、ここに同心円状に十の掘割に似た溝、すなわち嚢《ボルジェ》がある。ボルジェどうしは多くの石の橋で結ばれているが、この橋はちょうど車輪の輻《や》（スポーク）が車軸に集まるように、中央の穴めがけてやや下り気味に連なってゆく。各ボルジェには罪人たちがそれぞれ組になって落とされている。第一嚢では、罪人たちは互いに反対方向へ二つの流れとなって動いているが、角を生やした悪鬼の群れが、こちらへ向かうポン引き（すなわち人のために女を欺ける者）、およびあちらへ向かう女たらし（すなわち己のために女を欺ける者）の両方の流れをいじめまくっている。第二嚢では諂《へつら》いの罪を負う者が糞尿の中

ウィリアム・ブレイクは人骨の化石を，ボルジェを渡る橋をつくる石材とした．

でのたうっている。第三嚢では、少なくとも一人の教皇を含めて堕落した聖職者たちが、どうやら洗礼盤のような形の穴の中に逆さに投げこまれている。見えているのは脚ばかりであるが、その脚は火炎による「洗礼」を施されている。第四嚢にいたれば、ここには偽りの予言者、占い師が背中を前にとぼとぼと歩いている。その首がねじ曲げられて後ろを向いているからで、おかげで彼らの涙は尻にこぼれかかる。『オデュッセイア』の予言者テイレシアスも、哀れにも降格の憂き目をみてここに押しこめられている。

第五嚢で、ダンテはわれわれに「マーレブランケ（「禍の爪」の意）」を引き合わせる。これは一団の滑稽な姿の悪鬼どもの総称だが、彼らはちょうど聖史劇の中の悪鬼たち同様、まるで運動選手のようにほとんど遊び半分で「詐欺師」――収賄官吏、公職にある詐欺師――を煮えたぎる樹脂の中へほうりこんでいる。雰囲気は、一転、グロテスクな笑劇と化し、第二十一曲の締めくくりは紋

両詩人は崩れた石橋をつたい降りて悪鬼どもの手を逃れる．ギュスターヴ・ドレの絵画．

切り型だが放屁のラッパで幕となる。

ダンテが喜劇的な息抜きの場をここに配したのは、これが彼自身のボルジェでもあったからだ。つまり、話を現世に戻せば、ダンテがフィレンツェを追放されたのも、教皇に対する陰謀や敵意といったあいまいな嫌疑はともかく、直接には公金横領、ないし政治上の収賄の罪に問われたからである。したがって、この不気味な道化芝居はみずからにかけられた嫌疑に対する彼の返答でもあろう。となると、彼がじっさいに付き合っていたに違いない偽善者たちがすぐつぎなるボルジェに落ちるのも、決して偶然ではない。

さて、両詩人は第六嚢へ渡るための石橋が、キリストの地獄征服の直後の地震によって崩壊してしまっているのを知る。怒れるマーレブランケたちから逃れるためには、崩れた荒石の間を滑り降りて偽善者たちのいる区域にはいらねばならない。偽善者たちは鉛の裏の付いた上着を着て、その厭わしい重みに嘆き苦しみつつ、縦一列になってとぼとぼと歩いている。この重荷を負う者たちと別れると、二人はつぎの石橋へ出るために、こんどは反対側の崖の岩の崩れた斜面を、苦労してよじ登ることになる。マーレボルジェは中央の井戸のような穴へ向かってやや傾斜しているから、下ってきた崖の斜面よりは、この登りの斜面のほうがやや距離が短い。やっと上に登り着いて石橋から下を見下ろせば、そこは盗賊たちと彼らを苦しめるおびただしい数の蛇が合体、融合をくりかえす恐ろしい変容の地獄、第七嚢なのである。

第八嚢では、人を欺く策謀家が炎に焼かれているが、その中にはオデュッセウスもいる。トロイ戦争の話となれば、ダンテとしても、だんぜん、ウェルギリウスのトロイ（そしてイタリア）びいきの味方であって、オデュッセウスは木馬の奸計を用いた悪人である。次の第九嚢では、不和の種を蒔く者たちが、悪鬼の剣で断ち割られているのが見える。この傷は憂いの嚢を一巡するうちに癒えるので彼らは再び悪鬼の剣を受けることになる。この中にはマホメットもいる。ダンテの目には、彼は宗教の不和分離の種を蒔いた「邪教」の徒であった。この第九のボルジェはその周囲二十二マイル、円錐形はその直径を著しく狭めている。最後の第十のボルジェには、人を欺くさまざまな偽者（変装して偽る者、偽証する者、贋金づくり、錬金術師）が、恐ろしい疫病におそわれて横たわっているが、ここは周囲わずか十一マイルにすぎない。

マーレボルジェの底に位置する井戸には、それぞれ五十フィートはあろうかという巨人が、多数並んで立っている。ギリシア神話にいうタルタロスに落とされたタイタン神族の、これはダンテ版である。奈落の底の守護者である彼らは、上半身だけを井戸の外にのぞかせている。巨人の一人アンタイオスが、両詩人をその巨大な手に摑んで、第九地獄のほぼ中間地点にまでそっと降ろしてくれる。

反逆者ディーテの領分である氷に閉ざされた池コキュトスは、円形の四つの圏《リング》によって囲まれており、それぞれに裏切り者、反逆者が閉じこめられている。まず、カイーナ（カインの名にちなむ）は血族の信に背いた者を集め、次のアンテノーラは祖国に背いた者を閉じこめている（アンテノルはトロイを裏切ったとされており、したがってホメロスにとっては英雄だが、ダンテはトロイ人の、またウェルギリウスの味方である）。第三圏のトロメアに集まる罪人は客人に対する裏切り者たちである。この名を取られたのはジェリコの首長トロメオである。彼はおのれの義理の父である祭司長シモメ、およびその二人の息子たちを招いて酒宴を張り、のちにこれを謀殺した。究極の中心――地獄の中心であり、かつ地球の中心――となる第四の圏はジュディカで（むろん、キリストを売り渡したユダの名による）、恩人を裏切った者たちが罰せられている。中央には偉大なる神に対する最強の敵対者だったディーテ（サタン）がいる。胸半分までかたく氷の中に閉じこめられ、呆然とした面持ちでひたすら六つの目から涙を流しつつ、三つの口で三人の罪人すなわちイスカリオテのユダ、およびシーザー殺害にかかわったブルータスとカシウスをかみ砕いている。さて、両詩人はこのサタンの毛深き太ももあたりのその毛の房に取り付き、この、いわば毛の梯子を伝って、やがて星空の見える明るい世界へと戻るための出口にいたるのである。

ダンテによるディーテすなわちサタンの描き方は、伝統を踏まえながらも独創的である。幻視文学ではサタンの描写は避けて通るか、描いてもその身震いさせる姿をちらっと一瞥させるだけだったし、『ツンダル』に描かれるムカデの姿のサタンのほうは、たとえこれを読んでいたとしても、ダンテは気に入らなかったことだろう。ダンテのサタンは存分に醜怪である。それは三つの顔をもち、正面を向いた赤い顔はその口にユダをくわえている。左の顔は黒（口にはブルータスをくわえる）、そして右の顔は黄色（カシウスをくわえる）で、それぞれの顔の下には一対の翼がついており、この翼の起こす風がコキュトスの氷原を凍らせているのである。

サタンの三つの顔は、幾人かの美術家の着想に感化されたものだ。フィレンツェ市民の例にもれず、ダンテもまた、サン・ジョヴァンニ大聖堂の洗礼室の丸天井に新しく描かれた壮麗なモザイク画は見て知っていたにちがいない。これが完成したのは一三〇〇年、すなわちダンテが追放になる二年前だったからである。美術史の父ヴァザーリは、その著書『イタリア著名美術家列伝』（一五五〇年）の中で、ダンテがやはりフィレンツェ市民の画家ジオットの「親友」だったことを教えている。追放のあと、ダンテは、このジオットが一三〇七年頃に有名なフレスコ画を完成させたパドヴァにあるスクロヴェーニ礼拝堂を、まちがいなく訪れている。この礼拝堂は、エンリコ・スクロヴェーニという人物が父親の略奪行為の罪滅ぼしとして建立したものだ。レジナルドというその父親はあくどいばかりの強欲な金貸しで、臨終にさいしても「おれの金は誰にも渡さぬ」というわけで、金箱の鍵をよこせと絶叫しつつ死んだという。こういうわけで、ジオットは天国にあってエンリコがこの礼拝堂の模型をうやうやしく聖人たちに差しだしている姿を描いている（ジオットその人も同じ場所に居並んでいる）。ダンテは、友人のジオットをからかうつもりだったか、パパのレジナルドをほかの高利貸しと一緒に第七獄におくという構想で一矢報いている。レジナルドは、両詩人がゲリュオンにまたがってさらに下の第八獄へ降りる前に言葉をかわす最後の人物である。

「最後の審判」を描いたこの二つの絵画は、両方とも残忍な野獣的サタンを売り物にしており、サタンの本来なら耳のあるべきあたりからは、罪人を飲みこむ蛇が一匹ずつ這い出しているという図柄である。サタンの描写としては、想像力に富むというよりはむしろ異常な意匠と見えたのかもしれない。ダ

聖者たちに礼拝堂の模型をさしだすエンリコ・スクロヴェーニ．画家のジオット自身も手前の列の左から5番目に並んでいる．下方に死者が蘇ってくる様子にも注目されたい．

ンテはこれを三位一体の教理に対応するような三つ揃いの頭に模様替えしたのである。ビザンティンふうの最後の審判の図では人間そっくりの悪魔が登場するが、そこではサタンの王座から出現して霊魂を食う蛇が描かれている。「地獄の口」の意匠を構図にとりこむ巧妙な方法であるが、フィレンツェの丸天井も、またジオットもこの着想を借りている。罪人たちをそうしてかみ砕いたあとは排泄するのだろうから、座った姿勢がそれを暗示しているのである。サタンの身体が毛深いのは、聖史劇で使われる獣毛や羽根でおおわれた悪魔服の着想が発展したものだ。ボッティチェリが挿絵として描いたダンテのディーテを見るとこれがよく分かる。サタンの翼については、聖書に出てくる熾天使《セラフィム》にまでその原型をたどることのできる、あの複雑に組み合わさった幾枚もの翼というイメージは、挿絵画家たちも早々に放棄しており、たいていが一対の翼ですませている。

　ダンテの文筆によるサタン像が、むろん神学上からは正確であり、またジオットの描いた野獣的な姿や、おそらくは幻視文学にも影響されているのは当然としても、それがユニークなのは、サタンを完全に打ちのめされた存在として形象化したことだ。茫然自失のていで涙をこぼしつつ黙々とものをかみ砕く、まるで半解凍の原形質でこしらえたかのようなこの木偶《でく》の坊は、ダンテとウェルギリウスがおのれの身体の毛を伝って脱出するのにも気づかないありさまだ。ところで、ダンテがサタンを検分する時間というのはごく短い。これは幻視文学の伝統でもあるが、技法上からも賢明な処置といえる。相手が怪物、怪獣の類いになってくると、その姿が感銘を与えるか、それとも滑稽に見えるかは、きわどく紙一重であるからだ。

「地獄篇」が写字生たちの手にわたり世間に流布しだすと、これはたちまちセンセーションをまきおこした。ときは一三一四年頃で、ダンテはまだ『神曲』のあとの部分を書き続けている最中だった。挿絵入りの写本もすぐに登場し、これをもって「地獄篇」の途方もない影響力が、公共の美術にも及ぶことになった。十四世紀はイタリアで大聖堂の建築がさかんに行なわれた時期で、その天井や壁面を飾る「最後の審判」図がたちまちダンテの創意工夫を取り入れ始めたのである。ダンテの構想になる煉獄の山は、煉獄をどう絵画に表現するのかという問題をあっさり解決してくれたが、それよりも何よりも画家たちを魅了したのは彼の語る地獄の諸相であった。

ダンテとともに地獄は新しい段階を迎えた。ダンテは幻視文学の世界をうち壊してしまったが、地獄を虚構と寓意の中において眺めることを可能にしたという意味では、地獄そのものをもうち壊してしまったといっていい。幻視文学が手放さずにいた「真実」らしさという昔ながらの見せかけを、ダンテはあっさり放棄し、かわりに、読者に対して自分やウェルギリウスと一緒に一つの「物語」に参入するようにといざなう、つまり、幾多の先人の著作を審美的・批評的な眼をもって再吟味する一人の作家の芸

両詩人が怪物ゲリュオンにまたがろうとするのを眺めている三人の守銭奴のなかで，真ん中にいるのがレジナルド・スクロヴェーニであろう．普通ならば，孕んだ雌豚をその紋章にしているので見分けるのである．

術作品の中へと、読者を招くのである。フィレンツェにあるナルド・ディ・チオーネの壁画を見る者は、どんなに無学な人であれ、そこに描かれているのが本来の文字どおりの地獄ではなく、ダンテの地獄であることを理解するであろう。これは決してダンテの意図ではなかったが、結果として、彼は、ルネッサンス期および啓蒙時代の知識人が地獄というものの現実性を弱め、拒否する手助けをしたのである。

これ以降、『神曲』に語り述べられた巡礼の旅は、精神世界のメタファーとしても永続性を発揮することになる。フロイト以後の、この神話地図作りに熱心なわれわれの時代にあっては、死者の国ないし地獄、あるいはその代用物たる世界への文学上の旅というものが、「魂の暗い夜」を経験し、然るのちに星空のもと精神の再生をはかるという個人的体験のアレゴリーであることを見て取るのは難しいことではない。「現代の宗教」とも呼ばれる精神分析療法においては、患者は自分の「案内人」とともにみずからの不幸の深い原因を、また正道を歩むことのできない原因を探索せねばならない。つぎには、みずからの行為を検証しその当否を問うという、いわば苦しい煉獄をも甘受せねばならず、それを経験してようやく精神衛生上の相対的な楽土を見いだすことになるのである。麻薬中毒あるいはアルコール中毒の患者に対処する十二段階からなる更生計画では、中毒や破滅的行為への滑落は、いわば地獄へ落ちる渦巻き状の降下と解釈されよう。人は、いわば「底をついた」地点から、こんどはサタンの毛深い脚をつたって必死で光の世界へと立ち戻ってくるわけである。この場合の煉獄は、すると、酒や薬を断つというういささか心もとない楽園へたどり着くための行動制限にあたるだろう。ユングに依拠するジョーゼフ・キャンベルが、宗教的神話および冒険的探求物語の基本にきっと存在すると考えた「英雄遍歴」においては、主人公の英雄はまず「野獣の腹の中」へあえて踏みこまねばならず、然るのちに、理想の極致をめざす「試練の道」にわが身を投げ出すのである。

しかし、広範な影響力をみせる、このいかにも心地よい現代的な比喩思考も、もしダンテが『神曲』を書かなかったならば、この世に登場しなかったかもしれないのである。ダンテは新しい用語圏の語彙を、そしてそれと同時に、人間の精神生活を直截に検分するためのみごとなまでに有益な視点を、われわれに提供してくれたのだった。

中世の最盛期——*18*

「現実」としての地獄のヴィジョンはダンテとともにふっつりと姿を消した。すると地獄という題材を表現するのは、こんどは「フィクション」であるが——現実に即したフィクションといったものが求められ、また書かれるのはまだ何世紀も先の話だ——このフィクションにイメージとしてあてがわれたのは、キリスト教会によって輪郭を示され、また教会から「承認」を受けたような永遠の恐怖の地獄という観念だけだった。フィクションはイメージを探してどこかよそへ向かわねばならなかった。古典文学のハーデースをこの用途に役立てる道を示したのがダンテだった。それゆえ、多くの詩人たちが、ちょうどこの頃にヨーロッパ各国語に翻訳されつつあったウェルギリウスの『アエネーイス』から、さまざまなやり方で素材を引き出すことに熱中するようになった。

十四世紀から十七世紀にかけて、イタリアの叙事詩、騎士物語詩においては、筋立ての途中に地獄めぐりの冒険をあしらうのが常道となった。そうした詩のほとんどは、ダンテのものとはちがって、もっぱら世俗的な内容であり、主人公の探検する地獄のイメージもキリスト教の伝統よりはウェルギリウスやオウィディウスに負うところが大きい。文字どおり何十という作品があるのだが、好評を博した二作品を挙げれば、まず、ロドヴィコ・アリオストのロマン詩『怒れるオルランド』（一五三二年）。これはシャルルマーニュの旗下にあってサラセン人と戦った勇士ロランの話をまったくの空想物語に作り直し、ここに地獄におけるリュディアの物語を配したもの。これと並んで、トルクアート・タッソーの大叙事詩『エルサレム解放』（一五七五年）。これは、第一回の十字軍を主題とするが、天国を舞台にしてここではプルートーと呼ばれる悪魔サタンを相手にした戦闘も同時に扱われている。

地界冒険物語はなにもイタリアの専売特許ではない。フランスでも、古くからの言い伝えによれば、シャルルマーニュの祖父であるシャルル・マルテルが地獄へ派遣されたことになっており、のちにこれが種々潤色されて騎士物語になっている。『シャルル・マルテルおよびその後継者の物語』はその記述がゆうに十二世紀にまでさかのぼるが、それによれば、シャルルはごくつぶしだった庶子の一人に魔術師の案内人をつけて地獄へ派遣、ルシファーに対し、シャルルへの臣従と貢ぎ物を命じさせている。なんと、ルシファーも素直にこの命に従う！　そこでこんどはシャルル自身が地獄を訪問、ルシファーの臣下の礼を受けるのである。時代を下って、同じくフランスの『ユオン・ド・オヴェルニュ』はダンテを模倣した最初のものとして知られているが、そのダンテの素材にケルトの騎士物語のテーマをブレンドしている。こんどは、シャルルはユオンを地獄へ送り込むが、それは留守の間にユオンの妻を誘惑せんがためである。ユオンはアイネアースならびにオレンジ公ウィリアムとつれだってあれこれ地獄の名所をめぐり、またいろいろな刑罰のもようを眺めてまわるが、この旅の途中でシャルル・マルテルの真の動機をも探りあてる。ルシファーは望みどおりシャルル・マルテルの家来となることを約束、貢ぎ物を贈る。その目録は黄金の鳥一千羽、王冠、指輪、そして豪華絢爛たる担い駕籠《かご》といったものである。この担い駕籠はじつは魔法の乗り物で、むろん、シャルルを一直線に地獄へと運ぶ役目である。

いまや、妖精の国のイメージがはっきりと地獄の伝統的な役割にとってかわりはじめる。十三世紀末のイギリスに『サー・オーフィオ』という詩が書かれた。これは十二世紀後半のフランスの女流詩人マリ・ド・フランスの『オルフェウスの短詩《レー》』の模倣だが、そこでは何の説明もなく地獄があっさりと「妖精の国」に変えられている。この奇妙ないわば雑種の世界において、竪琴の王者である騎士サー・オーフィオ（プルート王と「ユーノー王」の息子）は、妖精たちにつれ去られた妻のヒューロディス（エウリュディケー）を探さねばならない。

ここに登場しているのは、いわば中世の宮廷につどう妖精たちといってよかろう。つまり、猟犬を連れて狩猟を楽しんだり、鷹狩りをしたり、「風変わりな衣装で舞踏に興ずる」宮廷人たちである。ただし、この詩人は彼が（あるいは、マリにも敬意を示して、彼女が）ウェルギリウスやオウィディウスに題材を求めたことを忘れたわけではない。というのも、サー・オーフィオが流浪の吟遊詩人を装って城の中庭にはいるとき、彼がそこで目にするのは、「眠れる者たち」の大集団というおそろしい光景であるからだ。

首から上のない者たちが歩いている、
両腕のない者もいる、
全身におよぶ傷を負った者があり、
縛られて、半狂乱で伏す者がある、
ある者は武装して馬にまたがり
ある者は、ものを食べようとしても喉をしめられている、

水の中に浸けられて苦しむ者、
火にあぶられて縮みしぼんでしまった者、
女房たちは分娩のさなか、
死者も狂人もいる、
そして、驚くべきは、わきに多くの者が横たわり、
真っ昼間の眠りをむさぼっている。

彼らの間にまじって、木立のもとに横たわったヒューロディスも見つかる。サー・オーフィオは妖精の王に竪琴を弾いて聞かせて、妻を取り返すと、ついに彼女を無事に（！）自分の居城へ連れ戻し、物語はハッピー・エンドを迎える。

キリスト教の説くおどろおどろしい地獄は、あきらかに、サー・オーフィオには無理だっただろう。そこで代わりに必要になったのが妖精の国なのであった。* 地獄と妖精の国との融合の気配は、貴族階級の注文する聖務日課書やイムラムに載せられたけばけばしい飾り絵のなかにもうかがえる。『アースルドゥーンのトマス』という騎士物語では、主人公の騎士は謎の貴夫人と一緒に三日間にわたって闇の中を旅したあとで、四つの道を示されるが、それは、天国、煉獄、地獄の三つと、もう一つは妖精の国行きの道であった。『アエネーイス』の最初のフランス語訳（タイトルは『エネアス物語』）は十二世紀末であったが、ここではシビュレーは魔女のようであり、アイネアースは封建時代の騎士、ケルベロスは鉤爪の足、長い両腕、そして犬のような三つの頭をもつ悪鬼として描かれている。

＊　十五世紀のイギリスの詩人ロバート・ヘンリソンの詩『オルフェウス物語』では「恐ろしい地獄の館」が使われ

ている。オルフェウスはこの館の場所を、その「まさに忌まわしき臭い」によってつきとめるのである。地獄から逃げ切れるかどうかといえば、それはやはり無理なようである。

『妖精の女王』は、中世の最盛期における寓意的な「悲劇的・喜劇的・歴史的・牧歌的」騎士物語の一大叙事詩として最高峰に位置している。エドモンド・スペンサー（一五五二？—一五九九）もダンテと同じく、すでに隆盛をみていた文学形式を視野におさめ、一方でそれを集大成しつつも同時にそのジャンルをうち壊しもした芸術家であった。ただし、ダンテがイタリアの方言を用いる点で前衛的だったのに比べて、スペンサーは詩語は意図して古風である。イタリアのスタイルでイギリスの叙事詩を書くこと、アーサー王物語につけ加えるべき英国のさらなる神話を作ること、それが彼の意図であった。当初予定していた「十二の美徳をかたちづくる十二巻本」は、また、当時の上流階級の読者に対しては娯楽的な恋愛物語をも提供するはずであった。読者の中にはエリザベス女王の宮廷にあって、彼の友人でもあったフィリップ・シドニー卿やウォルター・ローリー卿といった騎士詩人たちも含まれていた。さて、地獄の歴史という観点からいえば、このいささか雑然とした長詩の中で最も革新的な思想は、善と悪の戦いに新しい定義をほどこしたことだ。スペンサーはプロテスタント、つまり忠実な（当時の流行でもあったが）反カトリックだった。

スペンサーの寓意物語の舞台はイングランドの言い換えである妖精の国で、これを支配しているのはクリーオポリスつまりロンドンの出身であるグローリアナ（エリザベス女王の言い換え）である。スペンサー描くところの騎士はもはや中世そのままの騎士ではなく、ルネサンス期の国々の仲間入りをしようという時代に歩調を合わせている。赤十字騎士はイエス・キリストの「表象《タイプ》」であり、したがって、彼が退治する怪物たちはどれもみなサタンのさまざまな「表象」であることが意識されている。スペン

ウェルギリウスのための石版画．作者がキリスト教のイメージ群を巧みに融合させている様子に注目したい．すなわち，画面の右下全体を占める「地獄の口」には復讐の三女神エウメニデスが取り込まれているし，ヒュドラは赤龍と化し，またシュビレー（左方上端）は魔女の帽子をかぶっている．

サーは、こと地獄となれば、まるで狂ったようにあらゆる表象を惜し気もなくつぎこんでいるが、当時の英国のこととて、そこには教皇やローマ・カトリックの輩もちゃんと含まれている。たとえば第一巻では、「誤信の洞窟」の中に半身が女性、半身は龍という不思議な怪物が出てくるが、いまや瀕死のこの怪物が「彼女の汚ならしい胃袋から吐きだす」のは、古い書物やら書類やら（これすなわち、カトリックの教義）がいっぱいにつまった大量の毒液である。ついで、この母親の毒の血液をぴちゃぴちゃとなめて育つ彼女の子供らは、やがて腹はちきれて死ぬ。どうも、あまり精妙なるアレゴリーとは申せない仕上がりである。

次に登場するのはアーキマーゴー。この男は最初は敬虔なる隠者と見えたが、じつは邪悪な妖術使いであることが分かる。供揃えの悪鬼を従えた反キリストの一表象である。

この男はプルートの不気味な奥方を呼び出し、
天を呪い、生命と光の主である最高の神を
恥ずべき言葉でののしった。
大胆不敵な悪人で、暗黒とやみ夜の王である
ゴルゴンの、その名も恐れず口にする。
冥府のコキュトス川も震え、ステュクス川も逃げ出すという名を。

「至福の国」は妖女アクレイジア（キルケーと解釈されよう）によって支配されている。スペンサーは詩人であって――つまり、道学者ではないから――この邪悪な好色の温床というのがお気に入りでいつ

も持ち出してくるのである。「高慢の館」では、女王ルーシフェラが黄金の車に乗るが、その車は女王（高慢）に続くあと六つの大罪である顧問官たちが乗った六頭の獣によって引かれている。魔女デュエッサは「夜」に付き添われ、「大きく口を開いたアウェルヌスの深い穴」を通ってハーデースへと降りてゆくが、そこは「硫黄と煙」、恐ろしい復讐の女神たち、「アケロンの悲嘆の波」、「プレゲトーンの炎の川」、そしてケルベロスが門口を守る「無限の苦しみの館」がそろった、完璧な地獄である。イクシオンは炎の輪につながれて回転しており、シーシュポスは岩を山頂へ押し上げている。タンタロスは彼の木に吊るされ、ティティウスはハゲタカに臓腑を食わせている。ダナイスたちは穴の空いた器で水を汲ませられ、名医だった神のエスキュラピウス（彼を地獄へ送ったのは古代の詩人ではなくボッカッチオだ）が、死者をよみがえらせた罪で鎖につながれて横たわっている。

「絶望の洞窟」は自殺をそそのかす場所。騎士がそれを乗り越えると、つぎはサタンを象徴する一頭の火を吐く龍との戦い。そして印象深いマモン（富者）との遭遇だが、彼の「富の館」は地獄の門のそばにあり、さまざまの罪の化身が見張りをしている。館の庭は「プロセルピナの園」と呼ばれ、コキュトスの黒い川が流れるそばに、銀の椅子がおかれ、すぐ近くの大きな木には黄金のリンゴがたわわに実っている。この椅子にすわり、このリンゴを食べればどうなるかは我々にも見当がつくが、騎士ガイアンもそこは先刻承知らしく、マモンのもてなしは端から断る。コキュトスの川岸から川面を見れば、「地獄に落ちた大勢の人々が／忌まわしい死臭を放つ波間で」泣き叫んでいる。タンタロスも（再度）登場する。またイエスの処刑を許したポンテオ・ピラトはその汚れた手をむなしくいつまでも洗い続けている。

中世の衰退期

高尚な内容の寓意劇や騎士物語が中世後期の特徴だとすれば、品の悪いタイプの民衆的ユーモアもまた同じ時期の特徴だった。むろん、書き記されたものとしては残っているものはほとんどないが、聖史劇の地獄場面、ピーテル・ブリューゲル（父）やフランドルにおける彼の幾人かの追随者が描いた地獄絵にそれははっきりと出ているし、ラブレーの著作にはそれがことに強くうかがえるであろう。

歴史家の推計するところでは、中世後期には、一年のさまざまな祝祭の行事を仮にひとまとめにしたとすると、三カ月間分にもなったという。そうした祝祭の中には「愚人祭」と呼ばれるものもいくつか含まれていた。聖ステパノの殉教の日（十二月二十六日）から新年の元旦まで、ついで四旬節まえの時期、ハロウィーンの祝日、それに加えて、町々でお目当ては変わるが、諸聖人の祝日、そうした祝祭の日々に教会の中でスコラ学者や下級の聖職者が馬鹿騒ぎを演ずるのが愚人祭であった。どんちゃん騒ぎのパレード付きのこのお祭りの意味は、威厳をかなぐり捨てること、酩酊のうちに神聖なるものを乱暴に侮辱すること、階級秩序——中世にあってはそれは現代よりはるかに厳しく階層化されていた——を露骨、醜悪なまでにひっくりかえしてみせること、およそこれに尽きる。何であれ、ふだんは恐れ、敬っているような対象を思い切りあざけることが、許されてもいたし、強制すらされた。われわれとしてはそのことを意識下で認めているだけだとしても、そういう性質のお祭りとなれば、地獄とその住民の存在はいぜん不可欠の配役である。

十七世紀の初頭には、お祭りの地獄パレードはこの上なく不敬で騒がしいものになり、暴力ざたに発展することもしばしばだった。こうして宗教的な芝居の類いはヨーロッパじゅうで禁止されるにいたったのだが、ただ、カトリック諸国で、一五四〇年設立のイエズス会の会士やその他の修道会士が上演するものは例外とされた。とはいえ、こうした祝祭の興奮が社会的なストレスを軽減するのに果たしていた役割には本質的な意味があったのであり、そう簡単に禁止してすむ問題ではなかった。消えてなくなるどころか、乱痴気騒ぎ《メリー・ヘル》は教会を離れて世俗的なものに変化していった。まず登場したのが「死の舞踏」である。寓意《アレゴリー》と酒宴《レヴェルリー》の要求を一気に満たそうという、中世末期の病的嗜好の表れとして興味深い。骸骨の姿をした死に神がやはり扮装した従者ともども墓場へ向かって練り歩き、見物人をつぎつぎとこの異様な行列に誘いこむのである。そして、つぎに登場するのが道化役者《ハーレキン》である。

ハーレキンはそもそもはゲルマン的な異教の悪魔の名前だった。フランスにはいると、悪霊の軍団の首領となり、夜な夜な「幽霊狩猟《ワイルド・ハント》」に出歩くと考えられるようになった。イギリスでは「猟師ハーン」の名で知られているし、ドイツではエルルケーニヒ（「妖精の王」の意）のことである。遅くとも十三世紀には、フランス最古の世俗劇であるアダン・ド・ラ・アールの『緑蔭の劇』にエルレケン・クロケソとして姿を見せている。イタリアでは、即興劇を見せる大道芸人の中で、道化役を務めるアルレッキーノである。この大道芸人たちはそれぞれ滑稽な名前をもち、また乱暴なしぐさを得意として、「宗教的」な悪魔が禁止されたあと、その役目を引き継いだのである。これと並び称される道化役がパンチネロ（ポリチネッラ、ペトルーシュカ、パンチ）である。ハーレキンは、十八世紀の人形芝居の小屋での経歴をへたあと、即興芝居《コメディアデラルテ》へと合流、やや軟弱な所作と独特の衣装をわがものとする。そして変転を重ねた最後の姿が、今日の商店街や公園でうるさくつきまとって滑稽劇をみせるあの大道芸人である。

喜劇的な地獄を呼び物にしたようなパロディー作品も著された。『聖ペテロと軽業師《ジョングール》』は十三世紀のフランスの話である。ジョングールは大道芸人の仲間であるが、おそらくは喜劇的な悪魔の役などを演じていたのであろう。死後、この軽業師は地獄へ行くが、魔王《ルシファー》とその手下の悪鬼どもが霊魂集めにでかけているすきに、聖ペテロに博奕を一勝負もちかける。聖ペテロが勝負に勝ち、地獄じゅうの霊魂を手に入れる。帰還したルシファーはこれを知って激怒、この男を地獄から放逐するとともに、二度と軽業師は地獄へは入れさせないと宣告する。ほぼ同時期の『地獄に敬礼』では、悪鬼テルヴェガンの館で供されるすべての料理――たくさんの邪教的な焼き肉――の詳しい説明がある。

ハーレキンやパンチ同様、ガルガンチュワとパンタグリュエルも前身は舞台の悪鬼たちである。彼らの冒険を物語る『ガルガンチュワとパンタグリュエル』は、全編これ愚行の精神で書かれ、卑猥、糞尿、酩酊を、また七つの大罪を比較してより愉快なものを、それぞれ礼讃する精神で書かれている。コメディーはたいていがそうだが、彼らのユーモアもすぐれて時局的であり、現代にはなかなか伝わりにくい。『妖精の女王』と同じく、この作品も表現過多のきらいがあるが、前者が宮廷風の巧妙な技法であふれているのに対して、後者は意図的な卑俗さを押し通している。最初はフランチェスコ派の修道士として出発、ついでベネディクト会士となり、のちには医学博士となったフランソワ・ラブレー（一四九五？―一五三三）が、こんな作品をなんとか世に出せたというのも、その時代が変わりつつあったことの一つの指標であろう。彼はやんごとなきあたりに、多くの知己をもっていたといわれ、おそらくは、そのおかげで譴責以上の処分は受けないで済んだのである。

喜劇の多様な可能性ということを考えれば、ラブレーの手になる地獄は人を失望させるものだ。それは退屈でさえある。ローマ時代にあっての彼のモデルはウェルギリウスでもオウィディウスでもなくルキアノスだった。このために彼の地獄は一つの同じ洒落だけに頼る学者ぶった風刺になってしまったのである。ルキアノスは『メニッポス』で、死後の世界における哲学者たちを称揚しているが、いっぽう、クセルクセス大王、アレクサンダー大王などは貶められている。ラブレーはこのイメージを拡張して世俗的な人物の長大な一覧表をこしらえている。手始めはアレクサンダー（靴修理屋）およびクセルクセス（芥子《からし》売り）、続いてギリシア、ローマの歴史と神話を通観、アーサー王伝説、その他の騎士道物語、歴代の教皇、等々を順に追っている。ラブレーが彼らのために唯一案出した新しい拷問は梅毒だった。ついでながら、彼の地獄ではおびただしい放尿が見られる。

中世も末期になると、人々は民間に流布した格言、民間伝承の類いの収集を始める。諺や子供の遊びを描いたブリューゲルの絵画はこうした関心の反映であるし、七つの大罪や地獄を描いた彼のイラストも同じである。地獄に関する膨大な資料がそこらじゅうに散らばっている状況であるから、ではこれを分類整理しようという人間が現れたとて不思議はない。というわけで登場するいわば最初の地獄学者は、レジナール・ル・キューで、その著書『地獄の深淵』は一四八〇年に著された。

この書物の中で彼が試みているのは、まさに私の今の仕事と同じで、地獄に関するキリスト教および異教の典拠をつきあわせ、双方から豊富な引用をして、地獄の収容者の姿、ならびにさまざまな光景を描き出し、そうした材料からいくつかの結論を引き出そうとしたものである。まず彼は古代の典拠としての「寓話的、風刺的、哀歌的、系譜的、神学的、歴史的、哲学的、神話的」なもの六十二点の名を挙げ、これに続けて五十人のキリスト教の著述家、および十篇の聖書ないしは聖書外典の文献名を挙げている。彼の取り上げた道徳物語の中には『ツンダル』やカール肥満王が含まれている。この書の目次は膨大である。

フランドルの画家たち、および一人のイタリア人

十五世紀から十六世紀にかけて全盛を誇ったフランドル派の美術の、まず最初の巨匠といえばヤン・ヴァン・エイク（一三九〇？—一四四一？）である。彼の「最後の審判」は、伝統的な地獄のイメージがしだいに死のイメージ、すなわち新時代の非因習的なイメージに取って代わられる時期というものを、もののみごとに例証している。ロヒール・ヴァン・デル・ヴァイデン、ディルク・バウツ、ハンス・メムリンクといった画家たちも、それぞれ祭壇の飾り絵のために印象的な、美しいとさえいいたい地獄図を描いたが、なんといっても、因習をはるかに超越していたのはボスだった。

ヒエロニムス・ボス（一四六〇？—一五一六）は一握りほどしかいない真に独創的な地獄画家の一人である。祭壇の飾り絵としての最後の審判図は、十五世紀後半の習慣としては三枚の木製のパネルに描かれるのが普通で、右端のパネルに地獄を描いて、左側の天国ないしはエデンの園とバランスをとったものである。しかし、ボスの三連祭壇画《トリプチカ》では、いつのまにか地獄が構図全体を占拠する傾向がある。

ボスはス＝ヘルトーヘンボスなるフランドルの田舎町の生まれで、ボスの名はここからとったのである（苗字はファン・アーケンだった）。いまのオランダのベルギー国境とライン川に近いあたりで、中世という観念を時代遅れと感じさせるような、あの勃興する中産階級の町だった。しかし、宗教的にはこの時点ではまだ町も中世的な教会の支配下にあって、ボスの一族もたいていは「聖母マリア兄弟会」のメンバーであった。聖母マリア崇拝を前面にかかげる多くの宗教会派の一つだった。彼の祖父、父、そして四人の伯父の少なくとも三人までが画業を生業としており、兄のグーセンも絵かきだった。ただ、彼らの絵画は、おそらく彼の祖父の作と思われるフレスコ壁画を除いて、みな失われてしまっている。

一四七九年から一四八一年の間に持参金つきの娘と結婚したが、あとは、何点かの絵画の注文依頼の日付といったもののほかは、ボスについての伝記的記録は何も残っていない。

美術史家の興味をかきたてると同時に彼らをさんざん当惑させてもきた彼の絵画だが、辛抱強く地獄の歴史を追いかけてきた者の目には、それは十分に納得のゆくものだ。ボスが読書家であったかどうかは分からないが、彼もまた時代の子であったはずだ。そして、この時代は、地獄というものが、幻視文学、寓意的空想物語、パロディーふう騎士物語、神話と民間伝承、反聖職主義、怪異趣味、糞便趣味、悪ふざけ、そういったものの伝統を色濃く取り込んでいた時代だった。ボスがくりかえし変形を工夫しながら描こうとしたのが、この混合体としての地獄なのであった。彼がほかのどんな題材にもまして地獄に関心を寄せていたのは明白だ。彼の描くエデンの園にさえ、空からは反逆天使たちが墜ちてくるし、一方では小規模の殺戮――ネズミ、蛙、鹿など――が行なわれている。中央パネルの中には、悪鬼を一番上に乗せた干し草の荷馬車がのろのろと地獄へ進んでゆく図があるし、ウィーンにある彼の「最後の審判」の中央パネルは内容が煉獄のようである。また彼の「快楽の園」はヴィーナスの住むというヴェーヌスベルクか、あるいは神秘的な逸楽の国コケインに似ており、伝統的な地上の楽園のイメージにはほど遠い。

だが、われわれにはなじみの目印が続々と出てくる。犠牲者たちがスケートで滑っているスリーズ川の川岸では悪鬼たちが彼らを獲物として捕らえ、金串に差して火にあぶったり、大鍋で揚げたりしている。「乾草車」の地獄では『ツンダル』の牛が橋を渡っているし、「快楽の園」の地獄では『ツンダル』の怪鳥が罪人をむさぼり食っては排泄している。鍋釜の類い、および種々の台所用品が見えるのはコックやパン屋を連想させるが、さらにいくつも配置されている楽器と合わさると、地獄の喧噪ぶりが暗示されているようだ。われわれは七つの大罪とそれぞれの処罰の場面を見つけだすことができる。建造物もすっかりなじみのものだ。円形のオーブン、かまど、また地獄の口を想起させるさまざまなドアをもつ入り口——。悪鬼の形相、拷問のかたちは、われわれがこれまでに見てきたどれよりも変化に富んでおり、想像的だが、しかし、根本的に異質のものとなったわけではない。ダンテと同様に、ボスも古い素材を利用してそれを自分独自のものに作り上げたのである。(彼がダンテを読んでいたという形跡はない。彼の典拠はすべて北方的である。)

ダンテの場合と同様、ボスの革新は成功をおさめた。印刷機は発明されていたが、写真はまだだったから、彼の作品を知ることができたのはたまたまそれに出くわした人々に限られていたわけだが、彼の繁栄にとって幸運だったのは、その偶然の人々の中に幾人かの有力なパトロンが含まれていたことだった。スペインの女王イサベル一世は、一五〇四年に亡くなったときはボスの絵を三枚所有していた。当時はネーデルランドはスペインの統治下にあったのである。ヴェニスの枢機卿グリマニもボスの絵を所有していたが、それはおそらく現在ドージェ宮殿にある「楽園」および「地獄」であろう。しかし、ボスの最も貪欲な収集家となると、スペインのフェリペ二世(一五二七—一五九八)で、彼は他人の所有しているものの獲得にまで乗り出していた。彼は面白みのない男で、狂信的なカトリックであり、イギリスのあの「血のメアリー」の夫としても評判が悪かったが、おぞましくも過激な異端審問の統括者であったことでも不評を買っていた。とはいえ、彼がボスに情熱を傾けてくれたおかげで、いまリスボン、エスコリアル、プラドがあれだけの豊富なコレクションを誇っているのである。

これだけ注目されれば、地元フランドルでも気づかぬわけはない。お偉い方々は悪魔好みでいらっしゃるのかな? それじゃそういう絵を買ってもらおう。ブリュッセル、アントワープを中心とした画家

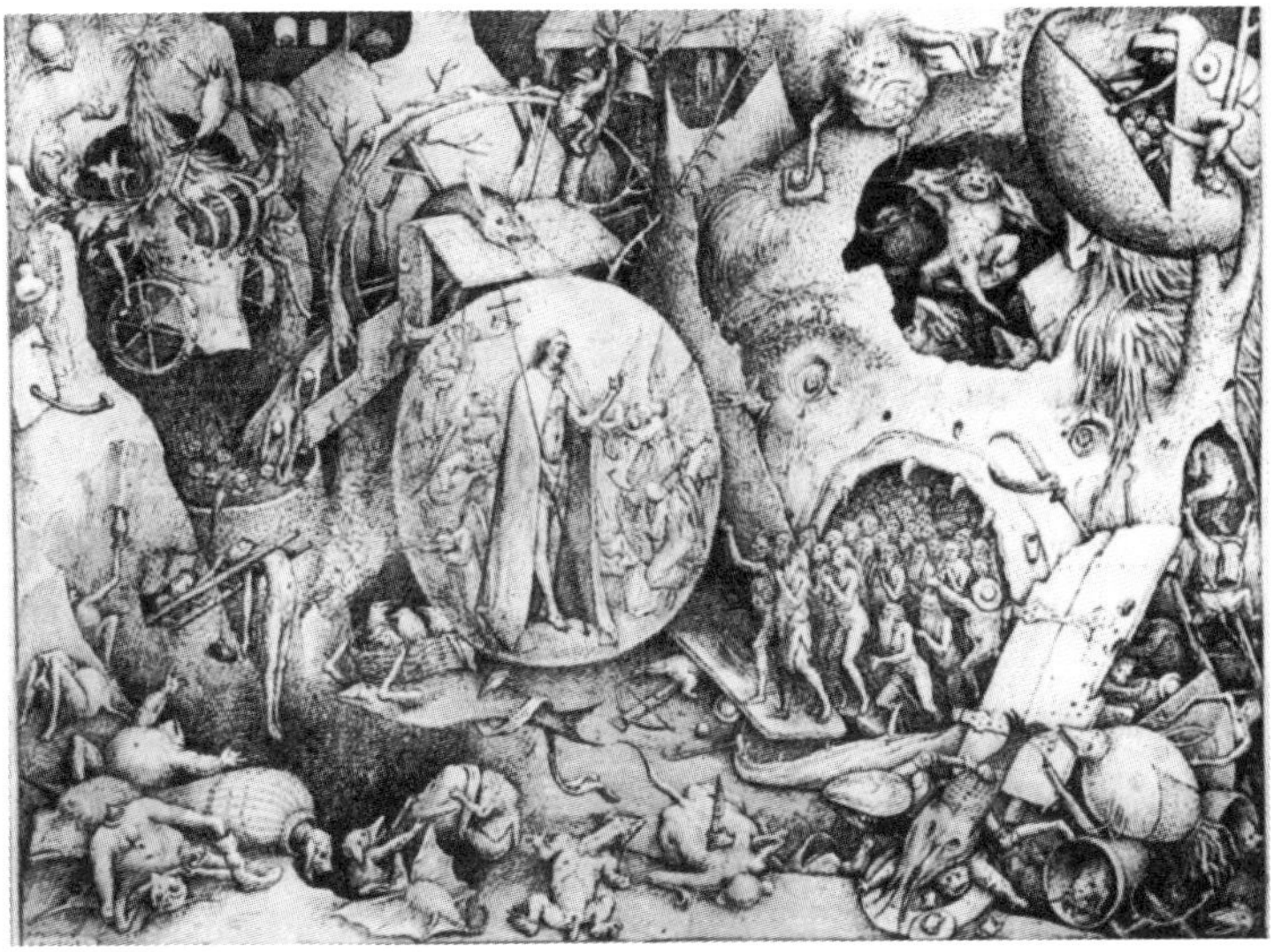

ピーテル・ブリューゲル（父）の「地獄の征服」.

たちの意見は一致した。こうして仕事にとりかかったのが、ヤン・マンデイン、ピーテル・ハイス、ピーテル・ブリューゲル（一五二五？—一五六九）、および彼の息子のピーテルとヤンである。（息子のピーテルは、彼の生み出したおびただしい地獄風景のために「地獄のブリューゲル」とあだ名されている。）

この中で最も重要なのはむろん父親のピーテル・ブリューゲルである。彼は七つの大罪にユーモアをつけ加え、「反逆天使の墜落」（一五六二年）には騒然たる活力を与えた。彼の一番の不気味な絵画というと、それは地獄を描いたものというよりも、「死の勝利」の中の最後の審判を描いた絵であろう。ここではゴグとマゴグの軍勢を表す骸骨が何列にもなって行進し、いっぽう死神は青ざめた馬にまたがり髑髏を満載した荷車を引いている。しかし、さらに独創的なのは「悪女フリート」（一五三四年？）だ。ブリューゲルの最上の作品の中には、民間の言い習わしや諺を絵画に表現したものがよくあるが、この作品も地獄の口を略奪して気づかれもせず帰ってくるという一人の猛々しい女房を材料に、女嫌いのユーモラスな警句を絵にしたものである。悪女フリート（「猛々しいグレーテル」の意）は鎧をまとい、買い物かごや戦利品入れの袋をもち、巨大な料理用のスプーンを打ち振って、まわりの悪鬼の跳梁にもいささかも動ずる気配がない。

これに比べるとブリューゲルの息子二人は、もう一つ独創性に欠け、またご都合主義的なところもある。たとえば、ヤン・ブリューゲルの「オルフェウス」はルネサンスの裸体像、ボスばりの怪異趣味、父ゆずりのユーモアといったふうに、絵画のあらゆる流派の要素を寄せ集めたところがある。いわば、どんな目的にもかないそうな用途の広い地獄絵図であった。

生涯、地獄を描き続けたボスとも、また市場に関心が向いていたブリューゲル一族ともちがって、ミケランジェロ・ブオナッローティ（一四七五―一五六四）の描いた地獄は一つしかない。たった一点だが、ヴァチカンのシスティナ礼拝堂の壁画「最後の審判」は世界に最も有名な絵画の一つである。その地獄は、この絵の中心的な構成要素ではないが忘れ難い印象を残す。

ミケランジェロは輝くイタリアルネサンス期にあっても、最もまばゆい宝石である。彼は生涯をつうじて自分を画家というよりは彫刻家と考えていたが、しかし、その両方の分野で秀でていただけでなく、ローマのサン・ピエトロ寺院のドームの設計などもてがけたのである。その長い生涯の栄光の数々はここでは触れる余裕がないが、知っておいて有益かもしれないのは、ミケランジェロがまちがいなくクリスチャンであり、霊的な世界への関心が齢を重ねるにつれてますます強まったと考えられるいっぽうで、彼が、若いころにロレンツォ・デ・メディチの庭園で学んだプラトンの観念論にも傾倒していたということである。古典ギリシアの精神は、システィナ礼拝堂の「最後の審判」を含め、彼のすべての作品に

ピーテル・ブリューゲル（父）の「最後の審判」.

うかがえるのである。

ミケランジェロがシスティナ礼拝堂の天井画を仕上げるには一五〇八年から一五一二年までを要している。足場の上に横たわり、長い時間顔を上に向けたまま快適とはいいかねる作業を続けるという、じつに消耗する長距離レースであった。だから、一五三四年、教皇クレメンス七世に呼び戻されたときも、あまり嬉しくはなかった。システィナ礼拝堂の祭壇上方の壁面は、当時は、ペルジーノのフレスコ画が描かれていたのだが、クレメンス七世の希望は「最後の審判」、しかもミケランジェロにそれを描かせようというのであった。ミケランジェロにはもう六十歳に近かったが、しかし断ることは許されなかった。クレメンスはほどなく死去したのだが、あとを継いだパウルス三世も、後援者として負けず劣らずの意志と情熱をみせた。こうして七年を要して、大フレスコ画は完成した。ミケランジェロは、パドヴァのスクロヴェーニ礼拝堂の壁画でジオットがして見せたよ

ミケランジェロの「最後の審判」の一部．ここには，自分が最終的な後戻りのきかない地獄へと，いま本当に向かうのだと悟った罪人の恐怖の表情が描かれている．西洋美術の最も著名な絵画表現の一つである．

うな、救われた者たちの列に自分の肖像も入れるといった技法はやめた。かわりに、聖バルトロマイが、中世の慣習によれば、殉教の印としてもっているみずからの剝がされた皮膚の中に、ミケランジェロは疲れ果て、足萎えたおのれの姿を描きこむという、いかにも辛辣な皮肉を用いたのである。

絵が完成しても、試練はまだ終わらなかった。というのは、ミケランジェロの助手の一人でビアジョ・ダ・チェゼーナという者が、この絵の粗探しをしてけちをつけるのを教皇が聞きつけ、立派ないくつもの男性裸身像の性器がむきだしになっていたのを布で覆うよう命ずる、などという事態が起こったからである。ミケランジェロはこれを拒否、かわりに、怒りにまかせて、地獄の裁判官ミーノースの顔を、あまり魅力のないビアジョの顔に描きかえてしまった。ビアジョが抗議すると、パウルス三世は「画家がそちを煉獄においたのなら、余も最大の努力をしてそちを救い出すであろう。しかし、余も地獄にまでは力が及ばない。そちの救済は無理である」と、答えたという。のちに、後継の教皇たるパウルス四世がダニエーレ・ダ・ヴォルテラという別の画家に命じて、腰布をつけるなど、必要な作業を行なわせた。一九九〇年代になって大々的な洗浄作業が行なわれているが、この塗り重ねられたふんどしやらおむつやらは取り除くことができないでいる。こんなに年月がたっては無理であろう、というのがヴァチカンの見解だ。

ミケランジェロは、頭上の光輪や背中の翼といった超自然的な飾り物をほどこすという伝統はなしですませた。この絵で唯一用いられている翼は、黄泉の川の渡し守カローンの船に、というかその船の下の生き物に付けられており、神秘的な雰囲気を出している。悪鬼および天使はともに人間そっくりであり、性別も完全に見分けられる（というか、見分けられたはずである）が、悪鬼はロバの耳をもつかないしは小さな角を生やし、またミノスは蛇の形の尻尾をもっている。一匹の、これは伝統的な獣ふうの悪鬼にいましも攻め立てられている一人の男の形象は、この絵の中では――力強く、厳しいイエス・キリストの形象を別にすれば――おそらく最も有名なものであろう。この男の顔は、自分が本当に地獄へ行くのだと初めて自覚した者の顔なのである。

構図を貫いて渦巻くように楽園の四つの川が流れ、こちらには風の川が左手（われわれから見て右手）へ流れ、やがて渾然一体となって三途の川ステュクスに合流、その彼方には炎の川プレゲトーンが遠望できる。地獄そのものは絵には描かれていない。ここは境界線なのである。中央下方で罪人たちが焼かれているかまど状の構造物は煉獄を表しているのであるが、おりしも、少数の者たちがそこから救出されている場面が見える。

宗教改革——19

十二世紀以降は、教会に対する不満が、弾圧を受けてもなおふくれあがってくる。多くの聖職者の堕落、無知、偽善、自己満足が目につくにつれ、それは純粋な宗教的確信を抱く人々を悩ませた。免罪符の販売というずうずうしさも反感をかった。修道院のもつ莫大な財産、課税を免れた広大な土地の保有（欧州全体の三分の一、ないし二分の一）、彼らの飽くことなき寄付の強要、そして、政治に介入する権利、また彼ら自身の教会法による法廷を有する権利、これらは世俗の王族諸侯をしばしば立腹させた。中産階級を核とした商業都市が成長するのにともなって、独裁的な階層構造をもつ封建制度は急速に時代遅れのものとなった。十四世紀には同時に二人の教皇が、いや、ときには同時に三人の教皇が並び立ったこともあったが、こんなことも教会の聖務をあなどる傾向を助長した。当時は、公の場所での火刑は大衆のいわば余興であり、邪教徒、ユダヤ人、癩患者、また少しあとには魔女、これらが火あぶりの当然の犠牲者《フェアー・ゲーム》と目されていた時期もあったが、そんなときでさえ、教会の異端審問の残虐さは、分別ある人々を憤慨させていた。

十五世紀の中葉に発明された印刷術は、教会に対するこうした抵抗にはかりしれない恩恵を与えた。

教会は長いこと俗人が聖書を読むのは異端であるという立場をとってきた。信者の国語に翻訳されたものはむろんのこと、ラテン語で読むことさえ禁じていたのである。ところが、十三世紀以降は、翻訳の写本がひそかに流布しはじめていた。教会はそうした写本は焼却に努めた（捕まえることができたときは翻訳者も火刑に処した）が、しかし、印刷術の登場で、そうした処分はとうてい無理になった。まもなく、聖書だけでなく、斬新な思想を盛りこんだ新しい書物もより広い読者層を目当てに刊行されるようになった。

新時代のベストセラー作家の筆頭はロッテルダムのデシデリウス・エラスムス（一四六六？—一五三六）で、彼の書物は何十万部と売れた。高雅な文体と深いヒューマニズムの持ち主だったこの文人は、中世的な教会が解体するであろうことは予測していた——『痴愚神礼讃』（一五一一年）はそうした教会を風刺したものだ——が、それにともなう血の粛清までは予想していなかった。エラスムスは、また、プラトンを支持し、アリストテレス流のスコラ学的な形而上学や神学上の教義を批判した。「教会は煉獄で過ごされる時間を、何年、何カ月、何日、何時間まで計算するというが、まるで数学的公式を使って、壺一杯の中身の量でも正確に計ろうというみたいではないか……彼らは地獄のありとあらゆる場所の光景を正確に描き出してみせるが、まるで、そこで何年も過ごしてきた者のようないいかたではないか！」彼の批判はまた、免罪符の売買、巡礼、死者のためのミサといった金銭をともなう救済手段を教会がとることに対しても向けられた。彼は聖書それ自体に対して綿密な注意を払うことを推奨し、理性および知的な解放を基盤とした穏やかな道徳的改革を唱導した。何世紀にもわたって禁圧されてきたがこの頃ようやく再読され出したオリゲネスの著作の新版を、彼が死の直前に準備しはじめていたというのも、いかにも彼らしい話である。ただ、彼を批判する者は、歴史を振り返り、十六世紀に宗教に名を借りた殺戮が横行したことをとらえて、彼が穏健、中庸であったことをむしろ責め、それが彼の宗教的確信の欠如の印と見る。つまり、もしエラスムスが先頭に立って活躍していたならば、旧来の邪悪な教会には調和のとれた改革が加えられ、教会はその統一を回復し、あの一世期におよぶ虐殺、処刑、大量殺戮は避けられたのかもしれない、というのである。

じっさいには、この時代のリーダーは激しい情熱をもつ男、修道士マルティン・ルター(一四八三―一五四六)であった。錫採鉱業者の息子で、一五一七年ウイッテンベルクの教会の門扉に免罪符批判の九十五カ条を掲げ、主義のために命を賭けたこの華麗にして雄弁な人物は、エラスムスとはまったく別種の闘士であった。スコラ哲学打倒、聖書に戻れ、免罪符ほかの堕落を除去せよ、とくれば、目標はエラスムスのそれとさして変わりはない。しかし、彼は和解・調停が可能だとは一度も考えなかった。旺盛な精力と意志の持ち主であったルターは、自分が神の直接の選任を受けて修道院へ呼ばれ、そして改革の使命を与えられたのだと信じていた。彼がじっさいに行なったように、民衆とドイツの諸侯に対し教会への不服を申し立てるよう訴えることは、このうえなく危険な行動であったが、ルターは自分に向けられた神意を確信していたのだった。

修道院ではルターはアウグスティヌスを学ぶようになり、しだいに、中世の学者とりわけアリストテレスを称揚するスコラ学者たちが、正道を踏み外しているという確信を強めるにいたった。アウグスティヌスを読んで彼が最も強い感銘を受けたのは、予定説という概念である。人間を救済するか、地獄へ落とすか、それを選ぶのは神のみである、ルターはアウグスティヌスがそういっていると理解した。すると、教会が死後の世界に介入してくる仕組みのすべてはまやかしであり、ほかでもない欲得という動機から悪人たちがでっちあげた代物だ、ということになる。ルターは、ただちに、「教皇座は悪魔の占有するものであり、反キリストの王座であるとみなす」にいたる。

ルターは煉獄という概念は捨てた。同時に、調停役としての、また神格としての聖母マリアも含めて、煉獄に付随するものすべてを追放した。彼の考える地獄はアウグスティヌスの永劫にして陰惨なる地獄、すなわち悪人を処罰するために全能の神が作りなした地獄であり、そこでは神の恩寵による以外は何人といえども救われはしないのである。また、神の選択に影響を与える方法もいっさいない。たとえ善行を積むというようなことがあっても、それは神の恩寵がもたらされる一つの徴候であるにすぎず、善行それ自体には何の効力もない。死者のために祈るのも無益である。悪魔は神のしもべであり、神によって創造され神によって地獄落ちを運命づけられている。昔の砂漠の教父たちの一人と同様、ルターは自分自身も悪鬼たちに苦しめられていると信じており、いかにも生粋の中世人らしく、それら悪鬼を自分の腸《はらわた》と結びつけて考えた――彼はたしかに、腹の張り、便秘といった由々しき問題を腹部にかかえていた。ルターはまた魔女の存在および魔女と悪魔の契約ということを信じていた。このことは、魔女狩りという痛ましい題材についてのプロテスタントの記録が、カトリックのそれよりも（こういういいかたができるとしての話だが）いっそうむごい、という事実を説明してくれる。

宗教改革第二の指導者はジョン・カルヴィン（一五〇九―一五六四）である。彼はフランスの生まれだが、その活動の本拠地ジュネーヴと結びつけて想起される。まだ学生のときにルターの思想に触れ、二十代の早い時期に改宗者となった。彼はルターの説く原理に同調したばかりか、その予定説に関しては、はるかに踏みこんだ解釈を立てた。彼の考えでは、そもそも時のはじまりから、神の予定的な計画というものが実施されているのである。十七世紀中葉にケンブリッジ・カルヴィン派が説く、そのいいかたによれば、「人間も天使も、ある者は永遠の生命を、またある者は永遠の死を、いずれも予め宿命づけられている」のである。だから、イエスは万人のために死ぬのではなく、選ばれた者のためにのみ死ぬのである。サタンは神の命を受け、邪悪なる者を罰するのが役目である。祈禱、善行、臨終にさいしてのざんげ、教会による赦免、こうしたものも神の定める仮借なき運命を変更することはいっさいできない。カルヴィンその人でさえ、この「二重予定」説は苛酷なものであることを認めているが、しかし、それでもなおかつ、すべてを見通す全能の神というものを前提とする以上は、それが論理的に首尾一貫した立場なのだった。

ルターとカルヴィン、それに宗教改革の三人目のリーダーであるスイスのフルトライヒ・ツヴィングリ（一四八四―一五三一）、彼らはこうして煉獄を否定したのであるが、未洗礼の幼児のための、また、死と最後の審判の間の暫定的な状態としての、リンボ界の存在は承認した。この時期に、選ばれた者はアブラハムの懐裏へ迎え入れられる、とカルヴィンは考えた。そして、

救われざる者たちの運命は、おそらく、「ユダの書」で悪魔たちが受けるものと同じであろう。すなわち、彼らのために定められた処罰へと引き立てられてゆくまでの間は、鎖につながれているのである。

キリストの復活、魔王の存在、永遠の地獄、これらについては何の疑問もなかった。オリゲネス説に沿って赦免の普遍性を唱えた再洗礼派《アナバプティスト》は、ルターからも、またカトリックの陣営からも非難され、二重の迫害をこうむる。いっぽう、ヤコブス・アルミニウス（一五六〇―一六〇九）は「条件つきの予定説」を提唱した。それによれば、自由意志でイエスを信ずる道を選ぶ者は、じつは、神によって救済が

予定されていた人なのである、ということだった。アルミニウス説は原理的には怪しいところもあるが、徐々にプロテスタントの教義の中に浸透し、今日では、すべてのプロテスタント諸派が多かれ少なかれ、アルミニウス的である。

十七世紀中葉までには、宗教戦争も終結した。欧州諸国でこの影響の外にいた国は一国もない。スイスも例外ではなく、彼らは宗教問題を市民の投票にゆだねている。イタリアの場合は、文芸復興が早い時期に起こったこと、この国が、多大の関心を呼び覚ましつつあった古典古代というものに密接に結びついていたこと、また、昔ながらの教皇政治の階層制がイタリアの貴族階級と親密な血族上の結びつきを有していたこと、これらの理由からカトリックにとどまったが、ヴェニスやフローレンスでは改革派の批判も巻き起こったし、プロテスタントのスイスへ移住する者もあった。異端審問を厳しく行なったおかげでスペインはどうやら統制がゆき届いていた。また、ポルトガル、アイルランドもカトリックの陣営にとどまり、オーストリア、東欧、そして不安ながらもフランスも、これにならった。

スカンジナビア諸国はルター主義を国教として採用、ドイツでも十六世紀の中頃までにはルター説が公認されているが、この国はやや生半可なプロテスタントといったところがあって、ルター派とカルヴィン派に分かれているのである。スイスはカルヴィンにしたがった。フランスのユグノー派の「長老派主義」を採用したジョン・ノックス(一五〇五—一五七二)に指導されたスコットランドもカルヴィン派ということになった。ネーデルランドに対して異端審問を押しつけようとしたスペイン王フェリペ二世は激しい抵抗を受けた。この結果、ネーデルランドは分離しプロテスタントのオランダとカトリックのベルギーに別れることになった。

イギリスでは、ヘンリー八世(一四九一—一五四七)が信仰上の理由からではなく、政治上の理由からローマ・カトリックと手切れを果たした。彼の英国国教会は「教皇なき教皇制度」をめざすことになる。彼は新奇なプロテスタントの思想を支持するものを異端者として火刑に処するいっぽう、教会と国家の連合に不安ありとほのめかすような主教たちは打ち首にした。修道院は解体し、その土地と財産を接収した。欽定英訳聖書の編纂を奨励し、同時に、カトリック的な「偶像崇拝」色を払拭した、しかし古来の美質はしっかりと守ったような、英語版の「祈禱書」の編纂をもうながした。彼の息子のエドワード六世もヘンリーの方針を推し進めた。あの「血のメアリー」がイギリスをカトリックに戻そうとして、いろいろ悪名高い手を打ったわけだが、時すでに遅かったのである。

　イギリスにとって大きな幸運だったのは、エリザベス一世の在位期間が長かったことである（一五五八―一六〇三）。女王は同時期のほかの統治者にはなかった固有の才能によって、交渉と妥協という一対になった技術を薬籠中のものとしていた。英国国教会はいぜん国定の宗教であり、エリザベス自身が宗教・信仰の諸問題においても「最高統治者《シュプレーム・ガヴァナー》」の地位にあった（こうした呼称が選ばれたのは、女性の「支配者《ヘッド》」など許せないとする人々を無用に刺激しないためだった）。カトリック教徒は科料に処するにとどめ、いたずらに迫害を加えるのはやめた。ジョン・ノックスのスコットランドの長老派に対しても迫害はひかえた。彼らは一五六〇年、すなわちイギリス議会が同じ決定をしたその翌年になるが、教皇権およびミサ典礼を無用のものとして退けていたのである。月並みないいかたをすれば、エリザベス時代というのはイギリス・ルネサンスと同義である。文化の花開いたこの重要な時代に、エリザベスといういかにも道理をわきまえた指導者を得たという点で、幸運の女神はイギリスに二重に微笑んでみせたようである。

　エリザベス時代の栄光といえばその劇作文学、わけてもウィリアム・シェイクスピア（一五六四―一六一六）の戯曲である。このシェイクスピアが天国あるいは地獄を主題とした劇を一度も試みなかったというのは、やや不思議と映るかもしれないが、じつはそれは禁じられていたのだった。伝統的な奇跡劇は、みずからの下品な騒々しさが命取りになって、この世紀の半ばまでにはほぼいたるところで禁止の憂き目をみていた。イギリスでの奇跡劇の上演は一五八四年、コベントリーにおけるものが最後だった。これ以後では、イギリス議会にとって、あきらかに一つ残った嫌みな存在がマーローの『フォースタス博士』（一五八九年）の公演であっただろう。この芝居は一五九四年から一五九七年までの間に二十三回上演されたという証拠があるが、布告によって、今後はこの種の芝居はいっさいまかりならぬということになった。さまざまな宗教劇も、そのわずか数年前までは唯一の民衆演劇として残っていたのが、これも英国では禁止となった。それがちょうど、シェイクスピアが劇作家としてスタートした年、一五八九年のことである。シェイクスピアおよび同時代の仲間の劇作家に残された道は、世俗的な民衆娯楽の新たな形式を構築することだけとなった。この時期までは、世俗劇といえば、形式的でわざとらしく、もっぱら上流階級の観客向けの芝居でしかなかった。

こうなると、『フォースタス博士』は時代の転換点に位置する作品ということになろう。これは論争含みの芝居であり、そういえば、作者クリストファー・マーロー（一五六四―一五九三）もつねに渦中に身を投じているような若者であった。マーローに敵対する者は彼の理神論を咎め、また神を冒瀆した、スパイ活動をした、不道徳だ（同性愛を指す）といって彼を非難した。そして、これらの訴因はどうやらすべて当たっていたらしいのである。彼は靴職人の息子で、父は同業者ギルドのメンバーだったから、奨学金に手伝ってもらってではあるが、息子をケンブリッジへやるだけの財政的余裕もあった。不行跡のかどであやうく学位を棒に振るところだったが、国権が異例の介入を行ない――マーロー君が学業を顧みなかったのは、国事に奔走していたからである――その結果、一五八四年に学位を得、ついで三年後には文学修士の学位を得た。彼はイエズス会をスパイする目的でフランスのランスへ数カ月間派遣されたことがあり、大学当局はこれを誤って、カトリックへの改宗を危惧したのかもしれなかった。イギリスではこの時期、カトリックは大学で学ぶことは許されていたものの、学位はいっさい与えられなかったからである。

劇作家として、マーローはたちまち頭角を現す。二十三歳で上演した『タンバレン大王』(一五八七年?)では、力強い人物形象と同時に、「マーローふう」と評されるところのブランク・ヴァースの朗々たる響きをも創造した。しかし彼の最も著名な作といえば、やはり『フォースタス博士』である。

これは一五八七年に出たドイツ語の書物『ドクトル・ヨハン・ファウステンの物語』をもとにしている。この書物は一五九二年に郷紳《ジェントルマン》P・Fなる人物の手で英訳版が出されていることが分かっているが、しかし、マーローの戯曲は一五八九年にさかのぼると推定される。P・F氏の本の表紙には、「ジョン・フォースタス博士の忌まわしき生と、その報いとしての死――必要な修正を施したる新版」とあるから、おそらくはもっと早い時期の版があったのであろう。いまは失われたこの版は、普通「ファウスト本」と呼びならわされている。

悪魔に魂を売り渡す学者の話というのは古くからあるもので、キリスト教の伝説の中では、一世紀のグノーシス派の妖術師で、使徒ピリポの洗礼を受ける、サマリヤの魔術師シモンにまでさかのぼる(「使徒行伝」八・九―二四)。シモンはまた、しばしば、ローマの大広場《フォーラム》を魔術で飛び回っている場面を描かれているが、二世紀の外典の一つである『ペテロ行伝』によると、このシモンをペテロは墜落させ、ためにシモンは首を折って死んだとされている。彼と旅をともにしている売春婦あがりのヘレンは、シモンの主張するところによればトロイのヘレンの再来である（ソフィア、イヴ、ノアの妻、マグダラのマリアも同様）。ヘレンはこんなふうにして物語に登場するのだが、ほとんどつねに作中にとどまっている。聖物の売買、取引をサイモニーというが、これが魔術師シモンに由来する語彙である。プロテスタントにとっては、カトリックが免罪符や聖職禄を売るというのは、まさにサイモニーであったから、宗教戦争のさなかには彼シモンの名が頻繁に引き合いに出されている。シモンは「偽予言者」の典型であり、キリスト教のあらゆる異端の元祖と目された。ダンテは彼を地の底深く第八圏にまで落とした。また、当時はプロテスタントがローマ教皇を呼ぶときは「反キリストの」と形容詞をかぶせるのが普通だったが、シモンはその反キリストの「化身」ともみなされた。

13世紀のフランスの写本に見えるテオフィリス．ここに描かれた魔王はまぎれもなく悪魔スーツとマスクをつけた舞台役者の姿である．

中世に、人々に好まれしばしば絵にも描かれた話で、テオフィリスの物語というのがある。テオフィリスはおそらくはトルコのアダナという町の教会の助祭を勤めていたが、新任の主教に解雇されるや、悪魔との契約を目論んでユダヤ人魔術師のもとへおもむく。そして自分の魂を売るのと引き換えに富と成功を手に入れるべく、悪魔との間にみずからの血で書いた契約書をとりかわす。さて、首尾よく富と成功を得たものの、彼は良心の呵責を覚えるにいたる。悪魔との契約の撤回を試みるが果たせない。聖母マリアに祈りを捧げるのだが、そのさなかに彼はふと眠りに落ち、聖母マリアが自分の契約の証書を手にして姿を現す夢をみる。聖母マリアは、彼女が地獄まで降下していって悪魔からじかにそれを奪い返してきたこと、テオフィリスの罪はもう許されたことを告げる。テオフィリスが目覚めるとそばに確かに証文が置かれてあった。彼は告解をし、心安らかに死を迎える。こういった話である。聖母マリアが悪魔と直接対決する救出劇は何十とあるが、これはなかでも最も有名な物語である。

さて本家本元のドクター・フォースタスは、一五〇九年、ハイデルベルクで文学士号を取得している。彼についての話で、おそらく歴史的に確証できそうなものが一つある。牢獄にあったとき、彼は牢付きの牧師に、ただでワインを飲ませてくれればカミソリを使わずに顔や頭の毛を取り除く方法を教えようともちかけた。ワインが届くと、フォースタスは牧師に砒素入りの膏薬を与えたのである。髪どころか皮膚までもはがしてしまう代物だった。このひょうきんなサディストは、どうやら、占星術師、錬金術師、魔術師、そして「哲学者」として商売の店開きをしたようだが、こうした種類の一連の仕事こそは、いまわれわれがルネサンス初期の偉大な科学者として思いつく人物たちにぴったりあて嵌まるではないか。すなわち、ニコラウス・コペルニクス（一四七三—一五四三）、ジョン・ディー（一五二七—一六〇八）、ティコ・ブラーエ（一五四六—一六〇一）、ジョルダノ・ブルーノ（一五四八?—一六〇〇）、フランシス・ベイコン（一五六一—一六二六）、ガリレオ・ガリレイ（一五六四—一六四二）、ヨハネス・ケプラー（一五七一—一六三〇）といった人物たちである。十七世紀にはいってずいぶんしばらく経ってからも、ニュートンは錬金術を研究していたし、その一世期あとですらゲーテはまだ同じ研究をしていた。

非宗教的なものの研究というのは、カトリックにとっては、何が飛び出してくるか分からない、いわばお化けのようなものだった。ちょうど、プロテスタントにとってスコラ哲学がお化けだったのと同断である。学者などというものは、「禁じられた」知識を追求する以上、きっとどこかで悪魔とつるんでいるはずだ――こう思いこむのは簡単なことだった。われわれとしても、いくら核時代にいるからといって、これを一笑に付すのはどうかと思う。

ファウスト博士を演ずるエドワード・アレン．

たとえば、魔女狩りの最初の大きな波がヨーロッパを襲ったのは、ほぼ一五九〇年から一六二〇年の間という、それほど遅い時期だった、ということをわれわれは想起しておく必要がある。マーローが『フォースタス博士』を執筆した当時は、悪魔との契約、ないしは、『マクベス』における魔女のように、なにか悪魔的なものとの契約という考え方は世間に相当広くゆきわたっていたのである。

「ファウスト本」は、この悪名高いドイツの博士にまつわるものなら、どんな伝記でもごちゃまぜに取りこんでいる。マーローの芝居が中間あたりでひどくしまりがないのは、彼がこの「ファウスト本」を丹念にたどっているからである。彼はここでも一つの伝統をこしらえてしまっている。すなわち、ファウストの長い系譜に属する主要な著作は、例外なく、しまりがない――この伝統である（あの『ドリアン・グレイの肖像』のようなこぢんまりした作品でさえ、なかほどにもやもやした混乱がある。結局、地獄の主要な属性の一つは混沌である、と洒落こむことになろうか)。

Mephostophilis というのが「ファウスト本」の新しい登場人物メフィストフェレスにマーローがつけた名前の綴りである。ちょうどサタンが旧約聖書のヤーウェ神にとってのこの世の代理人であるように、メフィストフェレスは「偉大なるルシファーの従僕」であるが、これはギリシア語に意味をとれば「光を愛さざる者」となる造語である。Mephisto-と綴るほうが普通であるが、こちらはラテン語の mephitus「悪臭」を連想させる。マーローの悪魔は厳粛で、皮肉屋で、憂愁の気配さえ帯びるが、ときには伝統的に跳び回る小鬼たちを周りにはべらせていることもある。彼は優雅で洗練された魔術師だが、どこか、ラブレーのパニュルジュにそのイメージを借りているところがある。パニュルジュ(Panurge)は「すべてを造る者」の意味で、グノーシス派の造物主デミウルゴス(Demiurge)をもじったものだ。彼は誘惑者ではないし、嘘つきでもない。自分とフォースタスの運命についても至極あっさりとしたものだ。フォースタスは「科学者」らしい懐疑的な態度で、霊魂も地獄も信じてはおらず、もし来世というものがあるのだとすれば、フォースタスとしてはプラトンふうの古典的な来世を進んで選ぶのである。

この「破滅」などという言葉はわしを脅かしはしない。
わしにとっては、地獄も極楽も一緒なのだからな。
わが霊は、あの古の哲学者たちとともにあるのだ。

とはいえ、やはり興味はあるから、メフィストフェレスにあれこれ問いただす。

フォースタス　では、ルシファーに仕えているというおまえは何者なのだ。
メフィストフェレス　ルシファーとともに我らが神に反逆し、
　ルシファーとともに永劫の罰に処せられ、
　ルシファーとともに墜ちた、不幸なる霊魂だ。
フォースタス　どこでその罰を受けているのだ。
メフィストフェレス　地獄だ。
フォースタス　では、どうしてその地獄を抜け出してきたんだ。
メフィストフェレス　ここが地獄ではないか。抜け出すことなどできないのだ。
　かつては神の御顔を仰ぎ、
天国の永遠の喜びを味わっていたこのわたしが、
その永久の至福を奪われてしまったいま、
無限地獄の責め苦を負っていないとでも思うのか。

またこうも問いただす。

フォースタス　教えてくれ、人が地獄と呼んでいるものはどこにあるのだ。
メフィストフェレス　天界の下方にある。
フォースタス　うむ、たしかに万物は天の下だが、しかし、そのどのあたりだ。
メフィストフェレス　この四大の元素の内部の、

われわれが苦しみつつも逃れられないでいる場所だ。
地獄には境界はなく、一つところに限定されているのでもない。
我らのいる所が地獄、地獄のあるところが我らの住まい。
つまりは、世界が瓦解し、
生命あるものすべてが、清められねばならないとき、
天国のほかは、あらゆる場所が地獄ということになろう。

またさらに問う。

フォースタス　来世にまだ苦痛があるだろうと信じるほど、
　このフォースタスが愚か者だとでも思うのか。
　ふん、そんなものは、年寄り婆さんのくだらぬ戯言だ。
メフィストフェレス　フォースタスよ、このわたしこそはそうではないという実例、
　げんに破滅させられて、こうして地獄にいるのだからな。
フォースタス　どうして、ここが地獄なのだ。
　そうとも。ここが地獄というのなら、喜んで墜ちてみようじゃないか。
　寝たり、食ったり、歩いたり、口論したりの、ここが何で地獄なのだ。

この世がすなわち地獄であるというグノーシス派の説を——フォースタスのほうはむしろそう理解した

いわけであるが——メフィストフェレスが主張しようと試みているわけではない。彼の論法は古くからある「宣告された罰」と「体験される罰」との区別だてで、これを巧妙にこじつけて、地獄へ堕とされた悪魔がなぜ依然として地上に動き回っているかの説明としている。彼の苦しみは、肉体的な苦痛というよりはむしろ、至福を剝奪された痛みである。マーローは「ファウスト本」の著者よりはもっと教養を積んでいたから、プロテスタントとしてはこうした区別をするのも許してもらえるものと了解していた。カトリックの場合は、煉獄という中間段階があるわけだから、これは許されない。しかしむろん、最後には、フォースタスも本物の地獄へ墜ち、哀れを誘う肉体の罰を受けねばならぬ運命である。観客も当然そこまでの期待をする。

ルシファー、ベルゼバブ、メフィストフェレスが、フォースタスの最期の苦悶を眺めるべく、雷鳴とともに登場する。臨終を描いた中世の細密画のなかで、その人物の霊魂をめぐってよく争っている、あの善天使と悪天使も登場するが、善天使は負けて要求を引っ込める。幕がさっと引かれると、そこに恐ろしい地獄の口が現れる。

「フォースタスよ／おまえの生きる時間もあと一時間そこそこだ」で始まるフォースタスの最後の独白は役者たちにとっての難関として有名な箇所だが、マーローがこの劇を書いてやった俳優のエドワード・アレンも、おそらくは、舞台を所狭しと駆け回っての熱演だったろう。だが、韻文の力強さもさることながら、ここには思想的にも微妙な問題が隠されている。ファウストの物語が、テオフィリスのそれと異なるのは、ファウストには冥府からの救出の可能性はまったくないということだ。罪が深すぎるからというのではなくて、プロテスタンティズムが地獄の主へのとりなしを認めていないからである。彼の地獄落ちは（一見、自由な選択にも見えるが）予定されているものだから、「神の烈しい怒り」から逃れるすべはないのである。ここでファウストがキリストに呼びかける一節は、英語の最も美しい韻文の一つに数えられてよい。

ああ、おれは自分の神のもとへ飛んでゆこう！　誰だ、おれを引きずり降ろすのは？
見よ、キリストの血が流れている天空のあのあたりを。
あの血の一滴が、おれを救ってくれるのだが。おお、わがキリストよ――
わがキリストと呼んだからとて、おれの心臓を引き裂いたりはしないでくれ。
たとえそうでも、おれはその名を呼ぶのだが――ああ、ルシファーよ見逃してくれ。

しかし、慈悲をもってしても裁きの厳しさを和らげることはできないプロテスタントの教えにあっては、臨終の床で悔い改めたところでむだであることは、ルシファーがすでにファウストに警告済みのことなのである。

キリストはおまえの魂を救うことはできない。キリストは正しい者だからな。
おまえの魂をどうかしてやれる者は、このわたしだけだ。

フォースタスの痛ましいばかりの懇願も、ふっと思いつくピタゴラスの輪廻説も、永劫の罰を和らげてはくれないし、また、「地獄の口」の内部で彼の四肢をずたずたにしようとわめき声をあげている悪霊どもから、フォースタスを救ってくれもしない。キリストの血の一滴という表現は、富者《ディーヴェス》がアブラハムに乞う一滴の水に、格調高く言及していよう。*

＊　フォースタスのこの長い独白は、神学的にはまさしく的を射たせりふではあるのだが、これはまた、英国において宗教劇が最終的に禁止されたことの直接の責めを負うものだと、筆者は確信している。この時代としては如何せん扇動的に過ぎた。このあと、英国の舞台には一六一六年にいたるまで悪霊は登場しない（ハムレットの父の亡霊は、まあ、数えなくていいだろう）。その一六一六年のものにしても、ベン・ジョンソンの軽い喜劇（『悪魔は驢馬』）の中の悪魔でしかなく、宗教色はまったくない。

マーローは三十歳にもならぬうちに喧嘩で刺されて死ぬ。シェイクスピアが『ロミオとジュリエット』の中に登場させて、クイーン・マブについて途方もないおしゃべりをさせる、あの道化役の能弁なマキューシオは、じつはマーローの面影を映したものだという。たとえ事実でなくとも、なるほどと思いたい話である。

こうして、幾分かはこのライバルのおかげで、シェイクスピアは宗教劇という文学伝統からは一歩離れざるをえなかったのだが、このことはシェイクスピアにはなんら不利には働いていない。彼の戯曲には、当時の人々の信念や迷信を垣間見させる魅力的な場面がたくさんあり、それらは、彼が宗教的なテーマを注意して避けているだけにいっそう信ずるにたるものとなっている。たとえば『ハムレット』には終末論にかかわる矛盾をかかえた窮境がみごとに描かれているが、――神学的にいわば筋の通った『フォースタス博士』とは異なって――こちらは民衆の信仰を無頓着な形で映し出す鏡となっている。

まず最初に、亡霊が出てくる。亡霊の存在はたいていの人々が信じていて、カトリックはこれを煉獄と結びつけていた。シェイクスピアも、『マクベス』ではそうではないが、『ハムレット』では亡霊の口から煉獄のことをいわせている。ただし、シェイクスピアはカトリックではなかった。英国国教会の祈禱書の第二十二条は煉獄を「盲信」であり、「神の言葉に矛盾するもの」として退けている。だから、煉獄がエリザベス朝の人々の一般的な信仰として残っていたのかもしれないし、また反対に、偽りの教理を亡霊が口にするということ自体が、そもそも、この亡霊が目を欺く姿をとった悪魔だという証拠なのかもしれないが、いずれにせよ——

わたしはおまえの父親だ。
夜のしばらくの時間は、さまよい出て歩けるが、
昼間は、飢えと業火に縛りつけられて、
生前に犯した悪行のかずかずが、
焼いて清められるのを待つ定めだ。
その獄舎の秘密を明かすことを、禁じられてさえいなければ、
一言耳にするだけでも、身もすくむような話を、
若き血も凍り、目の玉も眼窩から流星のように飛び出してしまう話を、
ふさふさと整った髪もばらばらにほどけ、
ヤマアラシの針毛のように、その毛の一本一本が
逆立つような話を聞かせてやろうものを。

ハムレットは芝居『マウストラップ』の策略によって、叔父が父王を殺したことは確信したものの、ひざまずいて祈りを捧げる叔父を刺すのはためらう。叔父がそのまま天国へ行ってしまうのを恐れるか

らだ。それよりはむしろ、叔父が肉欲にふけっているときをねらってやろうと思う。
そのときこそは、あの男を突き飛ばして、やつの踵に天を蹴らせ、
その魂が、行く先の地獄にふさわしく、
呪われて、真っ黒になるようにしてやろう。

ここの部分が、宗教がらみの伝統的思考をのぞかせたものとしては、劇中唯一の箇所である（終幕近くのホレイショーのせりふ「天使の群れは歌いつつあなたを送り……」の箇所は一応除いておく）。しかし、この言及とて、ハムレットが亡霊をどこまで信ずるかについて逡巡しているがための、単なる言い訳かもしれない。別の箇所で来世についての確信のなさがこう述べられている。

だれが、そんなことに耐えるだろうか。
呻き、汗を流して、厭わしい生活に甘んずることに、だれが耐え得ようか。
ただ、死のあとに来るものが怖いためだ。
一人の旅人とて帰ってきたためしのない、未知の国――
その死の国が怖くて、われらの決意も立ち迷うのだ。
見知らぬ災難の中へ飛び込むよりは、
今ある不幸に耐えるほうが、まだしもだと、怖じけづいてしまうのだ。

ハムレット王子の黙想は、カトリックにせよ、プロテスタントにせよ、当時の教会で授けられる教えを踏襲したものではなく、なにかもっとはっきり近代的なものである。

墓地では、ハムレットは頭骸骨をいじくりまわし、アレクサンダーやシーザーの肉体から変わった土くれが、ビール樽の穴ふさぎの粘土になりはしないかと冗談をいい、また、ヨリックの髑髏を相手にしゃべりながら「死の舞踏」にも言及している(「さあ、わが奥方のお寝間へおもむいて、どんなに厚化粧なさってても最後はこんな顔ですよ、といってやってくれ」)。これは、来世にではなくこの世の死に力点をおいた十五世紀の「死の表徴《ミメント・モリ》」である。この点は『マクベス』(一六〇六年)でいわれる「土くれの死」も同じだ。この劇は魔術や悪魔的なものに大きく依拠しながら、しかし、慎重すぎるほどに、来世に首を突っ込むことは避けている。マクベス一族も、これが三十年も前ならば「地獄の口」へまっしぐらに飛び込んだことであろうに。

『尺には尺を』(一六〇四年)では、クローディオがハムレットの名せりふを反復しているようだ。火や氷や、パオロ、フランチェスカのそれのように風に囚われた霊魂や、責め苦を受けた喚き声、といった昔ながらの表象があふれてはいるが、だからといって中世的なものには、もう戻りようがない。

ああ、しかし、死ぬとなると、どこか知らないところへゆき、
冷たい土の中に横たわって、朽ち果ててしまうばかり。
この温かい感覚をもった動きが、冷たい粘土になり、
華やいだ精神は火の海に溺れ、あるいは
凍えるような厚い氷に閉ざされ、また

目に見えぬ風に囚われて、
宙に懸る地球のまわりを、はげしい力で
吹き飛ばされるのだ。
無法で当てにならない考えをする者たちが、喚き続けていると想像する
最悪の連中よりも、それはもっと悲惨な、恐ろしい運命だ。
この死の恐怖に比べれば、
老齢や、苦痛や、貧困や、獄舎が我らの肉体に与える
この世の最も厭わしい、忌むべき災厄も
楽園のものとしか思えない。

シェイクスピアも、この主題についてはもうこれ以上は進みたくはなかったろう。検閲とは関係なく、劇作家たちはおそらく中世的なクリシェには飽き飽きしていたはずだ。シェイクスピアに登場する大物の悪人たちは、徹底して、現実の人間らしさというものをもっている。もっとも、イアーゴーやマクベスは（まんざらでもないといった面持ちで）自分を悪魔になぞらえている。アン王女はリチャード三世を悪魔だといって容赦なく非難しているし、『リア王』ではゴネリルが夫にそれを言われている。新しい時代の表象群はますます血塗られたあくどいものになっていたが、ウェブスターやシリル・ターナーの「復讐劇」ではとりわけその印象が強い。シェイクスピアでは『タイタス・アンドロニカス』などにそうした色合いがあるが、しかし、死を想起させるおぞましさにかけては、シェイクスピアのどの章句といえどもウェブスターの『モルフィー公爵夫人』（一六一三年頃）にはかなわない。

地獄の問題では、わたしも当惑する。
地獄にある唯一の物質は火だが、
その火は、すべての者を同じように焼くのではない、と彼は言う。
彼のことなどうっちゃっておこう。だが、罪深い良心のなんと厭わしいことよ。
庭の池をのぞき込んでも
なにか、熊手を構えて、わたしに襲いかかろうとする
ものの姿が見えるような気がする。

フランスのデカダン派でも、この戯曲の厭世観をしのいだものはなかった。

バロックの地獄――20

ドミニコ会修道士およびフランチェスコ会修道士は、宗教改革以前からキリスト教会にとっては邪魔な存在であった。宗教戦争の中で彼らは一時的に救済を認められもしたが、そのときは彼らはすでに地歩を失っていた。ベネディクト会修道士はなによりも財政的に豊かだったから、疲弊した諸侯が放ってはおかなかった。というわけで、反宗教改革の先頭に立つ役目は、バスク地方の名門の末子イグナティウス・ロヨラ（一四九一―一五五六）が一五四〇年に設立した新鮮で活力あるイエズス会が担うことになった。戦争で負傷して現役勤務を退くが、長い療養生活の間に、イグナティウスはアーサー王もののような宮廷ロマンス、諸聖人の伝記を読み耽ることになり、これが彼に神聖なる騎士道という封建的な観念をじっくり考える機会を与えた。負傷が癒えると、彼はしっかりした教育を受けることを決意――若き騎士として彼が受けていた教育などは、ごく初歩的なものに過ぎなかった――三十三歳でバルセロナの大学へ入学した。のちに異端審問の禍を逃れてパリに飛び、ここで四十五歳になってようやく文学修士号を得た。そして彼を支持する盟友を集めて新しい教団の設立をめざすわけだが、こうしてできたイエズス会は、プロテスタントの侵攻に抵抗し、またカトリックの改革をはかるための効果的な指導系統をたちまち形成することになる。

イエズス会の理想はみずからの魂を救うことにだけあるのではなく、隣人たちの魂の救済をめざすところにあった。イエズス会はしたがって教育と伝道の教団となった。イエズス会士はアジア、インド諸国、南北アメリカへ信仰をもたらした。古いカトリックの諸制度に、また反対に新しいバロックの美術にも、彼らは純粋性、活力、斬新な思想といったものを注入した。許された範囲内ではあったが、彼らは最新の自然科学にも無知ではなかった。たとえば十七世紀初頭には、中国へ派遣されていたイエズス会士たちは日（月）食を正確に予告することができた。のちに、彼らは地球が太陽の周りを回るのは、ちょうど魂が不動の神の周りを回るようなものである、との考えを表明してガリレオ的な瓦解は回避している（ヴァチカンが、ひょっとしてガリレオに関しては誤っていたかもしれないと公式に認めたのは、やっと一九九二年になってからだった）。

印刷された書物が出回り、教育の水準にも変化が現れてきた近代初期にあって、教育にたずさわるイエズス会士たちは、生徒たちの大半が富裕な権力者の子弟であったことから、社会に影響力を行使し、これを変えてゆくべく巧妙な布陣を敷いた。ヤーコプ・ブルクハルトはその著書『イタリアにおけるルネサンス文化』の中でこう書いている。「ルネサンスが究極にまで達したころ、イタリアにおける上・中流階級が教会に対していだいていた感情というのは、軽蔑の念にみちた深い反感と、日常生活にはいりこんでいる外面的な教会慣習の黙認と、そして、秘跡および諸儀式への依存感覚と、この三つのまざった複合体であった」。イエズス会が変えようと試みたのはそうした感情であった。

そのための効果的な方法の一つが、地獄観を変えることだった。従来の地獄というのはたしかに恐ろしい所ではあったのだが、同時にそこは目を奪う景観、活劇的な変化にも富み、娯楽的な価値すら一定程度まで、いや、イエズス会士にいわせれば、多すぎるほど、もっていた。そうした地獄は、無教養な者たちならば恐ろしいと感じて、悔い改めもしようが、世間に重きをなすような人々が真面目に受けとるはずもなかった。そこで、イエズス会はわざとらしい飾り物はいっさいなしで済ますことにした。まず、火炎を除いてはあらゆる責め苦を除去した。ついで、たぶん「眠ることのなき蛆虫」だけを別にして、怪獣の類いはすべて取り除いた。とはいえ、この二つがどう共存できるのか、という点では少々疑問もないではない（おそらく、蛆虫というのはやましい意識の比喩なのであろう）。代わりに彼らが付け加えたのは、いささかがっくりするほど時代に相応しいイメージであった。すなわち、都市特有の汚穢を地獄へもちこんだのである。

イエズス会の地獄は、罪人がひしめいて息苦しく、胸がむかつき、耐えがたいほどの混雑である（おそらくは、何百万というプロテスタントの移入組のせいだ）。牢獄と汚水溜を一緒にしたような、狭苦しくじめじめとした中に、お上品な貴族や富裕な商人たちが、悪臭を放ち、虫のたかった、野卑な農夫、癩患者、スラムの住民たちにまざって、頬と顎、腹と尻、口と口をくっつけるようにして、ひしめいている。救われた者たちの肉体が栄光のうちに復活させられるはずのときには、罪に落とされた者たちの肉体は形が損なわれ、膨れ上がり、肉がたるみ、病に苦しみ、不快で、ぎゅうぎゅう詰めになって「ワインしぼり器にほうり込まれたぶどうのつぶつぶのように押し潰される」（おはこの比喩だ）ことになるだろう。便所などは探してもない。地獄の悪臭とはすなわち人間の悪臭なのだ。永遠に消えることのない、この胸もむかつく悪臭のもとは、汚物と排泄物、疫病の害毒、腫れ物から流れ出す膿、臭い息などなど、要するに、ごひいき筋のお金持ちに自分たちの行状を改めさせるために、創造力あるイエズス会士が思いつくかぎりの汚穢からできあがっている。こうしたシナリオが、すでに、口ではいえないほどの貧困の中で、悪臭にまみれてあくせく働いていた都会の下層民たちに、恐怖と映ったかどうかは不明だが、上・中流階級の人間に対してはそれなりの影響を及ぼしたのである。

火炎一つを残して昔ながらの責め苦が消えたのを残念がる向きも、この錬金術的な時代にふさわしい火炎の属性を知れば、ほっと安心したものである。すなわち、一六八二年にロモロ・マルケリが書いたものによれば、この地獄の炎は、餓死の苦しみに始まって、刃物によって突き殺される死、絞首刑による死、火刑に処せられる死、野獣によって手足を食いちぎられる死、そうした死の苦しみを、いわば「蒸留・抽出して封じ込めて」あるという大変な炎なのである。まだある。生きながら蛆虫や蛇に食い苛まれる苦しみ、カミソリでめった切りにされたり、矢でずたずたにされたり、胸の肉を切り刻まれ、骨をうち砕かれ、関節をはずされ、手足をばらばらに切り離されたりする、等々、そうした苦しみが内蔵されているのである。地獄の炎は、その一片の火の粉にすら、こうした苦痛のすべてが封じ込められている。ジェイムズ・ジョイスの『若き芸術家の肖像』で、スティーヴン・ディーダラスを悩ます恐ろしい説教には、三百年の間完璧に保存されてきたイエズス会の地獄図がぞっとするほど詳細に描きだされている。

イエズス会は悪鬼どもも、まず大半は、その地獄から追い出してしまった。苦痛と恐怖の中で互いに相手に襲いかかる「別の人々」のいる地獄では、悪鬼の存在は無用だったのである。いずれにせよ、悪鬼たちにはいまや新たな任務ができていた。それはここ地上で人間を誘惑し堕落させるという仕事だった。特に狙われたのは見捨てられた老女たちである。ドミニコ会士が異端者に対してとった態度が、熱狂的な魔女狩り時代にイエズス会が魔女に示した態度だったといえる。魔女狩りはルネサンスの頃に始まり、断続的ながら、ほとんど十九世紀まで続いたのであり、しかも、ここは強調しておくべきだが、それはカトリック諸国に限られていたわけではない。悪魔の代官ともいうべきサタンは、魔女たちの頭領と目されているが、その具体的な関係、たとえば、夜空の飛行、悪魔的狂宴、邪悪な呪文、その他、何千という人々が捕まって拷問されてから白状してみせたような馬鹿げた不快な所業、それらははなはだ現世的なもので、あの世のものではない。宗教改革以後は、プロテスタント、カトリックを問わず、地獄に関する真剣な議論の中にはサタンはほとんど登場してこない。

イエズス会士たちによると、悪鬼は魔女にだけかまけているわけではなく、異端者、無神論者、ファウストのような学者たちのためにも、つねに時間をさいている。だからこそ、ブルーノは火あぶりにされたのだし、ガリレオはかろうじて嘘をついて逃げおおせたわけだが、ジョン・ディーが妖術使いという物騒な嫌疑を受けたのもそのせいであった。十七世紀半ばにいたっても、まだ、デカルトはプロテスタントのオランダへ移るのが賢明だと判断したし、さらにそのもっとあとでさえ、ヴォルテールやルソーはスイスに避難所を求めているのである。

イエズス会士は、必要な場合は悪魔を呼び出すこともできた。宗教劇を俗人が上演することは禁じられていたから、イエズス会士たちは自分たちが劇の上演を引きついだ。一五九七年、ミュンヘンで聖ミハエル教会が奉献されたときのこと、これを祝って、何百人という芸人、ブラスバンド、そして龍や罪人や異端者といった役どころも揃えて、はなばなしいお祭り興行が催された。そして終幕では、三百人の仮面をつけた悪魔役が、およそ歴史上最大にちがいない「地獄の口」の中へ投げこまれるという、騒然たる一大スペクタクルを見せたものであった。

画家たちもこの時期には宗教画における新しい題材を探しはじめていて、できれば自分たちが気に入っているキューピッド像のバラ色の肌などを配したテーマがよかったわけで、彼らがイエズス会推薦の

16世紀のマニエリスムの画家が描いたパン．ニンフに物欲しげな目を向けている．ルネサンス期にはパンと悪魔のイメージが接近している．

地獄に気乗り薄だったとしても不思議はない。しかし、それでも、ローマの最初のイエズス会教会であるイル・ジェス聖堂の壮麗な天井画は、類い稀な才能と技量をもって、醜悪さを排したイエズス会の理念を伝え、ミュンヘンの祝賀祭の精神を響かせている。画家の名はイル・バチッチォ（一六三九―一七〇九）、バロック美術の大家ベルニーニの後継者といわれる人だ。製作は一六七〇年から一六八三年の間だが、バロック的な遠近法の意匠とテクニックが残らず駆使されている。天井ドーム自体がまるで大空へ突き抜けているように見え、ケルビムや天使たちが群がって見守るなか、祝福されし者たちは恍惚として天上界へ昇ってゆく。天井の縁、ないし隅からは、まるで彫刻された人物像が天井の画面を破って出るような趣で、地獄へ落ちる運命となった者たちの集団が、のたうちつつ地獄めがけて――というか、見る人の位置によっては、教会の会衆の頭上へ――落ちてゆく。カラー図版20を参照されたい。

バロック時代といえば、オペラも切り離せないが、イエズス会の教団も、欧州カトリック諸国の宮廷と密接に結びついていた関係で、オペラやバレエとは深いつながりをもっていた。ところで一六〇〇年から一六〇七年の間に上演されたフィレンツェ・オペラの最初の三作品までが、オルフェウスとエウリュディケーの物語に立脚していたから、これらは、特殊効果も万全に、また宗教的底流を乱さない程度の寓意的なバレエも取りこんで、地界の狂想曲を提供する格好の機会となったのである。三作目がクラウディオ・モンテヴェルディの『オルフェオ』（一六〇七年）で、これがオペラとしては初の大当たりとなった。

オペラへの出演回数の点で、異教徒的題材であるオルフェウスと競っていたのは、プロテスタントのファウストとカトリックの放蕩者ドン・ファンだった。ドン・ファンもファウスト同様に、通例は（いつも必ずというわけではない）その罪のために地獄へ引っ張られてゆく。十八世紀後半になって、モーツァルトが「ドン・ジョヴァンニ」を作曲し、またゲーテが、最初に公刊された彼の『ファウスト』の断章に、ファウストのグレーチヒェン誘惑をつけ加えたあとでは、ファウストとドン・ファンは互いに近づきあってきた。一八二九年には、この二人は恋敵としてクリスティアーン・ディートリヒ・グラッベの戯曲に一緒に登場するけれども、ベルリオーズ、ボーイト、およびグノーらによるオペラに霊感を与えたのは、『ファウスト』の第一部でゲーテが創造した両者の融合体であった。*

＊ E・M・バトラーがその著書『ファウストの運命』の中で、年代順に調査した一覧表によると、ドン・ファンの戯曲は、ミュージカルとそうでないものとをあわせて三十篇以上、ファウストを主人公にしたものは四十篇以上（作曲家が関心を寄せはじめるのは、ゲーテがグレーチヒェンの物語を付け加えてのちである）。この数字には、十八、十九世紀に数多く登場する、無名の作家による半ば即興的な人形劇は含まれていない。バトラーは、一覧表にはしていないが、ゲーテ以後のドイツだけでもそれらを含めると五十以上の『ファウスト』が存在するといっている。

楽園喪失——21

ジョン・ミルトン（一六〇八―一六七四）は、同じケンブリッジに一世代前に学んでいたマーローとはまるで異質の人間だった。父親はプロテスタント改宗者で、公証人をつとめ、ときには金貸しもしていた。ケンブリッジでは、その紛れもなく端麗な容姿のせいもあるが、それよりはむしろ高潔にとり澄ました態度のせいであろうが、「淑女《レディー》」とあだ名されていた。家族は彼が聖職者に向いていると思っていたらしいが、彼の考えは別だった。七年の在学中（文学士、文学修士を取得）に書き出していた詩作品――そこには「キリスト降誕の朝に」や「快活なる人」、「沈思の人」も含まれている――によって、早くも周囲には名を知られるようになり、詩人として立つという展望に自信を深めていたからだった。

父親が寛大だったおかげで、彼はイタリアへの遊学を許され――このときガリレオを訪問している――また勉学を続けるかたわら二十年にわたって宗教上の自由を擁護する論文を書いて過ごした。ステュアート朝の二代の国王は再び宗教的不和の種を蒔き、英国に大内乱を招いていたからである。ミルトンはこのほかにも翻訳、編集の仕事にもたずさわり、ときには政治家としてオリヴァー・クロムウェルの共和国政府のためにも働いた。三度結婚し、最初の妻との間に三人の娘をもうけた。しだいに視力の衰えに苦しみ、一六五二年までには完全に失明していた。かねがね構想を温めていた一大叙事詩は、まだ一行も書き出していなかった。チャールズ二世が王位に復帰したとき、彼が処刑を免れたのはこの失明のおかげだったかもしれない。アンドリュー・マーヴェルも彼を弁護し、とりなしたといわれている。

ミルトンはときに清教徒詩人と呼ばれることがあるが、少なくとも彼の最大傑作『失楽園』についていえば、これほど事実とかけはなれた評価もないであろう。彼はカルヴィニズムが徐々に英国国教会に浸透しだした時代に、その英国国教徒として育てられた人間だったが、しかし『失楽園』の関心は全体として予定説を論駁し、意志の自由を例証するという方向にある。サタンは天上にあって反逆の道を選ぶのだし、その後もさらなる悪行を選択してゆく。彼のよこしまな思考はその一つ一つがわれわれ人間も共有するものだ。イヴは愚かにも欺かれるわけだから、みずから行なう選択というものは免除されているかもしれないが、アダムの場合は、自分のイヴへの愛を神への愛より大きなものにしてしまったとき、その問題の意味を――その最終的結果はともかく――まちがいなく自覚している。じっさい、彼が『失楽園』（一六六七年）を口述しだすころまでには、ミルトンははっきりと他からは独立した宗教的立場に立つようになっていたようだ。この点では、じつは、当時の知識人でミルトンと足並みをそろえている者もあるのだが、その者たちは賢明にもなかなか自分たちの見解を明かそうとはしない。ミルトンも詩作品の中では自分のなまの意見というものはことさら不明瞭にしているところがあるから、後の世代の者たちはそれぞれ自分たちに都合のよい、しばしばあい対立するような、宗教的（ないしは非宗教的な）陣営へ『失楽園』を味方として引っ張りこんできている。

『失楽園』の素材は広い範囲から取られている。スペイン・ルネサンスの偉大な劇作家たち、すなわち、ミゲル・デ・セルバンテス（一五四七―一六一六）、ロ―ペ・デ・ヴェーガ（一五六二―一六三五）

およびカルデロン・デ・ラ・バルカ（一六〇〇—一六八一）、この三人はみな悪魔の運命をテーマとして取り上げている。オランダではヒューホ・グロティウス（一五八三—一六四五）がラテン語の劇『アダムの追放』を書いており、ミルトンもこれは知っていた。また、ヨースト・ファン・デン・フォンデル（一五八七—一六七九）の『ルシフェル』も有名である。フランスのギョーム・デュ・バルタス（一五四四—一五九〇）作の天地創造についてのユグノー派的な詩は、一六〇五年にジョシュア・シルヴェスターが『聖週——天地創造』と題して翻訳、英国では広く読まれたから、ミルトンもまちがいなく知っていた。『失楽園』第三巻の天使たちの賛歌にある「不変、不死にして、無限」の句はここから借用したのである。

ミルトン描くところの桁外れに大きいサタンの性格づけについては、批評家が何世紀にもわたって熱っぽく論じてきたテーマではあるが、われわれとしては宇宙の地理学に専念する都合上、そっちの議論はとりあえず回避しておこう。さて、天上界には、いまや常にもまして緊迫した戦争が起こっている。神はその御子を遣わしてミカエルとその天使軍を支援する。ここに及んでサタンとその軍勢は——

いと高く浄《きよ》き空から真っ逆様に落とされ、
凄じい勢いで炎々《えんえん》と燃えさかる焔《ほのお》に包まれて、奈落の底へ
底知れぬ地獄へと墜落し、
そこで、強力無比な鎖に縛られ業火《ごうか》に包まれた。（平井正穂訳、岩波文庫。以下同）

九日九夜、彼らは混沌の中を落ちていったが、ついに——

最後の地獄が、
大きく口を開けてかれらすべてを呑み込み、そして閉ざされる。
消えることのない炎が充満した、彼らにはふさわしき住まい、
苦悩とうめきの館。

彼らは燃える湖に着水する。互いを見やれば、かつての輝く天使の姿とはうって変わった情けない者どうし。いっぽう、周囲を見渡すと眼前に浮かび上がるのは――

戦慄すべき一大牢獄、四方八方焰に
包まれた巨大な焦熱の鉱炉。だがその焰は光を放ってはいない。
ただ眼に見える暗黒があるのみなのだ。そして、その暗黒に
照らし出されて、悲痛な光景が、悲しみの世界が、鬼哭啾々《きこくしゅうしゅう》たる
影の世界が、展開している……。そこには、平和もなければ
安息もなく、すべての者に訪れるはずの希望も訪れないのだ。
それどころか、果てしなき責苦《せめく》と、絶えず燃えつづけ、
しかも燃えつきることのない硫黄にかきたてられた劫火《ごうか》の
洪水が、間断なく荒れ狂っている。永遠の正義の神が
叛逆の徒のために設けておられたのは、まさしくこのような
場所であり、いや果てのこの暗黒の一角こそ彼らの牢獄、

彼らの宿命の場所、として神の定められていた所であった。ここは神の在《いま》し給う光の世界から遠ざかること実に甚しく、その距離は、地球からそれを取りまく宇宙の最外郭にいたる距離の三倍はあった。

ここで注目しておきたいのは牢獄は「神の定められていた」場所ではあったが、その住民までは必ずしも定めていないということだ。地獄は準備されているが、彼らはそこを占有すべく最初から運命づけられているわけではない。さて、この堅牢無比な鎖をどうやって逃れたのかは、ミルトンはいっさい説明していない（ミルトンの先輩たちもそこのところの説明をうまく出来た者はいない）が、サタンたちはなんとか地上へ向かうのである。

ああ、彼方の荒涼殺伐たる
平原、お前にあれが見えるであろうか？ あれはまさしく荒れ地だ、
光りもない、いや、あるものは、鉛色の焔のかすかな明滅の
発する蒼白で凄惨な光りにすぎない。

そんな場所ではあるが、サタンはここをなんとか最大限に活用しようと決意する。メフィストフェレスの嘆きを奇妙に反転させたような調子で、サタンは昂然と宣言する。

ああ、喜びが
永久に住んでいる幸福《さち》多き天国よ、さらばだ！　祝福あれ、もろもろの
恐ろしきものの上に！　祝福あれ、この奈落の上に！　汝、無間地獄《むげんじごく》よ、
今こそ、汝の新しき主《あるじ》を迎えよ！　この主《あるじ》は、場所と時間の如何に
よって変わるような心の持主ではない。心というものは、それ自身
一つの独自の世界なのだ、──地獄を天国に変え、天国を地獄に
変えうるものなのだ。だから、もしわたしが昔のままのわたしであり、
本来あるべきわたしであり限り、彼に比べてもほとんど
遜色《そんしょく》のないわたしである限り、どこにいようと構うことはない。
彼がわたしより偉大だというのは、雷霆《いかずち》をもっていたからにすぎぬ。
少なくともここでは、われわれは自由になれる。あの全能者が
ここを羨望に値する場所として設けたのではない以上、われわれが
追い出される心配はない。ここでなら、われわれも安心して
支配できる。思うに、支配するということは、充分野心の目標
たりうる──たとえ、地獄においてもだ。天国において奴隷たる
よりは、地獄の支配者たる方が、どれほどよいことか！

まさにピューリタン的な情熱を傾けて、悪魔たちは火山のそばに華麗なる宮殿を造営する。ミルトンが読者の心に浮かばせようとしているのは、罪深きバビロンの都はいうまでもないが、またバロック的

ローマの、あるいはビザンチン式コンスタンチノープルの度をすぎたあくどい虚飾のイメージであろう。采配をふるう建築士はムルキベル、異教のオリュンポスの名匠ヘーファイストス、またローマのウルカヌスにあたる人。土木の指揮官はわれらがなじみの、富と物欲の権化マンモン——「そうだ、天から墜ちた天使のうちこれほどさもしい／根性の持主もなかったという、あのマンモンであった。天国に／いた時でさえ、彼は常にその眼と心を下に向け、都大路《みやこおおじ》に／敷きつめられた財宝、つまり足下に踏みつけられた黄金を、／いかなる聖なる祝福よりも遙かに賛美していた」ものであった。この二人の尽力で、たちまち眼を見張る建造物が出現する。パンデモウニアム（「万神殿」）はおよそ地獄の歴史の中でもとびぬけて壮麗な宮殿である。スペンサーの描く何にもまして広壮で、華麗さはダンテのディーテの都をはるかに凌ぎ、ヘシオドスのステュクスの館よりもずっときらびやかだ。その万神殿の絢爛たる会議の間に、サタンは秘密会を招集する。地獄の会議は文学でも戯曲でも一つの伝統になった素材であるが、ミルトンの描き方はまったく異色のものである。新しい君主は豪華をきわめた王座についている。この華麗さに敵うものといえば、シェイクスピア描くところの、黄金の御座船のクレオパトラくらいであろう。

オルムズやインドの富を、いや豪奢な「東洋」が
その帝王らに蠱惑《こわく》にみちた真珠や黄金を惜し気もなく
ふりまいている国々の富を、遙かに凌ぐ、豪華絢爛たる王座に、
サタンは腰をおろしていた。彼はその功績によってこのような
悪しき栄光の座に揚げられ、まさに意気軒昂《けんこう》たるものがあった。

悪魔たちがまるで「陽春のころのミツバチのように」幾千となく会議に群れ集まってくる。古参の悪魔たちがそれぞれ演説をする。モーロックは戦いを具申する――彼は「怒り」の化身だ。優雅で分別のあるベリアルは、しかし卑屈に、あらゆる戦いに反対の議論を仕立てあげる。彼は「怠惰」の象徴だ。マンモンは、前述のとおり「強欲」の権化であって、地獄にも隠されているはずの「宝石や黄金」のためならば、いとわしい業火にも進んで耐えようと宣言する。最後に立ったベルゼバブは地獄で第二の地位にあったが、彼は「嫉妬」だった。彼は「『人間』と呼ばれる新しい種族の幸福な住処《すみか》となる一つの世界」のことを話し出す。そして、神の寵愛を受けているのにちがいないその世界を転覆させ、「かつて／われわれが追放されたように、造られたばかりのひ弱い住人らを／そこから追放することもできよう。追放できないにしても、彼らを／誘惑してわれわれの一味に引きずり込むこともできる」と提案する。彼の計画に地獄の悪魔たちは欣喜雀躍して賛意を表する。ただ、いったい誰が、その新しい世界へ向けて、「暗黒の底知れぬ無限の混沌」に挑めばよいのか。こうなると、王者の誇りを知るサタン以外には人はいなかった。

地獄の会議は終わった。悪魔たちは散会し、いまや思い思いに時間をつぶしはじめる。勇壮な戦闘競技のゲームを始める者たちもあったし、優雅に竪琴をかき鳴らす者、哲学的思索にふける者もあった。そして、これが肝心のところだが、彼らの新しい領土の探検に出かける者たちもいたのである。

またさらに、或る一部の者たちは、もしかしたらどこかに
もっと安住の地があるかもしれぬとばかり、この陰惨な世界を
隈なく探索しようという大胆不敵な冒険を思いたち、四方に

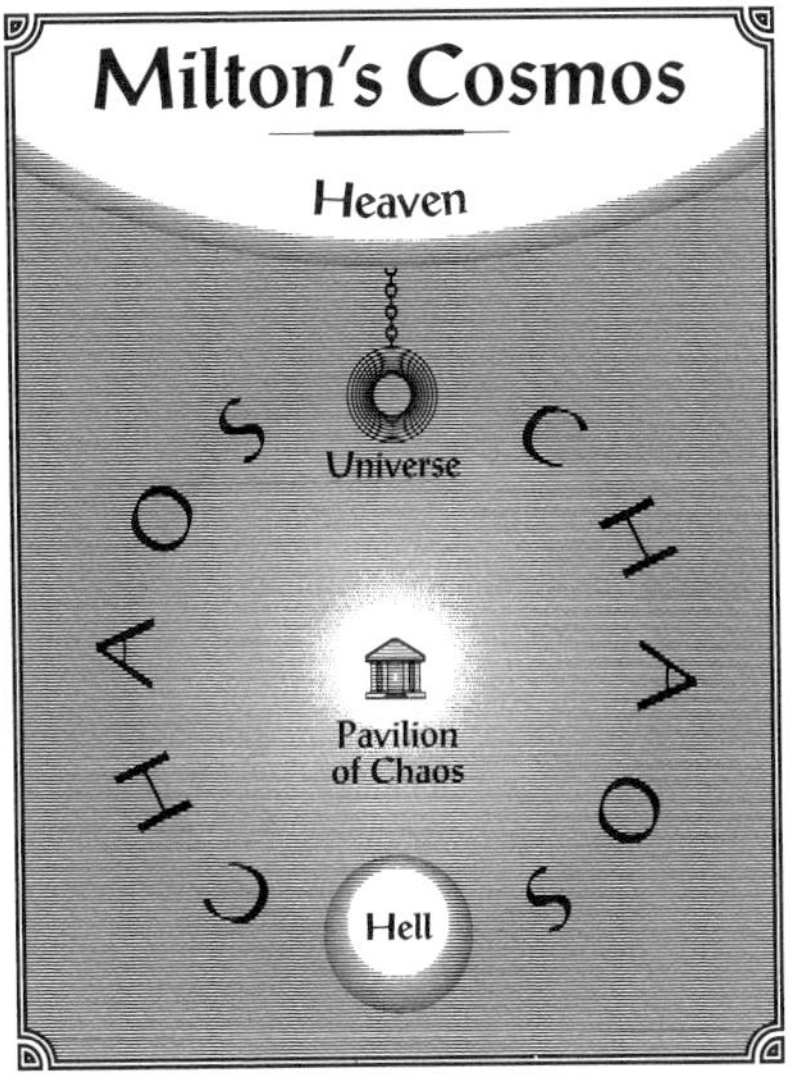

ミルトンの宇宙地図.

向かって整然と行進を開始し、燃える火の池に瘴癘《しょうれい》たちこめる
流れを注ぎ込んでいる四つの地獄の河の岸に沿って、
翔《か》けていった。それらの河は、激しい憎悪を示す、見るも
凄惨なステュクス河であり、深く黒々と流れる悲哀の
河たる悲しきアケロン河であり、その物悲しげな流れの
あたりから聞こえてくる号泣の声にちなんで名づけられた
コキュトス河であり、滔々《とうとう》と逆巻く火の波が荒れ狂う
ばかりに炎々と燃えさかっている恐ろしいフレゲトン河で
あった。これらの河のはるか彼方に、忘却の
河レーテが
静かにそしてゆるやかに流れていたが、その
流れは、
幾重にも曲がりくねって漫々《まんまん》たる迷路を形づ
くっていた。
誰であろうと、この河の水を飲んだ者は、直
ちに、今までの
状態と生活を忘れ、喜びも悲しみも、快楽も
苦痛も忘れる
といわれている。この河の遙か遠い彼方には、

荒涼無残な
大陸が、凍りついたまま黒々と横たわっていた。そこでは
颶風《つむじかぜ》が絶え間なく吹き荒《すさ》び、恐るべき霰《あられ》も激しく
降りそそいでいた。この霰ときたら、固い地面に降っても
溶けるどころか、かえって固く積もる一方で、見たところ
古代建築の廃墟さながらであった。その他の所は、ただただ
深い雪と氷に閉ざされた世界であり、底知れぬ深淵であった。

この土地にも、そこを徘徊する動物どもにもやさしさ、親切さなどは微塵もない。

こんな風にして、これらの
探検の各集団は、混乱と寂寥《せきりょう》のうちに彷徨《さまよ》い歩いていったが、
こうやって自分たちの悲惨な境涯を見、安らぎが失われたのを
知り、身震いするような恐怖を感じ、顔面は蒼白になり、
眼に異様な色を漂わせた。しかし、彼らはなおも暗く陰鬱な
谷間をいくつも渡り、多くの鬼哭啾々《きこくしゅうしゅう》たる場所を、多くの氷雪に
とざされた山々を、多くの燃えさかる火の山々を、いや、岩、
洞窟、湖、沼、沢、岩窟の数々を、死の影を、通っていった。
そこは見渡す限り死の世界であり、神の呪詛の念から

悪しきものとして、――ただひたすら悪にのみ益するものとして、創造《つく》り給うた世界であり、すべての生命が死に、死のみが生きている世界であった。そこでは、倒錯した自然が、あらゆる醜悪なもの、奇怪なもの、を生み出していた。それらはおよそ忌《い》むべき、およそ名状すべからざるものであり、たとえばゴルゴン、ヒュドラ、或はキマイラといった、虚構の物語がかつて作り出し、恐怖心がかつて描き出したいかなるものより、さらに異形《いぎよう》のものであった。

この間にサタンは「敏捷な翼を駆って」、「三重をさらに三倍にした厚さの」門をめがけて偵察の飛翔を試みていた。最初の三重の門は銅、次の三重の門は鉄、最後の三重の門は金剛石で作られており、その門前には二体の異形のものがすわっていた。これは「罪」および「死」の化身である。「罪」のほうは――

腰までの上半身は美しい女体のように見えたが、
下半身は鱗《うろこ》に覆われて醜く、それが大きく幾重にもとぐろを
巻いていて、まさに死の刺《はり》をもった蛇の姿であった。
その腹部のまわりには一群の地獄の猟犬がいて、ケルベロスの
ような大きな口をあけて絶え間なく大声で吠えており、
その喧々囂々《けんけんごうごう》たる鳴声はあたり一体に鳴り響いていた。

それでもその鳴声が何かに邪魔されたりすると、いつでもこれ幸いとばかりこそこそと彼女の胎内にもぐり込み、そこを臥床《ふしど》とする始末であった。しかも、そこに身を隠したまま、依然として吠えつづけ喚《わめ》きつづけていた。

ミルトン的な題材の中でも「サタンと罪と死」を得意にする挿絵画家は、いつもこの「罪」の形象には頭を悩ませたというが、なるほどそうであろう。「死」のほうならば話は簡単で、ミルトンが、王冠らしきものを戴き、槍を打ち振る影のような無形の実体、と説明するのにはお構いなく、十五世紀以来の伝統に則って、骸骨かそれとも干からびた屍を用いればよかった。

「罪」は、ちょうどアテナがゼウスの頭から生まれたように、かつてサタンの割れた額から生まれた妹であること、また「死」はその妹とサタンが交わってできた血族相姦の息子であることがやがて判明、「罪」は九層の地獄の門を広々と開け放つ。眼前に広がるのは「混沌」の風景である。

誰しもがここで疑問に思うのは、ミルトンの地獄がいったいどこにあるのか、という場所の問題である。それは、伝統的に地獄の所在地とされてきたわが地球の中心部にあるのではない。なにしろ、ミルトンの反逆天使たちが墜ちてきた頃は、地球はまだ生まれていなかったのである。この地獄はイエズス会ふうの狭苦しい牢獄のような地獄ともちがい、いまのところは、反逆天使たち、「罪」、「死」、そして怪奇な犬たちのほかには住民はいない。様子としては、まったく別の惑星の上、というか内部に位置しているらしく見える。「罪」が門を開けると、眼の前には広漠とした宇宙が広がっているかと見えるのであるが、しかし、そこにあるのは「混沌」だ。そして、宇宙というものの一般概念にしたがえば、

「混沌」とはその宇宙のさらに外部にあるはずである。

「混沌」の中では四大の原子軍が騒がしく戦っていて、サタンもそのあおりで散々翻弄されるのだが、やっと擬人化された「混沌」の天蓋にたどり着く。そばには仲間の「夜」も控えている。ここにいたってわれわれに分かるのは、地獄はいまサタンたちのいるその場所よりはどこか「下方」にあること、もう一つの新しい「世界」が「先にお前たちの大軍が追われて墜ちてきた／天上のあの側から、黄金の鎖に繫がれてわたしの領土内に垂れ下がって」きている、このことである。じつはこの垂れ下がってくる物体は一個の地球ではなくて、地球を取り巻く九つの天球層をともなったプトレマイオス的な宇宙なのである。ガリレオの説もよく承知していたミルトンではあるが、このいかにも詩的なプトレマイオスの天球図は捨てるには忍びなかったものと見える。

飛び立ったサタンが振り返ってみると、「罪」と「死」とは彼の通ったあとに、のちに地球と地獄の通路となる長大な橋を架けていた。そのうち、前方には天国が彷彿として浮かびあがり、輝くオパールの塔やサファイアの胸壁が眺められた。そして、その天国から黄金の鎖で吊り下げられて「懸かっている地球」が見える。天国と比べたときのその大きさは、ちょうど月のすぐそばにあるちいさな星ほどのものだった。

サタンはこの「宇宙」の球体の最外郭の球面に舞い降りる。その辺りには、のちに「愚者の楽園」と呼ばれるにいたる「リンボ界」もあるようだ。ここは古い信仰を墨守するローマ・カトリック教徒のためにとってある場所だ。はるか彼方には天国へつながる階段が見えるが、サタンはそれへは向かわず、星々の間をぬって、土星、木星、火星のそばを通過、やがて大天使ウリエルの支配する太陽にいたる。サタンはとっさに愛嬌たっぷりの智天使《ケルビム》に姿を変え、ウリエルを欺いて地球の方向をたずねる。ウリエ

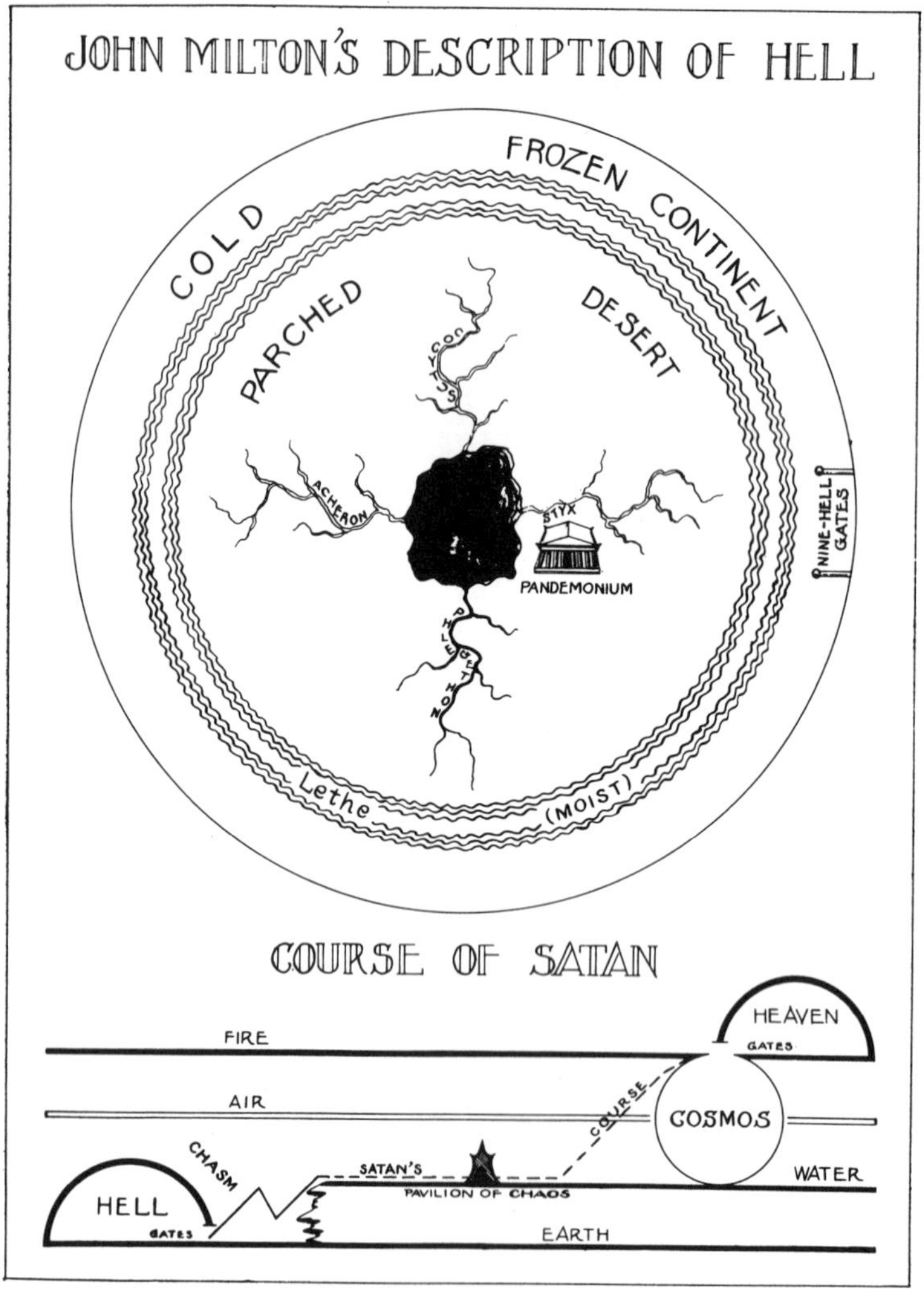

ユジーン・コックスが1928年に描いたミルトン地図.

ルは少しも怪しまず楽園の位置とアダムの四阿《あずまや》を教える。サタンは嬉々として飛び去り、やがてナイフアティーズの山頂に降り立つが、ここでサタンの長大な独白がはじまる。その一部はこんな具合である。

　ああ、わたしのこの惨《みじめ》さはなんとしたことか！
どこへ逃げたらこの無限の怒り、この無限の絶望から
脱することができるのか？　どこへ逃げようが、そこに地獄がある！
いや、わたし自身が地獄だ！　深い淵《ふち》のなかにあり、しかも
さらに深い淵が、大きな口を開けてわたしを呑み込もうとしている。
これに比べれば、いまわたしを苛んでいるこの地獄はまさに天国だ。
ああ、ことここに到った以上、屈すべきであろうか。悔改めの
余地はないのか？　赦《ゆる》しの余地は？　そうだ、屈服する以外には
その余地はないのだ。だが、この屈服という言葉を口にすることを、
軽蔑の念が、奈落にいる天使たちから受ける恥辱の恐れが、
わたしに禁じている。全能の神を屈服させるのだと大言して、
彼らをいろんな約束、いろんな放語、で誘惑こそすれ、自分が
屈服するなどとは絶対に口外しなかったわたしだ。

この断章は少なくともつぎの三つの理由で興味深い。まずここには、神の恩寵を失うという天罰についてのマーロー的な余韻がうかがえる。第二に、この作品の主張の一つである自由な意志の強調がある。

そして、三番目に普遍救済についてのオリゲネスの理論を暗示するところがある。オリゲネスは十七世紀には真剣に議論されはじめていたのである。サタンすらも悔い改める可能性はあるわけだが、しかし、悔い改めるとなれば、自分の軍勢と自分の誇りとを二つながら裏切ることになる。

サタンの旅の行程は読むものを戸惑わせる。ミルトンはプトレマイオスの宇宙から天国と地獄をすっかり取り払ってしまい、天上界ではなく「混沌」が第十天を取り囲むと考え、天国と地獄をそれぞれ別個の球体ないしは宇宙として互いに反対側の位置においている。見様によっては、天国は一種の天井をなす一段高い壇上にあるともいえる。ミルトンの宇宙をうまく論理的に地図に描くのは至難のわざで、また、だからこそ、挑戦者もなくならないのだが、ミルトン自身は『キリスト教教義論』の中で「地獄はこの宇宙の果てに位置している」と述べ、また「ルカ伝」二一・八を引いて「混沌」を正当化している。ひょっとして、素粒子物理学者とか、「平行宇宙」説を展開するSF作家とかの専門用語なら、ミルトンは喜んで飛びついたのかもしれない。ミルトンが「混沌」を語り出すと、言葉が妙に混沌としてくる、と剽軽《ひょうきん》な批評家が早くにこぼしていたことがあったが、まったくその通りである。T・S・エリオットはもっと辛辣に「ミルトンの天上界および冥界は広いことは広いが、調度品の乏しいアパートに重苦しい会話が充満しているような趣だ」と評している。

ミルトンの挿絵を描いた者は多いが、その地獄をじつにみごとに解釈しているのはジョン・マーティン（一七八九—一八三四）だ。彼は生存中はずいぶんともてはやされたものだが、その名声は長続きしなかった。その筆遣いにけばけばしく凝り過ぎなところがあったのと、見るものを納得させられるだけの人物形象を生み出せなかったからだ。終末図や英雄叙事詩が彼の得意分野だったが、建築や工学（特に下水道）にも関心を寄せていた。彼は炭鉱町の生まれで、兄弟の一人は精神異常の放火魔だった。こんな環境と彼の関心分野とを結びつけてみると、彼が『失楽園』のために製作した一連の油絵、版画、メゾチント彫版画の中で、ぼんやりした炎で陰鬱に照らし出されてはいるがどこか封じ込められているような下界の感覚を、うまく表現することができたその理由が分かるようだ。ミルトンの地獄がその地理的な特徴とはうらはらに、じっさいは、下水溝とまではいわないが、洞窟のような地底内部にあると解釈したのは、挿絵画家としては彼一人であった。「混沌」を渡る橋についても、彼はすばらしい手際

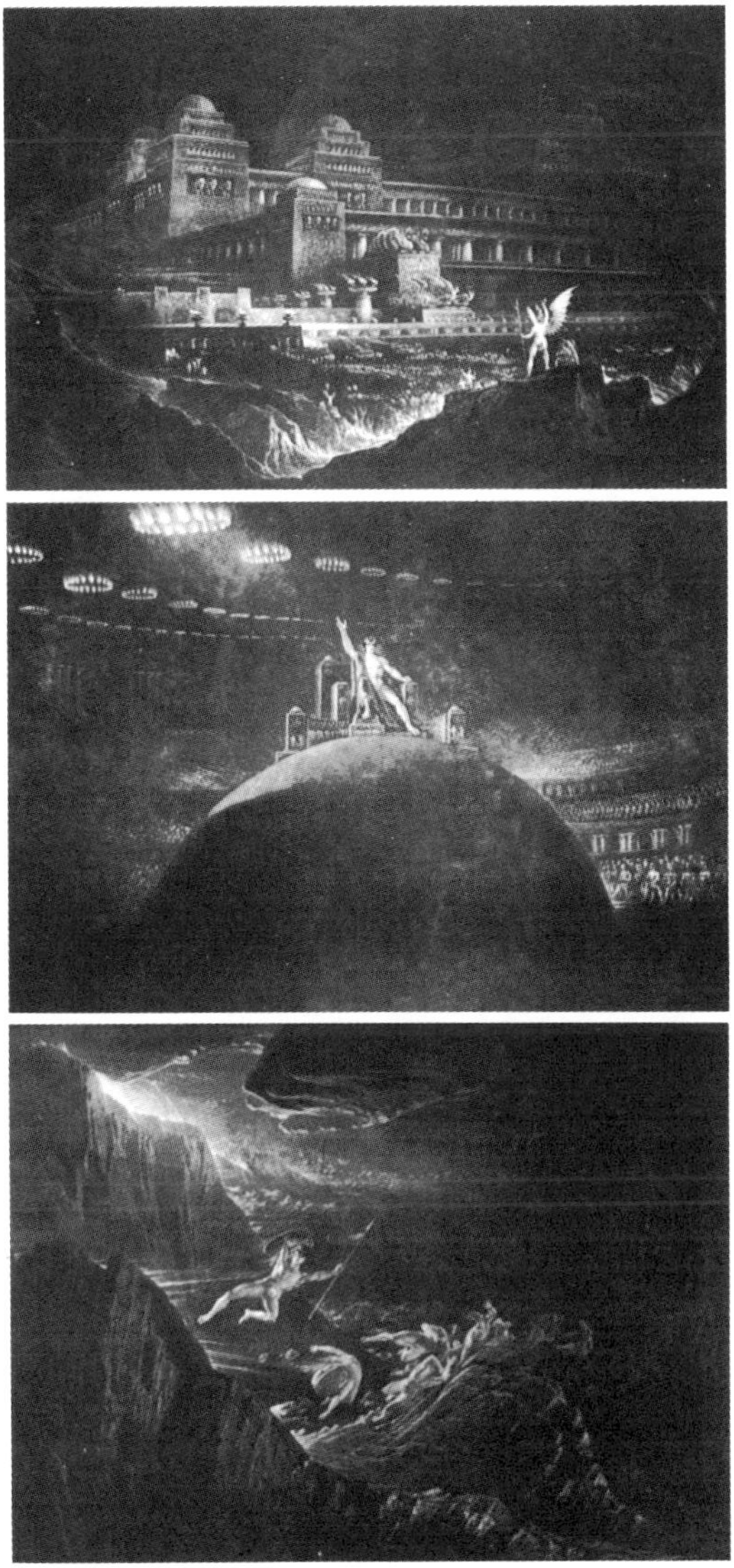

ジョン・マーティンによる『失楽園』の挿絵．

の仕事をしている。映画の細かいデータに凝っている人なら喜びそうだが、D・W・グリフィスの「イントレランス」に出てくる広大なバビロンのセット（二百五十四エーカーの広さだ）は、マーティン描くところの悪魔の宮殿をもろに真似しているのである（カラー図版41参照）。

しかし、悪魔の宮殿の一大奇観を描き上げた画家はどうやら彼一人ではない。「万魔殿を背景に炎の池の堤で軍隊の供揃えをするサタン——ミルトンより」という劇場用パノラマのすばらしい解説が残っているからである。これは映画のいわば兄貴分にあたる幻灯の上映の解説文である。幻灯の装置は一七八二年にフィリップ・ジャック・ド・ルーテルブルクがロンドンで創出、当時はアイドフューシコンと呼ばれていた。残念ながら、アイドフューシコンそのものは十九世紀の初めの大火で焼失している。

眺望の前景には、麓からはるかな山頂まで色とりどりの炎で燃えている連山があり、その間から、何か混沌たるものの塊が大きく黒々とせりあがってきて、やがてそれは一つの人の姿となって大きく立ち上がる。建築美の贅をつくした宏壮な宮殿内部は、やはり消えることのない火が燃えているのだろう、熔融した真ちゅうのようにまばゆく輝いている。この壮大な場面では、ランプの前においた色ガラスの効果が最大限に発揮された。これは観客からは見えないところにセットしてあって、青白く燃える硫黄の色、どぎつい赤、ふたたび鮮やかな青白色、最後はちょうど溶鉱炉であかあかと燃え溶けるさまざまな金属が発する色そのままの不可思議な配色と、色ガラスを種々組み合わせ、また、すばやく動かして全体的な効果を出したのである。この異様な光景にともなう音響も、紛れもなく超自然的なものとして観客の耳を驚かすに十分だ。というのも、中空の機械装置の中へいろんな鉄の球やら石ころを入れ、これをほうり上げひっくりかえして、ごろごろ、がたがたと雷鳴に似せたり、名状し難い騒音をつくりだすのだが、それにさらに恐ろしげな性質を与えるために、専門の助手がいてタンバリンの革を親指でこすっては、いかにも地獄の幽鬼が呻き声を発していると想像させるような音響を発していたのである。

ミルトンは『復楽園』を書いてサタンの物語をキリストの誘惑にまで延長したが、地獄の征服の話にまではもってゆかなかった。十七世紀の後半には、キリストの地獄征服の物語は人気を失っていた。転向したプロテスタント諸派は自分たちの教義の中に依然として「キリストは地獄へ降り給えり」という一項を入れてはいたが、それは、信仰からというよりは因習からそうしていたにすぎなかった。二十世紀になると、後発の宗派は、特にメソジスト公会議がそうだが、ひそかにこの一項を抜かすようになったが、おそらくは地獄とリンボ界との区別がもはや一般には理解されなくなったからであろう。それにまた、地獄の征服となるとどうしてもサタンが中心人物にならざるをえないが、ミルトン以降は、サタンにせよほかの悪魔にせよ地獄からはどんどん縁が薄くなってしまった、という事情もあった。

機械的宇宙――22

カトリックにとっては、地獄の存在および永劫の罰という観念は、トレント公会議で定められた一五六四年の「教義問答書」によって断固として確認されている事項であったし、ブルーノやガリレオが異端審問によってどういう処置をとられたかを見れば、教会の教理を批判することには、いきおい、慎重にならざるをえなかった。とはいえ、世俗の科学的知識の進歩をせき止めるのは、もう難しくなっていた。コペルニクス革命の、初期の意気揚々とした時期には、ヨーロッパのあらゆる国々で、科学と力学の新しい発見が続々となされたのだった。* それはプロテスタントの国かカトリックの国かを問わなかったが、しかし、十七世紀にいたると、プロテスタント諸国が明確に科学上の優位を占めはじめた。ニュートンとともに十七世紀にあって最も影響力の大きかった思想家であるルネ・デカルトは、当初はイエズス会士とともに学問を続けていたのだが、やがて、自分自身の研究成果がガリレオの天文学上の発見を追認することになると、フランスからプロテスタントのオランダへ移るほうが賢明だと判断した。十八世紀のフランス啓蒙運動の思想家たちも、そのほとんどすべてが、いずれかの時点でオランダ、スイス、英国といった国々に聖域を求めていた。

＊ コペルニクスはポーランド人、ティコ・ブラーエはデンマーク人、ブルーノとガリレオはイタリア人、ケプラーはドイツ人、ディーとベイコンはイギリス人。

さて、この間、力学や天文学への関心の高まりは、光学の長足の進歩および携帯時計、置き時計製造業の発達――振り子時計が世紀の半ばに登場、おなじ頃、携帯時計用のひげぜんまいも開発された――とあいまって、「機械的な」、また「時計仕掛けの」あるいは「時計師的な」宇宙観の普及に道を拓いた。そうした機械的宇宙観によれば、森羅万象は神の定めた自然法則に則って動かされる物質の運動の結果であるとされる。何世紀にもわたって「超自然的」な歴史、法則、ならびに宗教が支配的だったのを考えると、いかにも隔世の感がある。カルヴィン派の予定説も、少なくとも最初のうちだけは、この厳格なる自然法則という考えを奨励するもののように思えた。

機械的宇宙という観念は、その登場は十四世紀にさかのぼるが、ガリレオの諸発見によってその重要性が認識され、またトマス・ホッブズ（一五八八―一六七九）が哲学的に明確なかたちで体系づけたものだ。ホッブズは人間生活というものに「猥雑で、野蛮で、短命」という、グノーシス派めいた特徴づけをほどこしたことでも記憶されるが、彼自身は長寿をまっとうし、知性にも恵まれ、みずからの書物のせいで悪意ある反感を向けられながらも――最も重大な、かつ頻繁に出された嫌疑は、彼が無神論者だというものだ――じゅうぶんに安楽な人生を送った。晩年は復位したチャールズ二世の庇護も受けた。若い頃にホッブズから数学を手ほどきされた仲で、彼には好感をもっていたのである。

ホッブズが最初にのめり込んだのは幾何学、ついで力学、物理学と関心が広まった。イタリアではガリレオを訪ね、天文学および宇宙の本質について議論している。彼は近代的な意味での無神論者ではなかった。科学を堕落・変質させて宗教的聖典にする、などということに関心はなく、ただ、数学的な自分の学問方法がもつ論理的純粋性に引かれる独創的な思想家というだけのことだった。彼は唯物論者であり、王立協会の中で科学的思考をする者への呼び名を使えば、最初の「イギリス人理神論者」であった。もっとも、王立協会は彼を避けて会員としなかった。彼の冷笑的なユーモア、迷信に対する嘲笑(『リヴァイアサン』の第四部「闇の王国について」を見よ)これらは、十八世紀の知的風土にならばみごとに合致したことだろう。しかし、じっさいは、時代に一歩先んじた危なかしい位置に彼は立っていたわけである。地獄というテーマについては何といっているだろうか。彼が指摘したのは、底無しの地獄の穴というものが地球という有限な球体の中に収まっているというのは矛盾だという点、「イザヤ書」一四・九は地獄を水面下の深淵と考えているかもしれないという点、および、「マタイ伝」にいう地獄の業火とは、死の苦しみそのものの比喩として捕らえられるかもしれないという点、などであるが、いずれも伝統を打ち破る解釈である。

ホッブズは最終的には霊魂絶滅説を支持するにいたる。これは、救われし者だけが復活し、地獄へ落ちた者は永遠の死滅を運命づけられる、という観念であり、アウグスティヌス的な天罰に対置される近代的な二つの主要なキリスト教理論のうちの一つである。もう一つは多少ともオリゲネスの思想を引きついでいるといえる万人救済説である。

理性をめぐるデカルトの議論は、精神と肉体という伝統的な二元論を慎重にずらして、これを、より扱いの楽な二元論すなわち理性知と感覚知との対立に置き換える。彼はキリスト教を信仰してはいたが、物質世界は精神世界とは完全に別個のものであり、天地創造以後は、神は物質界にはいかようにも介入しないのだ、と主張した。そして、ホッブズやガリレオにならって、神の与え給うた法則に則って機能する機械装置としての宇宙という考えを提唱した。そして、かりにこの宇宙が完全なものではないとしても、それは当然である。なぜなら、完全なのは唯一神のみだからである。これは、この世の災厄のもとは人間の原罪にある、といわないですむ巧妙な論法であった。デカルトの唯物論はホッブズをさらに抜いて、聖書に記された奇跡をも含めて、およそ超自然的な事象の可能性はすべて否定するという極端なもので、これは苦汁にみちた議論を引き起こすにいたった。そこでデカルトはこれを撤回、あらたに、神の啓示というものは、たとえ証明ができないのだとしてもこれを否定することはほとんど不可能、というもう少し微妙な（便宜的な）立論をするのだが、後世の懐疑論にいわば門戸を開いたかたちになった。

懐疑論者の中でもとりわけ大胆だったのはオランダのバルフ・ド・スピノザ（一六三二—一六七七）である。ユダヤ人だったスピノザは、予定説、自由意志、また新約聖書の諸々の奇跡といった問題についての言い争いには、一歩距離をおいていたが、不滅の霊魂、ないしは天使の存在が聖書の記述により証拠づけられている、とする考えを否定したために、ユダヤ教会から破門されている。これが二十五歳になる前のことだった。さて、スピノザは自分がデカルトの機械的宇宙観の中に発見したと信ずる三つの欠陥を正そうと試みた。超絶的に存在する神、精神と肉体の二元論、自由意志の主張、この三つである。神に代えて、彼は、あらゆるものを含みこむ「宇宙の存在」といった姿を想定した。これは崇拝するに相応しい対象かもしれないが、本来、崇拝とは何のかかわりもない存在である。それは意識をもっているかもしれないが、われわれの理解するような「意志」というようなものは有しておらず、したがって、最後の審判であるとか、永劫の罰であるとかいった決定にはなんら関心を抱いていないし、またそんな能力ももっていない。精神と肉体とは一個の本質的な統一体の二つの部分であり、精神が意識をつかさどる部分なのである。しかし、肉体的な本能、食欲や性欲、これらはいかなる自由意志をも踏みつけ無視してしまう。また喜怒哀楽は感情を変容させてしまう。したがって人間は自由意志とか感情ではなく、本能や喜怒哀楽を求めているからこそ、いわば「自由」なのである。「善」なるものは個々人や種族にとって有益なものであろうが、神にとっての意味などまったくもっていない。奇跡などというものは、自然現象についての誤解された印象にすぎない。

スピノザも精神のある部分は永遠であると認めていたが、これはどうも彼の全体系から見れば矛盾である。彼は十七世紀には、むろん、無神論者として非難されたのだが、十八世紀には同じ無神論者として受容されたのである。

もっと伝統的な精神の持ち主にとっては、機械的な宇宙であるのに、なぜ、かくも多くの人間がただ地獄へ落とされるだけのために創造されるのか、という疑問に答えるのは難しかった。ドイツのゴトフリート・ライプニッツ（一六四六―一七一六）は、善悪を選択する個人の自由意志、という概念を含むデカルト流の合理主義をカルヴィン派の二重の予定説と融合させようと努力したが、結局落ち着いたところはどこかアルミニウス主義的な「楽観主義」で、神にとってもっとよい世界の創造が可能だったのならば、神は当然そうしたはずである。したがって、この世界の諸々の欠陥も、神の創造に本来的に備わったものである、という位置まで退却していった。彼こそは、この世界があらゆる可能な世界の中で最良の世界であると宣言し、ヴォルテールによって『カンディード』の中でからかわれているパングロス博士なのである（この名前は、PAN＝全、総、GLOSS＝説明あるいは艶、の意であるから、「すべてを説明する」ないし「すべてに磨きをかける」ということになって、大変結構な語呂合わせだ）。

とはいえ、ヴォルテールは、すでに時代を下って、反キリスト教の啓蒙運動に属する人であるのに対して、科学時代も初期の人々はそれまで教わってきたことと、いま学んでいることをなんとか融合させようとやっきになっていたのだ、という点は同情しなくてはならない。十七世紀の科学者と哲学者は(両者の現実のちがいはいまだ分明ではない)、聖書という足枷のほかにもいくつかの制約を受けるという不利をこうむっていたのである。まず第一に、彼らには宇宙や地球の年齢というものが、皆目見当のつかないものだった。両者ともわずか数千年としか見積もられておらず、普通はめどとして、聖書にいう天地創造のときとして承認されている西暦紀元前四〇〇四年にさかのぼると考えた。* このとき天地は、「創世記」に記されているような概略で、あらかじめ定められた機械的に正確な手順をへて、植物群、動物群もそっくり無傷の状態で、創造されたのである。彼らは進化という概念をもたなかったから、自然界の絶妙のバランスというものを、これこそ全能の神の創造力の証拠、神慮の御業の証であると、またプロテスタントならば、神の予定の精華であると、見なしたのである。まことに、目的論的証明とはこのことである。

* ドイツの天文学者ヨハネス・ヘヴェリウス(一六一一―一六八七)は天地創造の日時を、紀元前三九六三年、十月二十四日、午後六時と推定している。

さらに、この時計製造人の宇宙というのはまだ小さかった。ローマ・カトリックの反対にもかかわらず、科学的な素養のある人間なら誰しもが、いまや、太陽中心のコペルニクス的宇宙を認めていたが、しかし、彼らにも太陽系のその外までは分からなかった。コペルニクスが地球も惑星の一つと数えて、つごう六個の惑星が知られているにすぎなかった。もうじき、大胆な人々が、おびただしい恒星もまたそれぞれが太陽なのかもしれない、という推測を始めるのではあるが、しかし、望遠鏡は、まだ、銀河系の星雲を識別できるところまでは進歩してはいなかった。まだ他所にも、計算できないほどおびただしい数の「宇宙」が存在し、それぞれは何十億という太陽をもち、その太陽の周りを何兆という惑星が公転しているのかもしれない、といった観念が出てくるのは、まだまだ遠い未来の話であった。

アイザック・ニュートン（一六四二―一七二七）はイギリス王立協会の中でも最も傑出したメンバーだった。ここには、志を同じくする当代の知識人がほとんど結集していたが、ただ、ホッブズだけは特に狙いをつけて呼ばないでいた。彼らは宇宙のモデルはデカルトから借り、これをニュートンの学識で肉付けするとともに、この宇宙を聖書となんとか調和させようとしていた。慎重にではあるが、一歩一歩、カルヴィン主義的な英国国教会から離れ、より単純な理神論へ、ないしは「自然宗教」へと移っていった。ニュートンは彼らのグループの大立者だったが、信仰を守る科学者として、よく引き合いに出され称賛されていた。ところが、二十世紀になって彼の私信が公刊されて初めて分かったことは、真面目で熱心な数学者であると同時に、誠実にして敬虔なる宗徒でもあったはずのニュートンが、じつは、徐々にではあるが、キリストの復活をも含めて奇跡というものへの信仰を捨てていた、という事実であった。となると、それは三位一体の教理をも拒否する立場であり、ジョン・ロックの主張に近づく。種々の奇跡はニュートンの数学とはとうてい共存しえないものであろうが、しかし、神を信ずることはできたし、最後の審判すら信じていた。ただ、地獄の永遠性だけは彼も疑いはじめていた。

結局のところ、最後の審判のあとに地獄があるということの意味は何なのだろうか。処罰というのは、場合によって罪に対しておじけづかせる、つまり抑止的であったり、矯正的、治療的であったり、また懲罰的な場合もある。地獄の罰というのは、まず、あきらかに抑止的な意味をもつ。自分では疑っているような人でも、他人に対しては、特に下層階級相手には、これは効き目があると感ずる。カトリックの煉獄は、これは矯正的・治療的であった。しかし、現世の罪というのは所詮は有限のものなのに、そのために、死後に無限の罰の苦しみを受けよというのだろうか。ここまで来れば、治療的にはできないし、むろん抑止的でもありえない。しかし、せいぜい懲罰的なものどまりであって、どうしてそれ以上に苦しめねばならないのだろう。ここに二重の予定説を付け加えてみよ。そうすれば、身震いするほど恐ろしい神の概念ができあがること請け合いである。この神は圧倒的多数の救われぬ者たちを生み出し（「呼ばれたものは多いが、選ばれるのは少数だ」）、彼らを救済の原理をちらつかせて翻弄しながら、最後は、自分が作り出した罪の状況を理由に彼らに永遠の罰をいいわたす。それも、目的といえば、選ばれし少数者をただ喜ばすだけのためである。十七世紀の合理主義は、神についてのこのような見解にはもう我慢がならなかった。秩序正しい機械をきしませ狂わせるような過去の遺物などもってのほかであった。

もちろん、ほとんどの人々は二重の予定説というものをそれほどはっきりと信じていたわけではない。おそらくは、処罰（自分ではなく他人への）を正当化してくれるはずの、あいまいな形の自由意志を信じていたということだろう。だが、この辺を突きつめて考えた人々は、ひそかに、永劫の処罰という観念は捨てはじめた。ホッブズ、ジョン・ロックはじめ多くが、罪に応じた責め苦の期間——千年かそこらであろう——が終われば悪人はあっさりと跡形もなく消え去ってしまうであろう、という結論に到達していた。

霊魂の消滅は死の直後に起こる、と考えるものもあった。ソッツィーニ派はそれを信じているといわれていた。*ユダヤ人もほぼそうした方向で考えていたし、時代を一世紀さかのぼれば、再洗礼派《アナバプティスト》が同様の見解を表明していた。これらのグループは例外なく要注意と目されていたわけだが、しかし、十八世紀にもなると、たとえばデイヴィッド・ヒュームは死後の霊魂はいかなるかたちであれこれを退けており、みずからの臨終の床ですべては消滅するのだという考えを動ずるふうもなく奉じて、あの敬虔なボ

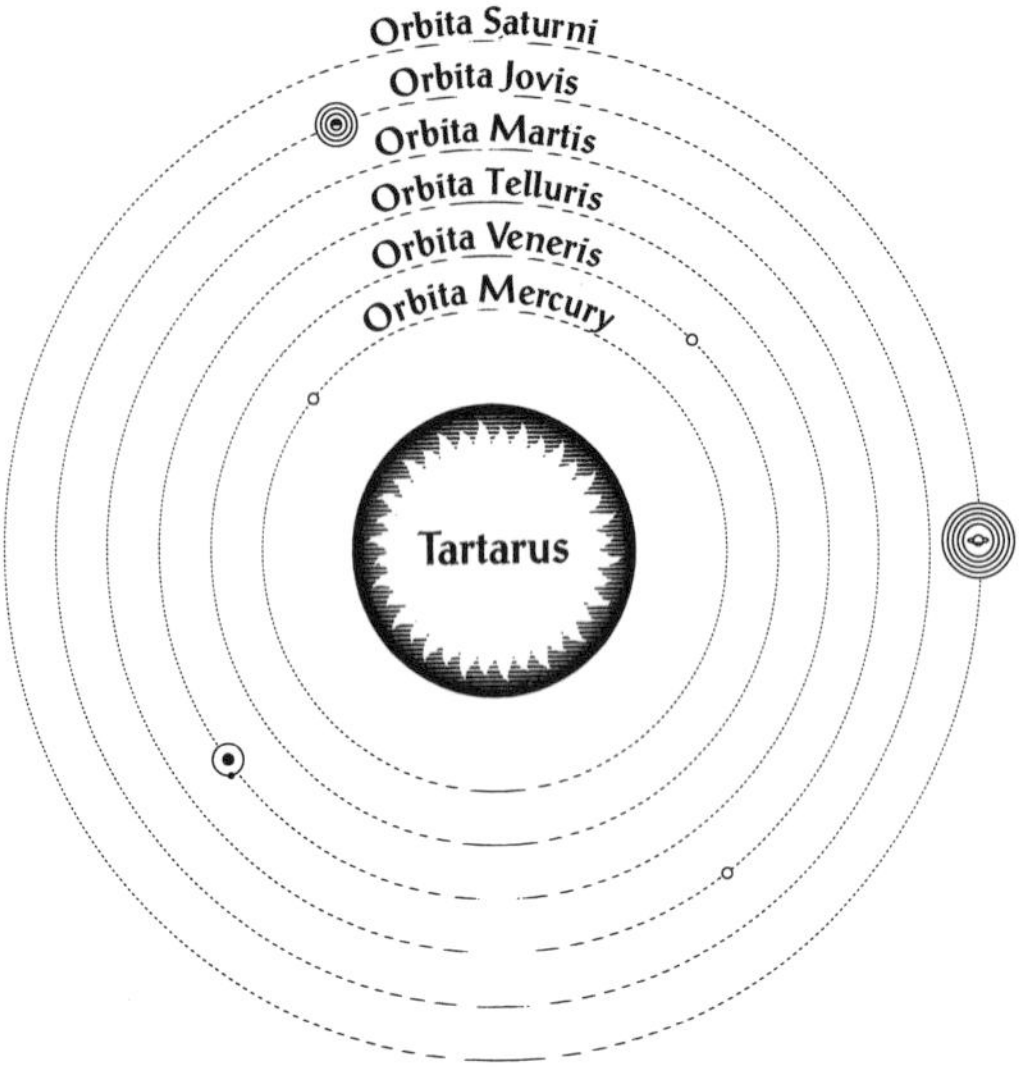

トビアス・スウィンデンの宇宙.

ズウェルをおおいに悩ませたものであった。

＊　ソッツィーニ派が、死後の生命の存続について、ないしはそれの欠如について、正確なところ、何を信じていたのかはかなりあやふやである。彼らの名が引き合いに出されるのは、アルビ派の粛正運動の折りにマニ教徒の名が引き合いに出されたのと、パタンがよく似ている。D・P・ウォーカーの『地獄の凋落』（一九六四年）第五章を参照されたい。

王立協会の中でさえ、自然科学の方法がなにか中世的な直解主義の物まねになりかねないような場合があった。一七一四年、トビアス・スウィンデンは『地獄の本質と位置に関する研究』を公刊、この中で彼は、最新の理論をあとづけながら、科学的、論理的にいえば太陽こそが地獄の位置であることを証明した。彼の計算によれば、もし地界が地獄であったとしたら、長年の間に蓄積する霊魂は地界のスペースをはみだしてしまっただろうし、地獄の火をかき立て燃やし続けるだけの酸素も十分には供給できない、というのである。唯一、太陽のみが大きさも十分、炎の量も十分、また膨大な数の堕落した魂を過去から未来にまで収容するのに十分な永遠性もそなえている。さらには、かつては地球の上にそれがあると誤って考えられていた最高天《エムピリアン》との関係でいえば、コペルニクス的宇宙の中心として、太陽は最高天から最も遠く隔たった場所に位置してもいるのである。なるほど、いかにも明々白々な結論ではないか。

ところが、どうやらそうでもなさそうなので、この三年後、ニュートンのあとを襲ってケンブリッジの数学教授になったが、正統でない信仰を咎められて追放されていたウィリアム・ホイストンという学者が、『自然宗教、および啓示宗教の天文学的原理』を公刊した。この書物はニュートンに献呈されているのだが、これは、ニュートンの運動の第二法則によって、彗星というものが、楕円形ではあるが、機械的な宇宙の内部に位置づけうる軌道をもった天体であることが確認されたのを踏まえてのことだ。ニュートンの革命的な数学を利用した成果としては、すでに一七〇五年に、エドモンド・ハレーが二十四個の周期的彗星の軌道計算を公刊、一七五八年には自分の名前を冠した彗星が戻ってくることを正確に予測していたが、ホイストンはこの書物をじっくりと研究し、また聖書などにある地獄についてのいろいろな証拠、とりわけその極端な熱と冷気についての証拠をつき合わせた結果、太陽にごく近くまで接近すると同時に、一方ではるか「土星の近辺の冷たい地域」にまで遠のく、ある一つの彗星の通り道こそは、責め苦の場所たる地獄の「表層ないしは大気圏」であると結論した。

ホイストンは王立協会の仲間のメンバーからいささか不審の目で見られ、こんどは自前の霊魂絶滅理論へ立ち戻る。一七四〇年、『地獄の責め苦の永劫性の考察』を著すと、彼は地球の内部にまったく罰のない区域ハーデースを想定（罰はないが、混み具合からすればまちがっても快適ではない）、死者の魂はすべてここに集合させられ、行状を改める機会も与えられる。最後の審判にあたっては（ホイストンは千年王国の信奉者である）、祝福された霊魂は霊性の肉体を付与されて天に昇り、いっぽう、善導できぬ悪人たちの魂は死亡時に宿っていた病気の肉体、不具の肉体に戻る。蛆虫の登場もこれで説明がつくが、このあとは世界終末の猛火が襲いきたって、やがて「彼らは苦悩の極限の中で消滅する」ことになる。

ロンドンはセント・ポール大寺院の主任司祭だったジョン・ダンは「イグナティウスの秘密会議」と題した、イエズス会風刺の一文を書いている。舞台は地獄、といってもイエズス会版のそれではなく、ルキアノスがその政治的見解を吹聴すべく創出した風刺的な皮肉っぽい地獄である。ダンは大胆にもここを訪れ、ついでに近所のリンボ界や煉獄も通りすがりにのぞいてみる。と、地獄の魔王《ルシファー》がイグナティウス・ロヨラ相手に楽しく談笑しながら、新しい世界秩序というけしからぬものを打ち出した科学者や思想家を裁こうという場面。槍玉に挙がっているのは、まずコペルニクス、ついでダンがその著作に関心を寄せていた錬金術的医学者のパラケルスス、そしてマキアヴェリだが、魔王は彼の手でいとも巧妙にまるめこまれ、あやうくイグナティウスを見捨てそうになる。ガリレオの望遠鏡の助けを借りて、二人は月面に新しく地獄の植民地をつくり、イグナティウスをそこの支配者とすることに決める。この地獄は、ヴァチカンによって有罪とされたすべての異端者を収容することになった。

このエッセイは面白半分といった軽い内容のものではあるが、当代の諸発見への興味がはっきり出ている点で注目に値する。それも科学上の発見のみならず、この時代をわくわくした魅力ある時代としているアメリカ大陸、インド、東洋への航海にともなう新奇な見聞をもとりこんでいるからである。ダンはローマ・カトリックとして育てられ、イエズス会士の手で教育を受けた。したがって、その後、オックスフォード、ケンブリッジで学んだが、宗教上の理由で学位は取れていない。自然科学にはつねに人一倍の関心を寄せ、ホッブズやミルトンがガリレオを訪問したように、彼もオーストリアの辺鄙な町にケプラーを尋ね当てている。

ダンといえば、宗教、世俗の両面で熱っぽく昂揚した詩を書いたことで知られるが、のちに、いささか遅い時期に英国国教会に転向してからは、彼は説教師としても名を上げた。ダンは地獄の業火をあおるようなタイプの説教師ではなかった。後年にはぞっとするくらい陰気な傾向を見せないでもなかったが、地獄の業火といったものは、彼の気質とはまったく無縁だった。ただ、科学的知識もあり、かつ信仰も篤いという、教養ある、穏当な、中産階級のプロテスタントが、いったいどんな地獄の刑罰を信じていたのか、それを完璧に示す有名な説教がある。

神は、家の戸口に立ってノックするような、ごく普通のやり方で、つまりその御言葉やお慈悲によってわたしの魂の中へはいって来れなくなるときに、審判を下して、その家たるわたしの肉体を悪寒や麻痺で動揺させ、また熱病や熱射病をもってこの家に火をかけ、そしてその家の主、つまりわたしの魂を極度の不安と恐怖でもって脅かす、そういうかたちでわたしの中へはいってくる。そうした神は、当然ながら、わたしに対する神の意図のすべて実践のすべてを放棄し、空しくする。また、このわたしが神にとっては何の価値もなかったとでもいうかのように、わたしを見捨てて、置き去りにする。その神は、最後には、この魂をまるで煙か、霧か、泡のように吹きやってしまうが、しかし、この魂は、じつは、煙にも、霧にも、泡にもなれず、暗黒のなかで暮らさねばならない。こういった天罰――永遠に、永遠に、永遠に神のまなざしから隔てられること――これにともなう苦悩とは、いったいいかばかりのものであろうか。

一人称で語るこの説教はすばらしく効果的だ。ダンはシェイクスピアやマーローの同時代人ではあるが、その二人よりは長生きしている。彼の散文にも詩にも現れているのは、来るべき科学の時代への期待、また、アウグスティヌスやマルクス・アウレリウスの時代以降は絶えて久しい自己啓示的な省察への期待である。

トマス・ブラウン（一六〇五—一六八二）の『医師の宗教』には、これに対応した告白の一節があって、ダンに類似の、というか、それよりはやや急進的な英国国教会の立場が表明されている。ブラウンは、当時の知識人たちに歩調を合わせ、理神論の立場へと移りつつあった。我が身を顧みて、自分は地獄を恐れたことは一度もなかったとし、神は「挑発をうけた」さいに、いわば最後の手段として地獄を用いるのに相違ない、と考えている。

わたしは、かつて、何かに脅かされて天国へはいったなどという者があったとは、まず思えない。人は、地獄をもたない神の意に叶うような、もっとも公明正大な道筋を通って天国へいたるのである。他方、金銭や欲得で動く者たちは、地獄を恐れるがために神の御前にひれ伏し、みずからは神の僕《しもべ》と称してはいるものの、そのじつ神の奴隷なのである。

いっぽう、何百というピューリタンの説教師たちは、恐怖をふりかざして聴衆を脅えさせている。たとえば次に挙げるクリストファー・ラヴ（一六一八—一六五一）の説教である。

たとえ、もう言葉が出なくなるほど祈っても、また腰が折れるほど身を屈して嘆いても、言葉という言葉が嘆きのため息となり、すべてのため息が涙となり、すべての涙が血の滴りとなっても、それでも、汝らはアダムにおいて失われた神の恩寵を取り戻すことはできないであろう。人はただ一つの罪を犯したがために、神の麗しい御姿をかき消してしまったのであり、神の知恵を失ったのである。これは説教を一万回くりかえそうとも、礼拝の勤めを一万回こなそうとも、二度と回復できないのである。

この説教とはうらはらに優しい名前のラヴだが、彼は過激論者で、「悔い改めぬ者たちに対しては、恐怖を与える説教のほうが、慰めを与える説教よりも効果が大きいのである」と述べて自分の立場を弁護している。というのも、「頑強で高慢な人間」が相手の場合は、「その良心をぎくりとさせられるのは、かっと燃え上がる地獄の業火だけだ」からである。これに対し、穏健な牧師であったロバート・バートンは『憂鬱の解剖』を著して、「例の怒号する司祭たち」のおかげで病的な絶望状態におちいってしまった患者の様子を解説し、彼らを元気づけるために聖書から集めた章句を列挙しようと企てている。

十七世紀のすべての説教師の中でとびぬけて有名なのはジョン・バニヤン（一六二八―一六八八）である。熱心なバプティストだったバニヤンの人気作『天路歴程』（一六七八年）は、主人公クリスチャンが天国にいたるまでの旅を描く寓意物語だが、一七九二年までに百六十回も版を重ね、英語で書かれたものとしては、十九世紀の終わりまで、聖書につぐベストセラーだった。地獄はここでは周辺にちらりと触れてあるにすぎないが、地獄といえばバニヤンの第二のヒット作『地獄の溜め息』で、こちらも一六五八年の出版から一七九七年までに三十版を数えた。この両書におけるバニヤンの見地および手法はみごとなまでに中世そのままである。だから、その彼がこれほどの人気を博したというのは、当時の大衆の見解というのが時代の先端をゆくエリートたちの見解といかにかけはなれたものだったかを示す証拠でもある。『地獄の溜め息』は、実際にしゃべった説教をもとにしてまとめたのだが、所詮は、幻視的な地獄めぐりをピューリタン的な恐怖の雄弁で色づけしただけのものにすぎない。真っ赤に焼けたピッチや溶けた鉛を腹に詰めこむとか、これも真っ赤に焼けた大鋏で肉を細切れにするとか、手足をひきちぎったり、人をまるごと「油で揚げたり、あぶって照り焼きにしたり、果てしなく焼け焦がしたり」する地獄である。バニヤンの本は、しばしば、ピューリタンの子女への贈り物として重宝がられた。

啓蒙運動――23

十八世紀には、知的活動の中心はイギリスからフランスへと移ってゆき、啓蒙運動の中心にいるグループのことは、彼らがフランス人であるなしにかかわらず、フランス語でフィロゾフ（自由思想家）と呼ぶのが習わしのようになった。彼らの中には、むろん、哲学者もいたのだけれど、このフィロゾフという言葉自体は必ずしも英語のフィロソファー（哲学者）を意味したわけではなかった。元来は、合理主義、自然科学を信じ、また抑圧からの自由――ここには体系立った宗教の強権的支配からの自由、も当然含まれる――を信じる思想家、著述家、論客、批評家、文人たちを指す用語であった。「恥ずべきものを粉砕せよ！」とはヴォルテールの叫びだったが、この「恥ずべきもの」という言葉で彼が意味していたのはごく特殊な範囲で、ヒュームの三位一体式の呼び方にならえば、強圧的な装置としての地獄の恐怖を前面に出した「愚昧、キリスト教、無知」を指しているのである。

便宜上、まず最初のフィロゾフはピエール・ベール（一六四七―一七〇六）としておこう。彼が十八世紀に足を踏み入れたのはわずか数年でしかなかったが、彼はいかにも十八世紀的なアイロニーをもっていたし、また、学問も十八世紀に特有の作業方法をとっていた。すなわち、一つの論点を証明するために、多くの意見なり事実なりを精力的に集積してゆくというスタイルである。時はちょうど、イギリスのジョン・レイが、種《しゅ》の概念を解明、動植物を分類する有益な方法を確立したところであったし、同様に、十八世紀の知識人たちは、それがフィロゾフであれ、またはその対立者であれ、例外なく、辞書、百科事典、分類表、蔵書、総目録、収蔵品、要するにあらゆる種類の体系的なものを倦むことなくこしらえ上げていたのである。

フランスのフィロゾフの中でよく知られているのは、このほか、ヴォルテール、モンテスキュー、ディドロ、それに科学者でジャン・ダランベール、四十四巻からなる『博物誌』を著したコント・ド・ビュフォン、そしてルソーがいるが、ルソーはほかのフィロゾフと仲たがいして、結局は袂を分かっている。イギリスで最も著名なのは、まず哲学者のデイヴィッド・ヒューム、それから経済学者のアダム・スミス、歴史家のエドワード・ギボンといったところであろう。アメリカでは、辺境の英雄イーサン・アレン、政治理論家トマス・ペインといった辺りが重要であろうが、ほかに、ベンジャミン・フランクリンとトマス・ジェファソンは共同して新国家の独立宣言を起草しており、これこそは啓蒙運動の勝利を意気揚々と示す政治文書である。

十八世紀の研究家が十七世紀のそれと大きく異なっていたのは、前者にあっては、みずからの研究上の発見、成果をいちいち聖書とつきあわせるという作業には、聖書を引き合いに出して批判する場合を除いては、もはや関心を見せなくなった、という点である。この姿勢が、初めて、真の経験主義というものへの道を拓いたのだった。かくして、ビュフォンはわずか数千年という「創世記」規模の時間ではなく、過去の無限の年月《アイオーン》に目を向けるようになったのだし、天地創造という出来事にしても、これが六日間などという短期間で終わったのでないことはもちろんのこと、六期の「時代」ですら完了はさせえなかった、という考えも出てきたのだった。「新世界」および極東アジアから、ますます頻繁にもたらされる種々の報告、商品、またときにはその世界の住民、それらのおかげで、ヨーロッパの視野はひたすら拡大された。翻訳作品が着実に蓄積されてゆくと、過去の時代に対する、また異文化に対する敬意も増した。産業化時代が始まろうとしており、哲学、科学、宗教はそれぞれ別個の専門領域へと分化しはじめていた。

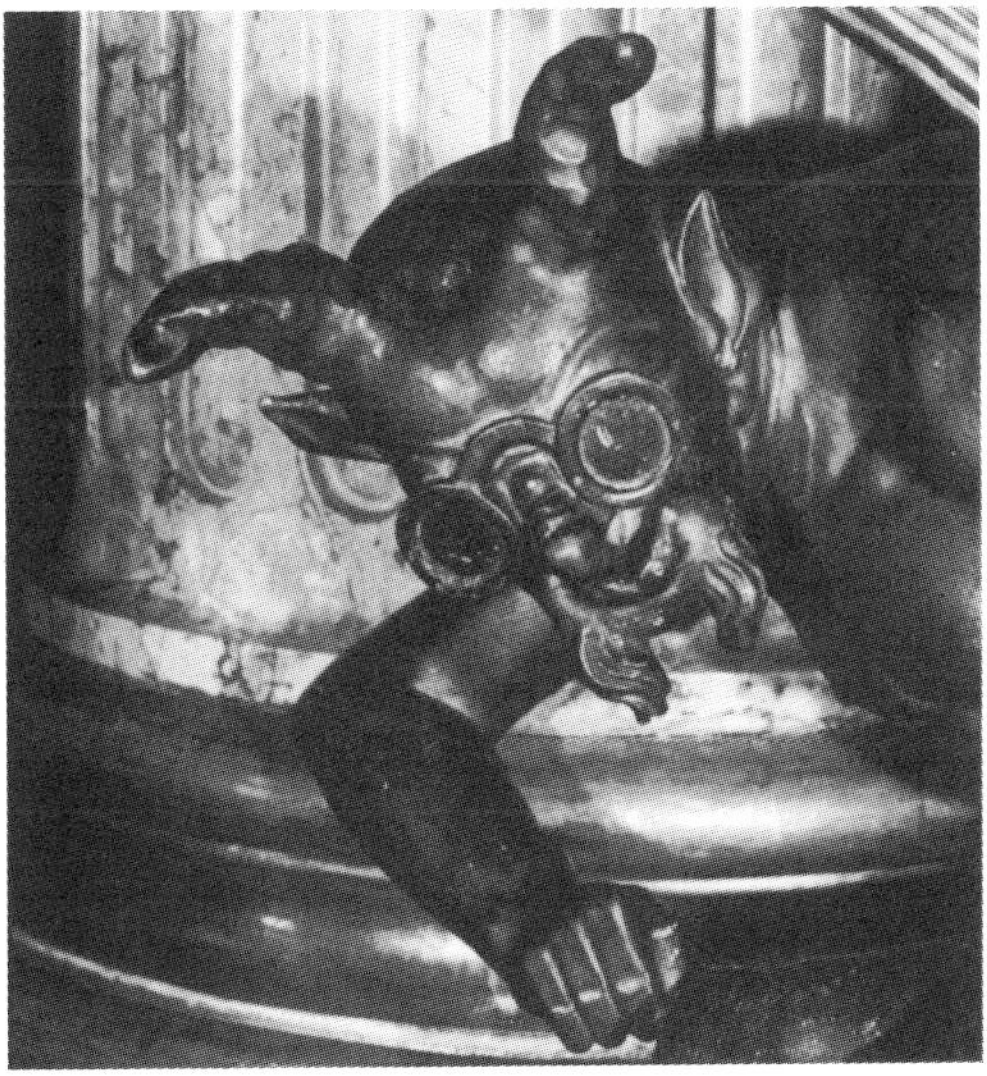

啓蒙主義の時代にふさわしいメガネをかけた悪鬼.

地獄といった主題についての正統的学説を論駁するために、フィロゾフたちがどんなふうに「科学的」アプローチを駆使したか、それを理解するには、彼らの編纂物を調べてみるのが有益であろう。まず出だしは十七世紀末、一六九七年出版のベールの『歴史批評辞典』である。この辞典はじつはいろいろなエッセイを収集した本なのだが、ベールはこの中で、学問・宗教上の定説に対して全般的な戦いを挑んでいるだけでなく、カルヴィン主義者でユグノー派のリーダーだったピエール・ジュリューへの個別的な攻撃をも試みている。たとえば、神は罪というものへの憎しみを公然と示すために、まず人が罪を犯すのを放置するのである、というのがジュリューの主張だったが、べールは、そうした憎しみがあるのなら、むしろその罪を犯させぬよう防ぐほうが、憎しみがよりよく示されるではないか、と反論する。ジュリューは、地獄というものが「理性と、慣習と、世界のあらゆる法によって」必要とされている、と説くが、ベールはむろん賛成しない。

『辞典』には「地獄《アンフェール》」の項目はない。なるほど、正面から取り上げるのは、時期的にいって、まだ慎重なやり方ではなかっただろう。ベールは、その代わり、異端、異教、無神論、啓示、そしてスピノザらの哲学者、これらに関する記述で偽装して、いわばサイドラインから攻めている。彼の武器は機知と博学であり、彼の主張は、倫理道徳あるいは高潔な生活といったものは神（ないし神々）の機嫌をそこねないようにという心配とは、まず無縁のものだ、こういう主張であり、また、ある人にとっては宗教上の神秘と見えることも、別の人にとってはあいまいで陰気な迷信にすぎないものだ、といった主張だった。ジュリューはカトリシズムを批判して、初期教会が異端に対して首尾一貫していなかったことを指摘しているが、ベールはこのジュリューの論証をそのまま彼につき返すかたちで、カルヴィニズム自身もまた、正当派神学が罵ったような新しい異端・邪説を、どれ一つとして、論理的には救済の対象からはずすことはできなかったことの証明にあてている。ベールのいかにも皮肉っぽい立場は、こんな言い分にも出ている。すなわち、無神論者というのはいわば生まれながらの有徳の人士であるから地獄を恐れなくとも済むのであり、いっぽう、キリスト教徒とはいいながら、人は極悪人であるからこそ、地獄での永劫の罰などというものへの信仰によってかろうじて悪事を思いとどまっているのである、と。

五十年後、ディドロの厖大な『百科全書』の刊行が始まった。今度は、地獄に対する攻撃もおおっぴらである。「天罰」についての記述の中では、いかに極悪なものであれ生前のものである罪と永劫の罰との間のバランスの悪さ、最後の審判以後の罰の無意味さ、永遠の苦痛というものを神の慈悲やキリストの犠牲と両立させることの難しさ、こういった、正当派神学の非論理性が一つ一つ暴かれている。有徳の異教徒、高貴なる未開人《ノーブル・サヴィッジ》、そしてあらゆるプロテスタントおよびその他の異端者、これらがみな地獄へ落とされねばならないのか。スウィンデンやホイストンの名もまじめくさって披露されるが、結局、非常識だとしてさらしものになるばかりだ。天罰についての論証は後にも先にも一つしかない。「聖書にあきらかに示されている」というのがその証拠なのである。聖書に対するディドロの懐疑主義は、この耳に心地よいだけの説法などめった切りにする。

『百科全書』の最後の巻は一七七二年に出たが、寄稿者の一人でもあったヴォルテールは、これに先んじて自分でも『哲学辞典』を出版した。これもベールのものと同じで、辞典というよりは論文集だったが、分量はずっと少なかった。執筆の動機からいえば、これは真っ向から破壊・転覆を意図したものである。革命を起こすには『百科全書』は大冊すぎて扱いづらいが、一七六四年に匿名で出版されるや、たちまち当局の激しく弾劾するところとなった、安価にして簡便なこの『哲学辞典』ならばうまくやれるかもしれない、とヴォルテールは語ったものであった。

ヴォルテールの方法は議論により説得するというものではなく、正確な事実を提出しておいて、そこから論理的で破壊的な結論を引き出すというものであった。無表情な説教文や「中国式の教義問答」の中に隠されたいくつもの鋭い批評のとげは、死と復活、終末論、天啓・黙示、奇跡、聖書のいわゆる「事実」、および哲学理論、これらすべての対象に及んでいる。「地獄《アンフェール》」の項は、他の項目より面白いとはいえないが、しかし的確である。ヴォルテールは、地獄を発明したのがペルシア人、カルデア人(メソポタミア人)、エジプト人、およびギリシア人であって、罰は「第四世代まで」に限られると信じていたユダヤ人の発明ではなかったと述べ、旧約聖書の中にこの地獄という観念のぼんやりとした証拠でもよいから見つけようとすれば、並外れた器用さが求められる、といいきる。彼もパリサイ人やエッセネ派の信徒の中に地獄信仰があるのは認めるが、しかし、これももとはギリシア、ローマからの借り物である、と断じ、「あわれにも、わずか山羊一頭を盗んだ男が、そのせいで永遠に身を焼かれねばならぬというのは、どう見ても馬鹿げている」というので、何人かの教父たちは地獄の観念をはっきり拒否した、という話を紹介している。そして最後に、やはり永遠の地獄という観念は嘲笑していたものの、使い方しだいで、地獄も「みなさんの雇っているメイド、仕立て屋、法律家」などには効き目がある、と語ったという一人の牧師の諧謔を披露している。

ヴォルテールの論法を、ここでサミュエル・ジョンソン（一七〇九―一七八四）の『英語辞典』と比較してみるのが面白い。ジョンソンは真面目な英国国教会員で、どちらかというとフィロゾフ連中は見下す傾向があったのだが、にもかかわらず、彼の『ラセラス』などはヴォルテールの『カンディード』(同じ年の出版）と奇妙な類似点を見せている。さて、ジョンソンは「地獄」については六つの定義をのせて、それぞれ、文学作品や聖書からの妥当な引用文でこれを補強し、七番目にはコメントを付けている。

地獄《ヘル》　女性名詞［サクソン語のヘーレが語源］①悪魔ならびに邪悪な霊魂のいる場所。②善良、邪悪をとわず、個々の霊魂のいる場所。③一時的な死。④鬼ごっこで鬼につかまった者が連れてゆかれる場所。⑤仕立て屋が布くずなどをすてる入れ物。⑥地獄に住む悪魔たち。⑦現代の物書きよりは年とった文筆家が書き言葉の中でつかう語彙である。

このコメントほど正確でかつ礼儀正しい評語もあるまい。ところが、ボズウェルが『ジョンソン伝』で伝える中には少々奇妙な逸話もないではなく、つぎの話も、十八世紀の教養人――ここでは同じ社交仲間、つまりボズウェルの呼び名では「クラブ」に属していた紳士たち――の間での意見の食い違いをいくらか浮かび上がらせてくれる。

一七八四年、六月十二日、土曜日、この文壇の大御所は、ドクター・アダムズ師、「学識ある敬虔な」ヘンダーソン氏、そしてボズウェルと四人一緒に夕食をとっていたが、不意にジョンソンがこんなことを明言したのである。

「救済が認められるための条件というものを、わたしが満たしたという確信はもてないので、ひょっとすると、わたしも天罰を受ける口かと心配なのです」。アダムズ博士（陰気な表情で）「天罰とはいかなる意味でしょうか」。ジョンソン（熱っぽく大きな声で）「地獄へ送られて、永劫の罰を受けるということです」。アダムズ博士「そのような教義はわたくしは信じません」。……［ジョンソンは］興奮してこわい顔をしていたが、最後に「その問題は、もうこれ以上考えないことにしよう」といった。

なるほど、ジョンソンはこのとき七十五歳、気弱になるのも分からないではないが、しかし、それをいえば、異議を唱えている牧師のアダムズ博士はさらに三つ年上である。

このエピソードを、ボズウェルがスコットランド人の哲学者デイヴィッド・ヒュームを訪問したときの様子と比較してみよう。一七七六年、七月七日、日曜日、ヒュームが亡くなる七週間前のことだ。その割りに気の利かないところのあるボズウェルは、魂の不滅性というテーマをもちだして、ヒュームがそんなものは信じていないどころか、どんな宗教も信じていないと知って驚いてしまう。それでは、未来の存在というのは可能ではないのでしょうか、とボズウェルがきくと、

彼は、火にくべた石炭の一個がたまたま燃え残るといったことはありうることでしょう、と答え、続けて、自分が永遠に存在するなどというのは、この上なく非合理的な空想です、といった。わたしが、霊魂の絶滅といった考えにはいかなる不安も覚えませんか、ときくと、彼は、まったく感じません、自分は存在などしなかったのだ、という考えにも、同じく不安は覚えません、と答えた。

正統派の神学の根っからの信奉者であるボズウェルは愕然としたが、なおも食い下がる。

「しかしですね」わたしは反論した。「われわれの友人にあの世で再会するという希望がもてるのは、愉快なことではないでしょうか」。そして、わたしは最近物故した人物で、彼が生前高く評価していた人の名前を三人ほど挙げた。すると彼は、愉快でしょうとは認めながらも、「彼らの中にはそんな考えを抱いていた人間は一人もおりませんでしたよ」、とつけ加えた。わたしが思うに、彼は「そんな馬鹿げた考え」、「そんな愚かな考え」といったつもりだったのだ。なぜって、彼はそこのところで、ぶしつけなほど、また、無作法なほど、不信感をあらわにして語っていたからだ。

やがてボズウェルはヒュームのもとを辞したが、「心のショックはしばし消えなかった」。

オノレ・ドーミエ描くところの18世紀風タンタロス．

十八世紀は、また別の方面でも、地獄の歴史にこの世紀らしい痕跡を残している。かつてルキアノスが発明した「死者の対話」スタイルが、雑誌、小冊子に復活し、風刺文や政治・宗教評論や、ときには醜聞のレポートにも、一番の人気形式となったのである。絵画の分野でこれに対応しているのが、ときに不気味な戯画を物したウィリアム・ホガース（一六九七―一七六四）であり、スペインのフランシスコ・ホセ・ド・ゴヤ（一七四六―一八二八）であり、その他の群小画家たちであった。地獄での対話に登場する人物は古典古代から当代までの物故した著名人であるが、わけても人気があったのはジョンソン博士だった。ほかにはミノス王、プルート、ジュリアス・シーザー、ソクラテス、モンテーニュ、そして幾多の君主、大僧正、社交界の淑女連、またアディソンやスティールといった当代のジャーナリストも含まれていた。地獄のドン・ファンを扱ったジョージ・バーナード・ショーの『人と超人』はこれらを一つのモデルとしている。死者の対話というモチーフは二十世紀初頭の雑誌にもまだ現れてくる。

主人公としてのドン・ファンの経歴は、彼のいわば魔界の兄弟であるファウストのそれと相並んで赫々たるものがある。この遊蕩児と彼の美しい愛人、そして彼を地獄へ投げやる石像、これを最初に舞台にのせたのは、一六三〇年頃、ティルソ・デ・モリーナなるスペインの修道僧が書いた戯曲『セビリアの色事師』だった。以来、モーツァルトの「ドン・ジョヴァンニ」を含めてあれこれ新版が出るが、彼らはずっと地獄住まいである。つぎに紹介するのは、滑稽この上ない踊り付きの地獄の歌曲だが、王政復古期の劇作家トマス・シャドウェルが書いたドン・ファン劇『放蕩者』の饗宴シーンのための歌である。

悪魔その一　　支度だ、支度だ、新たな客が

悪魔その二
地獄の縁に見えてきた。
硫黄の炎をかき立てて、
悪鬼をのこらず呼び集め、
地獄に住まうだれよりも
不遜なやからの、恐ろしい
その最期をば、見届けよう。

悪魔のコーラス
さあ、出ておいで、出ておいで、
ここは恐怖の永久《とわ》の獄、
さあ、出ておいで、出ておいで。

悪魔その三
地獄へ落ちた誰であれ、悪さにかけては引け取らぬ、
やつらをとことん泣かせよう、情け無用に嘆かせよう、
やつらをぞんぶんわめかせよう、永久《とわ》の呻きを上げさせて。

悪魔その一
血の気さかんな情欲の、許しも届かぬ罪深さ、
熱さ地獄で一番の、烈火の味を教えよう。

悪魔その二
悔いて、悪行嘆いてみても、
身を切る仕置きは消えはせぬ。

悪魔その三
永久の闇夜を覗かせよ、
永久の鎖で、果てしない
心の痛みに繋ぎおけ。

悪魔のコーラス　さあ、出ておいで、出ておいで、
　　　　　　　　ここは恐怖の永久の獄
　　　　　　　さあ、出ておいで、出ておいで。

ほとんどきっかり同時期といってもいいが、ウィリアム・マウントフォートが『笑劇ドクター・ファウストの生涯』を上演、みずからも出演している。これは道化役のハーレキンと相棒のスカラムッチャを取りこんだ芝居だった。おなじく、一七二四年には、奇抜な仮装服を売り物に、パントマイムの『ハーレキン・ファウスト博士』がドゥルリー・レーン劇場で上演された。似たような芝居は俳優・劇作家のコリー・シバーも上演しているが、こちらについてはポープが『愚人列伝』で攻撃している。

突然、ゴルゴーンがしゅーしゅーと這い寄り、ドラゴンがぎらぎらと眼を向けると、
十本の角をもつ悪鬼と巨人どもが、突進して戦いをはじめる。
地獄はせり上がり、天国は降下し、地上でダンスがはじまる。
神々も、小鬼も、怪物も一緒、音楽の中、激怒と喜悦のまざりあい、
炎とジグ・ダンス、戦闘と舞踏会、そして、
巨大な火炎がすべてを呑み尽くして、最期となる。

ヨーロッパじゅうで大繁盛だったのは、公共の広場やマーケットを使っての人形芝居だった。人形芝居は持ち運びに便利、役者せいぜい二、三人（火急の場合は一人でもオーケー）であがるから安価だし、

本格的な芝居のように国の検閲におびえることもない。観客には子供がわんさと押しかけたが、芝居そのものは彼ら子供向けではなく、民衆的ユーモアをこれ以上はないというくらい露骨に打ち出したものだった。これらの出し物では、独創性などというものは問題ではなく、今日のテレビドラマと一緒で、おなじみの登場人物を何度でもくりかえし顔見せさせるのが主眼といってよかった。パンチとジュディーはこうした人形劇の伝統が最後まで生き残っている実例であるが、初期の頃の大活躍といえば、やはりドン・ファンとファウストである。一人はつぎからつぎへの手管の誘惑劇、もう一人は怪しげな奇跡と悪巧みが売り物で、観客が飽きたといわない限り、いくらでも話を長くひきのばす。ところで、この遊蕩児と博士は芝居の本当の主人公とはいえないふしもあるのであって、観客がそれこそやんやの喝采を送ったのは彼らのお道化た従者たちのほうなのである。ハンス・ピッケルヘーリング、ハンス・ヴルスト、ハルレキン、こういった道化たちが仕える主人の冒険をそのまま真似たり茶化したりして観客を笑わせるのだが、やがて悪鬼どもがこの連中を「地獄の口」へ引きずりこもうという段になると、この野暮な田吾作たちは悪鬼どもを出し抜いて、まんまと遁走、哄笑と喝采を浴びることになる。ゲーテの『ファウスト』の成立を振り返ってみると、そのソースになっているのも、マーローの戯曲ではなく、人形劇のファウストなのであった。もっとも、その人形劇は、そもそもは、マーローの翻訳ものを演じていた旅回りの役者の一座からヒントを得ているから、マーローも間接的なソースとはいえる。

しかし、十八世紀とはいっても、たいていの人々は理性の追究といった難しい仕事にはかかわってはいなかったし、宗教を捨てたりは、いや地獄でさえ捨てたりはしていなかった。一七三二年、アルフォンソ・デ・リグオーリは、カトリック教会の説教壇からもっぱら地獄の業火を説かせる目的で、レデンプトール修道会を設立した。つぎに引用するのは、彼の教区便覧『永遠の真理』からとった説教の実例である。

救われぬ輩というのは、あたかも炉にくべられた薪のようなもの。下を見れば炎の深淵、上を見ても炎の淵、両側も炎の淵。手を差し伸べて触れるもの、目に見えるもの、口から吸い込むもの、それはすべてが火。その輩は、魚が水に棲むように火の中に棲むであろう。火は、この天罰を受ける者をおし包むばかりではない。彼の五臓六腑にまではいりこんで彼を苦しめるのである。彼の肉体はすべてこれ火であるから、彼の体内で五臓六腑は燃え、彼の胸の中でその心臓は燃え、頭の中では脳みそが、血管の中では血が、さらに骨の中ではその髄までもが燃える。堕落せし罪人は、彼自身が燃えさかる炉となり果てる。

イエズス会士といえば大変な説教家ぞろいで、フランスで百科全書家たちがその破壊的な言説を準備していた頃にも、かの有名なアベ・ブリデーン牧師その他の人々はパリじゅうで呪いの文句をがなり立てていた。しかし、説教といえば、ピューリタンの栄光もまた説教にあり、ことにアメリカではその感が強い。英国国教反対のプロテスタントや過激主義者がしばしば居住の地として選んだのがアメリカだったのだ。

ヴァージニア植民地には国教徒が入植していた。メイフラワー号のピューリタンはマサチューセッツにはいったが、彼らは国教会の階層秩序に反対する会衆派教会の信徒たちだった。バプテスト派もほぼ同時期にイギリスを離脱、こちらはロードアイランドに居を構えた。イングランドで迫害を受けたクエーカー教徒はペンシルヴァニアに入植、スコットランドの長老派もこれに合流するかニュージャージーへ向かうかした。ジョン・ウェスリーが十八世紀に設立したメソジスト教会はニューヨーク州に根を下ろしたが、主力教会からは多くの分派が分かれて出た。

一七三〇年代からは、福音主義的な信仰復興運動の大波が植民地をおそう。このいわゆる大覚醒運動は長老派の福音主義者ギルバート・テネント（一七〇三―一七六四）を先頭にニュージャージーで始まったが、すぐに、会衆派の著名な神学者ジョナサン・エドワーズ（一七〇三―一七五八）によってニューイングランド全体に広まった。エドワーズの後を継いだのはジョージ・ホワイトフィールド（一七一四―一七七〇）だったが、このカルヴィン主義的メソジストの激烈な説教壇作法は、彼自身の言葉によれば、「炎と明晰さと権力」を結びつけたものだったという。彼らが公然と口にしていたことだったが、その説教の目的は「眠れる魂に恐怖のクギを打ちこむ」ことだった。会衆はそうした説教を感涙と歓呼、ひきつけ、発作、失神をもって受け止め、そして大量の改心者を生み出すのだった。

ジョナサン・エドワーズは祖父の代からのニューイングランドの聖職者という家系に属し、イェールでニュートンとロックを学び、一七二三年に文学修士。彼はピューリタニズムの教会の中へ自然科学の成果を取り入れようと努め、大きな成功をおさめた。厳格な長老制主義者で、悪とそれに対する罰とは神の大計画の一部であると考えていたが、いささか忘我の恍惚状態におちいる傾向もあって、「恐怖の説教」の巧者でもあった。彼が手がけた最初の大きな信仰復興の集会は一七三四年から一七三五年にかけてマサチューセッツ州ノーザンプトンで行なわれたものだが、彼を有名にした「怒れる神の手のうちにある罪人」は大覚醒運動真っ盛りの一七四一年の説教である。彼の選んだ聖書の原句は「彼らはやがて足を踏み滑らすであろう」だが、これについての彼の解釈は「邪悪なる者たちを一時なりと地獄から引き離すものがあるとすれば、それは神の意思ひとつである」というもので、これを例証すべく彼が提示するイメージは、神の指先から垂れ下がる幾筋ものかぼそい糸に摑まってクモたちが火炎の上にぶら下がっている、という恐ろしくもあくどい光景である。

「生まれながらの罪深き精神の腐敗」を分かちもっている人々が、日曜日だけはお行儀よく教会に列席している姿、というのはあきらかに彼を不愉快にさせるものだった。「邪悪なる者への、避け難き、耐え難き未来の罰」と題された別の説教は、こんな締めくくりになっている。

まもなく、あなた方には驚異的な変化が訪れるであろう。いまそうして、その椅子に穏やかにまた心安らかにすわって、偉大なる神の怒りと地獄の話に耳を傾け、そして心の不安もなく家へ帰ってゆくあなた方だが、やがて、ブルブルと身を震わせ、大声を上げ、叫び、果ては歯ぎしりしはじめるであろう。あなた方は、いまは軽視している偉大なるものごとの、真の重みと重要性を心底確信させられるであろう。そうなれば、賢い人間となるために説教に耳傾けるなどという仕事も必要なくなる。というのも、いまのあなた方はいとも平然と無関心に聞いているわけだが、いま話している神の怒り、神の力というものをとても軽視などできないような境地に、あなた方は立派に到達することになるからだ。

エドワーズは後継者のホワイトフィールドが野外で行なう福音集会は情緒過多で激しすぎると考えていたと伝えられるが、残念なことに、彼自身の説教が中庸を得たものだと納得させられるほどの、比較すべきホワイトフィールドの説教の文献は何一つ残っていない。

最初の大覚醒運動（運動は十九世紀を通じて何度かある）は、アメリカの歴史に二つの明白な影響を及ぼした。第一には、こうして解き放たれた感情というものが、まもなく植民地全体をつつむ革命的情熱を昂進させたという側面である。多くの人々がその革命の熱気を千年王国の始まりと見なしたのだった。

第二の影響はもう少し微妙で、信仰回復運動の指導者たちも予期してはいなかったものだ。それは、信仰回復運動が引き起こした、大量の改心者を出すような宗教的興奮というものは、合衆国憲法の制定者たちにも無関係ではなかった、という点である。フランクリンやジェファソンといった人々は啓蒙運動期のフランスにいっとき暮らしたことがあったが、自国の宗教的熱気に嫌気がさしていたために、本来なら賛同したかもしれないような穏健なキリスト教からさえも、離れてしまうことになった。フランクリンは徹底した理神論者であったし、ジェファソンも暗黙のうちにその立場だった。そして両者とも、アメリカを宗教的な党派主義、狂信性から独立させておくためには、宗教上の多元性が保障されねばならないと見るだけの分別をそなえていた。というわけで、ジェファソンがフランクリンの助力を得て起草したアメリカの独立宣言書は「自然の法と自然の神」にしか言及していない。ヒューム自身もよしと認めたであろうような定式化である。そして、合衆国憲法の中でも、神の名はどこにも触れられていない。教会は断固として国家からは分離されたのである。

スヴェーデンボリのヴィジョン――24

十八世紀の後半に大きくそびえ立つあと一人の人物がストックホルムのエマヌエル・スヴェーデンボリ（一六八八―一七七二）だ。しかし、十八世紀の人ではあるが、その影響ははるか十九世紀にまで及んでいる。スヴェーデンボリは聖職者の息子であったが、当時の多くの若者と同じく、諸科学に強烈な関心を抱いていた。彼自身、科学の天才の気味も少しあったようで、その関心は天文学から代数学、冶金術にまで、また、著しく高度な物理学や解剖学にまで及んでいた。エマソンは彼を「巨星」として称賛する一方、こちらはあまり褒めたいい方ではないが、「文学の巨獣ミズリウムかマストドンの一人」とも評している。

スヴェーデンボリの科学および哲学における業績は、彼が五十歳代から記録を始めたその幻想的な霊視体験のほうの名声に隠れて、目立たないものになっている。彼の最も有名な著作『天国と地獄』（一七五八年）に収められているこの霊視体験談は、中世の幻視文学に、むろん異質ではあるが、うっとりするほど類似している面もある。題材への迫り方、これはまったく異質である。彼の言語は冷静、明確で、感情に走らず、いわば、地理学者の実際に目で見た記録という趣だが、話の形式は中世のものによく似ている。もっとも、こちらのほうが分量的にはずっと長い。中世の幻視者とはちがって、彼は地獄よりは、天国や天使により興味を見せている（多くの中世のヴィジョン同様、彼の宇宙観でも、この天国や地獄は複数形であるが、それらは究極の一個の全体性の中のそれぞれ一部分ということである）。とはいえ、下界への旅の様子も彼は忠実に記録してくれている。彼は一種の真鍮製エレベーターで下界へ降下したという。

心霊の世界には、彼の解説によると、それ自身の地勢があって、われわれの自然界と同じく、山も川も平野もある。最高位の位置には天国があり、霊魂の住む世界はその下、そしてこの両者のさらに下に地獄がある。霊魂たちは彼らの「内面の目」が開かれない限りは、天国をうち眺めることはできない。また、地獄へ堕ちた者たちは上方を見ることができない。ただ、天国と地獄の間には一種の平衡状態といったものが存在している。「地獄からは、しきりに悪を為そうとする試みが発散・流入してくるし、天国からも、たえず善を為そうとする努力が発散・流入してくる」からである。オリゲネスの余韻がほの見える点が議論を呼びそうであるし、そういえば、罪人を吸いこんだり吐き出したりする『ツンダル』の魔王《ルシファー》の残像もある。ただ、スヴェーデンボリは一度選別がなされてしまった後では、いかなる改心の余地も認められないとしている。熱心な普遍救済論者であるエマソンを苛立たせた点である。同様に、こちらも幻視者であったウィリアム・ブレイクは、当初はスヴェーデンボリに魅力を覚えたのだが、のちには、予定説の気味があるものはいっさい拒んだから、スヴェーデンボリからも後ずさりして逃げてしまった。

スヴェーデンボリのいう霊魂の住まう中間の世界、これには、十九世紀の降霊術師も二十世紀の「臨死体験」記録者も一番悩ませられた。これに匹敵するものを他所に探せば、まずは、カトリックにいうあの処罰のない煉獄がある。あるいは、プロテスタントの中にその場所を定義づけようと骨折った者もあったのだが、どこか天国と地獄の中間地帯で、神秘主義者や霊媒の信ずるところでは、われわれのこの現世ともまだ交流の余地がある場所、これもある。いずれにせよ、この暗く陰気なリンボ界のような区域の中を、スヴェーデンボリの見たところでは、霊魂たちは、彼らの本性にしたがって、あるいは天国へあるいは地獄へとゆっくり歩を進めているというのである。

天国の区分の一つ一つはそれぞれ地獄の区分に対応している。いくつかの最悪の地獄は西方、特に北西に位置しており、そこにはローマカトリック教徒が収容されている。彼らこそは「神々のごとく崇められることを欲し、最終的には、人間の霊魂はもとより天上までも支配できるという彼らの権能を認めようとしない者すべてに対する憎しみと復讐の念によって燃え上がっているのである」。また別の区分には無神論者に始まり、世俗の欲に耽る者、恨みを抱く者と敵意をもつ者、強盗、追いはぎ、けちん坊、ごうつくばり、ひとでなし、これらが一緒に押しこめられている。北西の諸地獄のその背後には「暗い森が迫っており、悪霊どもがまるで野獣のように徘徊している」。いっぽう、南西地獄の背後には砂漠が広がっていて、「陰謀、術策をめぐらすのに長けた、もっとも狡猾なやから」が住み着いている。これらの地獄は、無数にある悪行の種類に応じて厳格な階層に分類されている。

地獄は山脈、丘、岩山の下にも、平野と溪谷の下にも、いたるところに存在している。これらの地獄へ通ずる開口部、入り口は……見た目には、岩の間の穴や割れ目のように見える。あるものは幅広くさけており、あるものは小さく狭苦しいが、どれもたいていはぎざぎざの険しい岩で出来ている。どの地獄も、覗いてみれば、暗く陰鬱であるが、そこにいる地獄の悪霊たちは、着火した炭火から発するような薄赤い明かりの中を巧みに動き回る。彼らの目はその乏しい光を集めるのに相応しく出来ている。そんな適応が出来るのは、彼らが生前、神の真実の光という点からいえば暗闇の中に生きていた結果なのである。すべて［の開口部］は普段は塞がれているが、この霊魂の世界から邪悪な霊が投げこまれるときはぱっくりと口をあける。すると中からはなにかしら発散物が出てくる。煙と火のようなこともあるし、煤や濃い霧だったりもする。地獄の悪霊たちはこうした発散物が目には見えないし感ずることもないのだと、わたしは聞いたことがある。というのは、この火や煙や霧の中に浸されていると、いつかそれが彼ら自身を取り巻く大気となって、自然に楽しい暮らしとなる、というのだ。

スヴェーデンボリが地獄を調べてみて分かったのは、地獄の上部は、そこの住人がまだ「偽りの悪に浸されている」だけなので、見た目には暗く、いっぽう地獄の下方は火に包まれていることだった。そこでは罪人たちが悪それ自体にすっかり沈んでいるからである。

いくらか穏やかなほうの地獄には、粗末な家屋のようなものが建っているのが見える。ときには普通の町のように隣接して立ち並び、道路や横町もついている。だが、これらの家屋の中では、地獄の悪霊たちがたえず口汚く言い争いをし、敵意をむきだしにして殴り合い、あるいは互いに相手を八つ裂きにしてくれようと必死になっている。かと思うと、道路や横町では、強盗、略奪が始まっている。地獄によっては売春宿がおかれているが、ありとあらゆる汚物やら排泄物があふれていて、見るだけで胸が悪くなる。

田舎めいた景色ではあるが、どことなく都市内部の薄汚さ、腐敗の匂いがする。この地獄や天国は信じないが、幻想的な思索には拍手を送るとしたエマソンも、とどのつまりは、天国も地獄も退屈だと見なすにいたった。スヴェーデンボリには詩情が乏しい、と彼は思った。ただ、スヴェーデンボリ自身はこの意見を聞いたならば驚いたかもしれない。彼としては、あくまで科学者として厳粛な事実を記録している、と信じているらしいからだ。

スヴェーデンボリは早晩読まれなくなるだろう、とエマソンは予測した。これは現実にそうなったが、しかし、十九世紀を通じて彼の影響力は無視できないものがあった。というのも、科学はいぜん前進を続けていたが、理性の時代が標榜したすべてのものに対する強い反発も起こってきたからだ。ロマンティシズム、心霊論、直感、あいまいさを志向する方向転換が起こり、新たな形態の空想が求められた。もっとも、その空想の多くは、地獄やあの世についての昔ながらの見解をもてあそぶような暗い空想だったけれども……。

十九世紀——25

一八一五年、六月十八日、ナポレオン一世の軍隊はワーテルローに敗れ、四半世紀に及ぶさしもの政治動乱にも幕が下りた。十月には彼はセントヘレナへ送られそこで一生を終わるわけだが、墜ちた英雄、流浪のサタンの強力なシンボルとして、彼の一生はほとんど避け難く神話化されている。何処からともなく天使のように(あるいは反キリストのように)現れ、堕落し、破綻し、血にまみれたフランスの身元引受人となり、ついには世界制覇への恐ろしい十字軍へとフランスを駆り立てていった男*……。

* エマソンによれば、議論好きだったナポレオンは地獄の存在は否定する論陣を張った。多くの人が地獄こそは彼の故国と確信していたので、そう反対するのが得策だったからである。

フランス革命は、海を隔てた遠いアメリカの革命よりは、はるかに強力な衝撃をヨーロッパに与えた。フランス国民を結集し立ち上がらせた原因である専制、腐敗、不正といった弊害は、周囲の国々でも自由主義者、改革主議者を憤慨させるような問題となっていたからである。すでに啓蒙運動の洗礼を受けていただけに、人々は「人間の権利の宣言」(一七八九年)に共感して胸をときめかせた。世紀の変わり目に書かれた詩作品は希望と興奮に満ち満ちており、フランスは地上に実現する約束された神の王国への道を先導するにちがいない、という、最も積極的な意味での至福千年への期待を感じさせるものだった。それゆえ、幻滅が訪れると、その傷は深かった。生きていることがもはや至福にはつながらなくなった。

時代精神というものが大いに議論された。一八三〇年代に一連の思慮深いエッセイを出版したJ・S・ミルはタイトルにこの「時代精神」の句を用いている。一面では、この時代は直線的に前進し、しかもますます加速してゆく時代だった。産業は発達し、科学、探検、征服、貿易、鉄道は発展、前進した。アメリカの歴史家たちが率直にそう名付けた、いわゆる「追いはぎ成り金」と呼ばれる悪徳資本家たちは、巨財を蓄えた。

しかし、その進歩的な表層の下には不安な「精神」が横たわっていた。初期のフィロゾフたちの拠り所は機知と理性と学殖であって、これを武器に彼らは、迷信や帝国的遺産というふらつく上部構造に攻撃を加えたのだったが、新しい時代は伝統というものを一掃してしまった代わりに、不安定感をもたらしたのだった。これは、理性は失墜したという意識でもある。だから、この時代の「精神」は、著しく反主知主義的であり、形而上的なものへの関心がきわめて強かった。歴史家のピーター・ゲイがこう述べている。「十八世紀が終わるまでは、フィロゾフたちはゲルマン的なイデオロギーの強力な圧力のもとにあった。すなわち、ローマ・カトリックとギリシア古来のものとゲルマン的な民衆の諸観念との、なにか奇妙な混合体がそれであり、一種、チュートン的な異教精神というべきものだった。そして、十九世紀末までには、この奇妙な混合体からゴシック、およびロマン派の文学と音楽が生まれ、空想や民話に対する強烈な関心が生まれ、「悪魔主義《ダイアボリズム》」を含む神秘的、魔術的なさまざまな流派が続々と登場した。宗教からは離れたところで自己心理を省察しようという志向も生まれ、これはのちの精神分析へとつながってゆく。また、世紀末近くには死や臨終に対する病的なまでの嗜好が強まったが、これは十五世紀以降絶えて久しく見なかった傾向である。

「崇高」という概念もおおいに論議された。これはわれわれに峻厳なアルプスの風景を想起させ、またロマン派の時代の熱っぽい情緒を連想させる用語であるが、それは、単に美の秩序と調和といったものを指す役目を超えて、ほとんど混沌たる無限へと広がってゆく。一七五六年に書いたエッセイの中で、エドマンド・バークは「無限というものは、精神にあの心地よい畏れを充満させる傾向があるが、この畏れこそは、崇高なるものの真正の結果でもあり、また崇高なるものを確かめる最良の試金石でもある」と述べている。この定義は、なにやら地獄観の十九世紀流改訂版をもてあそんでいる感じもある。

ドン・ファンやファウストといった役に立つモデルのいる頼りがいのある伝統のおかげで、十八世紀には小説の形式も発達した。ドン・ファンは姿を変えて、サミュエル・リチャードソンの『クラリッサ』（一七四八年）ではラヴレイスとして、また、ピエール・コデルロス・ド・ラクロの『危険な関係』（一七八二年）ではヴァルモン子爵として再登場する。どちらの小説も、最後には美徳が報われる（ヒロインは両方とも死ぬから、天国へ迎えられるということ）が、小説の筋立てを進展させ、読者にページを繰らせる原動力は、断然、悪徳のほうである。ただし、そのように罪深い貴族の悪漢ヒーローの悪行が、彼らを正しき地界の報いへと導く、という筋立てにはならない。このあたりに、なにかしら新しい雰囲気がある。

当代きっての悪名高き貴族マルキ・ド・サド（一七四〇―一八一四）にとっては、むきだしの悪徳こそは詩の源泉であった。彼は人生の大半を監獄か精神病院かのどちらかで過ごしたが、おかげで彼には空想に耽る時間がたっぷりとあった。彼の主張では、純粋なる性的な快楽の名のもとに行なわれる怪奇

オーブリー・ビアズリーが企画，『イエロー・ブック』に載せた本とびらの絵.

なレイプ、拷問、殺人を彼がポルノグラフィックに創出したのは（『ジュスティーヌ』一七九一年、『ジュリエット物語』一七九六年）、啓蒙思想の正統的な延長線上にあるのだった。もし神というものが存在しないならば、神に対する責務も存在せず、社会契約もなく、他者の理不尽なる抹殺をも含めてあらゆることが許されることになる。もし人間がもの《オブジェクト》（しばしば誤用される用語オブジェ・ド・ヴェルテュの文字どおりの意味に従うと性的対象《オブジェクト》）であるとすれば、道徳観が主観でしかないこの世の中では、彼らの意志などものの数ではない、というのである。

ド・サドの影響力は甚大だった。彼は、従来の嗜好の枠組みなどはるかに超えて好色と官能主義をおしすすめた。彼の描き出す世俗的な筋立ては、世界の終末図よりも、不気味な殉教の物語よりも、また毒々しい復讐のメロドラマよりも、断然際立っていた。サドの著作にはいかなる道徳もこめられてはいない。いや、その正反対といったほうがよく、たとえば『ジュスティーヌ』では、ヒロインが種々の堕落を重ねる間じゅう美徳に執着しすぎるために、天が彼女を打ち殺すのである。サド侯爵自身も、後代の文学的想像力の中では一種の反体制のヒーローとなってくる。ロマン派の破滅貴族の化身ともいうべき「狂気と悪徳のバイロン卿」の、いわば典型というわけである。

ゴシックノヴェル——その「中世」ふうの舞台設定のゆえにそう呼ばれている——も、ほぼこの頃に書かれ出し、もう一本の柱である「リアリスティック」な小説の発展に歩調を合わせる。じっさい『クラリッサ・ハーロー』のような作品でさえ、古典的なゴシックノヴェルにずいぶん近いところがある。このジャンルに第一人者の刻印を押したのは、『オトラント城』（一七六四年）を書いたホレス・ウォルポールで、彼はドン・ファンのテーマにありとあらゆるゴシック的な装飾を盛りこんだ。すなわち、薄暗き城、ぶつかり合う鎖の音、吹きすさぶ嵐、ふさぎこむヒーローと虐げられるヒロイン、そして、このジャンルだけでなくロマン派の詩にもよく登場するが、異端審問に使うきりきり音を立てる責め具、こういった類いの仕掛けである。

　にぎやかな装飾品にあふれているから、さぞかしと期待するのだが、ゴシックノヴェルには地獄の話は思ったほど多くはない。ただ、サドの登場以降は半ば必然ではあったが、ゴシック作家たちがさっそくとりかかった仕事は、ほかならぬこの地上に地獄を再生することだった。彼らは道徳的教化のためではなく、感興を呼ぶ刺激として地獄の恐怖《ホラー》と戦慄《テラー》を必要としたのである。おなじく身の毛がよだつにしても、前者は自然な恐怖、後者は超自然的な戦慄と区別されているようだ。処罰はいつも無実の者が受けるという運命であり、有罪な者がその罰を下すのである。

　マシュー・グレゴリー・ルイスは『修道士《モンク》』（一七八九年）を書いたが、ここではサディスティックなゴシック趣味もなかなか本調子になってきている。著者二十歳頃の作であるこの本は、彼に「モンク・ルイス」とあだ名がつくほどの評判をとらせた。ド・サドはこれを傑作と見なしたし、バイロンも同意見だった。世間一般には、「青少年には毒、放蕩者には刺激」という受け取り方をされていた。修道院長アンブロシウスの堕落する姿を描きながら、ルイスはこの作品でローマ・カトリシズムを強姦、乱痴気騒ぎ《オルギア》、そして身の毛もよだつ暴虐と結びつけた。最後には魔王《ルシファー》が舞台に割りこんできてこの邪悪な修道僧を八つ裂きにしてしまうが、ただ、地獄の場面というのは全然出てこない。かわりに、閉所恐怖を起こさせるような幽閉、拷問、地下の暗闇、こういったものが十分に地獄的な雰囲気をかもし出してくれる。そのうえ、犠牲者の側でない登場人物は徹底した悪魔的振舞いに及ぶし、妖婦マチルダはじっさいに悪魔である。

　この世の地獄への傾倒は、チャールズ・ロバート・マテュリンの『流浪者モルメス』（一八二〇年）

にもいっそう際立っている。頽廃と、絶望と、堕落の蔓延する暗く陰気な世界を舞台に、悪魔との契約をテーマにしたファウスト的エピソードが語られるが、ここでも最後の地獄場面といったものは出てこない。ポーの物語にも、文字どおりの地獄場面はない。ヴィクトル・ユゴーの『ノートルダム・ド・パリ』（一八三一年）では、醜い姿の乞食たちがたむろする暗い地下の王国が、この世の地獄の役割を勤める。が、背中の曲がったカジモドはどこか後ろを向いた天使の姿になっている。いずれにせよ、心理学的な不気味さがますます受容されるような時代にあっては、従来の超自然的要素だけではものの役に立たなくなってきていた。バイロンのマンフレッドは、そうした旧来の構図を侮蔑、拒否してみせる堂々たる挙動によって、このジャンルの行く末をきっぱりと総括したのである。

ゲーテの『ファウスト』──26

偉大なドイツの詩人ヨハン・ヴォルフガング・フォン・ゲーテ（一七四九―一八三二）は、歴史的にはどこに位置づけたらよいのだろうか。彼の生涯は長く、かつ多作であったから、彼の作品は、十八世紀の古典主義からドイツのシュトルム・ウント・ドランクの時代（実質的に彼自身が生み出した動向ではあるが、のちに彼は背を向ける）をへて、フランス革命とナポレオン戦争の時期を通過（彼はナポレオンにも会見、好感を寄せている）、ゴシック・ロマンティシズムをかい潜って、ヴィクトリア朝ふうの様式にまでいたり、ついには近代の変幻きわまりない実験主義にまで達するという、およそこの時期のあらゆる創造的な潮流のすべてにかかわりをもっているのである。いまわれわれの関心事である『ファウスト』は、この間、六十年以上にわたって書きつがれ、また改訂されていた。十九世紀のロマン主義的オペラはこの悲劇の第一部からインスピレーションを得ていることが多いのだが[*]、いっぽう、二十世紀文学は、いわばその血統全体が、ゲーテの求めで彼の死後出版された第二部に計り知れない恩恵をこうむっている。

* ベルリオーズ、ボーイト、グノー、リスト、マーラー、彼らはすべて『ファウスト』に挑戦しており、後ろの二

人はシンフォニーに取り組んでいる。ワグナーも影響は受けたがじっさいに手がけることはしなかった。ゲーテ自身はロマン主義的な作風は好まず、モーツァルトが作曲してくれればいいのにとしきりに残念がっていた。彼は『ドン・ジョヴァンニ』を非常に高く買っていたし、『魔笛』の続編をじっさいに書き出したほどだった。これは、『ファウスト』第二部の前半、いわゆる「ヘレナ」の部に影響を及ぼしたと考えられている。

ゲーテは法律家の息子としてフランクフルトに生まれた。最初は彼自身もライプチヒで法律を学んだが、病を得てストラスブールへ移り、ここで一七七一年に学位を取った。彼の関心は多岐にわたり、美術、建築、医術、科学（進化に関するダーウィンの研究を先取りしているところがある）、そして哲学（特にスピノザを称賛していた）、神秘主義（スヴェーデンボリその他）と広がるが、また、ことのほか女性にも旺盛な関心を寄せた。十代の初めから、ほぼ死ぬまでといってよかろう、ゲーテはつぎからつぎへと新しい女性に求愛してほとんど休む暇がなかったのである。もっとも結婚は一度だけで、造花つくりの店員が彼の息子を産んで数年たってから、いわば急場しのぎの結婚をしたのである。

シュトルム・ウント・ドランク（「疾風怒濤《ストーム・アンド・ストレス》」）は、十八世紀の演劇界に君臨していたフランスの劇作家コルネイユとラシーヌの、古典主義的な作風に対する意識的な反抗であった。この反抗が最初にはなばなしい勝利をおさめたのが、ゲーテの失恋小説『若きヴェルテルの悩み』（一七七四年）だった。この小説のせいで、恋に破れた若者たちの自殺がヨーロッパじゅうで流行したという。また、この小説のおかげで、それまで文化的には後進国だと思われていたドイツが、いわば文学地図にのるようになった。それが、ワイマル公国の若き公爵カルル・アウグストの目にもとまったのであろう、ゲーテは招待されて大公を訪問、これがきっかけとなって、ついには公国の大臣にまでなった。ゲーテはこれ以降は公国に在住、農業、鉱業、科学などの研究にいそしむかたわら、二十年以上にわたって宮廷劇場の総監督を勤めたりもした。

この間、執筆活動もずっと続いていて、多くは劇場のための芝居だったが、人気を博した小説もさらに二作品が完成した。すなわち『ヴィルヘルム・マイスターの修行時代』（一七九六年）、および『親和力』（一八〇九年）である。そして彼の傑作『ファウスト』は生涯の大半を費やして断続的に書き継がれていた。

ゲーテは二十歳を過ぎたばかりの、まだワイマル公国へは行かないでいた頃、『ファウスト』の第一部の基本的な筋立てにとりかかっていた。それは、ファウストがメフィストフェレスにそそのかされて純真無垢の娘グレートヒェンを誘惑し捨てる、という構想だった。ゲーテはマーローの戯曲は読んでいなかったが、市場などでの人形芝居で「ファウスト博士」と「ドン・ファン」には慣れ親しんでいた。彼はこの両者のストーリーをわがものとして融合させたのである。一七九〇年には『ファウスト断章』が出版され大評判となった。一八〇八年には『第一部』がまとまった形で出版され、これがあとに続くオペラや戯曲の底本となった。そして二十年後、「ヘレナ」を出版、これは『第二部』の中の完結した断章でバイロンへの哀悼の歌を含む部分だ。『第二部』全体が完成して封印されたのは彼の死のほんの少し前のことだった。

厳密にいうと、『ファウスト』には地界の場面はまったく出てこない。第二部のほうで一度だけ計画はされて、それによれば、ファウストは冥府の女王ペルセポネーの宮殿へ降りてゆき、ヘレナの命をもらい受けて求愛するというものだったが、どうもこれは彼が決めていたこの作品のキリスト教的な締めくくりとは調和しそうもなかった。そこで、かわりに、「古典的ワルプルギスの夜」の章で、ハーデースの女の悪鬼たちを地上に解き放ち、ここへ困惑した、しかしうっとりもしたゴシック派の悪鬼たるメフィストフェレスを投げこんで彼女らの間で踊らせるという、ちょうど第一部の魔女たちの秘密会と対をなすような風刺的な一場面をこしらえたのである。

『ファウスト』にゲーテが与えた結末は、知識階層の読者には多少の驚きをもって受けとめられた。グレートヒェンは第一部の初期の版ではカトリックということになっていたが、しかし、彼女がただの純朴な娘にすぎないことはあきらかであるし、ファウスト自身も、強いていえばゲーテのような神秘主義者といったところであろう。なるほど、出だしの「天上の序曲」では、神と悪魔との間に旧約のヨブの話を思わせる賭けが行なわれて、どうやら神は(ゲーテは)ファウストを最後には救済するつもりであるらしいことは予測できる。とはいえ、古典主義的なスタイルからミルトン的な詩句まで、さまざまな文学様式を駆使して書きつがれたこの第二部の、いかにも知的なアイロニーと幻想とを読ませられたあとでは、最終場面はいささか意外な結末である。最後の応報の場面になると、舞台の左のほうでものすごい「地獄の口」が開き、昔ながらの悪鬼どもが転げ出てきて死んだファウストを奪い去ろうとする。しかし、右手のほうにはキューピッドやアモールの一隊、合唱隊、さらには聖母マリアその人までもが天国から降りてくる。まさにヴィクトリア時代のお菓子箱ふうの色とりどりのシナリオである。聖史劇のネオバロック調パロディーのようにも見える。「永遠の女性」グレートヒェンがファウストの救いのためにとりなし役を果たすが、ファウストはまずそれに値する人間ではなかろう。メフィストフェレスは敗北するのだが、その原因はといえば、彼がまるまる太った可愛い天使たちのお尻に魅せられて性欲をかき立てられてしまうからなのだ。ゲーテがこれを封印しておくことに決めたのもなるほどと頷ける。そうしなければ、読者を驚かすに決まっているこの結末をめぐって、やかましい議論が避けられなかったであろうからだ。驚かない者がいたとすれば、それはたぶん、想像力にとぼしい片意地なカトリックの弁護者かなにかで、おそらくは、ご老人が死を目前にして改心を果たしたことの一つの証として、この結末を読み解いたかもしれない。

27 ロマン派

ルネサンスはみずからが再発見した古典的な神話を楽しんだし、ミルトンはキリスト教の神話を拡大した。理神論者は科学を神話に変え、いっぽう啓蒙主義者はあらゆる神話化の作業を破壊しようと試みた。そして、ロマン派の作家たちは過去に反抗しつつ、古い神話には不信をつきつけてこれを覆すような、新しい、いわば諸派を融合した神話をこしらえた。そうした神話は、十九世紀も先へ進むにつれて、だんだんとつむじ曲がりの強情なものになり、また魔術的、幻想的になり（もっとも、あまり独創的な幻想ではなかっただろう）、ますます誘発された幻影に、つまり麻薬に頼るようになり、また自意識的な頽廃がいっそう進んでゆく。「反体制文化」という認知された名前をもつ一つのおなじものの見方がヨーロッパじゅうに拡散しはじめる。

この急進的な視界の広がりは十九世紀初めの、ウィリアム・ブレイク（一七五七―一八二七）の著作と挿画にまず見てとれる。ブレイクのそれらの作品は、ある意味で、彼以降に現れるものの一つの典型的縮図である。ブレイクはロンドンの洋品商、というか靴下製造業者の息子で、少年期は彫版師のもとで徒弟奉公を勤めた。二十一歳で独立して店をもち、妻キャサリーンの内助の功を得て終生この商売を続けた。*高等教育は受けていなかったが、大変な読書家だった。彼の神学は彼が独自に編み出したものだったが、深遠な宗教家ないしは幻想家と呼ばれてしかるべき人だった。複雑な叙事詩的な作品をいくつもシリーズで書いたが、その中で、彼は古典的、キリスト教的な神話を、またミルトン、スヴェーデンボリ、さらにはダンテの神話をも、自分独自の神話に置き換えてしまった。

＊ 二人の結婚生活は幸せだった。じつにあっぱれなエピソードも残っていて、一人の隣人がたまたま彼の家へ立ち寄ったところ、ブレイク夫妻は庭の四阿《あずまや》に二人して腰をおろし、『失楽園』の一節を朗読しているところだったが、なんと二人とも一糸まとわぬ姿であった。「どうぞ！」とブレイクが呼びかけてきた。「ただ、アダムとイヴをやってるだけですから」。

これらの系統的な詩作品はブレイクの存命中はほとんど知られていなかったし、今日でも、彼の名声はその美しい短詩群、また幾百枚という様式化された絵画や挿画に負うところが大きく、事実、これらは時とともにますますその意味合いが深まるように思われる。だが、今日の目で見てこの時代を規定していると考えられるもののすべてにブレイクが敏感に反応していたことを思うと、彼はこの時代のいわばリトマス試験紙であった。まず、アメリカとフランスの革命に対しては歴史の進行に応じて喜々として輝くような、また反対に絶望したような口吻で、それぞれ黙示録的な詩を書き、半世紀にわたって詩人たちの必須の鑑であった『失楽園』に対しては、自分自身の『ミルトン』をもって対応し、スヴェーデンボリに対しては『天国と地獄の結婚』をもって対応した。この時代の神秘的な、また、魔術的な動向を彼は反映したのである。われわれが産業革命の否定的な側面を初めて眺めさせられるのも、彼の短詩を通じてである。すなわち、「ロンドン」や「エルサレム」は、都市のスラムがないがしろにされた貧しき人々にとっての地獄となっていること表現していた。後代の詩人たちもそうしたイメージを何度となく取り上げ、いわば手垢のついたテーマにしてしまったが、ブレイクのもっていたパワーは古くはなっていない。あたかも旧約聖書の予言者のように、彼は時代の非情と偽善を痛罵する。彼の叙事詩においては、また、抑圧的な暴君に対して反抗を試みる英雄として、初めて、悪魔《サタン》的な人物形象が登場させられる。のちにロマン派最盛期にいたっても、これにまさる強力なテーマは見当たらないほどの詩材であった。

ブレイクの寓意体系は手引きがあっても解読が難しいが、それは彼のシンボルの意味の位置関係が変動するからである。ただ、ブレイクにおいては「悪魔《ダイモン》」的な形象が肯定的に提示されていることを知っておくと役立つ。彼は悪魔的な者を詩の天才ないしは鬼神と同一視しているのである。これは、ニーチェならば、古典的な美のもつ秩序立ったアポロン的な力に対置すべき、ディオニュッソス的な崇高なる混沌の力と呼んだはずのものだ。また、ブレイクが、ミルトンについて語って「真の詩人は悪魔の仲間だ」といった意味も同じである。

のちの詩人たちの中にも、ブレイクほどに複雑な神話体系に取り組んだものはいないが、ただ、パーシー・ビッシュ・シェリー（一七九二―一八二二）は『縛を解かれたプロメテウス』の中で、やはり、暴虐のジュピターを描いている。これはいわばグノーシス派の「造り損ない」のデミウルゴスであり、新しい天国と、新しい地上の千年王国を達成するためには打倒されねばならない相手である。ジュピターに対抗させられるのは岩山に鎖で繋がれて苦しむタイタン神族の一人プロメテウスである。シェリーは「序文」の中でいとも率直にプロメテウスをサタンになぞらえ、かつサタンよりも上においている。なぜなら、プロメテウスの場合は、サタンに見られた「野心、嫉妬、復讐、自己栄達への願望といった汚点を免れた者として描くことが可能」だからである。プロメテウスはコーカサス山の頂に動けないでいるのだから、下界へ降下するテーマに取りこむにはやや工夫がいる。シェリーは主人公の精神的な化身たるエイシアを「深いところ」へ送り出す、というかたちでこの問題を解決した。そこは「墓の下なる」彼岸の地であって、さまざまな「恐ろしき、異様なる、崇高なる、美なる」ものの間に、エイシアは神々、名もなき世界の権力者、幽霊、英雄、野獣、そして「大いなる暗黒、デモゴルゴーン」を見いだすことになる。

「深いところ」は地獄ではないし、ハーデースでもないが、シェリーはこれをジュピターおよび復讐の女神と結びつけている（邪道に落ちたキリスト教、ないしは教会と世俗が結託して確立した権威といったものの象徴と解釈できる）。デモゴルゴーンは大きく黒々として不定形の存在であるが、シェリーはこれをいまだ未定形、未発達の民衆勢力と同一視している。ジュピターは打倒され、キリスト教の地獄（プラトン的地獄でもありうる）とおぼしき場所へ落とされ、ギリシア悲劇か、古い聖史劇を思わせる幕切れとなる。

地獄よ
この暴虐の炎の海の、堤を切り落とし、
その海へ投げ出し、底無しの淵へ沈めてしまえ。
……………………………　ああ、
もろもろの力もわたしに従おうとはしない。わたしは沈む、
目がくらんだまま沈む――永遠に、永遠に、沈む。

そして、上方なるわたしの敵は、勝利という雲をおおいかぶせて、
わたしの墜落を暗鬱なものとする。ああ！

こうして「大地」と「月」そして精霊たちは喜悦のうちに「愛」を祝福し、またあらたな輪郭を現したデモゴルゴーンもここに加わり、「天上の王国の独裁」からの自由を祝福する。

ジョン・キーツ（一七九五―一八二一）は、彼の巨人族《タイタン》として、アポロンによって退けられた太陽神ヒュペリオンを選んだ。だが、彼の神話への挑戦第一作『ハイピリオン』はシェリーの場合と似たような技術上の問題にぶつかってしまった。つまり、冥界タルタロスでは、墜ちたタイタンは悲嘆と憂鬱のために体が麻痺してしまい――ほとんど、文字どおり石のようになる――自由な活動がまったく不可能になるということである。そこで第二作『ハイピリオンの没落』では、この自由な運動の問題を、キーツは自分自身が夢の中で冥界へ降下するという工夫によって解決した（キーツはダンテを読んで知っていた）。彼は、どうやら煉獄への階段とおぼしきものの前に立ち、巨人族の娘であるモネータにその階段をのぼるよう指示される。彼はあたりに立ちのぼる氷のような冷気に苦しめられて彼女の言にしたがう。モネータは死とはどんなものであるのかを彼が学んだと告げる。つぎに彼はタルタロスそれ自体を見させられる。彼の詩人としての自我は、苦しみ、死に、そして地獄を征服しなければならない。それは太陽神であるだけでなく詩の守護神でもあるアポロン、つまりヒュペリオンの後継者として再生するためである。

この詩は未完ではあるものの、冥界下りのモチーフを創造的野心のメタファーとして用いた、また、巨大な姿で立ちはだかる先達との、ないしは父親的人物との詩人の格闘のメタファーとして用いた初期

の魅力的な実例として残るであろう。十九世紀という時期は、時々、世紀全体でフロイトを待ち伏せしているようなところがある。

ジョージ・ゴードン・バイロン（一七八八―一八二四）はその存命中は、彼の執筆した作品によるのと同じくらい、彼自身が体現するロマンティックな悪漢英雄のゆえをもって、ロマン派詩壇の中心人物であると、一致して見なされていた。バイロンの放蕩ぶりは相当なものだった。異母姉との近親相姦の噂で評判を落とし、家庭でのサディスティックな所業が噂される中で結婚生活も破綻、女性関係のスキャンダルが後を絶たず、ついに彼はイギリスを出てしまう。この亡命生活へのいわば冷笑的な反応が『マンフレッド』の出版であった。これは、隠しようもなく近親相姦の罪にどっぷりと浸っている罪深き「サタン的な」、いや、これこそ「バイロン的な」貴族を描く、一種のファウスト劇である。マンフレッドは神に対しても、いっぽう悪魔（ここではアリマネスと呼ばれる）に対しても忠誠を拒否、その死を迎えるに及んでも、決然として人間的な力を雄々しく表明する。彼を迎えるべく地獄から派遣されてきた悪鬼どもなど、まるで僭越な下男を扱うがごとくに叱り飛ばしてしまう。

帰るのだ、お前たちの地獄へ！

お前たちは、この私には何の力もふるうことはできぬ、私にはそれが感じられる。
私を手に入れるなどということはできない相談だ、私にはそれが分かる。
私のしてしまったことはすでに終わったことだ。私はこの身のうちに
責め苦をかかえてはいるが、それは何ひとつお前たちからの借り物ではない。
不滅の精神というものは、それみずからもって、

善悪のいずれの思念に対しても、その報償となし、
それみずからが、邪悪なるものの根源でもあれば、目的でもあり、
みずからが己の時と場所を定めるもの……

お前たちが私を誘惑したのではない、誘惑などできるわけもなかったのだ。
私はお前たちのカモでもロボットでもない。
私はみずからの破壊者であったし、今後も、
破壊者であり続けるのだ。帰るがよい、しくじった悪鬼どもよ！
死の手はすでに私の上に迫っているが――しかし、それはお前たちの手ではない。

バイロンはここで、イギリスに体制として確立したブルジョワジーの「しくじった悪鬼ども」に、面と向かって軽蔑を投げつけているのであるが、まさに、これ以上はないというほどの痛快な一節である。いささか皮肉と嘲笑の気味がなくもないが、バイロンはみずからを、専横に刃向かう孤高のプロメテウスとして、また、亡命の芸術家であり、女性たちの憧れを一身に引き受ける非運のドン・ジュアンとして、はたまた、みずからの悪評を逆手にとってとことん利用するような、周りを蔑視してかかるゲーテ的なアンチ・ヒーローとして、描き出しているのである。世間の人々は彼の書物を買い、そして彼の行動を買ったのだった。ゲーテはバイロンをオイフォリオンすなわち詩魂と呼んで称賛し、ミソロンギーでのバイロンの詩的な死を悼んで、『ファウスト』第二部に哀歌を挿入した。もう一つ、はっきりバイロンに捧げられた称賛ともいえるのは、ゲーテがメフィストフェレスに蹄のある馬の足を与えていること

とで、よく知られたバイロンの足の奇形を念頭においてのことである。
バイロンは『カイン』で、再び悪魔のテーマに迫っているが、ここでは、予測されるごとく、バイロン的ヒーローになるのは魔王《ルシファー》その人である。ここで扱われる地獄にはこの時代と詩人のもう一つ別の一面を現していて興味深い。フランスに地質学者で古生物学者でもあった男爵ジョルジュ・キュヴィエ(一七六九―一八三二)という人物があって、ちょうどコント・ド・ビュフォンとダーウインの中間にくる人だが、バイロンは彼の著作を読んで知っていた。その結論によると――いまもまだ通用する仮説だが――地球上の一つないしは一連の大破局が巨大生物を地上から死滅させてしまい、十九世紀のいま、化石ハンターたちの手でその骨が続々と発掘されている、というのである。バイロンはこの「その昔地上にあった巨人たち」という聖書的な解説を利用、「人間よりもはるかに知的で、力はマンモスにも比肩する理性的な存在」の骨も、そこには含まれている、という「ポエティック・フィクション」を提出したのである。バイロンは宇宙のどこかにあるSF的なハーデースに、そうした失われた生物たちの精霊を住まわせている。ルシファーは、ちょうどスーパーマンがロイス・レインを都市上空へ運び去るように、カインをその冥界へと連れてゆく。カインはこの世界に魅せられつつも不安な気持ちで問う。

ああ、この果てしもなき暗鬱の領土のなかで、
巨大なものの姿が、ゆらめく影となって、
あるものははっきりと姿をみせ、あるものは不分明なまま、全体が、
大きく、憂いに包まれている――これらは何ものであるのか。
生けるものなのか、あるいは、かつて生命を得ていたものなのか。

ルシファーは「どちらも幾らかは当たっている」と答え、この「美しくも力強い」ものたちの間にカインを導いてゆき、説明する。すなわち、かつて彼らは——

聡明にして善良、偉大かつ栄光あふるる存在であり、
汝の父アダムが、エデンの園におかれたときの、
その存在よりもはるかに優れたものであった。
ちょうど、これから六万世代先の汝らの子孫が、汝やその息子に比して
みじめにも衰微、沈滞、退化してゆくのにも、それは似ていたのだ。
その汝らみずからが、いかに虚弱であるかは、
汝ら自身の肉体を見て判断するがよい。

かなたの「幻影の大洋」にはなにか巨大な動物たちがゆったりと横たわっている。その一つは古代の鯨であると教えられるが、また大蛇の姿も見えるようだ。カインが再びルシファーに問いかける。

あの、かなたの、大蛇が、
そびゆる糸杉の十倍もあろうかという深みから、
潮《しお》のしたたるたてがみと、巨大な頭とをもたげ、
私たちがいま見たばかりの世界に巻きついてゆこうとしている、
あれは、エデンの園の木の下でぬくぬくとしていた

蛇と同じ種類のものなのか。

なんと雷龍《ブロントサウルス》がエデンの蛇になって登場してくる。

近親相姦のテーマ（再度）、および、正統とは名ばかりの無知な存在に対する理性的不服従（カインはヤーウェをないがしろにする）、これがためにバイロンのこの詩は冒瀆的という烙印をおされるのだが、もとより、バイロンは承知の上であった。彼がこの詩に託したメッセージも明瞭である。ルシファーが断言するのだが、知識と愛とは所有するに相応しい対象であり、これを妨げるものはいかなる神であれ（政府であれ）、邪悪と呼ぶのが当然である――この主張である。

バイロンもシェリーもイタリアではアヘンを試すくらいはしたかもしれないが、十九世紀の詩人の中には、実験では済まずに、彼らがいとも自然に地獄に匹敵する世界を垣間見ることのできるところまで進んだ者もあった。サミュエル・テイラー・コウルリッジ（一七七二―一八三四）やトマス・ド・クインシー（一七八五―一八五九）が、十九世紀の初めに鎮静剤アヘンチンキを用い出した頃は、まだ中毒という医学的概念はなかったのであるが、彼らは、アヘンがもたらすファウスト的な取引を十分に理解していた。いかにも、信じ難い魅惑的な魔法の窓が開かれるのである。ただし、高い代価を払ってのことである。

いったい、幻覚を手に入れるにはいつも代償が必要だったが、人々は場合によって、喜んでそうした代価を支払ってきたのだった。中世においては、支払うべき代価は長時間に及ぶ催眠性の祈りであり、断食であり、鞭打ち、発熱、人為的な不眠までもそれに含まれた。さらには、麦を襲う菌類である麦角アルカロイドといった、自然に存在する幻覚誘発剤が摂取されていたと考えている人もある。ブレイク、ボスといった人々のように、幻覚が向こうからごく自然に訪れてくるように見える人々もあったが、産業化時代になって入手が容易になったアヘンを使えば、そうした幻覚が手っ取り早く得られるのだった。そうやって、いわば精神の対蹠地《たいせき》に発見される「みごとな新世界」は、まばゆいばかりの色彩に彩られ、毒々しいほど魅惑的で、危険なまでに詩的な、寓意の地獄なのであった。

麻薬に関連した体験はしばしばあの世への旅という形をとって現れる。二十世紀後半の幻覚剤実験家はこの旅のことを普通「幻覚体験《トリップ》」と呼んでいる。この旅の典型といえば、コウルリッジの『老水夫行』であろう。老水夫の船が不思議な海域へ突き進み、熱帯の異常な太陽の下で、「どろどろした幾千もの生き物」や敵意ある精霊のうごめく不気味に明るい水に取り囲まれて立ち往生してしまう。ここに、「死」と「死中の生たる夢魔」を乗せた帆船が現れ、両者の賭けにより乗組員はつぎつぎと倒れて死に、ついに老水夫一人が残される。水ものめず喉も干上がる七日七夜の苦行の間（なぜなら、彼はアホウドリを射たからである）、老水夫は空しくも死を乞い願う。ここに、月光の下に彼の忌み嫌っていた「どろどろした生き物」がほの白き燐光の中に燦然たる色彩の装いでたち現れる。このウミヘビを祝し称える気持ちが老水夫の胸からほとばしり出るとき――これもロマンティックな反転の一例だ――ついに呪いは解け、雨は喉を潤し、風は船を誘う。死した船員たちの体には天使が宿って船を操り、こうして老水夫はこの世へと立ち戻ってくる。

『老水夫行』が、コウルリッジ自身が欄外に施した（じつにみごとな）注解を読んでも、なお、あまり意味がはっきりしない、という批評は従来からなされてきた。しかし、はるか外圏の領域にあっては、意味ばかりが重要とはいえないし、だいたい、意味が完全に制御下にあるという保証もない（私は、ア

ギュスターヴ・ドレによる『老水夫行』の挿絵.

ヘンに誘導された幻覚がまったくでたらめだといっているのではない）。『老水夫行』と、これに加えてコウルリッジのあと二つの超自然的な詩篇『クリスタベル』および『クーブラ・カーン』（これは、アヘンを喫して書いたとコウルリッジが認めている）、この三作の魅力は依然失われていない。

イギリス人と同じく、フランス人もミルトン流のサタンに反発して小競り合いを見せているが、しかし、彼らにはナポレオンというあまりにも大きな権力者がおり、したがって、その反逆もあまり成功していない。シャトーブリアン（一七六八―一八四八）は地獄を北アメリカへ移している（『ナチェーズ族』一八二六年）。ヴィクトル・ユゴー（一八〇二―一八八五）は、未完ではあるがサタンを主人公とした三部作を書いていた。サタンの名誉回復がユゴーの意図だったのである。いっぽう、フランスでも、もっと若い世代の詩人たちはわが道を歩んでいた。彼らはニガヨモギをベースにした常習性の酒アブサンで、ハシーシやアヘンを喉に流しこみ、夢幻境に遊びながら、頭脳のほうも損なっていた。シャルル・ボードレール（一八二一―一八六七）は四十歳前に、すでに梅毒で発狂寸前だった。ボードレールはスヴェーデンボリの弟子で、バイロンやポーを礼讃していたが、自分の第一詩集を『悪の華』（一八五七年）と名付けたものだった。この詩集では、ほぼ全作品が、なんらかの形でサタン、地獄の住人、屍、吸血鬼を登場させるか、少なくともなにかしら不吉な類いの悪徳に触れないではいない。詩人は必ずしもそれらに共感しているわけでもないが、しかし、その魔性の魅力には逆らえないものを感じているようだ。いくぶん自嘲ぎみではあるが、アヘンを自分の案内役とも没落の罠ともしながら、ボードレールはいかにも自由奔放に地獄を歩き回る。単調な現世からの転地を試みただけのさえない作品もあるが、最上の作品では彼も拒否していた主エホバへの不敵な挑戦も見られる。各詩篇を貫く善と悪の相互浸透、そして「冷たく不吉な美」への称賛には完璧なものがある。『悪の華』は猥褻を理由に裁判に付され、計六篇が有罪とされた。しかし、まさに時代の産物であったこの作品が人気を失うはずもないのであった。

アルチュール・ランボー（一八五四―一八九一）はボードレールの弟子で、同じく梅毒に罹るところまでそっくりな「呪われた詩人」であった。詩人としての彼の経歴はわずかに十六歳から十八歳までであった。彼も事実上麻薬を信奉していた一人だったといわれている。その代表作『地獄の季節』は麻薬についてよりはこれも第三番目の麻薬詩人ポール・ヴェルレーヌとの愛憎関係が中心だが、しかしランボーはこの三人の中では最も有名な「トリップ」詩を書いてもいる。「酩酊船」がそれである。これは新世界の幻覚の川を流れ下る情景を描く。詩人は反吐のしみついた自分の肉体も、自分の船ももはや制御できず、麻薬かあるいは酒にまかせて、ありとあらゆる様相をみせるその川をより速く、より高く突き進んでゆき、ついには銀河にまでゆきつく。異国趣味と記憶とをつきまぜながら、ボス的な風景――「世にも不思議なフロリダだ」――が飛びすさり、この船旅はしだいに興奮性の恐怖とも無限の崇高ともつかないもの、すなわち忌み嫌いつつも愛着をおぼえる一種の地獄、それを体験する航程となる。

精神の内奥への幻視の旅は、むろん、いつも麻薬に誘導されねばならないというわけではないが、そうでない場合でも、これぞ麻薬誘導型の幻覚だと人に感じさせる、そういう役割を果たすこともあった。たとえばハーマン・メルヴィルの初期の海洋物語は直截で陽気な調子ですらあるのだが、それが『白鯨』の寓意的な一大幻視航海となると、メルヴィルはこの素材に相応しい幻覚的なスタイルを見つけだしているのである。また、ハート・クレインの光きらめく荒れ狂う二十世紀的な幻視の旅も想起される。また、自身は最も麻薬とは縁が薄いのに、たとえば「C文字のコメディアン」におけるように、いとも優雅にこのジャンルをそっくりパロディーに仕立ててみせたウォレス・スティーヴンズもいる。*

＊　ビートルズは彼らの一九六七年の曲「ルーシー・イン・ザ・スカイ・ウィズ・ダイヤモンズ」が麻薬には関係ないと、断固主張したが、それは、まさに子守歌形式をとった、完璧なミニチュア版の幻視の旅であった。

麻薬はヴィクトリア時代後期の神秘主義、とりわけ魔術結社「黄金の暁会」といった悪魔信仰家のグループと、しばしば関連させられている。「黄金の暁会」はウィリアム・バトラー・イェイツやアルジャナン・チャールズ・スウィンバーン、オスカー・ワイルドも参加していた（スウィンバーンの詩には、この世の地獄的なエロティックなサドマゾヒズムが著しい。また、生涯、神秘思想の信奉者だったイェイツは、自分の「霊」名をデモン・エスト・デウス・インヴェルサス（悪魔は反転させられた神）と決めていたという）。世紀末の「濃い紫の煙」の中で、悪魔学は一つの流行となったわけだが、オーブリー・ビアズリーの挿絵に見られるようにそこには多分に皮肉、冷笑もこめられていた。

ヴィクトリア朝時代の最も異様な麻薬詩といえば、まちがいなくクリスティナ・ロセッティの『妖精の市場』（一八六二年）である。画家であり詩人であった兄のダンテ・ゲイブリエル・ロセッティが組織したロンドンの文学サークルに連なっていたが、彼女がみずからおおいに麻薬を体験していたという可能性はまずないようだ。それにしては、不思議な果実を手にローラを誘惑する「猫顔」や「鼠顔」の悪魔的妖精たちの、そのあいだにローラが留まるさいの体験はどう理解したらよいのだろうか。ローラは哀れにもたちまち禁断の果実の味に溺れてしまうが、悪鬼どもは彼女の前から姿を消してローラを苦しめる。操正しいリジーは姉の悲惨を見るに忍びず、みずから悪鬼のもとを訪ねるが、ここで悪鬼はその本性を現す。

　その声はみるみる喧しくなり、

顔付きは邪悪になる。
しっぽを激しくうち振りながら、
彼女を押しつけ、踏みつけにし、
肘で押しては、小突き回し、
その鉤爪でつかみかかる。
ワンワン、ギャーギャー、シューシューと嘲るように吠え騒ぎ、
ガウンを引き裂き、靴下を汚す。
彼女の髪を付け根から引きむしる。
その柔らかい足をどすんと踏みつける。
今度は、両手を押さえつけ、魔法の果実を
ぎゅーぎゅー口に押しつけて、無理にも食べさせようとする。

これは中世の聖史劇が『サー・オーフィオ』経由で変形してきた場面といってよい。しかし、いっそう風変わりな場面がさらに続く。勇敢なリジーは絶対にこの果物を味わおうとしないばかりか、その悪鬼のジュースでびしょびしょになってローラのもとへ駆け戻るのである。

「わたしがいなくて寂しかった？
さあ、ここへ来てキスをしてちょうだい。
わたしの怪我なら、気にしないで。

わたしを抱いて、キスをして、この口のジュースを吸い取ってちょうだい。
これは悪鬼の果実から、あなたに絞り取ってきた、
悪鬼の果肉と、悪鬼の果汁。
わたしを食べて、わたしを飲んで、そして愛してね。
ローラ、わたしを吸い尽くしてちょうだい」

ローラはリジーの上に倒れかかり、「苦悩と、恐れと、痛みに震えながら／その飢えたような口をもって彼女に口づけた」。今度の果汁は苦かったが、ローラは止めることができなかった。幸運だったのは、リジーの美徳がこの悪の果汁を自分の身体によって一種の解毒剤に変えていたことで、これでローラは自分の「血の中の毒」から解き放たれることになる。この気高い美徳の勝利が、姉妹の愛情という耳触りのよい倫理に支えられ、また微妙な意味のニュアンスというものに対するヴィクトリア朝時代の頑迷なまでの盲目性に助けられて、この驚くべき一篇をなんと家庭の読み物として人々に

ローレンス・ハウスマンによる『妖精の市場』の挿絵.

取っておかせたのである。

ヴィクトリア朝時代の人々は、降霊術、催眠術、神知学《セオソフィー》といったものに魅了されており、また、彼らの女王陛下にならって、死者に対する哀悼、礼拝には盲目的なまでに熱を入れた。その死者が年若い者だった場合はなおさらだった。人々はまた、幽霊話、恐怖小説、幻想小説なども好んだ。それらは、はっきりキリスト教的な内容といえるものは少なかったが、なかには、結末にだけキリスト教道徳をコテで塗り付けたようなものもあった。* それらは、アメリカの恐怖小説——大体はエドガー・アラン・ポー（一八〇九—一八四九）の発明——と同様で、地獄は避け、かわりに「墓の彼方の」超自然的で不可思議な霊魂の世界から立ち現れる亡霊、妖怪、お化けといったものを利用した。そのうち、ＳＦが銀河の向こうから交替要員を連れてくることになる。

＊　ハンス・クリスチャン・アンデルセンが北欧系の寓話にルター主義の説法を貼り込んだのは見ていて心地よいものではないし、異様である。二十世紀になって彼が酷評されるのも無理からぬところがある。彼の地獄ものの寓話「パンを踏んだ娘」は記憶に残る話ではあるが、読むと私は嫌悪感をもよおす。

二十世紀の人気幻想作品として忘れてならないのは、ありとあらゆる可能な素材を駆使して登場する三つのゴシック小説だ。この三作はさまざまに模倣され、脚色され続けていて止まるところを知らない。その三作とは、まず、科学によって生命を与えられるが後には見捨てられる怪物を描いた、メアリー・シェリーの『フランケンシュタイン』（一八一八年）、次に、ファウスト的な科学者が、一人の人間をいわば予備部品から組み立てるというのではなくて、顕在化した原我《イド》によって作り上げるという、ロバート・ルイス・スティーヴンソンの『ジキル博士とハイド氏』（一八八六年）、そして、悪魔愛好家の連続殺人を描く究極のゴシック小説、ブラム・ストーカーの『ドラキュラ』（一八九七年）である。

　これらの小説では、地獄はまったく出番がない。ドラキュラとその手先たちはいずれも魔物ではあるが、十字架のおまじないが出てくるにもかかわらず、彼らはキリスト教的な悪鬼どもではない。彼らは民話にある暗黒の森の出身であり、人々は、死体がぼろぼろに崩れ去る場面を見ても、彼ら吸血鬼が、またその犠牲者が、地獄へ墜ちるだろうなどとはまったく考えない。ハイド氏もまた悪鬼ではある。しかし、語り手がヴィクトリア朝ふうの伝統で、いくら苦汁にみちた揉み手をしてみせても、彼はなにか超自然的な堕落した霊魂となるわけではない。彼の重要性は、その存在がいかにも近代的な比喩になっているところにある。彼と好一対をなすのは一八九一年のドリアン・グレイであろう。彼もまたジキル博士の顔の背後にハイド氏の魂を隠しているからである（オスカー・ワイルドは、ドリアンの醜悪さが最後に召し使いたちによって発見されることで、彼に対する罰は十分と感じていたようだ、おそらくそのとおりだっただろう）。メアリー・シェリーは進歩的で、つまり時代に先んじていたし、ストーカーとスティーヴンソンのほうはまずまず彼らの時代の子であったという違いはあるが、自分たちの創造した闇夜の魔物たちのために、懲罰的な地獄が必要だと考えた者は一人もいなかったのである。

　こうして、十九世紀末までには、地獄は大衆文化の世界から事実上その姿を消してしまう。たとえ文字どおりの地獄のイメージが中産階級の人々の思考態度の一部にまだ残っていたとしても、いったいその地獄をどこに置いたらよかっただろうか。一八六五年にルイス・キャロルが『不思議の国のアリス』を書いてしまってからは、地界というわけにもゆかなくなったはずだ。おそらくは、ウィリアム・ホイストンかそれともバイロンにならって、どこか宇宙へ飛び出すしかないであろう。

28 普遍救済説《ユニヴァーサリズム》

十九世紀後半には、キリスト教会内から地獄というものをなくしてしまおう、という動きも見られた。もっとも、こちらは手ごわい抵抗なしではすまなかった。オリゲネスが、終局的な万人の救済を論じていらい、普遍救済という概念はキリスト教の底流にはいつも潜んでいて、プロテスタント、カトリックを問わず僧侶団から厳しく非難されながらも、完全に打ち負かされたとは一度も思っていなかったのである。啓蒙主義の時代になってようやく、およそ千五百年ぶりに、常道を外れたような理論も公に議論されるようになった。また、神を愛と見なすロマン派的な観念――現代のわれわれには聞き慣れた言葉でも、百五十年前にはまだ新奇な響きがあった――も、天罰というものを新たな視点から見直すことを要求していた。

一七五〇年頃であるが、普遍救済の教義を最初に公にしはじめた一人は英国人ジェイムズ・レリ（一七二〇？―一七七八）だ。バプティスト派の信徒で、最初はジョージ・ホワイトフィールドに追随したが、あの、火を吐くような信仰復興の説教にはさしものジョナサン・エドワーズも一瞬息をのんだというくらいの、名だたる説教家で、レリも困惑しきりだったようで、やがてホワイトフィールドを離れ、もっと穏健なメソジスト、ジョン・ウェスリーについた。しかしまもなくより急進的な立場に移り、ついには正統派のカルヴィニズムを――ということは、たぶんクエーカー教徒を除いて、当時の英国の宗派のほとんどを――否認するにいたる。彼は巡回説教師となるのだが、その説教の主眼は「もしキリストが万人のために死んだのであれば、万人が救われるであろう」という教えにあった。

レリの帰依者の一人、カルヴィン主義者だったジョン・マレー（一七四一―一八一五）は、一七七〇年、ニュージャージー州グッドラックに着任、ただちに普遍救済の教義を植民地の北東部一帯に広めた。彼の同僚でバプティスト派のエルヘイナン・ウィンチェスター（一七五一―一七九七）は一七八一年、普遍バプティスト教会を設立、急速に改宗者を集めて、一七九〇年にはフィラデルフィアで普遍救済派の主教区会議を開くまでになった。一八二〇年代には、教会はアメリカにしっかりと根を張っていた。

普遍救済説の信奉者も、初期のころは、地獄の永劫の苦悶という教義だけは別にして、あとはどんな問題にしろ、自分たちの奉じていたプロテスタント諸派の正統派の教義を守っていた。初期のイギリスの理神論者と同じく、彼らも地獄それ自体は信じていたが、ただし、そこでの滞在は一時的で、矯正的な役割のものと認識していた。マレーは、神の善性が懲罰的なもの以上の苦痛は許さないのだ、と主張、また――本人は自覚していたかどうか――オリゲネスにならって、人間は地獄にあっても自由意志を保有しており、したがって悔い改めることが可能なのだが、事実、地獄の恐ろしさを考えれば、きっと悔い改めるにちがいないのである、と説いた。しかし、のちに有力な指導者となったホーゼイア・バルー（一七七一―一八五二）は、その前任者たちと同様、特に学識があったわけではないが、知力旺盛な思索家だった。理神論の文献も読み、理性を信奉しトマス・ジェファソンやイーサン・アレンを尊敬していた。彼は普遍救済派の立場がかかえている神学上の問題点に正面から取り組みはじめた。もし、救済が神の本性によって保証されており、かつ人間の性質が最後には結局善を選ぶほど立派なのであれば、では、キリストの犠牲とは何のためだったのか。なぜ人はイエスの神性や彼の復活を信ずる必要があるのだろう。三位一体の必要性は何だろうか。人間の堕落、また原罪にはどんな意味が与えられるのだろうか。何よりも、永劫の地獄というものが存在しないのだとすれば、人はどこから「救われる」ことになるのか。

バルーの下した結論は急進的なもので、どんな正統派のものであれ旧式の神学理論は邪魔なだけである、キリストの十字架上の受難は人間の破滅の運命からの救済の保証だったのだが、その破滅の運命は、キリスト以降は、もはや存在しない、というものだった。彼は、また、永劫の処罰の否定からさらに地獄そのものの全面的な否定にまで進んだ。これは信者たちを仰天させ、彼自身の教会の内部にも分裂を引き起こした。普遍救済主義者たちは、この問題をめぐって行きつ戻りつすることになる。十九世紀後半には、一時的には罰を受けるのだという説に傾き——これは、罰のあとには結局救済が訪れるので「救済回復《レストーレーション》」として知られている——また二十世紀にはバルー的な過激な立場へと進み、多くの普遍救済主義者たちがいかなるものであれ来世というものを信ずるのを止めるにいたった。

ともあれ、普遍救済主義の運動は発展し、やがて自派の学校や大学までもつにいたる（ちなみに、アメリカの公立学校制度というのは普遍救済主義者のホレス・マンに負うところが大きい）。一八六〇年代にダーウィンの進化論がもたらした宗教界の危機も、ほかのキリスト教諸派に比べればずっと無難に乗りきったばかりか、自派を全般的に自然科学賛成派として確立した。科学だけではない。商売賛成派でもあった。あのアメリカ見世物館《ミュージアム》を開いたP・T・バーナムは興行主でサーカス団長でもあったが、また熱心な普遍救済主義者でもあった。彼の宗教は「商売のカモは一分ごとに生まれてくる」と彼が公言するのをいささかも妨げなかったのである。二十世紀には、真の宗教は文字どおりあらゆる意味で「普遍的」であるとして、普遍救済主義者たちは世界じゅうの大宗教にも手をさしのべた。一九六〇年にはアメリカ普遍救済教会は、アメリカ・ユニテリアン協会と合併した。

しかし十九世紀の間は、まだキリスト教諸派の反応も過熱ぎみだったから、普遍救済の教義は、特に一時的な地獄の存在すら疑うにいたった段階では、四方八方から攻撃されていた。攻撃はまさにバルー自身が確認してあったような論点をめぐって行なわれた。たとえば、極悪人をも含めてあらゆる人間を救わねばならない立場に神をおくなどというのは、不道徳でありかつ神を侮辱するものであるとする非難がなされ、また、アルミニウス派の自由意志を支持する側からは、万人を救済すると決めてかかるのはカルヴィン主義とおなじくらいの決定論だという批判も出た。さらに地獄の実在性を否認し、したがってキリストの十字架上の死がもつ決定的な重要性をも否認するというのは、キリスト教全体を放棄することに等しい、という非難もあった。そのような教義はただの人道主義にすぎないのだから、信仰のゆるやかな人々――つまり二十世紀後半のアメリカに生まれた根本主義《ファンダメンタリズム》ほどのきっちり限定された見解など全然もっていない多くの人々――にとっては、絶対に禁物との論もあった。

アメリカの神学校はそのほとんどが十九世紀には設立を終えていた。当時の議論の白熱ぶりを知るにはいい勉強だから、ほこりをかぶった書棚の古い蔵書などざっと眺めてみよう。一八三六年、メソジスト派による創立のアトランタのエマリー神学校には、何点かヴィクトリア朝ふうの表題の書物が見つかる。『天罰の聖書的教義に関する見解の歴史』(一八七八年)、『永劫の罰と永遠の生命』(一八七九年)、『永劫の罰』(一八八〇年)、『永劫の罰に関して信ずべきこと』(一八八〇年)、『永劫の罰について何が真実か』(一八八一年)、『果てしなき未来――人間の試練と来るべき無限の宇宙との間の有りうべき結合』（「著者はこの書物を匿名で出版するものなり。名声ではなく真実こそが著者の動機にして目的であれば――」一八八五年）、『永遠の破滅』（一八八七年）、『未来の応報――理性と啓示の光の観点から』（一八八七年）、『処罰における神の慈悲』（一八九〇年）、『未来の天罰』（一八九二年）等々、論争の当時者双方の書物がある。これら論文の著者にはアメリカ人だけではなく、イギリス人もいる。また、聖職者ばかりではなく、ヴィクトリア時代のごく率直な人士がそのゆるぎない宗教的確信を披瀝した、といったものも多い。

右派勢力は論争などと生ぬるいことはいっていない。一八七九年、ローマ教皇レオ十三世は教書を発して、永劫の地獄と悪魔の存在をあらためて確認、カトリックの知識人たちもこの裁定に足並みをそろえるよう求めた。伝統を重んずるヴィクトリア時代の親たちは、自分たちの子供にはジョン・バニヤンの本か、あるいはジョーゼフ・ファーニス師のベストセラーで、地獄に落ちた魂が土牢で泣き叫ぶという『地獄の眺め』をプレゼントするのを習慣とした。

いたいけなその子供は赤く焼けた炉の中に放りこまれる。聞くがよい、外へ出たいと泣き叫ぶその声を。見るがよい、炎の中で身をよじり、もだえる姿を。頭は炉の天井にはげしくぶつかり、小さな足は火床を踏みならす……。神はこの子に大いなる慈悲をかけたのである。というのは、おそらく神はこの子がますます悪い人間になり、悔い改めることもしないと見抜き、そうなれば地獄へ落ちたときにもっと厳しい、辛い罰を受けるだろうと予想したのである。だから、神はその慈悲をもって小さな子供のうちに、この子を世の中から引き取ったのだ。

1841年，ダブリン刊の『キリスト教徒を戒めるための地獄』にある挿絵.

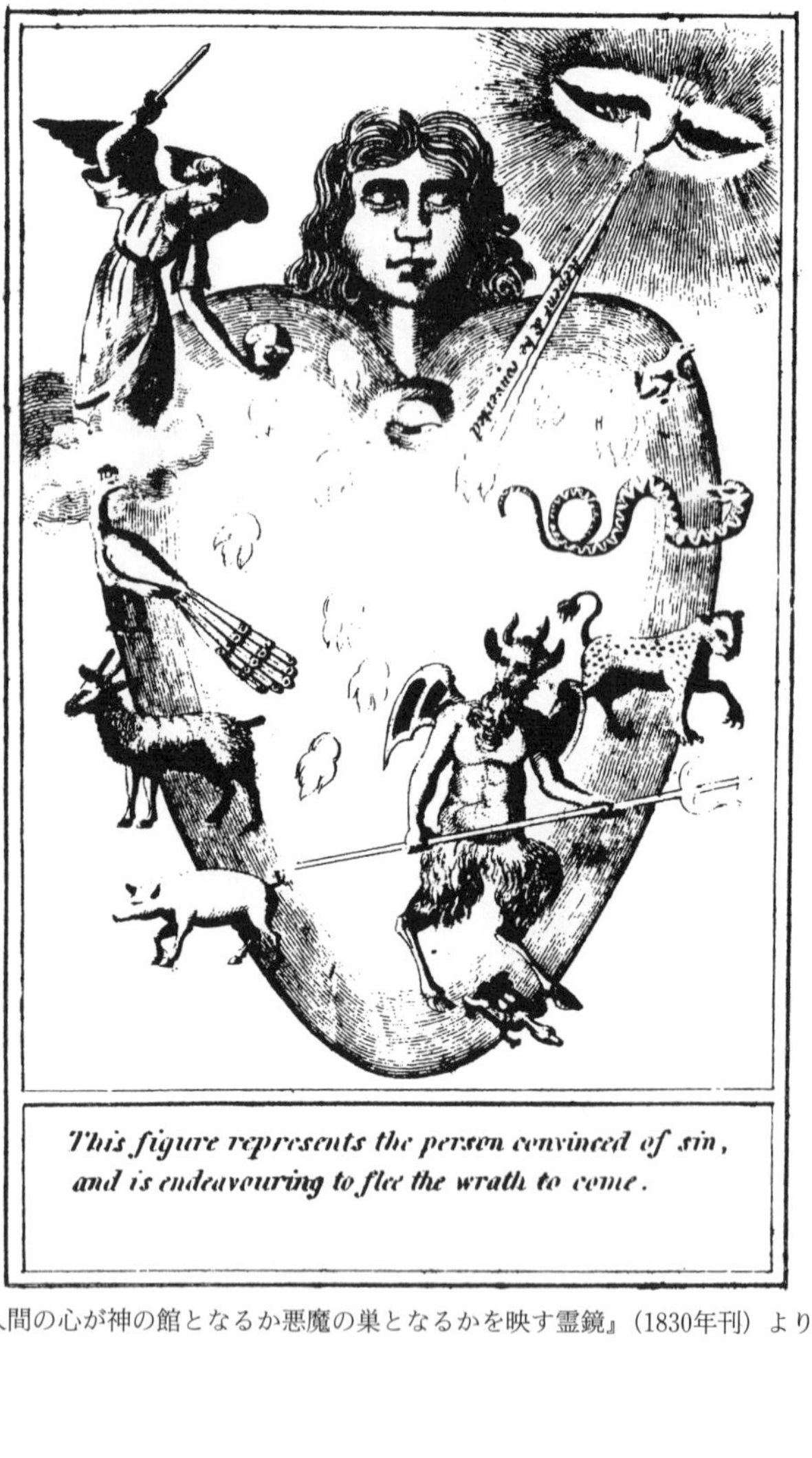

This figure represents the person convinced of sin, and is endeavouring to flee the wrath to come.

『人間の心が神の館となるか悪魔の巣となるかを映す霊鏡』(1830年刊) より.

こうした伝統は個々の部分的戦闘には勝ったかもしれないが、戦争には負けた。キリスト教のほとんどの宗派は、信者が永遠の地獄というものを信ずるのを是認してはいる。しかし、その地獄をしきりに強調しているのはカトリックの伝統主義者とプロテスタントの根本主義者だけである。地獄はいささか扱いにくい困った存在になってきている。司教が地獄落ちの恐怖をテコにした説教を試みると、たちまち大衆紙がこれを揶揄して、逆に彼を火あぶりにしてしまう時代である。来世というものを信じている人々のほとんどは、内々では、ゆるやかな普遍救済説の立場――現代的なそれにせよ、昔ふうの一時は罰を受けるタイプにせよ――を受け入れているように思える。

しかし、公式には、まだキリスト教のほかのどの宗派も、ユニテリアン＝ユニヴァーサル連合の、ほとんどエマソンふうに朗々と響きわたるこの宣言に追随するとはいっていない。

永遠の地獄という教義を、われわれは無条件に拒否する。神の特性に対するおよそ考えられる最悪の侮蔑として、また、天国における至福を不可能にする障害として、これを拒否する。その心の木石にあらざる者ならば、自分たちの愛する人々を含め人類の半数が地獄の苦痛に落とされると知りながら、どうして幸福を享受できようか。このような、神を貶める暗い教義は捨て、われわれは、未来の世界は永遠の正義と愛によって治められると信じ、そして、われわれがこの世で「われらが父」と呼ぶその方が、来世においても同様にすべての人の子の父となって下さることを信じ、そしてまた、この世で善を行なった者に永遠の幸福がもたらされるばかりか、悪を行なったものにも永遠の希望が許し与えられる、そのように未来の世界は作られていると信ずるのである。

29 フロイトの時代

現代世界の予言者としてしばしば引き合いに出される人物が四人いる。まず、十九世紀中頃の最大の知的な衝撃として、一八五九年の『種の起源』がある。ここでチャールズ・ダーウィン（一八〇九―一八二二）が提起した生物学的決定論の学説は、哲学思想の最先端に重大な変更を加えるものだった。機械論的な宇宙はそれが拡張するにしたがって、すでにきしみ音が耳障りになっていたのだが、生物・有機体の葛藤が地質学上の太古の時代にまでさかのぼって確認されるに及んで、いまやこなごなに砕け散ってしまった。神の全能と善性の証と見なされていた自然界の調和が、いまや、一連の生殖上の成果が合わさったものにすぎないらしいことも分かってきた。これは不信心、不道徳を蔵した恥ずべき思想ともいえたから、当然ながら反感を抱く者が多かった（いまも、多い）。また、神のイメージに似せた全き創造物であるはずの人間が、じつは、類人猿から進化したものだという考えも、同じように反感を買った。しかし、いっぽう、この新しい福音を進歩の確かな印として、すなわち、自然と人間社会が前進・向上してゆく証として歓迎する者もあった。

これより前、一八四八年にカール・マルクスは『共産党宣言』を発刊している。また、いっそう強力な影響を及ぼした『資本論』はエンゲルスの編纂だが、これは世紀の末にならないと出てこない。マルクスは宗教を気を散らすものとして一蹴した。「民衆にとっての阿片」であり、歴史的に見ると、搾取と専制を維持・推進するための道具であった。歴史の進歩のためには、私有財産、階級差別、労働と賃金の不公平な分配などと共々、除去されねばならない代物だった。この思想は二十世紀の国家的大動乱の中で実験されることになるが、それ以前にも、知識人、人道主義者の間に旺盛な議論を巻き起こした。

フリードリッヒ・ニーチェ（一八四四―一九〇〇）は進歩を信じていなかった。とりわけ、強制された平等主義に基づく進歩は信用していなかった。人間というものは、その実情はきわめて凡庸で大勢順応型であるから、怪奇な超自然的脅威を用いて、人間をまとめてコントロールしておこうという卑劣な策略がキリスト教なのであった。ユーバーメンシュ、すなわち「超人」というこの言葉は、ナチズムのおかげで永遠に意味が歪められてしまったのだが、ニーチェにとっては、そうした大勢順応性に（とりわけ、組織だった宗教や、ファシズムの匂いのするものへの順応性に）抵抗するだけの意志と力量をもった個人こそが、超人なのであった。そうした超人に該当する実例はゲーテだった。同時代の詩人たちと同様ゲーテもまた、「ディオニュッソス的」な喜悦の崇高さを「アポロン的」な秩序だった美の上におく人だったからである。

しかし、なんといっても、地獄の現代版を語るにはジークムント・フロイト（一八五六―一九三九）が中心に来る。比喩的な、また詩的な思考スタイルは十九世紀におおいに発展したのであるが、フロイトがいわば精神の地形・地勢に挑んだ冒険は、これまでは不明だったいくつもの暗い領域に光を投げかけ、また、現代の象徴体系のありかたにも重大な影響を及ぼした。早い話が、原初的なイドとエゴおよびスーパーエゴとの格闘が前面に出てくる時代には、神の予定対自由意志という対立の図式はやや末梢

悪鬼たちにも壊せない金庫．19世紀の宣伝広告．

的にならざるをえない。いまや、不安、抑制、抑圧、エディプス・コンプレックスを問題にすべき時代なのであって、原罪が問題なのではなかった。もっとも、(彼の追随者の多くとはちがって)これらの問題を断固として性衝動に結びつけようとした点では、フロイトは原罪を掲げたアウグスティヌスと似ていた。

フロイトは宗教には反対で、これは制度化されたノイローゼだと考えていた。フロイトの若き後継者カール・ユング(一八七五—一九六一)はいくらか神秘主義的な傾向があったが、彼がフロイトと袂を分かつのが、ほかにも相違点はあるが、まずはここである。彼は「集団的無意識」を提唱、個人よりは民族に意味を見いだして「原像」の理念を強調した。無意識を抑圧する結果生ずる絶望と彼が称するもの、それがシャドーである。文学者、芸術家への影響力にかけてはユングはフロイトをはるかにしのぐ。彼らは芸術家の体験としてシャドーをまちがいなく知っていたからである。

二十世紀になっても、地獄は消滅するどころか、この世紀の最も有力かつ重要なメタファーの一つとなった。ジョン・バニヤンですら、『天路歴程』において古い説教にある「地獄の泥沼」を「絶望の泥沼」に変えたとき、自分のしていることの比喩的な意味をある程度は知っていたのである。しかし、たとえばフロイトとニーチェの強い影響を受けたトマス・マンが、悪魔と結託して狂気にいたる悲劇の作曲家を描いたその大作『ファウスト博士』（一九四八年）の舞台をヒトラーのドイツに設定したというような意識は、バニヤンの比喩的感覚をはるかに凌駕するレベルにある。フィヨードル・ドストエフスキー（一八二一―一八八一）も、善と悪、正気と狂気の問題を執拗に追究した一連の小説群の中で、すでに、リアリスティックな作品構造の中に悪魔的なイメジャリーを取りこむことに成功していた。『カラマーゾフの兄弟』のイワンこそは、ニーチェが神の死と呼んだものの最も鮮明な実例であろう。

地獄のメタファーはさまざまな形で多くの現代作家の想像力をかき立ててきた。伝統の地獄図を走馬灯のように垣間見させるアイロニカルな手法はいたるところに実例がある。ゲーテの『ファウスト』第二部はジェイムズ・ジョイスの『ユリシーズ』（一九二二年）の「夜の町」あるいは地界の売春宿の場面に復活しているし、また、マンの『ファウスト博士』、ウィリアム・ガディスの『認識』（一九五五年）、サルマン・ルシュディの『悪魔の歌』（一九八八年）にも受けつがれている。

危険がいっぱいの領域――しばしば戦争地域であり、ジャングルの奥地である――へ、じっさいに自分の足で踏みこんでゆくといった旅も、精神内面の旅と平行して存在する。ジョーゼフ・コンラッドの『闇の奥』は代表的な例であろう。フランシス・フォード・コッポラ監督が、一九七九年の映画『地獄の黙示録』でこれをヴェトナム戦争の時代と舞台にあわせて作り直したときは、第二次世界大戦後の時代に相応しく、映像ははるかに目まぐるしく劇的になっている。ジョーゼフ・ヘラーは『キャッチ22』

で同様のテクニックを駆使している。ギュンター・グラスの『ブリキの太鼓』、ジャージー・コジンスキーの『描かれた鳥』、J・M・コーチェの『マイケル・Kの生活と時代』もおなじである。ピカソの苦悩に満ちた「ゲルニカ」（一九三七年）は戦争画であるが、一見してあきらかなように、伝統をしっかりと踏まえた地獄図でもある。

一種の知識人の地獄というべきものもあって、たとえばジョージ・バーナード・ショーの『地獄のドン・ジュアン』がそれだ。伝統的なドン・ファン劇の中で美徳の体現者として通っているコマンダトールを、作者は地獄へ送りこむのだが、それは、天国があまりに均整が取れすぎていて堅苦しいからである。いっぽう、ジャン・ポール・サルトルの『出口なし』では三人の登場人物が死後の世界の永遠性のゆえに、互いにうんざりし合っている。

もう一つの現代版地獄図は、「荒れ地」のそれである。これがテーマとして最初に扱われるのはロバート・ブラウニングの詩「若者ローランド暗き塔へゆく」で、「餓えたような惨めな自然の草木」が出てくる場面だ。この詩の悪夢にも似た荒廃のイメージが何に由来するのか、また何を意味するのか、ブラウニング自身は『リア王』への言及のほかはそれについて何も語っていない。これが『荒れ地』（一九二二年）を書いたT・S・エリオットになるとやけに自信たっぷりで、地界神話を縦横に利用し、かつ、みずからの手でその伝統を拡充もするあたり、地獄もののリーダーの一人である。彼の地獄は枯渇・消耗と無規制のそれであり、意味と精神の虚無が「死者がおのれの骨を見失う／ねずみどもの路地」といったイメージにまで凝縮している不毛の虚空である。彼は別の詩篇でもまたこの心象風景に立ち戻っている。とりわけ、『闇の奥』から「クルツは死んだ」という文句をエピグラフに借りた「うつろなる人々」（一九二五年）、また『四つの四重奏』の四番目の「リトル・ギディング」（一九四二年）

が挙げられよう。後者では、地界への案内者はおおむねダンテと亡くなったばかりのイェイツが合わさった「なじみの合成幽霊」である。

この実存主義的な荒れ地で、というのが断定しすぎなら、それに隣接した半エーカーほどの土地ではまた、サミュエル・ベケットの小説、戯曲の主人公のほとんどすべてがうろつき、はいずり回り、また、ダンテの嚢《ボルジエ》の常連たちのように、首まで埋められているのである。カフカの領土もさほど遠くないところにある。あのトールキンの幻想三部作『指輪物語』においても、あたかも核戦争後の破滅の砂漠にも似た、グロテスクな怪物の棲む暗い荒れ地が、闇の王の力の証明となっている。

オーギュスト・ロダン（1840-1917）は何年にもわたって「地獄の門」に取り組んでいた．彼はいかなる伝統も範とはしなかったが，ただ，このレリーフはウゴリーノ伯爵でダンテの「地獄篇」の記述を借りている．

地獄はまた、フィクションとは限らないいろいろな書物の中で、絶望あるいは精神分裂といったかたちでの狂気とも効果的に連結させられている。ハナ・グリーンバーグは、精神分裂症を扱ったその著名な小説『わたしはバラの園は約束しなかった』で、ミルトン的なイメージを鮮やかに用いている。マーク・ヴォネガットは『エデン特急』で自分自身の麻薬体験と精神分裂症を描いている。世紀の中頃であるが、イギリスの精神医家R・D・レインは、麻薬の力を借りるにせよそうでないにせよ、意図的に狂気の世界に降下するないし滑りこむことが精神にとって有益でありうるという示唆をしているが、そうした場面は『地獄への降下命令』をはじめとしてドリス・レッシングのいくつかの小説に登場してくる。

映画やテレビでの地獄の扱いは、まずたいていがゴシック調であるが、取るに足りない軽いものがほとんどだ。セットを作る係や特殊効果の担当がその得意技を披露するだけのことだ。ジャン・コクトーの『オルフェ』(一九四九年)とマルセル・カミュの『黒いオルフェ』(一九五九年)という二つの成功したオルペウスものを見てもわかるように、メタファー操作はもともと映画向きなのであるが、映画会社はまずこれを避けてしまう。商業映画で、唯一、古来のテーマをみごとに劇化したのは『エイリアン』(一九八六年)で、これはSF冒険映画であるが、シガニー・ウィーヴァー扮する宇宙時代のイナンナが恐ろしい地獄へと降下、怪物エレシュキガルから子供を救出する。楽しい小鬼がいろいろでてくる喜劇的地獄は、紙上の漫画にもアニメにもよく登場する。スタンリー・エルキンの暗い喜劇小説『リビング・エンド』(一九七九年)の舞台は、中世の伝統的な恐怖の地獄そのものを使っているが、なかなか立派な腕前である。

いわゆる「臨死体験」の研究が持続するいっぽうで、おそらく地獄は宗教的な教えとしては、しだいに姿を消してゆくであろう。だが、柔軟性をもったメタファーとしての地獄の価値はなかなか捨て難いものがある。もっとも、メソポタミア時代以降はしばしばそうであったように、地獄世界にはまだまだ激しい変動が起こり続けるのであろう。

謝　辞

本書は学術書という性格のものではないが、幾人かの著名な学者が、ご好意で原稿の一部に目を通して下さった。イェール大学ならびにニューヨーク大学のハロルド・ブルーム、同じくニューヨーク大学のノーマン・キャンター、およびジェイムズ・P・カース、ハーヴァード大学のエミリー・ヴァーミュール、以上の方々に厚くお礼を申し上げたい。むろん、本書中に誤りがあるとすれば、それはすべて著者の側の責任である。ニューヨーク大学の文・理科大学院の、比較的新しい一般教養研究科は、最初の数章を書くにあたって、格好のいわば学際的な踏切板を提供してくれた。シンシア・ウォードには図書館の便宜を種々はかってくれたことを特に感謝したい。研究仲間のキャロル・ヒル、ゴシック関係のヒントを出してくれたマーガレット・アトウッド、いくつかの有益な助言をしてくれたテッド・クレイン、ジョン・マーティンについて教えてくれたトム・ディスク、『美術と古美術』に立派な新刊予告を書いてくれたジェフリー・シェアー、地図を作成してくれたケン・ファイゼル、強硬路線の編集に情熱を傾けてくれたアン・フリードグッド、この方々にもたいへんお世話になった。私の友人であり代理人でもあるエリック・アシュワース、そして、有益な書物と無限の知恵と尽きない精神的支援を提供してくれたやさしい先輩のアン・スタイントン・デイン、このお二人には特別の感謝の念を捧げたい。

書物は、名前だけ書誌に並べればみなおなじであるが、実際はむろん軽重の差がある。本書のテーマ

である地獄学というのは悪魔学とは別なのであって、その事実をジェフリー・バートン・ラッセルほど知り抜いている学者もいないのだが、しかしそれは承知の上で、「悪魔」についての五冊の読みごたえのある著作のなかで彼が示した学術上の先駆的な業績は、私にとっての終始かわらぬ判断基準となった。このほか、頻繁にお世話になった書物としては、ロバート・ヒューズの『西洋美術における天国と地獄』、D・P・ウォーカーの『地獄の凋落』、ジャック・ル・ゴッフの『煉獄の誕生』、ポール・ジョンソンの『キリスト教の歴史』、ハワード・ロリン・パッチの『来世』がある。地獄の征服に関するA・R・L・ベルの未刊の論文は有益であったし、アラン・バーンスタインには何点かの論文の抜き刷りを送ってくださったことに感謝したい。中世の地獄に関する氏の近刊の学術書の内容は、地獄研究者の仲間うちではすでに大いに利用させてもらっているのである。

どうしてこんな本を書く気になったのか、この質問は何度となくされた。それは、じつを言うと、私が遅ればせながら、ギルガメシュ、エンキドゥ、イナンナ、エレシュキガルといった名前を発見したことに発端がある。このメソポタミアの神話には驚きもしたが、また、すっかり楽しくもなって、これをきっかけに、偉大なる地界をもっと探検して、ほかのことも調べてみようと思い立ったのである。遠征はこうして始まったのだが、おかげで、私は思いもよらぬ方角へとあちこち連れ回されることになったのだった。

訳者あとがき

本書『地獄の歴史』は、Alice K. Turner: *THE HISTORY OF HELL*（一九九三年刊）の全訳である。著者はいくつかの雑誌の編集に携わるかたわら、みずからも記事を書くジャーナリストで、かつ本書のような学術的な研究も手がけるというニューヨーク在住のスーパーウーマンである。大学院で比較宗教学の研究にいそしむうちに、メソポタミアの恋人探しの神話に触発されてにわかに地獄遍歴を思い立ったという著者の、そのなにやら素人めいた動機は新鮮で好感がもてるが、いったん研究テーマを据えるや、大規模な資料収集と綿密な論証をベースに、みずからも霊界探訪者に徹したわくわくする語り口で、読者を一気に広大無辺の地獄コスモスに引きこむみごとな業績を仕上げてしまった。本書は、著者もいうとおり、地獄という世界についてのきわめて実証的ないわば地理学、土木・建築学、民俗学、宗教学、歴史学なのであって、なにかオカルト的な神秘思想や悪魔学といったものを扱った本ではない。エジプト、ギリシアからローマをへて、中世、ルネサンス、そしてロマン派から現代にいたるまでの、宗教、とりわけキリスト教の歴史、西欧の文学、演劇、美術、哲学、神学を縦横に検証しながら、西洋の地獄観の変遷をあとづけた、これは学術的な論攷なのである。

「死後の世界」は、いわば時空を超えた人間共通の一大関心事といえようが、北欧の神話やペルシア、ギリシアの神話が、またユダヤ教そしてキリスト教が、いわば渾然一体となって「冥界」という巨大な地下水脈へと収斂してゆくさまを、著者はじつに手際よく俯瞰させてくれる。また、たとえば「最後の審判」の標識のもとにミケランジェロ、ボス、ブリューゲルといった画家たちが寄り集い、「黙示録」のヨハネや、『失楽園』のミルトン、『神曲』のダンテ、『ファウスト』のゲーテと共同して壮麗なる地獄帝国を建設しようかというその芸術的プロジェクトを披露してくれる。読みすすむにつれてわれわれ読者は、幾千年にもわたって、西欧人の歴史のその地層にしみこむ深い影、分厚い闇となって負のエネルギーを醸成してきた「地獄」の支配力を知らされるのである。「地獄」といえば、焦熱地獄、無間地獄といった仏教の八大地獄や閻魔大王のイメージもちらつくのであるが、著者もさすがに東洋の地獄にまでは、一度では手が回りかねたとみえて、本書の扱うのは主として西洋の地獄史であり、東はペルシアからかろうじてインドに触れるあたりまででその先は遠慮している。東洋の地獄は次回のテーマであろうか。

ところで「地獄」とは、その実在を信ずる人は別にして、あくまでも非現実の世界、観念の産物であるから、この歴史を学術的に論ずるとなると、たんに地獄めぐりツアーに乗っかって、炎熱に身を焼かれ阿鼻叫喚に目を奪われていればよいわけではなく、その地獄の対岸たるわれらが現実世界、観念を生み出してきた物質的な世界、こちらの歴史をも同時に見てゆくという視点がどうしても欠かせない。かくして、本書では、ダンテ、ミルトン、またゲーテのそれぞれが生きた時代の検証が、また機械的合理主義や啓蒙思想の分析が、地獄図の描写と平行して行われることになる。オーソドックスな論証スタイルであろう。現実の歴史を見る目といえば、たとえば中世の大道演劇では、教会の公式見解をしりめに「地獄の口」の大道具を中心に活劇、茶番劇と化した地獄ものが民衆の喝采をあびたことが紹介されているが、地獄を娯楽に変えるそうした民衆の活力——ちょうどシェイクスピアの芝居が見せてくれるような活力――それが、巷間のさまざまな「ファウスト劇」や「ドン・ファン」ものへと受け継がれていった様子も、これまたつぶさに紹介されていて、文化やイデオロギーを担い支える現実の人間社会への目配りにも怠りはない。

さて、本書に収められた挿絵もそうであるが、キリスト教の宗教画では、アブラハムのもとへ召し上げられる聖人たちや救われし善良な者たちが、いわばほっとして澄まし顔で、地獄へ落ちてゆく哀れな人間たちを眺めやっている、といった構図によくお目にかかる。しかし、比較すれば、天国や極楽などという場所は、二、三日もいればもう退屈になるような一種の牢獄――といって語弊があるとすれば、一種の大奥――にちがいなく、華麗なアクションもあり、趣向を凝らした責め具も取り揃えて、断然活気づいているのはどちらかとなると（じっさいに落ちておられる方々にはお気の毒だが）やはり地獄に軍配があがる。これはむろん、グノーシス主義そのままに、われわれの現実に生きる世界こそがじつは「地獄」であることの反映であるからに相違なく、死に対する恐れは別にしても、現実生活の中の物理的、心理的なさまざまな恐怖、支配者の強権や抑圧、経済的窮乏、過重な労働、病苦の不安、敵意や妬み、復讐心、そうしたものの具体的経験が地獄図に幅と奥行きを与えているからであろう。「地獄」とはある意味では人類の歴史が生みおとし、そしていまも仕上げの筆を加えつつある最大級の総合芸術作品といっていいかもしれない。

著者は最後の章「フロイトの時代」で現代の地獄観に言及、『地獄の黙示録』や「荒れ地」イメージについて解説している。適切な指摘ではあろうが、ただ、いわゆる「臨死体験」やSFの領域を除けばメタファーとしての「地獄」の有用性がもはや弱まった、と結論づけるかのような論調がのぞくが、はたして、これはどうだったろうか。翻訳のさなかに、訳者はちょうど封切られた『シンドラーのリスト』を観た。強制収容所へ犠牲者が列車ごとのみこまれてゆくシーンや、人々が列を作って黒々とした建物に吸い込まれてゆくシーンこそは、まさに本書の「地獄の口」の現代版と訳者には感じられたものである。ボスの描くような地獄図は、いぜんとして、西洋人の脳裏に鮮明な映像を結ぶだけの力をもっているのではないだろうか。そうした意味では、話は堅苦しくなるが、われわれはアウシュヴィッツやヒロシマにまできちんと「地獄の歴史」を引っ張ってこなくてはならないのだし、より今日的には、あのミケランジェロの描く罪人さながらに思わず目を覆いたくなるほどの、たとえばルワンダの大量殺戮の地獄絵図が、ハイテク映像として平和な文明社会のテレビや雑誌に届けられるという、人類にとっての残虐な審判の地点にまで「地獄の歴史」は進んできているということなのだった。

ヨーロッパの歴史と文化全般に必然的に論述がおよぶ本書は、当然ながら訳者の力量を越えるもので、正直なところ調べのつかない箇所も残った。先輩諸氏のご教示を賜れば幸いである。なお、本書に引用されたミルトンの『失楽園』については、岩波文庫版『失楽園』の平井正穂氏の訳文をお借りしたことをお断りし、またお礼を申し述べる次第である。

最後に、今回もまた、法政大学出版局編集部の秋田公士氏には編集・校正はむろん、訳語の統一までひとかたならぬお世話をいただいた。記して深く感謝申し上げたい。

一九九五年七月

訳　者

Vatter, Hannes. *The Devil in English Literature.* Bern, Switzerland: Franke Verlag, 1978.

Vermeule, Emily. *Aspects of Death in Early Greek Art and Poetry.* Berkeley and Los Angeles: University of California Press, 1979.

Virgil. *The Aeneid.* Translated by Robert Fitzgerald. New York: Random House, 1983.

Voltaire, François Marie Arouet de. *Dictionnaire philosophique.* Paris: Garnier, 1967.

Wakefield, Walter L. and Austin P. Evans. *Heresies of the High Middle Ages.* New York: Columbia University Press, 1969. Reprint, 1991.

Walker, D. P. *The Decline of Hell: Seventeenth-Century Discussions of Eternal Torment.* Chicago: University of Chicago Press, 1964.

Warner, Marina. *Alone of All Her Sex: The Myth and Cult of the Virgin Mary.* New York: Vintage, 1983.

Weinstein, Leo. *The Metamorphoses of Don Juan.* New York: AMS Press, 1957.

Westfall, Richard S. *Science and Religion in Seventeenth-Century England.* Ann Arbor: University of Michigan, 1973.

Wolkstein, Diane and Samuel Noah Kramer. *Inanna, Queen of Heaven and Earth: Her Stories and Hymns from Sumer.* New York: Harper & Row, 1983.

Woolf, Rosemary. *The English Mystery Plays.* Berkeley and Los Angeles: University of California Press, 1972.

Young, Karl. *The Drama of the Medieval Church.* 1933. Oxford: Clarendon Press, 1967.

Rice, David G. and John E. Stambaugh. *Sources for the Study of Greek Religion.* New York: Scholars Press, 1979.

Robinson, James M. *et al.*, eds. *The Nag Hammadi Library in English.* 3rd ed. New York: HarperCollins, 1988.

Russell, Jeffrey Burton. *The Devil: Perceptions of Evil from Antiquity to Primitive Christianity.* Ithaca: Cornell University Press, 1977.

Russell, Jeffrey Burton. *Lucifer: The Devil in the Middle Ages.* Ithaca: Cornell University Press, 1984.

Russell, Jeffrey Burton. *Mephistopheles: The Devil in the Modern World.* Ithaca: Cornell University Press, 1986.

Russell, Jeffrey Burton. *The Prince of Darkness: Radical Evil and the Power of Good in History.* Ithaca: Cornell University Press, 1988.

Russell Jeffrey Burton. *Satan: The Early Christian Tradition.* Ithaca: Cornell University Press, 1981.

Shakespeare, William. *The Complete Works of Shakespeare.* Edited by George Lyman Kittredge. Boston, New York, Chicago: Ginn & Company, 1936.

Shelley, Percy Bysshe. *Shelley's Poetry and Prose.* Edited by Donald H. Reiman and Sharon B. Powers. New York: Norton Critical Edition, 1977.

Smith, Morton. *Jesus the Magician.* San Francisco: Harper & Row, 1978.

Snyder, James. *Medieval Art: Painting, Sculpture, Architecture, 4th–14th Centuries.* New York: Abrams, 1989.

Spenser, Edmund. *Edmund Spenser's Poetry: Authoritative Texts, Criticism.* Edited by Hugh MacLean. New York: W. W. Norton, 1982.

Sullivan, Jack, ed. *The Penguin Encyclopedia of Horror and the Supernatural.* New York: Viking, 1986.

Swedenborg, Emanuel. *Heaven and Hell.* New York: American-Swedenborg Printing & Publishing Society, 1883.

Terpening, Ronnie H. *Charon and the Crossing: Ancient, Medieval, and Renaissance Transformations of a Myth.* Lewisburg, PA: Bucknell University Press, 1985.

Tristram, Philippa. *Figures of Life and Death in Medieval English Literature.* London: Paul Elek, 1976.

Van der Meer, F. *Apocalypse: Visions from the Book of Revelation in Western Art.* New York: Alpine Fine Arts Collection, 1978.

Vasari, Giorgio. *The Lives of the Artists: A Selection.* Translated by George Bull. New York: Penguin, 1971.

Melton, J. Gordon, ed. *The Encyclopedia of American Religions.* "Religious Creeds." Detroit: Gale Research, 1987.

Meredith, Peter and John E. Tailby. *The Staging of Religious Drama in Europe in the Later Middle Ages: Texts and Documents in English Translation.* Translated by Rafaella Ferrari. Kalamazoo: Medieval Institute Publications, Western Michigan University, 1983.

Meyer, Marvin W., ed. *The Ancient Mysteries: A Sourcebook, Sacred Texts of the Mystery Religions of the Ancient Mediterranean World.* San Francisco: Harper & Row, Perennial Library, 1986.

Migne, J. P. *et al.*, eds. *Encyclopedie Theologique.* Paris: Chez 1 Editeur, 1845–1873.

Milton, John. *The Student's Milton.* Edited by Frank Allen Patterson. New York: Appleton-Century-Crofts, 1957.

Ovid. *The Metamorphoses.* Translated by Horace Gregory. New York: Viking, Mentor, 1958, 1960.

Owen, D. D. R. *The Vision of Hell: Infernal Journeys in Medieval French Literature.* New York: Barnes & Noble, 1971.

Owst, G. R. *Literature and Pulpit in Medieval England: A Neglected Chapter in the History of English Letters and of the English People.* 2nd rev. edition. New York: Barnes & Noble, 1966.

Panofsky, Erwin. *Gothic Architecture and Scholasticism: The Middle Ages.* New York: New American Library, 1974.

Patch, Howard Rollin. *The Other World: According to Descriptions in Medieval Literature.* Cambridge: Harvard University Press, 1950.

Pike, E. Royston. *Encyclopedia of Religion and Religions.* New York: Meridian, 1958.

Plato. *The Dialogues of Plato.* Translated by Benjamin Jowett. New York: Random House, 1937.

Platt, Rutherford Hayes. *The Lost Books of the Bible and the Forgotten Books of Eden.* New York: New American Library, Meridian, 1974.

Praz, Mario. *The Romantic Agony.* Translated by Angus Davidson. New York: Oxford University Press, 1970.

Pritchard, James B., ed. *The Ancient Near East.* vol. I, *An Anthology of Texts and Pictures.* Princeton: Princeton University Press, 1958.

Pritchard, James B., ed. *The Ancient Near East.* vol. II, *A New Anthology of Texts and Pictures.* Princeton: Princeton University Press, 1975.

Koester, Helmut. *History, Culture and Religion of the Hellenistic Age*. Philadelphia: Fortress Press, 1982.

Kovacs, Maureen Gallery, trans. *The Epic of Gilgamesh*. Stanford, CA: Stanford University Press, 1989.

Kramer, Samuel Noah. *Mythologies of the Ancient World*. Garden City, NY: Doubleday, Anchor Books, 1961.

Kramer, Samuel Noah. *Sumerian Mythology: A Study of Spiritual and Literary Achievement in the Third Millennium* B.C. Philadelphia: University of Pennsylvania Press, 1961, 1972.

Kren, Thomas and Roger S. Wieck. *The Visions of Tondal from the Library of Margaret of York*. Malibu, CA: The J. Paul Getty Museum, 1990.

Ladurie, Emmanuel Le Roy. *Montaillou: The Promised Land of Error*. Translated by Barbara Bray. New York: G. Braziller, 1978.

Lambert, Malcolm. *Medieval Heresy: Popular Movements from Bogomil to Hus*. New York: Holmes & Meier, 1977.

Lane Fox, Robin. *Pagans and Christians*. New York: Knopf, 1987.

Le Goff, Jacques. *The Birth of Purgatory*. Translated by Arthur Goldhammer. Chicago: University of Chicago, 1984.

Le Goff, Jacques. *Time, Work and Culture in the Middle Ages*. Translated by Arthur Goldhammer. Chicago: University of Chicago Press, 1980.

Lurker, Manfred. *Dictionary of Gods and Goddesses, Devils and Demons*. New York: Routledge and Kegan Paul, 1987.

Lurker, Manfred. *The Gods and Symbols of Ancient Egypt: An Illustrated Dictionary*. New York: Thames and Hudson, 1980.

McDannell, Colleen and Bernhard Lang. *Heaven: A History*. New Haven: Yale University Press, 1988.

McGinn, Bernard. *Visions of the End: Apocalyptic Traditions in the Middle Ages*. New York: Columbia University Press, 1979.

McManners, John. *Death and the Enlightenment: Changing Attitudes to Death among Christians and Unbelievers in Eighteenth-Century France*. New York: Oxford University Press, 1981.

McNeill, John T. and Helena M. Gamer. *Medieval Handbooks of Penance*. New York: Columbia University Press, 1938.

Marlowe, Christopher. *The Complete Plays*. Edited by J. B. Steane. Hammondsworth: Penguin, 1969.

Heidel, Alexander. *The Gilgamesh Epic and Old Testament Parallels.* Chicago: University of Chicago Press, 1949.

Herbermann, Charles George *et al.*, eds. *The Catholic Encyclopedia.* Vol. 17. New York: Appleton, 1907–1912.

Hesiod. *Theogony, Work and Days.* Translated by M. L. West. New York: Oxford University Press, 1988.

Himmelfarb, Martha. *Tours of Hell: An Apocalyptic Form in Jewish and Christian Literature.* Philadelphia: University of Pennsylvania Press, 1983.

Hinnells, John R., ed. *A Handbook of Living Religions.* New York: Penguin, 1984.

Holmes, Richard. *Coleridge: Early Visions.* New York: Viking, 1989.

Homer. *The Odyssey.* Translated by Robert Fitzgerald. 1961. Garden City, NY: Doubleday, Anchor Books, 1963.

Hooke, S. H. *Middle Eastern Mythology.* Baltimore: Viking-Penguin, 1963.

Houghton, Walter E. *The Victorian Frame of Mind.* New Haven: Yale University Press, 1957.

Hughes, Robert. *Heaven and Hell in Western Art.* New York: Stein & Day, 1968.

Huizinga, Johan. *The Waning of the Middle Ages: A Study of the Forms of Life, Thought, and Art in France and the Netherlands in the XIVth and XVth Centuries.* Translated by A. Hopman. Garden City, NY: Doubleday, Anchor Books, 1949, 1954.

Huxley, Aldous. *Heaven and Hell.* New York: Harper, 1956.

James, Montague Rhodes. *The Apocryphal New Testament.* Oxford: Clarendon, 1924, 1953.

Johnson, Paul. *A History of Christianity.* New York: Atheneum, 1976.

Johnson, Samuel. *A Dictionary of the English Language.* London: W. Strahan, 1765.

Jonas, Hans. *The Gnostic Religion: The Message of the Alien God and the Beginnings of Christianity.* 2nd ed. Boston: Beacon Press, 1963.

Keener, Frederick M. *English Dialogues of the Dead: A Critical History, an Anthology, and a Checklist.* New York: Columbia University Press, 1973.

Kirk, G. S. *Myth: Its Meaning and Functions in Ancient and Other Cultures.* Berkeley and Los Angeles: University of California Press, 1970.

Kirk, G. S. *The Nature of Greek Myths.* Hammondsworth: Penguin, 1974.

Ferguson, John. *The Religions of the Roman Empire.* Ithaca: Cornell University Press, 1970.

Forsyth, Neil. *The Old Enemy: Satan and the Combat Myth.* Princeton: Princeton University Press, 1987.

Gardiner, Eileen, ed. *Visions of Heaven and Hell Before Dante.* New York: Italica Press, 1989.

Gardner, John and John Maier. *Gilgamesh.* New York: Knopf, 1984.

Gay, Peter. *The Enlightenment: An Interpretation, The Rise of Modern Paganism.* New York: W. W. Norton, 1966.

Gay, Peter. *The Party of Humanity: Essays in the French Enlightenment.* New York: W. W. Norton, 1971.

Gibson, Walter S. *Brueghel.* New York: Oxford University Press, 1977.

Gibson, Walter S. *Hieronymus Bosch.* New York: Oxford University Press, 1973.

Ginzburg, Carlo. *Ecstasies: Deciphering the Witches' Sabbath.* Translated by Raymond Rosenthal. New York: Pantheon, 1991.

Goethe, Johann Wolfgang von. *Faust, Part I.* Translated by Philip Wayne. New York: Penguin, 1949.

Goethe, Johann Wolfgang von. *Faust, Part II.* Translated by Philip Wayne. New York: Penguin, 1959.

Graves, Robert: *The Greek Myths.* New York: George Braziller, 1955.

Green, V. H. H. *Renaissance and Reformation: A Survey of European History between 1450 and 1660.* London: Edward Arnold, 1952.

Gurevich, Aron. *Medieval Popular Culture: Problems of Belief and Perception.* Translated by James M. Bak and Paul A. Hollingworth. New York: Cambridge University Press, 1988, 1990.

Guthrie, W. K. C. *Orpheus and Greek Religion: A Study of the Orphic Movement.* New York: W. W. Norton, 1966.

Hadas, Moses. *A History of Greek Literature.* New York: Columbia University Press, 1950.

Haskell, Ann S., ed. *A Middle English Anthology.* Garden City, NY: Doubleday, Anchor Books, 1969.

Hearn, M. F. *Romanesque Sculpture: The Revival of Monumental Stone Sculpture in the Eleventh and Twelfth Centuries.* Ithaca: Cornell University Press, 1981.

Davidson, H. R. Ellis. *Myths and Symbols in Pagan Europe: Early Scandinavian and Celtic Religions.* Syracuse, NY: Syracuse University Press, 1988.

Delumeau, Jean. *Sin and Fear: The Emergence of a Western Guilt Culture 13th–18th Centuries.* Translated by Erich Nicholson. New York: St. Martin's Press, 1990.

Diderot, Denis: *Encyclopèdie ou Dictionnaire raisonne des sciences, des arts et des metiers.* New York: Adler, 1967.

Dodds, E. R. *The Greeks and the Irrational.* Berkeley and Los Angeles: University of California Press, 1951.

Dodds, E. R. *Pagan and Christian in an Age of Anxiety: Some Aspects of Religious Experience from Marcus Aurelius to Constantine.* New York: Norton, 1965.

Dolan, John P., ed. and trans. *The Essential Erasmus.* New York: New American Library, Mentor-Omega, 1964.

Donne, John. *The Complete Poetry and Selected Prose of John Donne.* Edited by Charles M. Coffin. New York: Modern Library, 1952.

Ebor, Donald *et al.*, trans. *The New English Bible with the Apocrypha.* New York: Oxford University Press and Cambridge University Press, 1970.

Eimerl, Sarel. *The World of Giotto.* New York: Time, Inc., 1967.

Eliade, Mircea *et al.*, eds. *The Encyclopedia of Religion.* New York: Macmillan, 1987.

Elsen, Albert E. *The Gates of Hell by Auguste Rodin.* Stanford, CA: Stanford University Press, 1985.

Emerson, Ralph Waldo. *Essays and Lectures.* New York: The Library of America Series, Literary Classics of the U.S., 1983.

Emmerson, Richard Kenneth. *Antichrist in the Middle Ages: A Study of Medieval Apocalypticism, Art, and Literature.* Seattle: University of Washington Press, 1981.

The Encyclopedia Britannica. Chicago: William Benton, 1963.

Euripides. *Four Tragedies.* No. I. Edited by David Grene and Richard Lattimore. Chicago: University of Chicago Press, 1955.

Eusebius of Caesaria. *The History of the Church From Christ to Constantine.* Translated by G. A. Williamson. New York: Penguin, 1965, Reprint 1989.

Faulkner, R. O., trans. *The Ancient Egyptian Book of the Dead.* Edited by Carol Andrews. Austin: University of Texas Press, 1990.

Feaver, William. *The Art of John Martin.* Oxford: Clarendon Press, 1975.

Burkert, Walter. *Homo Necans: The Anthropology of Ancient Greek Sacrificial Ritual and Myth.* Translated by Peter Bing. Berkeley and Los Angeles: University of California Press, 1983.

Bush, Douglas, ed. *John Keats: Selected Poems and Letters.* Boston: Houghton Mifflin, 1959.

Butler, Eliza Marion. *The Fortunes of Faust.* London: Cambridge University Press, 1952.

Byron, Lord, George Gordon. *Byron: Selections.* Edited by Jerome J. McGann. New York: Oxford University Press, 1986.

Campbell, Joseph. *The Hero with a Thousand Faces.* 2nd ed. Bollingen Series, vol. XVII. Princeton: Princeton University Press, 1968.

Camporesi, Piero. *The Fear of Hell: Images of Damnation and Salvation in Early Modern Europe.* Translated by Lucinda Byatt. University Park, PA: Pennsylvania State University Press, 1991.

Cantor, Norman. *Medieval History: The Life and Death of a Civilization.* New York: Macmillan, 1963.

Cohn, Norman R. C. *The Pursuit of the Millennium.* 1957. 2nd ed. New York: Oxford University Press, 1972.

Coughlan, Robert, and the editors of Time-Life Books. *The World of Michelangelo:1475–1564.* Alexandria, VA: Time-Life Books, 1966.

Dalley, Stephanie, trans. *Myths from Mesopotamia: Creation, the Flood, Gilgamesh, and Others.* New York: Oxford University Press, 1989.

Dante Alighieri. *Dante: The Divine Comedy. vol. I: Inferno.* Translated by Mark Musa. Bloomington, Indiana University Press, 1971. Reprint, New York: Penguin, 1984.

Dante Alighieri. *The Inferno.* Translated by John Ciardi. 1954. New York: 2nd ed. New American Library, 1982

Dante Alighieri. *The Inferno.* Translated by Dorothy Sayers. Baltimore: Penguin, 1950.

Davidson, Clifford and Thomas H. Seiler, eds. *The Iconography of Hell.* Kalamazoo: Medieval Institute Publications, Western Michigan University, 1992.

Davidson, Gustav. *A Dictionary of Angels, Including the Fallen Angels.* New York: Free Press, 1967.

Davidson, H. R. Ellis. *Gods and Myths of Northern Europe.* Baltimore: Penguin, 1964.

Bayle, Pierre: *Dictionnaire historique.* Le Havre: P. de Hondt, 1759.

Becker, Ernest J. *A Contribution to the Comparative Study of the Medieval Visions of Heaven and Hell, with Special Reference to the Middle-English Versions.* Baltimore: John Murphy Company, 1899.

Bell, A. R. L. "The Harrowing of Hell: A Study of Its Reception and Artistic Interpretation in Early Medieval European Literature," Ph.D. diss., University of Maryland, 1971.

Berthold, Margot. *The History of World Theater: From the Beginnings to the Baroque.* Translated by Edith Simmons. New York: Continuum, 1972, 1990.

Blake, William. *The Complete Poetry and Prose of William Blake.* Edited by David V. Erdman. Berkeley and Los Angeles: University of California Press, 1981.

Bloch, Marc. *Feudal Society*, vols. 1 and 2. Translated by L. A. Manyon. Chicago: University of Chicago, 1961.

Bloom, Harold: *The Visionary Company: A Reading of English Romantic Poetry.* Ithaca: Cornell, 1971.

Boase, T. S. R. *Death in the Middle Ages: Mortality, Judgment and Remembrance.* New York: McGraw-Hill, 1972.

Bosing, Walter. *Hieronymus Bosch: Between Heaven and Hell.* Cologne: Benedikt Taschen, 1987.

Boyce, Mary, ed. and trans. *Textual Sources for the Study of Zoroastrianism.* Manchester: Manchester University Press, 1984. Reprint. Chicago: University of Chicago Press, 1990.

Brown, Peter. *Augustine of Hippo: A Biography.* Berkeley and Los Angeles: University of California Press, 1967.

Brown, Peter. *The Making of Late Antiquity.* Cambridge: Harvard University Press, 1978.

Brown, Peter. *Society and the Holy in Late Antiquity.* Berkeley and Los Angeles: University of California Press, 1982.

Budge, E. A. Wallis. *The Egyptian Heaven and Hell.* Vol. 3, *The Contents of the Books of the Other World Described and Compared.* New York: AMS Press, 1976.

Burckhardt, Jacob. *The Civilization of the Renaissance in Italy.* Translated by S. G. C. Middlemore. New York: Random House, Modern Library, 1954.

Burkert, Walter. *Greek Religion.* Translated by John Raffan. Cambridge: Harvard University Press, 1985.

参考文献

Abrams, M. H. *Natural Supernaturalism: Tradition and Revolution in Romantic Literature*. New York: Norton, 1971.

Apuleius. *The Golden Ass of Apuleius*. Translated by Robert Graves. New York: Pocket Library, 1958.

Arbes, Rudolph. *Tertullian, Father of the Church*. 1959. Reprint. Washington, D.C.: Catholic University Press, 1977.

Ariès, Philippe. *Images of Man and Death*. Translated by Janet Lloyd. Cambridge: Harvard University Press, 1985.

Ariès, Philippe. *The Hour of Our Death*. Translated by Helen Weaver. New York: Knopf, 1981.

Aristophanes. *Five Comedies*. Translated by Benjamin Bickley Rogers. Garden City, NY: Doubleday, Anchor Books, 1955.

Auerbach, Erich. *Mimesis*. Translated by Willard R. Trask. Princeton: Princeton University Press, 1953.

Bakhtin, Mikhail: *Rabelais and His World*. Translated by Helene Iswolsky. Bloomington: Indiana University Press, 1984.

Bate, Walter Jackson. *John Keats*. Cambridge: Harvard University Press, 1979.

Bate, Walter Jackson. *Samuel Johnson*. New York: Harcourt Brace Jovanovich, 1975, 1977.

ロキ（Loki） 163
『ローズマリーの赤ちゃん』（*Rosemary's Baby*） 106
ロセッティ，クリスティナ：『妖精の市場』（Rossetti, Christina : *Goblin Market*） 351-353
ロセッティ，ダンテ・ゲイブリエル（Rossetti, Dante Gabriel） 351
ロダン，オーギュスト：「地獄の門」（Rodin, Auguste : *Gate of Hell*） 369
『ロチャリウスの幻視』（*Vision of Rocharius*） 151
ロック，ジョン（Locke, John） 295, 317
ローマ（Rome）
ヨーロッパの文化的制圧 54
その衰退 137
ローマ人の神学（Roman theology）
キリスト教への影響 55-57
軍事的征服の役割 54-56
ロマン主義（Romanticism） 332, 337, 356
『ロミオとジュリエット』（シェイクスピア）（ Shakespeare : *Romeo and Juliet*） 255
ロラン（Roland） 219
『ロランの歌』（*Song of Roland*） 167
ローリー，サー・ウォルター（Raleigh, Sir Walter） 222
ロレンツォ・デ・メディチ（Lorenzo de' Medici） 234
「ロンドン」（ブレイク）（Blake : "London"） 338

ワ 行

ワイルド，オスカー：『ドリアン・グレイの肖像』（Wilde, Oscar : *The Picture of Dorian Gray*） 249, 351, 355
『若きウェルテルの悩み』（ゲーテ）（Goethe : *The Sorrows of Young Werther*） 333
『若き芸術家の肖像』（ジョイス）（Joyce : *A Portrait of the Artsit as a Young Man*） 135, 264
「若者ローランド暗き塔へゆく」（ブラウニング）（Browning : "Childe Roland to the dark tower came"） 368
『私は薔薇の園は約束しなかった』（グーリンバーグ）（Greenberg : *I Never Promised You a Rose Garden*） 369
ワルドー派の異端（Waldensian heresy） 193

ルター，マルティン（Luther, Martin）
　聖アウグスティヌス研究　240-241
　その台頭　240-241
　煉獄の否定　241
ルター主義：北欧での確立（Lutheranism : established in northern Europe）243
ルーテルブルク，フィリップ・ジャック・ド（Loutherbourg, Philippe Jacques de）286
ルネサンス（イギリス女王エリザベスＩ世との関連）（Renaissance and Elizabeth Ｉ）244
『流浪者メルモス』（マテュリン）（Maturin : *Melmoth the Wanderer*）330

レイ，ジョン（Ray, John）304
霊魂（および死後の生命）（Soul and life after death）1-3
霊魂再来（Reincarnation）48-53, 77, 116-117, 191
霊魂絶滅説（Annihilation theory）81, 290, 297
レイモン・ド・レール（Raymond de l'Aire）169
レイン，ロナルド・デイヴィッド（Laing, Ronald David）369
レオ XIII 世（教皇）（Leo XIII, pope）360
『歴史批評辞典』（ベール）（Bayle : *Dictionnaire Historique et Critique*）305, 306
レーテ（河）（Lethe, river）42, 52, 204
レヴィアタン（Leviathan）96
レジナール・ル・キュー：『地獄の深淵』（Reginald le Queux : *Baratre Infernel*）229
レッシング，ドリス：『地獄への降下命令』（Lessing, Doris : *Briefing for a Descent into Hell*）370
レデンプトール修道会士（Redemptorists）315-316
レリ，ジェイムズ（Relly, James）356
煉獄（Purgatory）123, 136, 154, 189, 191-199, 236, 241-242, 256, 294, 322
　異端に対する反動として　193
　起源と目的　192-196
　教義としての採用　133, 192
　「地獄篇」のなかの煉獄　203-204, 215
　聖母マリアの仲介の力　195-197
　トレント公会議での煉獄の承認　192
　ルターとカルヴィンによる否定　240-242
『煉獄の誕生』（ル・ゴッフ）（LeGoff : *The Birth of Purgatory*）192
「煉獄篇」（ダンテ）（Dante : *Purgatorio*）204

『老水夫行』（コウルリッジ）（Coleridge : *The Rime of the Ancient Mariner*）347-349

ラブレー，フランソワ（Rabelais, François） 226, 250
『ガルガンチュワとパンタグリュエル』(*Gargantua and Pantagruel*) 228
ラモン・ド・ペレルホス（Ramon de Perelhos） 155
ラングランド，ウィリアム：『農夫ピアズの夢』(Langland, William: *Piers Plowman*) 153, 159
ランボー，アルチュール（Rimbaud, Arthur） 350
「酩酊船」(“Le Bateau Ivre”) 350
『地獄の季節』(*Une Saison en Enfer*) 350

『リア王』(シェイクスピア) (Shakespeare: *King Lear*) 259
『リヴァイアサン』(ホッブズ) (Hobbes: *The Leviathan*) 290
リグオーリ：『永遠の真理』(Alphonso de'Liguori: *The Eternal Truths*) 315
リチャードソン，サミュエル：『クラリッサ』(Richardson, Samuel: *Clarissa*) 327, 329
「リトル・ギディング」(エリオット) (T. S. Eliot: “Little Gidding”) 368
『リビング・エンド』(エルキン) (Elkin: *Living End*) 370
『緑蔭の劇』(アダン・ド・ラ・アール) (Adam de la Halle: *Le Jeu de la Feuillée*) 227
理神論（Deism） 290, 300, 357
『良心の呵責』(*The Pricke of Conscience*) 113
臨死体験（Near-death experiences） 52, 61
リンボ界（Limbo） 59, 87-88, 101, 111, 192, 194-195, 242, 281, 287, 322
聖史劇に見られるもの 176

ルイス，C. S.：『朝びらき丸東の海へ』(Lewis, C. S.: *The Voyage of the Dawn Treader*) 156
ルイス，マシュー・グレゴリー：『修道士』(Lewis, Mathew Gregory: *The Monk*) 330
ルカ（聖人）(Saint Luke) 85-86
ルキアノス（サモサテーの）(Lucian of Samosata) 41, 298
『死者の対話』(*Dialogues of the Dead*) 41, 312
『メニッポス』(*Menippus*) 228
ル・ゴッフ，ジャック：『煉獄の誕生』(LeGoff, Jacques: *The Birth of Purgatory*) 192
ルシファー（『ファウスト博士』の） 251, 254
ルシファーの没落（聖史劇においての）(Fall of Lucifer in mystery plays) 92-94, 180-182
『ルシフェル』(フォンデル) (Vondel: *Lucifer*) 271
ルシュディ，サルマン：『悪魔の歌』(Rushdie, Salman: *The Satanic Verses*) 367
ルソー，ジャン＝ジャック（Rousseau, Jean-Jacques） 265, 304

Paradis) 153
『憂鬱の解剖』(バートン)(Burton : *The Anatomy of Melancholy*) 301
『ユオン・ド・オヴェルニュ』(*Huon de Auvergne*) 219
『ユオン・ド・ボルドー』(*Huon de Bordeaux*) 155
ユゴー，ヴィクトル (Hugo, Victor) 331, 349
『ノートルダム・ド・パリ』(*Notre Dame de Paris*) 331
ユスティヌス (Justin) 110
ユダス・マッカバイオス (Judas Maccabeus) 191
「ユダの書」(Jude) 113
ユダヤ教神学 (Jewish theology) 63-71
『ユダヤ戦史』(ヨセーポス)(Josephus : *The Jewish War*) 68
ユダヤ人の信仰：死後の生命 (Jewish beliefs : life after death) 63-71
『指輪物語』(トールキン)(Tolkein : *The Lord of the Rings*) 369
『夢の歌』(*Draumkvaede*) 164
ユリアヌス (エクラヌムの)(Julian of Eclanum) 121-122
『ユリシーズ』(ジョイス)(Joyce : *Ulysses*) 367
ユング，カール・グスタフ (Jung, Carl Gustav) 217, 366

『四つの四重奏』(エリオット)(T.S.Eliot : *Four Quartets*) 368
『妖精の市場』(ロセッティ)(Rossetti : *Goblin Market*) 351-353
妖精の国 (地獄に代わるもの)(Hell as Fairyland) 220-221
『妖精の女王』(スペンサー)(Spenser : *The Faerie Queen*) 222-225, 228
ヨセーポス，フラウイウス：『ユダヤ戦史』(Josephus, Flavius : *The Jewish War*) 68
予定説 (Predestination) 115, 119, 240-242, 289-295

ラ 行

ライプニッツ，ゴトフリート (Leibnitz, Gottfried) 292
『来世』(パッチ)(Patch : *The Other World*) 10
ラウル・ド・ウーダン：『地獄の夢』(Raoul de Houdenc : *Le Songe d'Enfer*) 152
ラヴ，クリストファー (Love, Christopher) 300
「楽園」(ボス)(Bosch : *Paradise*) 232
ラグナロク (Ragnarok) 163
ラクロ，ピエール・コデルロス・ド：『危険な関係』(Laclos, Pierre Choderlos de : *Les Liaisons Dangereuses*) 327
ラザロ物語 (Lazarus story) 82, 85-88, 101, 111, 173
聖史劇におけるもの 184
ラシーヌ，ジャン (Racine, Jean) 333
『ラセラス』(ジョンソン)(Johnson : *Rasselas*) 308

ミル，ジョン・ステュアート：時代精神エッセイ（Mill, John Stuart: Spirit of the Age essays） 326
ミルトン，ジョン（Milton, John） 4-5, 158-159, 182, 298, 339
　生い立ち 269-270
　「快活なる人」（“L’Allegro”） 269
　『キリスト教教義論』（*Christian Doctrine*） 284
　「キリスト降誕の朝に」（“On the Morning of Christ’s Nativity”） 269
　『失楽園』（*Paradise Lost*） 271-287, 338
　「沈思の人」（“Il Penseroso”） 269
　『復楽園』（*Paradise Regained*） 287
『ミルトン』（ブレイク）（Blake: *Milton*） 338

『ムースピリ』（*Muspilli*） 163

メアリーI世（イギリス女王）（Mary I, queen of England） 232, 244
「酩酊船」（ランボー）（Rimbaud: “Bateau Ivre”） 350
メソジスト派（Methodism） 317, 357
メフィストフェレス（Mephistopheles） 250-253, 273
メムリンク，ハンス（Memling, Hans） 230
『メニッポス』（ルキアノス）（Lucian: *Menippus*） 228
メルヴィル，ハーマン：『白鯨』（Melville, Herman: *Moby Dick*） 350
免罪符の販売（Sale of Indulgences） 198-199, 239, 247

黙示録（Book of Revelation） 82, 88-91, 96-97, 104, 105, 120
　赤い龍のテーマ 89-97
黙示録的文献（Apocalyptic literature） 125-132, 136
モーツァルト，ヴォルフガング・アマデウス（Mozart, Walfgang Amadeus） 268, 312, 333
　『ドン・ジョヴァンニ』（*Don Giovanni*） 268, 312, 333
　『魔笛』（*The Magic Flute*） 333
『モルフィー公爵夫人』（ウェブスター）（Webster: *The Duchess of Malfi*） 259-260
モンテヴェルディ，クラウディオ：『オルフェオ』（Monteverdi, Claudio: *Orfeo*） 267
モンテスキュー（Montesquieu） 304
モンテーニュ，ミシェル・ド （Montaigne, Michel de） 312

ヤ 行

『闇の奥』（コンラッド）（Conrad: *Heart of Darkness*） 367, 368
ヤン・ド・ル・モート：『地獄と天国への道』（Jehan de le Mote: *Voie d’Enfer et de*

マーヴェル，アンドリュー（Marvell, Andrew） 270
マウントフォート，ウィリアム：『笑劇ドクター・ファウストの生涯』（Mountfort, William: *The Life and Death of Doctor Faustus Made into a Farce*） 314
『マクベス』（シェイクスピア）（Shakespeare: *Macbeth*） 184, 249, 255
魔術結社—黄金の暁会（Hermetic Order of the Golden Dawn） 351
魔女狩りと火刑（Witch-hunts and burnigns） 238, 241, 249, 264-265
マタイ（聖人）（Saint Matthew）
　地獄について 83-84
　終末論の教え 29, 83-84
マーティン，ジョン（Martin, John） 284, 285
マテュリン，チャールズ・ロバート：『流浪者メルモス』（Maturin, Charles Robert: *Melmoth the Wanderer*） 330
『魔笛』（モーツァルト）（Morzart: *Magic Flute*）
マニ教（Manichaeism） 29, 76-79, 118-120, 194
『マリアの黙示録』（*Apocalypse of Mary*） 195
マリ・ド・フランス：『オルフェウスの短詩』（Marie de France: *Lai d'Orphee*） 220
マルキオン（Marcion） 78
マルクス，カール（Marx, Karl）
　『共産党宣言』（*Communist Manifesto*） 364
　『資本論』（*Das Kapital*） 365
マルクス・アウレリウス（Marcus Aurelius） 300
マルケリ，ロモロ（Marchelli, Romolo） 264
マレー，ジョン（Murray, John） 357
マーロー，クリストファー（Marlowe, Christopher） 185, 269, 300
　生い立ち 245-246
　その死 255
　『タンバレン大王』（*Tamburlaine*） 246
　『フォースタス博士』（*Tragical History of Doctor Faustus*） 176, 185, 245-255, 315, 334
マン，トマス：『ファウスト博士』（Mann, Thomas: *Doctor Faustus*） 367
マン，ホレス（Mann, Horace） 358
『マンカインド』（*Mankind*） 342
マンデイン，ヤン（Mandyn, Jan） 233
『マンフレッド』（バイロン）（Byron: *Manfred*） 342

ミカエル（大天使）（Michael, archangel） 131
ミケランジェロ：「最後の審判」（Michelangelo: *Last Judgment*） 4, 234-237
ミスラ信仰（Mithraism） 30, 38, 55, 57
ミノス王（King Minos） 35, 44, 206, 237

ポー，エドガー・アラン（Poe, Edgar Allan） 331, 349, 354
ホイストン，ウィリアム（Whiston, William） 307, 353, 354
『地獄の責め苦の永劫性の考察』（*The Eternity of Hell Torments Considered*） 297
『自然宗教および啓示宗教の天文学的原理』（*Astronomical Principles of Religion, Natural and Reveal'd*） 297
封建制度（Feudalism）
その衰退 238
修道院との関係 166, 238
豊饒神話（それの地獄への降下）（Descent into Hell as Fertility myth） 13, 37
ホガース，ウィリアム（Hogarth, William） 312
ボゴミール派（Bogomil heresy） 29, 193
ボス，ヒエロニムス（Bosch, Hieronymus） 3, 230-232, 350
その背景 230-231
「快楽の園」（*Garden of Earthly Delight*） 149, 231
「乾草車」（*Hay-wain*） 231
「地獄」（*Hell*） 232
「最後の審判」（*Last Judgment*） 231
「楽園」（*Paradise*） 232
ボズウェル，ジェイムズ（Boswell, James） 295-296
ジョンソン博士について 309-310
ボッカッチオ，ジョバンニ（Boccaccio, Giovanni） 201
ボッチチェリ，サンドロ（Botticelli, Sandro） 214
ホッブズ，トマス（Hobbes, Thomas） 289-290, 298
『リヴァイアサン』（*The Leviathan*） 290
ボデル，ジャン：「聖ニコラ劇」（Jean Bodel : St. Nicholas play） 186
ボードレール，シャルル：『悪の華』（Baudelaire, Charles : *Les Fleurs du Mal*） 349
ホノリウス（オータンの）：『エルシダリウム』（Honorius of Autun : *Elucidarium*） 172-173
ポープ，アレクサンダー：『愚人列伝』（Pope, Alexander : *The Dunciad*） 314
ホメロス（Homer） 4, 42, 45, 58, 206
『オデュッセイア』（*The Odyssey*） 33-36, 58, 208
ポリュグノトス（Polygnotus） 45
ホルバイン，ハンス（Holbein, Hans） 188
ホワイトフィールド，ジョージ（Whitefield, George） 317-318, 356

マ 行

『マイケルＫの生活と時代』（コーチェ）（Coetzee : *The Life and Times of Michael K.*） 368

プロティノス（Plotinus） 48
プロテスタンティズム：その地獄観（Protestantism : view of Hell） 222-225
プロテスタント急進派：アメリカへの移住（Protestant radicals emigrate to America） 316-317

ベアトリーチェ（Beatrice） 202
ベアトルト（レーゲンスブルクの）（Berthold of Regensburg） 172,194
『ベイオウルフ』（*Beowulf*） 157
ベイコン，フランシス（Bacon, Francis） 248
ペイン，トマス（Paine, Thomas） 304
ヘヴェリウス，ヨハネス（Hevelius, Johannes） 293
ベケット，サミュエル（Beckett, Samuel） 369
ヘシオドス（Hesiod） 42,59,71,204,275
　『神統記』（*Theogony*） 32
ベーダ（師）：『英国教会史』（Venerable Bede : *Ecclesiastical History of England*） 142-146,154
ペテロ（聖人）（Saint Peter） 81,105,246
『ペテロ行伝』（*Acts of Peter*） 246
「ペテロの書簡」（Epistles of Peter） 81,99,113,120
『ペテロの黙示録』（*Apocalypse of Peter*） 125-130
ペトラルカ（Petrarch） 201
ペトルス・ヴァルデス（Peter Waldo） 193
ペトルス・ロンバルドゥス（Peter Lombard） 133
ベネディクト修道会（Benedictine order） 261
　その伝道活動 138
ヘラー，ジョーゼフ：『キャッチ22』（Heller, Joseph : *Catch-22*） 367
ヘラクレス（Heracles） 35,39-41
ベール，ピエール（Bayle, Pierre） 303
　『歴史批評辞典』（*Dictionnaire Historique et Critique*） 305-306
ペルジーノ（Perugino） 235
ペルセポネー（Persephone） 13,33,36-43
ベルニーニ，ジョバンニ（Bernini, Giovanni） 267
ヘルメス（霊界への道案内）（Hermes as psychopomp） 35,42,45
ヘルモーズ（地獄への降下）（Hermod : descent into Hell） 161-162
「ヘレナ」（ゲーテ）（Goethe : “Helena”） 334
ヘレニズム（Hellenism）
　その本質 54-56
　その秘儀のキリスト教への影響 57
ヘンリーⅧ世（イギリス王）の英国国教会設立（Henry Ⅷ, king of England, establishes Church of Englnad） 243-244

プラトン（Plato） 4, 56, 72, 121, 234, 239
死後の生命について 47-53, 116-118
『国家』（*The Republic*） 52
『ゴルギアス』（*Gorgias*） 44, 51
『パイドロス』（*Phaedrus*） 51-52
『パイドン』（*Phaedo*） 47-49, 78
プラトン的観念論（Platonic idealism） 48, 115
『フランク史十巻』（グレゴリウス）（Gregory of Tours : *History of Franks*） 104, 141
フランクリン，ベンジャミン（Franklin, Benjamin） 304, 319
『フランケンシュタイン』（シェリー）（Shelley : *Frankenstein*） 354
フランチェスコ修道会（Franciscan order） 194, 261
『ブリキの太鼓』（グラス）（Grass : *The Tin Drum*） 368
フリードリッヒ豪胆侯（チューリンゲンの辺境伯）（Frederick the Undaunted, margrave of Thuringia） 184
ブリューゲル，ピーテル（父）（Brueghel, Pieter, the Elder） 226-229
「悪女フリート」（*Dulle Griet*） 233
「反逆天使の墜落」（*Fall of the Rebel Angels*） 233
「地獄の征服」（*The Harrowing of Hell*） 233
「最後の審判」（*The Last Judgment*） 235
「死の勝利」（*The Triumph of Death*） 233
ブリューゲル，ピーテル（息子）（Brueghel, Pieter, the Younger） 233
ブリューゲル，ヤン（Brueghel, Jan） 233
「オルフェウス」（*Orpheus*） 234
ブルクハルト，ヤーコプ：『イタリアにおけるルネサンス文化』（Burkhardt, Jacob : *The Civilization of the Renaissance in Italy*） 262
プルタルコス：『テスペシオスの幻想』（Plutarch : *Visions of Thespesius*） 57, 61, 145, 151
ブルーノ，ジョルダノ（Bruno, Giordano） 248, 265, 288
「フルップの木」（“The Huluppu-Tree”） 17-18
ブレイク，ウィリアム（Balke, William） 4, 142,
その背景 337-338
「エルサレム」（“Jerusalem”） 338
「ロンドン」（“London”） 338
『天国と地獄の結婚』（*Marriage of Heaven and Hell*） 338
『ミルトン』（*Milton*） 338
プレゲトーン（河）（Phlegethon, river） 33, 42, 50, 207
フレッチャー，ジャイルズ：『天と地におけるキリストの勝利と凱歌』（Fletcher, Giles : *Christ's Victorie and Triumph in Heaven and Earth*） 159
フロイト，ジークムント：現代の地獄観への影響（Freud, Sigmund : influences modern view of Hell） 365-366

ファウスト伝説（Faust legend） 268, 327, 331, 334
『ファウスト博士』（マン）（Mann : *Doctor Faustus*） 367
「ファウスト本」（“Faust book”） 246, 250
ファーセウスの幻視（Vision of Furseus） 142-143, 145
ファーニス，ジョゼフ：『地獄の眺め』（Furniss, Joseph : *The Sight of Hell*） 360
ファラー，ディーン（Farrar, Dean） 88
フィロゾフ（Philosophes） 303, 304, 305
フェニキア人の信仰；ギリシア人への影響（Phoenician beliefs influence the Greek） 32
フェリペII世（スペイン王）（Philip II, king of Spain） 232, 243
フォックス，ジョン：『殉教者の書』（Foxe, John : *Book of Martyrs*） 193
フォーサイス，ニール：『悪魔』（Forsyth, Neil : *The Old Enemy*） 94
『フォースタス博士』（マーロー）（Marlowe : *Tragical Historie of Doctor Faustus*） 176, 185, 245-255, 315, 334
　作中のルシファー 253-254
フォンデル，ヨースト・ファン・デン：『ルシフェル』（Vondel, Joost van den : *Lucifer*） 271
『福音』（*Godspell*） 185
福音書（マタイ伝）（Gospel of Matthew） 82-84, 99, 107-108, 120
福音書（マルコ伝）（Gospel of Mark） 80-83, 85
福音書（ヨハネ伝）（Gospel of John） 82, 89
福音書（ルカ伝）（Gospel of Luke） 85-86, 93
『復楽園』（ミルトン）（Milton : *Paradise Regained*） 287
『不思議の国のアリス』（キャロル）（Carroll : *Alice's Adventures in Wonderland*） 355
富者の物語（Dives story） 82, 85-88, 101, 111, 173, 254
　聖史劇に見られるもの 184
復活（Resurrection） 13
　キリスト教徒の見解 99-101
　プロテスタントの見方 242-243
　ユダヤ教徒の見解 242
仏教（Buddhism） 78, 118
　その地獄観 3, 191
普遍救済説（Universal Salvation） 356-359, 363
普遍バプティスト教会（Universal Baptist Church） 357
ブラウニング，ロバート：「若者ローランド暗き塔へゆく」（Browning, Robert : Childe Roland to the dark tower came） 368
ブラウン，トマス：『医師の宗教』（Brown, Thomas : *Religio Medici*） 300
ブラウン，ピーター（Brown, Peter） 119
ブラーエ，ティコ（Brahe, Tycho） 248

『ハーレキン・ファウスト博士』（*Harlequin Doctor Faustus*） 314
パン（Pan） 266
「パンを踏んだ娘」（アンデルセン）（Andersen : “The Girl Who Trod on a Loaf”） 354
「反逆天使の墜落」（ブリューゲル）（Brueghel : *Fall of the Rebel Angels*） 233
反キリスト（Antichrist） 159, 224, 247
　聖史劇におけるもの 183-184
　反キリストとしてのナポレオン 325
　パウロのコメント 104
『反キリスト』（聖史劇）（*Antichrist*） 184
反主知主義（Anti-intellectualism） 326
パンチ：その起源（Punch : origin） 227
パンチとジュディーの伝統（Punch and Judy tradition） 315
万物復興説（Apocatastasis） 117, 118

ビアジョ・ダ・チェゼーナ（Biagio da Cesena） 236
ヒエロニムス（聖人）（Saint Jerome） 117-118
ピカソ，パブロ：「ゲルニカ」（Picasso, Pablo : *Guernica*） 368
ビザンティン帝国の支配（Byzantine ascendancy） 137
ピタゴラス（Pythagoras） 42, 254
ヒッタイト人の信仰：死後の生命（Hittite beliefs : life after death） 12
『人と超人』（ショー）（Shaw : *Man and Superman*） 312
ビートルズ：「ルーシー・イン・ザ・スカイ・ウィズ・ダイアモンズ」（Beatles, The : “Lucy in the Sky with Diamonds”） 351
ビヒーマス（Behemoth） 96
ビュフォン，コント・ド（Buffon, Comte de） 344
　『博物誌』（*Natural History*） 304
ヒューム，デイヴィッド（Hume, David） 304, 319
　その死 295, 309
『百科全書』（ディドロ）（Diderot : *Encyclopédie*） 304
ピラト，ポンテオ（Pilate, Pontius） 225
ヒラリウス（ポアティエの）（Hilary of Poitiers） 111
ビルイッタ（聖女）（Saint Brigit） 156
ピロン（Philon） 48
ヒンクマル（ランスの）（Hincmar of Rheims） 151
ヒンズー教の地獄信仰（Hindu beliefs about Hell） 3, 191
ピンダロス（Pindar） 44

『ファウスト』（ゲーテ）（Goethe : *Faust*） 268, 315, 332-336, 343
『ファウスト：断章』（ゲーテ）（Goethe : *Faust : A Fragment*） 334

初期キリスト教会にあっての地位　80
その捕縛　128
反キリストへの言及　104-105
『パウロの黙示録』(*Apocalypse of Paul*)　125-131
ハガダー：地獄の描写（Haggaddah : depiction of Hell）　71
『縛を解かれたプロメテウス』（シェリー）（Shelley : *Prometheus Unbound*）　339-340
バーク，エドマンド（Burke, Edmund）　326
『白鯨』（メルヴィル）（Melville : *Moby Dick*）　350
『博物誌』（ビュフォン）（Buffon : *Natural History*）　304
パズズ（Pazuzu）　27
バチッチォ，イル（Baciccio, Il）　267
パッチ，ハワード・ロリン：『来世』(Patch, Howard Rollin : *The Other World*)　10
ハーデース（Hades）　32-46,160,200-201,225
その最初の絵画表現　32
オデュセウスの探訪　33-36,45-46
バトラー，E. M.：『ファウストの運命』(Butler, E. M. : *The Fortunes of Faust*)　268
バートン，ロバート：『憂鬱の解剖』(Burton, Robert : *The Anatomy of Melancholy*)　301
バーナム，P. T.（Barnum, P.T.）　358
バニヤン，ジョン（Bunyan, John）　360
『地獄の溜め息』(*A Few Sighs from Hell*)　301
『天路歴程』(*Pilgrim's Progress*)　173,301,367
パニュルジュ（Panurge）　250
バビロニア人の信仰：死後の生命（Babylonian beliefs : life after death）　9,64-65
バビロンの妖婦（Whore of Babylon）　90
バプティスト：ロードアイランド州のもの　(Baptists : in Rhode Island)　316
バプテスマのヨハネ（John the Baptist）　108,197
『ハムレット』（シェイクスピア）（Shakespeare : *Hamlet*）　255-258
パリサイ人（Pharisees）　67,84-85,308
バルー，ホーゼイア（Ballou, Hosea）　357-358
バルカ，カルデロン・デ・ラ（Barca, Calderón de la）　271
バルタス，ギョーム・デュ：『聖週——天地創造』(Bartas, Guillaume du : *The Devine Weeks and Works*)　271
バルドル（Balder）　163
『バルトロマイの福音書』(*Gospel of Bartholomew*)　98,100,132
バルトロマイ（聖人）（Saint Bartholomew）　236
ハレー，エドモンド（Halley, Edmund）　297
ハーレキン（Harlequin）　227-228，314-315

七つの大罪（Seven Deadly Sins） 57, 127, 206, 229
聖史劇におけるもの 186
ナポレオン（Napoleon） 332
反キリストとしての 325

二元論的神学（Dualistic theology） 27-29, 49, 77-79, 194
『ニコデモの福音書』（*Gospel of Nicodemus*） 100-102, 158, 182
「ピラト行伝」（Acts of Pilate） 101
ニーチェ，フリードリッヒ（Nietzsche, Friedrich） 339, 367
ニヴルヘイム（Niflheim） 160
ニュートン，アイザック（Newton, Issac） 248, 294, 297, 317
人形芝居（Puppet theater） 314-315, 334
人間の権利の宣言（Declaration of the Rights of Man） 325
『人間の心が神の館となるか悪魔の巣となるかを映す霊鏡』（*Spiritual Mirror or Looking-Glass Exhibiting the Human Heart as Either the Temple of God or the Habitation of Devils*） 362
『認識』（ガディス）（Gaddis : *The Recognitions*） 367

ネロ：キリスト教徒の抑圧者 （Nero : suppresses Christians） 128

ノックス，ジョン（Knox, John） 243-244
『ノートルダム・ド・パリ』（ユゴー）（Hugo : *Notre Dame de Paris*） 331
『農夫ピアズの夢』（ラングランド）（Langland : *Piers Plowman*） 153, 159

ハ 行

『パイドロス』（プラトン）（Plato : *Phaedrus*） 51-52
『パイドン』（プラトン）（Plato : *Phaedo*） 47-49, 78
『ハイピーリオン』（キーツ）（Keats : *Hyperion*） 341
『ハイピーリオンの没落』（キーツ）（Keats : *The Fall of Hyperion*） 341
バイロン，ロード（Byron, Lord） 330-331, 334, 346, 349, 355
『カイン』（*Cain*） 344-346
『マンフレッド』（*Manfred*） 342
パウサニアス（Pausanias） 45-46
バウツ，ディルク（Bouts, Dieric） 230
パウルスⅢ世（教皇）（Paul III, pope） 235, 236
パウルスⅣ世（教皇）（Paul IV, pope） 237
パウロ（聖人）（Saint Paul） 76, 84, 192
最後の審判についての言及 108-109, 192
死後の生命についての言及 80-82

テーセウス（Theseus） 38-39, 41
『哲学辞典』（ヴォルテール）（Voltaire : *Dictionnaire Philosophique*） 307
テネント，ギルバート（Tennent, Gilbert） 317
デミウルゴス（Demiurge） 73, 76, 250, 339
デメテル（Demeter） 13, 36, 37
テルトリアヌス（Tertullian） 60, 110, 114
　拷問について 128-129
デルポイのハーデースの壁（Mural of Hades at Delphi） 45
天国：キリスト教神学上の概念（Heaven : Christian theological concept） 2-3
『天国と地獄』（スヴェーデンボリ）（Swedenborg : *Heaven and Hell*） 320-324
『天国と地獄の結婚』（ブレイク）（Blake : *Marriage of Heaven and Hell*） 338
『天国への道』（*Weye to Paradys*） 153
「天国篇」（ダンテ）（Dante : *Paradiso*） 203
『天と地におけるキリストの勝利と凱旋』（フレッチャー）（Fletcher : *Christ's Victorie and Triumph in Heaven and Earth*） 159
『天路歴程』（バニヤン）（Bunyan : *Pilgrim's Progress*） 173, 301, 367

道徳劇（Morality plays） 185-189
ド・クインシー，トマス（De Quincey, Thomas） 346
『ドクトル・ヨハン・ファウステンの物語』（*Historia von Dr. Johan Fausten*） 246
独立宣言（Declaration of Independence） 304, 319
ドストエフスキー，フョードル：『カラマゾフの兄弟』（Dostoevsky, Fyodor : *The Brothers Karamazov*） 367
トマス・アクィナス（Thomas Aquinas） 133
ドーミエ，オノレ（Daumier, Honoré） 311
ドミニコ修道会（Dominican order） 261, 264
ドライテルムの幻視（Vision of Drythelm） 143-145, 154
『ドラキュラ』（ストーカー）（ Stoker : *Dracula*） 355
『ドリアン・グレイの肖像』（ワイルド）（Wilde : *The Picture of Dorian Gray*） 249, 355
トールキン，J. R. R.：『指輪物語』（Tolkein, J. R. R. : *The Lord of the Rings*） 369
ドレ，ギュスターヴ（Doré, Gustave） 348
トレント公会議；1545—63年（Council of Trent ; 1545-63） 193, 197, 288
『ドン・ジョヴァンニ』（モーツァルト）（Mozart : *Don Giovanni*） 268, 312, 333
ドン・ファン物語（Don Juan story） 267-268, 312, 327, 329, 334

ナ　行

『ナチェーズ族』（シャトーブリアン）（Chateaubriand : *Les Natchez*） 349
ナチズム（Nazism） 175, 367

説教　299-300
タンタロス（Tantalus）　244, 311
ダンテ・アレギエーリ（Dante Alighieri）　4, 60, 152, 162, 166, 232, 341
イタリア語との関係　201
ウェルギリウスの影響　60
『神曲』（*The Divine Comedy*）　200-202, 215-217
「地獄篇」（*The Inferno*）　126, 131, 195, 199, 200-217, 218, 247, 275, 369
「天国篇」（*Paradiso*）　204
動機と背景　200-202
プトレマイオス宇宙観の採用　203
「煉獄篇」（*Purgatorio*）　204
『タンバレン大王』（マーロー）（Marlowe : *Tamburlaine*）　246
チオーネ，ナルド・ディ（Cione, Nardo di）　216
『痴愚神礼讃』（エラスムス）（Erasmus : *The Praise of Folly*）　239
チャールズII世（イギリス王）（Charles II, king of England）　270, 289
中世の祝祭（Medieval holidays）　226
長老派　（Presbyterianism）
ノックスによる確立　243-244
ペンシルヴァニアおよびニュージャージーにおける活動　317
「沈思の人」（ミルトン）（Milton : "Il Penseroso"）　269
チンワト橋（Chinvat Bridge）　10, 28
罪の城のモチーフ（Castle of Sin motif）　172
ツヴィングリ，フルトライヒ（Zwingli, Huldreich）　242
『ツンダルの幻視』（*The Vision of Tundal*）　146-150, 212, 229, 231, 321

ディー，ジョン（Dee, John）　248, 265
ディオドロス（Diodorus）　45
ディオニュシオス（司教）（Dionysus, bishop）　91
ディオニュッソスの秘儀（Dionysian mysteries）　38
ディドロ，ドニ：『百科全書』（Diderot, Denis : *Encyclopédie*）　304
ティルソ・デ・モリーナ：『セヴィリアの色事師』（Tilso de Molina : *Burlador de Sevilla*）　312
ティール・ナ・ヌォーグ（Tir na n-Og）　2, 161
テイレシアス（Tiresias）　33-34, 209
テオフィリス物語（Theophilus story）　196, 247-248, 253
『テオフィルの奇跡』（*Miracle de Théophile*）　186
デカルト，ルネ（Decartes, René）　265, 288-291
『出口なし』（サルトル）（Sartre : *No Exit*）　368
『テスペシオスの幻想』（プルタルコス）（Plutarch : *Visions of Thespesius*）　57, 61, 145, 151

聖母マリア
　煉獄の女王として　195-196
　崇拝熱　196-197, 230
聖母マリアの被昇天（Assumption of the Virgin Mary : Adopted as doctrine）196
『聖母マリアの黙示録』（*Apocalypse of the Virgin*）125
『聖ペテロと軽業師』（*St. Pierre et le Jongleur*）227
聖務日課書（Books of Hours）153, 221
『セヴィリアの色事師』（ティルソ・デ・モリーナ）（Tilso de Molina : *Burlador de Sevilla*）312
『セブルクのボーデュエン』（*Bauduin de Sebourc*）156
セラピス信仰（Serapis cult）55
セルバンテス，ミゲル・ド（Cervantes, Miguel de）270
千年王国：その解釈（Millennium : interpretation）105, 114, 297

ソクラテス（Socrates）312
　その死　47
　死後の生命について　49-53, 78
ソッツィーニ派（Socinians）295
ソフィア神話（Sophia myth）72-73
ゾロアスター教（Zoroastrianism）26-30, 31, 44, 77-78, 90
　キリスト教への影響　53, 57
　地獄についての信仰　28-29, 191

タ　行

『タイタス・アンドロニカス』（シェイクスピア）（ Shakespeare : *Titus Andronicus*）259
タイタン神族（Titans）35, 42, 59, 71, 113, 211, 341
大内乱（English Civil War）269
『対話録』（グレゴリウスＩ世）（Gregory the Great : *Dialogues*）139
ダーウイン，チャールズ（Darwin, Charles）344, 358
　『種の起源』（*The Origin of Species*）364
タッソー，トルクアート：『エルサレム解放』（Tasso, Torquato : *Jerusalem Delivered*）219
タティアヌス：最後の審判について（Tatian : on the Last Judgment）110
ダニエーレイ・ダ・ヴォルテラ（Daniele da Volterra）237
ダランベール，ジャン（D'Alembert, Jean）304
タルタロス（Tartarus）32, 37, 42, 44, 50-51, 71, 160, 341
ダン，ジョン（Donne, John）
　『イグナティウスの秘密会議』（*Ignatius, His Conclave*）298

『スキピオの夢』（キケロ）（Cicero : *Scipio's Dream*） 57
スクロヴェーニ，エンリコ（Scrovegni, Enrico） 213
スクロヴェーニ，レジナルド（Scrovegni, Reginaldo） 213, 216
スクロヴェーニ礼拝堂（パドヴァ）（Scrovegni Chapel, Padua） 213
スコラ哲学（Scholasticism） 134, 240, 249
スティーヴンズ，ウォレス：「C 文字のコメディアン」（Stevens, Wallace : "The Comedian as the letter C"） 350
スティーヴンソン，ロバート・ルイス：『ジキル博士とハイド氏』（Stevenson, Robert Louis : *The Strange Case of Dr. Jekyll and Mr. Hyde*） 354
スティール，リチャード（Steele, Richard） 312
ステュクス（河）（Styx, river） 21, 22, 41, 42, 50, 71, 206, 277
ストーカー，ブラム：『ドラキュラ』（Stoker, Bram : *Dracula*） 355
スニウルフ（聖人）（Saint Sunniulf） 141
スノリ・ストゥルルソン：『散文のエッダ』（Snorri Sturluson : *Prose Edda*） 161
スピノザ，バルフ・ド（Spinoza, Baruch de） 291, 333
スペンサー，エドモンド：『妖精の女王』（Spenser, Edmund : *The Faerie Queen*） 222, 225, 228, 275
スミス，アダム（Smith, Adam） 304

聖史劇（Mystery plays） 135, 174-190, 209, 340
　その起源と目的 174-175
　劇中でのキリストの誘惑 182
　劇中での最後の審判 183-184
　地獄の口 176-184, 186
　地獄の征服の物語 175-176, 183
　七つの大罪 186
　バーのホステスの登場 183
　反キリストの登場 182-183
　貧者の物語 184
　富者の物語 184
　リンボ界 176
　ルシファーの墜落 181
『聖者の復活』（*Seinte Resureccion*） 176
『聖週――天地創造』（デュ・バルタス）（Du Bartas : *The Devine Weeks and Works*） 271
聖書（ラテン語からの翻訳）（Bible : translated from Latin） 239
「聖ニコラ劇」（St. Nicholas play） 186
『聖パトリックの煉獄』（*St. Patrick's Purgatory*） 154
『聖ブレンダンの航海』（*Saint Brendan's Voyage*） 155
聖物売買（Simony） 247

『修道士』（ルイス）（Lewis : *The Monk*） 330
『十二使徒の教訓』（*Testament of the Twelve Patriarchs*） 100
終末論：マタイによるもの（Matthew and Eschatology） 29, 83
『ジュスティーヌ』（サド）（Sade : *Justine*） 329
『種の起源』（ダーウィン）（Darwin : *The Origin of Species*） 364
シュビレー（Sibyl） 58-61
シュメール人の信仰：死後の生命について（Sumerian beliefs : life after death） 10-12
『ジュリエット物語』（サド）（Sade : *Histoire de Juliette*） 329
ジュリュー，ピエール（Jurieu, Pierre） 305, 306
『殉教者の書』（フォックス）（Foxe : *Book of Martyrs*） 193
ショー，ジョージ・バーナード（Shaw, George Bernard）
　『地獄のドン・ジュアン』（*Don Juan in Hell*） 368
　『人と超人』（*Man and Superman*） 312
ジョイス，ジェイムズ（Joyce, James）
　『若き芸術家の肖像』（*A Portrait of the Artist as a Young Man*） 135, 264
　『ユリシーズ』（*Ulysses*） 367
『笑劇ドクター・ファウストの生涯』（マウントフォート）（Mountfort : *The Life and Death of Doctor Faustus Made into a Farce*） 314
ジョンソン，サミュエル（Johnson, Samuel） 312
　宗教心 308-309
　『英語辞典』（*A Dictionary of the English Language*） 308
　『ラセラス』（*Rasselas*） 308
ジョンソン，ベン：『悪魔は驢馬』（Jonson, Ben : *The Devil is an Ass*） 255
シルヴェスター，ジョシュア（Sylvester, Joshua） 271
『シルワノの教え』（*Teachings of Silvanus*） 100
『神曲』（ダンテ）（Dante : *The Devine Comedy*） 200-202, 215-217
神道（Shintoism） 56
『神統記』（ヘシオドス）（Hesiod : *Theogony*） 32
新プラトン主義（Neoplatonism） 48, 68
　キリスト教への影響 48-49, 74
『親和力』（ゲーテ）（Goethe : *Die Wahlverwandtschaften*） 334

スウィンデン，トビアス：『地獄の本質と位置に関する研究』（Swinden, Tobias : *An Enquiry into the Nature and Place of Hell*） 296, 307
スウィンバーン，アルジャノン・チャールズ（Swinburne, Algernon Charles） 351
スヴェーデンボリ，エマヌエル（Swedenborg, Emanuel） 5, 30, 333, 338, 349
　生い立ち 320
　『天国と地獄』（*Heaven and Hell*） 320-324
スカラムッチャ（Scaramouche） 314

死者の国：その一般的特徴（Land ［Kingdom］ of the Dead : common features） 9-11, 33, 57-62
『死者の対話』（ルキアノス）（Lucian : *Dialogues of the Dead*） 41, 312
死者の書（Books of the Dead） 20
シーシュポス（Sisyphus） 35, 43, 224
システィナ礼拝堂（Sistine Chapel） 234
死＝生長＝神をめぐる神話（Dying-vegetation-god myths） 12
『自然宗教および啓示宗教の天文学的原理』（ホイストン）（Whiston : *Astronomical Principles of Religion, Natural and Reveal'd*） 297
疾風怒濤（Sturm und Drang） 333
『失楽園』（ミルトン）（Milton : *Paradise Lost*） 271-287, 338
　混沌のありさま 280-281
　挿絵画家たち 280, 284-286
　サタンの描写 271-276, 279-284, 287
　地獄の地理学および宇宙地理学 271-274, 277, 281-286
「使徒信条」（Apostles' Creed） 103
シドニー，サー・フィリップ（Sydney, Sir Philip） 222
「死の勝利」（ブリューゲル）（Brueghel : *The Triumph of Death*） 233
死の舞踏 258
　聖史劇に見られるもの 188-190
　世俗の儀式として 227
シバー，コリー（Cibber, Colley） 314
『資本論』（マルクス）（Marx : *Das Kapital*） 365
シモン・マグス（サマリアの）（Simon Magus of Samaria） 105, 246-247
シモン・マルミオン（Simon Marmion） 146, 150
「邪悪なる者への，避けがたき，耐えがたき未来の罰」（エドワーズ）（Edwards :"The Future Punishment of the Wicked : Unavoidable and Intolerable"） 318
『尺には尺を』（シェイクスピア）（Shakespeare : *Measure for Measure*） 258
シャドウェル，トマス：『放蕩者』（Shadwell, Thomas : *The Libertine*） 312
シャトーブリアン：『ナチェーズ族』（Chateaubriand : Les Natchez） 349
シャルル禿頭王（フランス王）（Charles the Bald, king of France） 151
シャルルマーニュ（Charlemagne） 134, 137, 151, 219
シャルル・マルテル（Charles Martel） 151, 219
『シャルル・マルテルおよびその後継者の物語』（*History of Charles Martel and His Successors*） 219
ジャン（ベリ公）（Jean, Duke of Berry） 146
宗教改革（Reformation）
　その原因 238
　印刷術の貢献 238-239
修道院と封建制（Monasteries and feudalism） 165-166, 238

コキュトス（河）(Cocytus, river)　33, 42, 50, 204, 206
コクトー，ジャン：『オルフェ』(Cocteau, Jean : *Orphee*)　370
ゴシック小説（Gothic novels）　329-330, 355
コジンスキー，ジャージー：『描かれた鳥』(Kosinski, Jerzy : *The Painted Bird*)　368
コーチェ，J. M.：『マイケル K の生活と時代』(Coetzee, J. M. : *The Life and Times of Michael K.*)　368
『国家』（プラトン）(Plato : *The Republic*)　52
コッポラ，フランシス・フォード：『地獄の黙示録』(Coppola, Francis Ford : *Apocalypse Now*)　367
「古典的ワルプルギスの夜」（ゲーテ）(Goethe :"Classical Walpurgis Night")　334
コペルニクス，ニコラウス（Copernicus, Nicolaus）　248
コペルニクス革命（Copernican revolution）　288, 293, 296
『ゴルギアス』（プラトン）(Plato : *Gorgias*)　44, 51
ゴヤ，フランシスコ・ホセ・ド（Goya, Francisco José de）　312
コーランの地獄描写（Koran : depiction of Hell）　168
コルネイユ，ピエール（Corneille, Pierre）　333
コレー（乙女）(Kore the Maiden)　37, 43
コンスタンチヌス大帝（Constantine the Great）　55, 78
コンスタンチノープルの教会会議；543年（Synod of Constantinople ; 543）　123
コンラッド，ジョーゼフ：『闇の奥』(Conrad, Joseph : *Heart of Darkness*)　367, 368

サ　行

サイエンス・フィクション（Science Fiction）　354
最後の審判（Last Judgment）　91, 97, 105, 107-124, 125, 131, 195, 291, 294, 297
　アウグスティヌスの言及　111, 119-120
　個別の審判　110-111, 153, 195
　聖史劇におけるもの　183
　全体的な審判　111, 154
　タティアヌスの言及　110
　パウロの言及　108, 194
　ユスティヌスの言及　110
「最後の審判」（エイク）(Eyck : *Last Judgment*)　230
「最後の審判」（ブリューゲル）(Brueghel : *The Last Judgment*)　235
「最後の審判」（ボス）(Bosch : *Last Judgment*)　231
「最後の審判」（ミケランジェロ）(Michelangero： *Last Judgment*)　234-236
『サー・オーフィオ』(*Sir Orfeo*)　220-221, 352
『サーキルの幻視』(*Vision of Thurkill*)　151
サタン（Satan）

グレゴリウス（ニッサの）（Gregory of Nyssa） 118
グレゴリウスI世（教皇）（Gregory the Great, pope） 104, 138-141, 160
　『対話録』（*Dialogues*） 139
　幻視文学との関係 139-141, 146
クレメンスVII世（教皇）（Clement VII, pope） 235
『黒いオルフェ』（カミュ）（Camus : *Black Orpheus*） 370
グロティウス，ヒューホ：『アダムの追放』（Grotius, Hugo : *Adamus Exul*） 271
クロムウェル，オリヴァー（Cromwell, Oliver） 269

ゲイ，ピーター（Gay, Peter） 326
啓蒙主義（The Enlightenment） 325, 329, 356
　その時代の科学 288-290
　知的革命 303-304
ゲーテ，ヨハン・ヴォルフガング・フォン（Goethe, Johann Wolfgang von） 4, 164, 248, 367
　生い立ち 333
　『ヴィルヘルム・マイスターの修業時代』（*Wilhelm Meisters Lehrjahre*） 334
　「古典的ワルプルギスの夜」（“Classical Walpurgis Night”） 334
　『親和力』（*Die Wahlverwandtschaften*） 334
　『ファウスト』（*Faust*） 268, 315, 332-336, 343
　『ファウスト――断章』（*Faust : A fragment*） 334
　「ヘレナ」（“Helena”） 334
　『若きウェルテルの悩み』（*The Sorrows of Young Werther*） 333
ケプラー，ヨハネス（Kepler, Johannes） 248, 299
ゲヘナ（Gehenna） 64
ケルトの妖精の世界（Celtic spirit world） 164-165
「ゲルニカ」（ピカソ）（Picasso : *Guernica*） 368
ケルベロス（Cerberus） 39, 42, 45, 59, 206, 221, 225
ゲルマンの妖精の世界（German spirit world） 164-165
幻覚誘発剤による幻視（Hallucinogenic visions） 346-351
原罪（Original Sin） 48, 92, 119, 121-123, 291, 358, 366
幻視文学（Vision Literature） 136, 139-156, 162, 164, 192, 212, 215
　教皇グレゴリウス一世との関係 139-141, 146
『堅忍の城』（*The Castle of Perseverance*） 187

拷問（Torture） 126-130
コウルリッジ，サミュエル・テイラー（Coleidge, Samuel Taylor） 346
　『クリスタベル』（*Christabel*） 349
　『クーブラ・カーン』（*Kubla Khan*） 349
　『老水夫行』（*The Rime of the Ancient Mariner*） 347-349

カ 行

『エヴリマン』(*Everyman*) 187
『描かれた鳥』(コジンスキー)(Kosinski: *The Painted Bird*) 368
『エクセンプラ』(*Exempla*) 171
エジプト人の信仰:死後の生命について(Egyptian beliefs: life after death) 21-25, 44
エゼキエルの呪い(Ezekiel's curse) 65, 93
エッセネ派信徒(Essenes) 68, 74, 88, 308
『エデン特急』(ヴォネガット)(Vonnegut: *The Eden Express*) 369
エドワーズ,ジョナサン(Edwards, Jonathan) 356
　生い立ち 317
　「怒れる神の手のうちにある罪人」 317
　「邪悪なる者への,避けがたき,耐えがたき未来の罰」 318
エトルリアの信仰:死後の生命(Etruscan beliefs: life after death) 19
エドワードVI世(イギリス王)(Edward VI, king of England) 244
エノク(Enoch) 192
　地獄についての言及 69-71
エマソン,ラルフ・ウォルドー(Emerson, Ralph Waldo) 320, 324, 325
エラスムス,デシデリウス:『痴愚神礼讃』(Erasmus, Desiderius: *The Praise of Folly*) 239
エリア(Elijah) 192
エリウゲナ,ヨハネス・スコトゥス(Erigena, Johannes Scotus) 133
エリオット,T. S.(Eliot, T. S.) 284
　『荒れ地』(*The Wasteland*) 368
　「うつろなる人々」("The Hollow Men") 368
　『四つの四重奏』(*The Four Quartets*) 368
　「リトル・ギディング」("Little Gidding") 368
エリザベスI世(イギリス女王)(Elizabeth I, queen of England) 222
　イギリス・ルネサンスとの関係 244
エル(『国家』の登場人物)(Er in *The Republic*) 52, 61
エルキン:『リヴィング・エンド』(Elkin: *The Living End*) 370
「エルサレム」(ブレイク)(Blake: "Jerusalem") 338
『エルサレム解放』(タッソー)(Tasso, *Jerusalem Delivered*) 219
『エルシダリウム』(ホノリウス)(Honorius: *Elucidarium*) 171
エレウシス秘儀(Eleusinian mysteries) 37-41, 45
エレシュキガル(Ereshkigal) 12-15, 37, 65, 370
「エレシュキガルの夫探し」("How Ereshkigal Found a Husband") 13-15
エレボス(Erebus) 32
エンキドゥ(Enkidu) 15-18, 34, 65
エンゲルス,フリードリッヒ(Engels, Friedrich) 365

イェイツ，ウィリアム・バトラー（Yeats, William Butler） 351
イエス・キリスト（Jesus Christ）
　オシリスとの関係 21
　サタンの退治 102-104
　地獄への降下 99-101
イエズス会（Jesuit order） 227,316
　オペラやバレエへの介入 267
　地獄観 262-267,298
　宗教劇の再建 265-268
　伝道活動 262
　反宗教改革の主導 261
『イエロー・ブック』（*The Yellow Book*） 328
『怒れるオルランド』（アリオスト）（Ariosto : *Orlando Furioso*） 219
「怒れる神の手のうちにある罪人」（エドワーズ）（Edwards : "Sinners in the Hands of an Angry God"） 317
イグナティウス・ロヨラ（聖人）（Saint Ignatius Loyola） 261
『イグナティウスの秘密会議』（ダン）（Donne : *Ignatius, His Conclave*） 298
イザベル（スペイン女王）（Isabella, queen of Spain） 232
イザヤの呪い（Isaiah's curse） 64-65
イシス信仰（Isis cult） 55
『医師の宗教』（ブラウン）（Browne : *Religio Medici*） 300
イシュタル（Ishtar） 12
イスラム（Islam） 53
イスラム教徒（邪教徒としての）（Muslims as infidels） 167
イタリア語とダンテ（Italian Language and Dante） 201
『イタリア著名美術家列伝』（ヴァザーリ）（Vasari : *Lives of the Artists*） 213
『イタリアにおけるルネサンス文化』（ブルクハルト）（Burkhardt : *The Civilization of the Renaissance in Italy*） 262
異端（Heresy） 193-195
異端審問（Inquisition） 194,232,238,243,261,288
『いと豊かなる時』（*Très Riches Heures*） 146
イナンナ（Inanna） 15-18,370
　地獄への降下 11-13
『インウィットのアイェンバイト』（*The Agenbite of Inwit*） 171
『イントレランス』（グリフィス）（Griffith : *Intolerance*） 286
印刷術（Printing Press） 238-239

ヴァイデン，ロヒール・ヴァン・デル（Weyden, Roger van der） 230
ヴァザーリ，ジョルジョ：『イタリア著名美術家列伝』（Vasari, Giorgio : *Lives of the Artists*） 213

アタナシウス派の信条（Athanasian Creed） 103
アダムとイヴの堕落（Adam and Eve, Fall of） 91-92, 97, 358
『アダムの神秘』（*Mystère d'Adam*） 176
『アダムの追放』（グロティウス）（Grotius : *Adamus Exul*） 271
アダン・ド・ラ・アール：『緑蔭の劇』（Adam de la Halle : *Le Jeu de la Feuillée*） 227
アッカド人の信仰：死後の生命（Akkadian beliefs : life after death） 10-13
アッシリア人の信仰：死後の生命（Assyrian beliefs : life after death） 9-10
アディソン（Addison, Joseph） 312
アナバプティスト（Anabaptists） 242, 295
アナンカ（Ananka） 2
アヌーヴェン（Annwn） 161
アヌビス（Anubis） 22, 23, 45
アブラハムの懐裏（Abraham, bosom of） 85-87, 192, 194, 242
アプレイウス：『黄金の驢馬』（Apuleius : *Golden Ass*） 57, 62
アメリカ合衆国憲法（U.S.Constitution） 319
アメリカの大覚醒（America, Great Awakening in） 317, 319
アメリカ普遍救済教会（Universalist Church of America） 359
アメリカ・ユニテアリアン協会（American Unitarian Association） 359
アメリカ根本主義――十九世紀（American fundamentalism—19th century） 359
アリオスト，ロドヴィコ：『怒れるオルランド』（Ariosto, Lodovico : *Orlando Furioso*） 219
アリストテレス（Aristotle） 74, 206, 240
アリストファネス：『蛙』（Aristophanes : *The Frogs*） 41, 183
『アルケスティス』（エウリピデス）（Euripides : *Alcestis*） 40, 41
『アルス・モリエンディ』（*Ars Moriendi*） 189
アルビ派（Albigensian） 29, 193, 194, 296
アルフリック（エインシャムの）（Aelfric, abbot of Eynsham） 159
『アルベリックの幻視』（*Vision of Alberic*） 152
アルミニウス，ヤコブス：プロテスタント教義への影響（Arminius, Jacobus : influences Protestant doctrine） 242
アルミニウス主義（Arminianism） 243, 292, 359
アレクサンダー大王（Alexander the Great） 54, 229
アレクサンドリアのクレメンス（Clement of Alexandria） 60, 118
『荒れ地』（エリオット）（T. S. Eliot : *The Wasteland*） 368
アレン，イーサン（Allen, Ethan） 304, 357
アレン，エドワード（Allen, Edward） 249, 253
アンデルセン，ハンス・クリスチャン：「パンを踏んだ娘」（Andersen, Hans Christian : "The Girl Who Trod on a Loaf"） 354
アンブロシウス（聖人）（Saint Ambrose） 118

索　引

アイスキュロス（Aeschlus）　41
アイドフューシコン（Eidophusikon）　286
アイネアース（Aeneas）　58-61, 219-221
アウグスティヌス（聖）Augustine（saint）　4, 5, 56, 60, 79, 98, 104, 115, 122, 133, 137, 191, 300
　『神の国』（*The City of God*）　111, 120
　その地獄観および最後の審判への言及　111, 118-123, 240-241, 290
　ルターによる研究　240-241
アヴェスタ（Avesta）　27
『アエネーイス』（ウェルギリウス）（Virgil : *Aeneid*）　57-60, 206, 218-221
「悪女フリート」（ブリューゲル）（Brueghel : *Dulle Griet*）　233
悪魔：キリスト教神学上のその概念（Devil : Christian theological concept）　6-7
『悪魔』（フォーサイス）（Forsyth : *The Old Enemy*）　94
『悪魔の歌』（ルシュディ）（Rushdie : *The Satanic Verses*）　367
『悪魔は驢馬』（ジョンソン）（Jonson : *The Devil Is an Ass*）　255
アケロン（河）（Acheron, river）　33, 42, 204-206
『悪の華』（ボードレール）（Baudelaire : *Les Fleurs du Mal*）　349
『朝びらき丸東の海へ』（C. S. ルイス）（Lewis : *The Voyage of the Dawn Treader*）　156
アスタルテ（Astarte）　10
アストレス（Asthoreth）　10
『アースルドゥーンのトマス』（*Thomas of Erceldoune*）　221

《叢書・ウニベルシタス　490》
地獄の歴史

1995年　9月　9日　　初版第1刷発行
2014年11月28日　新装版第1刷発行

アリス・K. ターナー
野崎嘉信 訳

発行所　一般財団法人　法政大学出版局
〒102-0071 東京都千代田区富士見 2-17-1
電話03(5214)5540 振替00160-6-95814
製版，印刷　平文社／製本　積信堂

Printed in Japan

ISBN978-4-588-09993-9

著　者

アリス・K. ターナー（Alice K. Turner）
ニューヨーク在住のジャーナリスト．『ニューヨーク・マガジン』『パブリシャーズ・ウィークリー』『ホリデー』の各誌およびペーパーバック叢書「バランタイン・ブックス」の編集を手がけ，『プレイボーイ』誌の小説部門の編集者を務めるかたわら，自身も書評や論説を多数発表する．ニューヨーク大学大学院で比較宗教学を学ぶ間に〈地獄〉への関心を抱き，引き続く研究は12世紀の地獄観を解明した論文「地獄の黄金時代」として結晶し，『美術と古美術』誌に掲載された．

訳　者

野﨑嘉信（のざき　よしのぶ）
1945年，北海道に生まれる．1971年，北海道大学大学院文学研究科修士課程修了．現在，東京理科大学教授（イギリス・ロマン派文学専攻）．
訳書に，ノラ・ロフツ作品集1『私の隣人はどこ？』，同2『飽くなき女たち』，同4『老いの坂道』，同6『ノーフォーク物語』（教育プラン発行・JCA出版局発売），N. ルイス『東方の帝国』（法政大学出版局），S. L. バーチェフスキー『大英帝国の伝説』（共訳，法政大学出版局），J. ラーナー『マルコ・ポーロと世界の発見』（共訳，法政大学出版局）などがある．